세계화 시대

국제통상학개론

이론 · 정책 · 질서

이환호

최필수

노성호

法 文 社

머리말

올 초 미국과 중국 간 무역협상이 재개되면 양국 간 무역전쟁이 잠시 쉬어가는 듯하다. 미·중간 통상마찰의 이면에는 세계 패권을 차지하기 위해 양국이 치열하게 경쟁을 벌이고 있음을 보여주고 있다. 그러나 어느 국가도 쉽게 뒤로 물러서지 않을 것으로 보여 우리나라의 국제무역환경은 더욱 악화되어 나갈 것으로 보인다. 따라서 수출주도형 성장을 추진해 온 우리나라로서는 어느 때보다 현명한 통상전략이 필요한 시기이다.

돌이켜 보면 선진국 간 또는 선진국과 개도국 간 비교우위의 변화와 정보처리 및 통신기술의 발달은 국제통상의 범위를 크게 바꾸어 놓았다. 1970년대까지만 하더라도 국제통상은 국제무역과 같은 것으로 연상할 만큼 상품거래가 절대적 비중을 차지하였다. 선진국은 공산품을 수출하고, 개도국은 농산물, 천연자원 등 일차산품을 주로 수출하였다. 그러나 1980년대 들어 운송과 정보처리 및 통신기술이 발달하면서 여행 등 서비스 교역이 크게 늘어나고 기업의 해외진출도 활발해졌다. 선진국 기업은 노동력이 풍부한 개도국에 공장을 세우고 제품을 생산하여 역수입하거나 제3국에 수출하였다. 이러한 가운데 개도국이 선진국의 기술을 모방하거나 추격하면서 지적재산권을 놓고 통상마찰이 확대되었다. 이러한 국제통상환경의 변화는 1980년대 후반 우루과이라운드 협상을 통해 1995년 발효된 WTO협정에서 상품무역협정과 함께 서비스무역 일반협정(GATs), 무역관련 지적재산권협정(TRIPs), 무역관련 투자조치협정(TRIMs) 등으로 반영되었다.

또한 선진국들은 성숙단계에 접어들면서 국내 투자수익율이 낮아졌으나 이미 높은 수익률에 익숙해져 있는 투자자의 기대에 부응하기 어려웠다. 미국 등 선진국은 수익률이 높은 신흥국을 이머징 마켓(emerging market)이라고 지칭하며 증권투자를 확대하기 위해 개방하도록 압력을 넣었다. 특히 1990년대 중반 이후 인터넷의 보급은 세계적 차원에서 신속하게 투자를 가능하게 함으로써 금융의 범세계화를 촉진하였다.

이 책은 지난 30여 년간 국제경제학과 관련된 강의 내용과 경험을 바탕으로 저술되었다. 특히 10여 년간 국제통상학개론을 직접 담당하면서 국제경제환경의 변화에 맞추어 국제통상을 포괄적이고 체계적으로 다룬 교재를 찾기 어려워 아쉬움을 많이 느꼈다. 이러한 가운데 국제통상학개론의 교재 개발의 필요성에 대한 인식을 같이 하면서 공동으로 집필하게 되었다.

필자는 수차례에 걸친 논의와 의견의 조율을 통해 다음과 같은 점에 유의하여 집필하고자 하였다.

첫째, 국제경제환경의 변화에 맞추어 국제통상의 범위를 균형있게 다루고자 하였다. 국제무역 및 무역정책에 국한하지 않고, 외환 및 국제금융, 국제통상질서, 국제경영 등을 포괄적으로 다룸으로써 국제통상을 전반적으로 이해할 수 있도록 하였다.

둘째, 국제통상과 관련된 내용을 체계적으로 구성하고 서술하고자 하였다. 독자가 국제통상을 처음으로 접한다고 가정하여 본서를 통해 국제통상에 대한 이해를 높일 수 있도록 짜임새있게 구성하였다.

셋째, 국제통상에 관한 이론을 소개하는 동시에 이를 현실에 연계시켜 이해할 수 있도록 노력을 기울였다. 국제통상과 관련된 주요 동향, 통계, 사례 등을 서술과정에서 적절히 제공함으로써 독자로 하여금 이론·정책·질서가 현실과 어떻게 연계되어 있는가를 파악할 수 있도록 하였다.

넷째, 독자가 편하고 쉽게 읽을 수 있도록 서술하고자 하였다. 본서를 학습하기 위해 꼭 필요한 경제학 기초지식은 보충학습을 통해 습득하도록 하였다. 또한 국제통상과 관련된 전문용어를 제외하면 일반적으로 널리 쓰이는 단어나 표현을 사용하고, 한 문단에는 가능한 하나의 내용만을 담아 간결하게 서술하고자 하였다.

이 책은 제6편 13장으로 구성되어 있다. 제1편 총설에서는 국제통상이란 무엇이고 무엇을 다루어야 할 것인가를 밝혔으며, 현재 국제통상과 관련된 주요 현안과제를 제시함으로써 독자가 국제통상에 관해 관심을 갖도록 하였다. 제2편 국제무역이론에서는 무역은 왜 발생하고 어떠한 경제적 효과를 가져 오는가 등 국제무역의 핵심과제를 규명한 전통적 무역이론을 살펴보고, 국제무역환경의 변화에 맞추어 새로이 대두되고 있는 무역이론을 소개하였다. 제3편 무역정책과 경제통합에서는 무역정책이란 무엇이며 어떠한 경제적 효과를 가져 오는지를 살펴봄으로써 각국이 취하고 있는 무역정책을 이해할 수 있도록 하였으며, 무역정책의 일환으로 경제적 이해를 같이 하고 있는 국가 간에 활발하게 이루어지고 있는 경제통합에 관하여 다루었다. 제4편 국제수지와 외환 및 국제금융에서는 거시경제적 측면에서 국민경제가 해외경제와 어떻게 연계되어 있는가를 살펴보고, 국가 간 자금결제과정에서 수반되는 외환과 관련된 외환시장의 구조와 거래형태, 환위험 등을 다루고, 나아가 국제무역이나 국제투자과정에서 발생하는 국제금융의 메커니즘을 살펴보았다. 제5편 국제통상질서에서는 근대국가가 성립한 이후 국제통상기조가 어떻게 바뀌어 왔는가를 살펴봄으로써 앞으로 전개될 국제무역환경을 조망해 보고, 현재 국제무역질서를 규범하고 있는 WTO의 국제통상규범과 국제결제를 담당하는 국제통화제도의 내용과 개편논의에 관하여 다루었다. 제6편 국제경영에서는 기업이 국내에만 머무르지 않고 세계적 차원에서 경영활동의 범위를 넓혀 가고 있는 추세에 맞추어 기업의 글로벌화의 배경과 진출전략 및 경영관리에 관하여 다루었다.

서사는 이 책을 내놓을 수 있도록 귀한 기르침을 주신 대학과 대학원 시절의 은사님께 감사드리고자 한다. 또한 연구와 교육활동으로 여념이 없는 세종대학교의 여러 선배·동료 교수들께 감사드리며, 대학 강단에서 가르침의 즐거움과 보람을 준 학생들에게도 감사의 말을 전하고자 한다.

이 책의 출판을 기꺼이 허락하여 주신 법문사 사장님, 그리고 출판과 편집에 여러모로 수고하여 주신 배은영 님과 김성주 과장님께 감사드린다.

2019년 1월
군자동 집현관 연구실에서
이환호·최필수·노성호

Contents

세계화 시대

국제통상학개론

이론·정책·질서

PART

01 총 설

제1장 국제통상의 의의와 주요 현안 과제

이전까지 전통적인 국제경제거래는 국가 간 상품의 이동이 주종을 이루었으나 최근에는 서비스 교역도 활발히 이뤄지고 있다. 또한 화폐 및 금융자산의 국가 간 거래가 활발하게 이뤄지고 노동, 자본, 기술, 경영능력 등 생산요소의 국가 간 이동도 활발히 이뤄지고 있다. 그러므로 국제무역을 넘어서 국제금융거래, 국제투자를 포괄하는 국제통상학의 발전이 이뤄지고 있다. 이러한 국제통상학의 발전은 국가 간의 상호의존성이 증대하고 경기동조화와 세계교역량이 확대되어온 최근까지의 시점에서 매우 중요하다. 특히 글로벌 금융위기 이후 외국인직접투자가 감소하는 추세로 다자주의가 쇠퇴하고 보호주의가 부상하는 지금은 국제통상학의 역할이 더욱 중요해지고 있다.

CHAPTER 01

국제통상의 의의와 주요 현안 과제

1.1 국제통상의 의의와 접근법

1.2 최근 국제통상의 현상과 과제

국제통상은 국제무역, 국제금융, 국제투자와 같은 모든 국제경제거래를 포함하는 개념이다. 본 장에서는 국제통상을 구체적으로 어떻게 규정하고 국제통상이 어떠한 특성을 가지고 있는지 논의한다. 또한 국제통상을 연구하는 국제통상학은 어떠한 학문적 범위를 가지고 있는지 설명한다. 또한 본 장에서는 최근 국제통상의 현상과 과제도 소개한다. 최근까지 국가 간의 상호의존성은 계속 증가해왔고 이에 따라 경기동조화 현상도 깊어지고 있다. 하지만 2008년 세계금융위기 이후에는 보호주의의 득세와 다자주의의 쇠퇴 현상이 동시에 나타나고 있다. 국제통화제도 개편에 관한 문제제기도 계속되고 있다.

1.1 국제통상의 의의와 접근법

(1) 국제통상의 의의와 성격

1) 국제통상의 의의

국제통상 우리말에서 '통상'은 다른 나라와 교통하여 물건을 사고파는 것 혹은 그러한 관계'를 지칭한다. 또한 '외국과의 거래, 무역' 등으로 풀이된다. 이러한 의미는 '지방간 혹은 나라 간 물건을 교환하고 매매하는 것'이라는 의미의 '무역'과 비슷하게 쓰인다. 영어로는 'trade' 혹은 'commerce'로 번역할 수 있으며 양자 사이에 큰 의미 차이는 없다. '국제통상'은 국가 간의 교환, 거래, 매매 등을 의미한다. 국제통상이 구체적으로 어떠한 행위를 규정하는지에 대해서는 관점에 따라 서로 다른 정의들이 제시되고 있다. 다양한 범위의 개념 정의에 대해 우선 살펴본다.

협의의 국제통상 국제통상을 가장 좁은 의미에서 정의하면 국가 간에 일어나는 상품의 거래를 의미한다. 이는 국제무역(international trade)과 같은 의미이다. 일반적으로 국제무역의 대상은 육안으로 볼 수 있는 유형무역인 재화가 된다. 하지만 최근에는 육안으로 볼 수 없는 무형무역으로서 서비스가 무역의 주요 대상이 되고 있다. 통신, 금융, 보험, 관광, 운송, 유통, 컨설팅, 교육 등 서비스와 지식재산권 형태의 무형자산이 무역의 대상이 되고 있으며 오늘날의 국제무역은 두 가지 모든 형태의 재화와 서비스의 거래를 모두 포함한다.

광의의 국제통상 국제통상의 개념을 좀 더 넓은 의미로 사용할 때는 국가 간에 이뤄지는 상품과 재화의 거래뿐 아니라 국가 간 노동, 실물자본, 기술, 경영능력 등과 같은 생산요소의 이동, 즉 국제투자(international investment)를 포함하는 것으로 정의된다. 역사적으로 국제상거래 활동은 재화무역에서 서비스 무역, 더 나아가 해외직접투자로 확대되어 왔다. 이러한 추세는 각국 경제의 상호의존성이 높아지고 무역, 금융, 생산의 세계화가 진전되면서 더욱 심화되고 있다. 그러므로 국제무역과 보완관계를 가지는 국제투자를 국제통상의 개념에 추가해서 정의하는 관점이 있다.

최광의의 국제통상 국제통상의 개념을 가장 넓은 의미로 정의하면 '국가 간에 일어나는 모든 국제경제거래'를 의미하기도 한다. 이러한 국제통상의 개념에는 국제무역, 국제투자 이외에도 외환 거래 및 국제금융까지 포괄된다. 외환 거래 및 국제금융거래는 국제무역과 국제투자와 밀접한 관계를 가지고 있는 활동이다. 거래가 서로 보완적으로 발생하며 최근에는 IT 기술의 발달과 함께 국제금융시장이 장소에 구애받지 않고 형성되어 그 중요성이 날로 커지고 있으며 거래량과 거래 방식도 나날이 성장, 발전하고 있다. 본 서에서는 이러한 최광의의 국제통상의 개념을 일반적으로 사용하고 이에 더해 국제통상의 규범질서 즉 모든 국제경제 거래가 일어나는 배경이 되는 제도에 대한 논의를 추가해서 국제통상의 탐구 대상을 규정한다.

2) 국제통상의 특성

국내거래와의 차이

국제통상은 국가 간에 국경을 넘어 이뤄지는 국제경제거래라는 점에서 한 국가 안에서 이뤄지는 국내경제거래와는 다른 여러 가지 특성들을 가지고 있다.

상품 및 요소이동 제약성

국제경제거래는 국내경제거래와는 달리 상품과 노동, 자본, 기술, 경영능력 등 생산요소 이동에 제약이 있다. 이는 본질적으로 수요자와 공급자가 지리적으로 떨어져 있고 국경에 의해 분리되어 있기 때문이다. 모든 국가들은 국내적으로는 상품과 생산요소들이 자유롭게 이동할 수 있도록 촉진하는 정책과 제도를 갖추지만 국외적으로는 자국의 이익을 위해 법적 규제와 정책 제도를 만들어 장벽을 구축한다. 수출입 제한과 관세 등 제도로 인해 국가 간 상품이동에는 제약이 존재한다. 또한 각국은 부존자원, 기후와 토질 등 자연환경의 차이가 있고 상품과 생산요소의 이동도 제약을 받는다. 언어, 기호, 문화, 관습 등 사회문화적 환경의 차이가 상품과 생산요소의 이동을 제약하기도 한다.

이종 통화의 사용

국제경제거래에 따른 대금 결제 과정에서 자국통화와 외국통화의 교환이 필요하다. 이는 국가 간 법정통화가 다르기 때문이다. 그러므로 국제경제거래를 위해서는 각국 통화의 교환비율인 환율을 기반으로 하는 외환거래가 필요하고 환율은 계속 변동하므로 본질적으로 환위험이 존재하게 된다.

상이한 경제환경 정책

국내경제거래는 동일한 경제환경과 정책 하에서 이뤄지지만 국제경제거래는 국가 간 서로 다른 법적 제도적 차이를 기반으로 이뤄진다. 예를 들면 상이한 조세제도 혹은 보건안전기준과 같은 제도를 들 수 있다. 각국은 자국의 국익을 우선한 경제정책을 수립해서 집행하고 있으며 외국 경제주체들에 대해서는 차별적인 간섭 및 제한조치를 취하고 있다. 그러므로 국제경제거래를 하는 기업과 개인들은 상이한 경제제도의 이질성에 적응하고 극복해야 하고 상대국의 외국 경제주체들에 대한 차별적 조세, 재정, 관세 조치들을 감수해야 한다. 또한 국가 간의 다른 제도와 경제환경으로 인해 저해되는 국제통상거래를 촉진하고 경제주체들이 직면하는 실제 문제들을 해결하기 위한 국제통상규범도 필요해진다.

국제통상학의 범위

이러한 특성 때문에 국제통상학과 그와 비슷한 관점을 가지는 국제경제학, 국제경영학은 일반적인 경제학, 경영학과 다른 전제와 연구범위를 가지게 된다. 또한 국제무역과 국제투자를 행하는 경제주체들이나 국제금융거래에 참여하는 경제주체들은 국내시장만을 대상으로 하는 경제주체들과 다른 문제에 직면하게 된다. 이러한 점들을 연구해야하는 것이 국제통상학의 특성이 된다.

(2) 국제통상학의 연구대상 및 범위와 접근법

1) 연구대상

국제무역

상술한 바와 같이 국제통상학은 국제경제거래에 대한 문제를 연구하는 학문이라 할 수 있다. 이러한 개념적 정의는 국제통상학의 연구대상이 무엇인가 또한 그 연구관점은 어디로부터 형성되는가로 내포와 외연을 규정할 수 있다. 우선 연구대상의 측면에서 보면 국제통상학은 가장 전통적인 국제무역에 관한 모든 문제를 연구대상으로 다룬다. 1960년대 우리나라 대학에는 무역학과가 독립학과로 보편화되기 시작했다. 수출입국이 국가 목표였던 당시에는 수출주도적 대외경제성장을 이끌 인재가 요구되었고 주로 상품의 수출입 거래와 그와 연관된 용역, 기술 거래를 연구하고 학습하는 학문분과가 성립한 것이다. 무역이론과 정책, 무역상무론의 영역이 연구대상이 되었다.

국제직접투자

1990년대에 들어서는 우리나라 경제발전이 이뤄지면서 많은 기업들이 국제무역을 넘어서 해외직접투자를 하기 시작했다. 국내 임금이 상승하며 해외의 노동을 활용하기 위한 공장설립, 해외잠재시장을 겨냥한 직접투자, 기술획득을 위한 연구개발조직의 인수 등 여러 형태의 해외직접투자가 발생했다. 이에 따라 이러한 국제경제활동을 수행할 인재양성이 요구되었다. 이 시기 많은 무역학과는 국제통상학과로 이름을 바꾸었으며 국제무역에 더해 국제경영론, 국제투자론 또한 국제통상학의 연구대상이 되었다.

국제증권투자

이후 우리나라는 OECD에 가입하며 금융실명제와 자본계정의 자유화를 달성하고 IMF 금융위기를 거치며 자본시장을 국제표준으로 맞추어 국제금융시장에 적극적으로 참여하기 시작했다. WTO에 가입하고 FTA를 맺으며 수출입 규모가 계속 늘어났고 경쟁력있는 기업들은 획득한 외환의 운용을 고민하고 환위험을 관리해야 했다. 이러한 배경에서 국제통상학은 국제경제학, 국제금융의 영역도 주요한 연구대상으로 삼게 되었다.

2) 연구 관점

개별기업의 관점

위와 같은 문제를 연구대상으로 하는 국제통상학은 여러 관점으로부터의 학문적 접근이 가능하다. 우선 개별기업의 관점에서 국제통상학의 접근이 이뤄질 수 있다. 기업은 국제적으로 상품과 서비스를 거래하고 투자와 금융거래의 주체가 되기도 한다. 또한 국제경영활동의 주역이다. 그러므로 이러한 기업의 관점에서 이론이 연구되고 정책이 모색될 수 있으며 제도 환경의 구성이 논의될 수 있다.

국민경제의 관점

다음으로 국민경제의 관점에서 국제통상학의 접근이 이뤄질 수 있다. 국제거래활동은 국가와 국가 사이에서 성립하며 국민경제 체제의 틀 안에서 이뤄진다. 그러므로 국제경제거래를 하는 개인이나 기업의 이익도 국가의 산업발전이나 국제수지 균형과 같은 국민경제적인 이익에 제약을 받게 된다. 국가도 국민경제의 발전 차원에서 개인과 개별기업의 국제경제거래활동을 촉진하는 정책을 세워 실행하기도 한다.

세계경제적 관점

마지막으로 국제통상학은 세계경제적 관점에서 접근이 가능하다. 세계는 국제통상질서에 의해 긴밀히 관계지워져 있고 국제생산네트워크가 개별 경제주체들을 국제무대에서 긴밀히 연결한다. 개별기업 등 경제주체와 국민경제는 이러한 국제질서 속에서 이해관계를 가지며 세계경제를 형성하고 있다. 세계경제의 다자주의와 지역주의, 자유주의와 보호주의의 흐름은 개별 경제주체들과 국민경제에게 영향을 끼치며 그 명운을 좌우하기도 한다. 따라서 개별 경

표 1-1 연구대상과 연구관점에 따른 국제통상학의 범위

	개별기업 차원	국민경제 차원	세계경제 차원
국제무역	무역상무론	국제무역론	국제정치외교 국제법학 국제지역학 국제협상학
국제직접투자	국제경영론	국제투자론	
국제증권투자	국제재무관리론	국제금융론	

제주체들과 국민경제, 이들이 이루는 세계경제는 상호의존적인 측면을 가지고 있으며 학제적 관점에서 국제통상학의 접근이 가능하다.

3) 본서의 구성

상술한 배경에서 국제통상학의 학문적 체계를 포함하는 본서의 구성은 다음과 같다.

국제무역이론

본서의 2편에서는 국제무역이론을 논의한다. 국제무역이 발생하는 원리와 패턴의 결정, 무역이득과 무역으로 인한 소득 분배의 변화 등 주제를 다루며 2장에서는 전통적인 무역이론과 근대무역이론을, 3장에서는 새로운 현대 무역이론에 대해 논의한다.

무역정책론

3편에서는 무역정책론을 논의한다. 각국은 자국의 이익을 위해 대외무역정책을 수립·시행하고 다른 국가와의 경제통합을 지향한다. 이는 국가 경제정책의 핵심이다. 4장에서는 보호무역의 주된 정책 수단과 그 경제적 귀결에 대해 학습한다. 5장에서는 자국의 경제적 이익을 심화시키기 위한 국제경제통합 정책의 양상을 논의한다.

국제수지, 외환, 국제금융론

4편에서는 국제수지와 외환 및 국제금융론을 다룬다. 6장의 국제수지와 국민경제에서는 국민경제의 관점에서 국제수지의 의미와 경상수지의 거시경제적 의미를 학습한다. 7장에서는 외환시장과 환율에 대해서 논의한다. 8장에서는 국제금융 시장의 구성과 원리를 소개한다.

국제통상질서

5편에서는 국제통상질서에 대해서 논의한다. 지금의 국제통상질서는 역사적인 맥락 속에서 형성되어 왔다. 9장에서는 자유무역과 보호무역의 역사적 변천과정을 서술하고 그 결정요인을 논의한다. 10장에서는 현재 다자주의의 기초가 되고 있는 국제통상규범 WTO와 후속협상인 DDA에 대해 논의한다. 11장에서는 미국과 달러 중심의 국제통화제도와 IMF, 통화체제 개편논의에 대해 학습한다.

국제경영론

6편에서는 국제경영의 기본개념과 체계를 소개하고 기업의 국제화와 국제경영의 주제를 다룬다. 12장에서는 기업 글로벌화의 개념과 유형을 소개하고 13장에서는 제 글로벌 기업의 경영 전략 수립을 논의한다.

1.2 최근 국제통상의 현상과 과제

(1) 국가 간 상호의존성 확대와 세계 경기 동조화

세계 교역량 추이

경제의 글로벌화가 진행되는 현상은 교역량이 증가하고 있다는 것과 세계 경기가 동조화되고 있다는 것으로 파악된다. 먼저 교역량 추이를 보면, 1960년 9.1%에 불과하던 세계 GDP 대비 교역량 비중이 2008년 25.6%까지 상승했다. 이 기간동안 세계 경제성장을 국제통상이 견인했다고 해도 과한 표현이 아니다. 80년대 오일쇼크로 인한 하락기가 있었지만 나머지 기간동안 세계 교역량은 경제총량보다 빠르게 증가했다.

글로벌 금융위기 이후

글로벌 금융위기는 세계 교역을 크게 위축시켰다. 2007년 미국의 서브 프라임 위기에서 촉발된 금융위기는 2008년 하반기부터 전 세계의 신용경색을 가져왔고 이에 영향을 받아 2009년 세계 교역량은 데이터가 집계된 이래 최대의 낙폭을 경험했다. 2010년부터는 2009년의 충격에서 반등하는가 싶었지만 유로존의 재정위기가 확산되면서 2016년까지 다시 급격한 하락세를 기록했다. 2017년은 전년대비 소폭 반등하여 22.1%를 기록했으나 여전히 2008년 수준을

그림 1-1 세계 교역량/GDP 추이(1960~2017)

자료: World Bank Dataset을 이용하여 저자 작성.

회복하지 못하고 있다. 2018년 이후로는 세계 경기가 회복되면서 교역량도 증가할 것으로 기대됐으나 미중 무역갈등으로 대표되는 보호주의의 대두로 전망이 불투명한 상태다.

경제성장률 동조화

세계 경기동조화 현상은 경제성장률 추이와 산업생산지수를 통해 확인할 수 있다. [그림 1-2]를 보면 미국, 일본, 유로 지역의 성장률은 70년대부터 이미 상당히 동조화돼 있음을 알 수 있다. 비교적 소득수준이 낮았던 한국은 성장률

그림 1-2 주요국 경제성장률 추이 (단위: %)

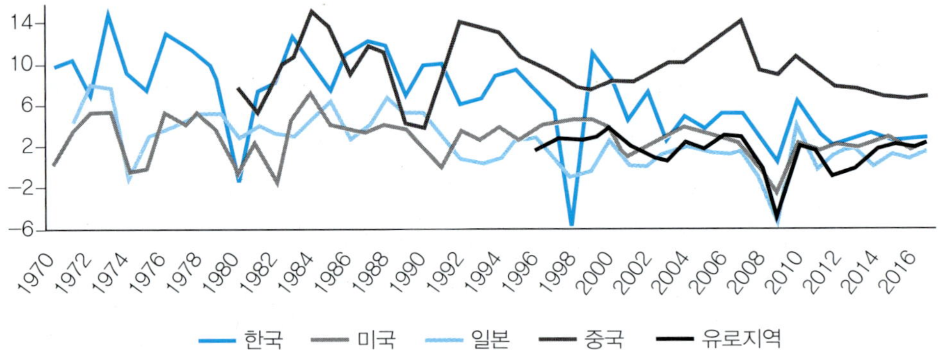

자료: 한국은행 경제통계시스템.

그림 1-3 주요국 산업생산지수 추이 (기준연도: 2010)

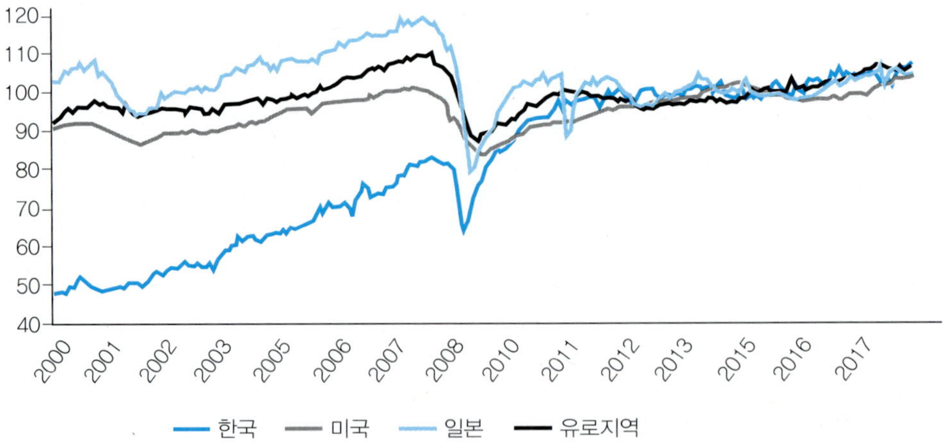

자료: 한국은행 경제통계시스템.

의 등락이 다른 나라보다 컸으나 점점 주요국의 추세에 수렴하고 있고 특히 글로벌 금융위기 전후로 거의 비슷한 움직임을 보이고 있다. 중국도 80년대 이래 평균적으로 높은 성장률을 시현했지만 대체로 같은 움직임 속에 성장률 추이가 수렴하고 있는 것이 관찰된다. [그림 1-3]의 산업생산지수 추이는 좀 더 현저한 동조화를 보여준다. 제조업에 국한된 데이터이기 때문이다. 주요국의 산업생산지수는 금융위기 이후 거의 동일하다고 해도 될 정도다.

경기동조화의 배경

이렇듯 세계 경제가 동조화되고 있는 데는 기업활동의 글로벌화가 큰 배경으로 작용했다. 많은 기업들이 특정 지역에서 그 지역에 특화된 제품을 생산하여 판매하는 방식에서 전 세계 시장을 대상으로 균일한 제품을 판매하는 방식으로 경영 활동을 바꾸게 된 것이다. 즉 시장이 글로벌화된 것이다. 또한 세계 각지에서 최적의 원료의 조달하여 최적의 장소에서 생산하여 전 세계로 공급하는 방식이 보편화됐다. 즉 조달·생산·분배도 글로벌화됐다. 이렇게 글로벌화되는 기업활동에 발맞추고자 교역제도도 글로벌화됐다. 1947년 GATT와 1994년 이를 이어 받은 WTO는 전 세계가 합의하여 관세 및 비관세장벽을 낮추는 이니셔티브였다. 여기에 각종 양자간·국가 간·지역별 FTA가 더해지면서 세계의 무역장벽은 현격히 낮아졌다. 최근에는 정보화 기술의 발날과 동신수단의 효율화가 더해지면서 지구는 더 작아졌다.

(2) WTO 체제의 한계 노출과 지역주의, 보호주의의 확산

WTO와 자유주의

1995년 출범한 후 지금까지 WTO는 다자간 교역제체를 공고히 하고 세계 경제성장을 견인하는데 큰 역할을 해왔다. GATT를 포함한 전통적인 무역자유화 노력이 주로 개별품목별 관세 인하 협상을 통해 이뤄졌다면 WTO는 이보다 한 차원 더 나아가 자유무역을 촉진시켰다. 우루과이 라운드에서는 특정품목에 대해서 완전히 관세를 없애는 협상이 모색되고 농산물을 포함하는 모든 품목에서 수입수량제한, 최소수입가격, 자의적 수입허가 등의 비관세 조치들을 관세를 통해 무역장벽을 설치하는 방향으로 전환하는 **예외없는 관세화**(tariffication)가 논의되었다. 또한 지식재산권, 무역에 대한 기술적 장벽, 정부조달 등의 안건에 대한 조항이 합의되어 규범화시킴으로써 비관세 장벽을 현저히 제거하고 자유무역의 진전에 기여했다.

DDA 협상 난항

하지만 WTO를 중심으로 발전해 오던 자유주의는 최근 한계에 봉착하고 있다. 우선 WTO 후속협상인 DDA 협상이 난항을 겪고 있다. DDA는 WTO 2001

년 4차 각료회의에서 시작한 이래 추진해온 무역 자유화 다자간 협상인데 현재까지 목표한 성과를 내지 못하고 있다. DDA가 **일괄타결방식**(Nothing is agreed, until everything is agreed)을 정하고 시작한 협상인 점이 주요한데 실질적인 효과를 이끌어내는 성과가 나오지 않고 있다. 이러한 협상방식에 더해 협상국의 이해관계가 첨예하게 대립함으로써 해결의 실마리가 보이지 않고 있다. 미국은 농업보조금을 감축할 의사가 없고 EU는 농산물 관세인하를 양보할 생각이 없다. 개발도상국은 공산품 수입자유화를 반대하고 있다. 이러한 상황에서 일부 타결이 이뤄진 안건을 모아 2013년 발리 패키지, 2015 나이로비 패키지가 도출되기도 했으나 지금은 협상의 모멘텀이 상실된 상황이다.

지역주의 확산

또한 WTO 출범이후 **지역주의** 현상이 최근에는 자유주의를 저해하는 방향으로 진전될 조짐이 보이고 있다. 지역주의는 보다 밀접한 국가들끼리 특혜적인 무역 및 투자자유화 협정을 맺어 경제통합을 진행하는 움직임이다. GATT 발족 당시에는 지역경제통합이 자유주의의 진전을 촉진한다는 공통된 인식이 있었기 때문에 **지역경제통합에 대해 최혜국대우원칙의 예외를 인정**하는 조항이 있었다. 이 조항이 WTO에도 계승되어 WTO 출범 이후부터 자국 이익극대화를 위한 FTA와 같은 많은 지역경제통합협정이 이뤄지고 있다. 이러한 지역주의의 확산이 최근에는 메가 FTA를 중심으로 경제블록화 조짐을 보이며 자유주의의 진전을 저해하는 방향으로 발전하는 경향이 있다. 예를 들면 USMCA 협정에는 회원국이 비시장국가와 독자적 FTA를 맺는 것을 금하는 조항이 이례적으로 삽입되었다. 일본이 주도하던 TPP에서는 누적 원산지 제도를 도입해서 중국을 배제하는 경제블록의 형성이 모색되었다. 중국과 개발도상국이 주도하는 RCEP에서는 서비스 무역협정은 주된 안건이 되지 못하고 있는데 이는 중국의 이익이 고려된 것이다. 자국 중심의 지역경제통합이 산발적으로 이뤄지고 자국이 유리한 방면의 선택적 자유화가 모색되고 있다. 지역주의가 자유주의의 진전을 저해하는 국면이 형성되고 있는 것이다.

보호주의의 부상

이러한 상황에서 최근에는 **보호주의**가 새로이 부상하고 있다. 세계사적으로 볼 때 산업혁명 이후 생산력이 빠르게 증대되어 보호주의의 발흥은 매우 일반적인 현상이다. 오히려 자유주의가 진전된 시기가 매우 짧았는데 패권국이 존재해서 세계교역의 성장을 촉진하는 세계질서를 용인한 시기에만이 자유주의가 발전할 수 있었다. 예를 들면 패권경쟁에서 유럽제국을 제치고 승리한 영국은 1860년 영불통상조약을 맺고 자유주의 시기를 열었다. 제2차 세계대전 후 서방세계 패권국으로 자리매김한 미국은 1947년부터 GATT기반에 달러를 기축통화로 삼는 브레튼우즈체제를 구축했다. 하지만 이러한 자유무역시기는 오래가지 않았으며 신흥국의 부상에 대응해 패권국이 관세를 인상하는 등 보호주의 조치를 취하며 종결되었다. 이는 패권국 산업의 경쟁력 저하와 실업증가 등과 관련이 있다. WTO 출범 후 20여 년이 흐르는 동안 중국이 미국의 패권을 위협할만한 경제규모로 성장하면서 보호주의가 부상하고 있다. 미국의 중국에 대한 무역수지 적자는 나날이 확대되고 있어서 글로벌 불균형이 해소되지 못하고 있다. 세계화에서 소외된 산업과 지역의 주민들은 보호무역을 주장한다. 이에 따라 미국은 중국에 대해 공정한 무역을 내세우며 2018년 500억 달러 규모 수입액 품목에 대해 25% 관세를 부과하고 2000억 달러 규모 수입액에 대해 10% 관세를 부과해서 보호무역정책을 강화하고 있다. 미국은 다른 여러 나라에 대해서도 반덤핑 관세, 환율조작국 지정 등 수단을 동원해서 자국의 이익을 강화해 나가고 있다.

미중무역분쟁과 자유주의

무역분쟁 중심의 미국과 중국의 긴장관계를 체제경쟁 시작이라 평가하는 관점도 있다. 중국이 사회주의 시장경제라는 독자적인 체제를 유지하고 있기 때문에 자유민주주의를 추구하는 미국과 근본적으로 다른 지향을 가지고 있고 이들 국가들 간의 경쟁은 패권경쟁으로 발전할 수 있다는 생각이다. 제2차 세계대전 후 미국과 구소련의 냉전 기간에는 자유주의가 큰 진전을 보였다. 이 시기에는 미국이 구소련과 동구권과의 체제 경쟁을 진행하며 공산주의의 확산을 막기 위해 서방국가들을 자유무역체제로 편입시키고 이들 국가들의 경쟁력 향상을 지원했기 때문이다. 하지만 지금의 미국 특히 2016년 당선된 도널드 트럼프(Donald Trump) 대통령 시기의 미국은 **고립주의**와 **일방주의**를 보이고 있다. 셰일가스 생산기술이 발전하며 미국은 에너지를 수입할 필요가 없게 되었고 오히려 에너지를 수출하는 국가가 되었다. 많은 이민자들과 유학생이 경제활동에 참여해 미국 경제를 견인하고 있다. 그러므로 다른 국가들에 의존하지 않고도 자국의 이익을 충분히 확보할 수 있다는 생각이 국가 전략 수립의 전제가 되고 있다. 오히려 국내 경제 안정을 위해 자원을 수입하고 수출시장을 확대해야 하는 중국이 자유주의와 다자주의를 주장하고 세계 교역을 주도하고 있다. 이러한 상황에서 WTO 체제의 미래와 다자주의의 유지가 위기를 맞고 있다.

(3) 해외투자 확대와 글로벌 공급사슬의 형성 그리고 중국의 부상

해외직접투자의 증가

앞서 언급했듯이 세계 경제 동조화의 주요 추동력은 기업 활동의 글로벌화이다. 이는 기업들의 **해외직접투자**(FDI)가 증가하는 추세로 확인된다. 세계은행 데이터로 작성한 [그림 1-4]에 따르면 1980년 500억 달러 남짓이던 세계 FDI는 2007년 3조 달러 이상까지 증가했다. 2000년 닷컴버블의 붕괴의 충격으로 몇년간 주춤했던 것을 제외하면 거의 줄곧 증가해 온 것이다. 그러나 교역량과 마찬가지로 FDI 역시 글로벌 금융위기에 따른 신용경색의 여파를 피해가지 못했다. 2008~2009년 연속으로 하락한 FDI는 1조 달러대까지 떨어졌고 2017년까지 그 전 수준을 회복하지 못하고 있다.

글로벌 공급사슬

90년대와 2000년대는 **글로벌 공급사슬**(GSC: Global Supply Chain)의 등장으로 특징지워진다. 기업들이 글로벌한 공급망을 구축하여 최적의 생산 체제를 구축하게 된 것이다. 아래 소개된 보잉(Boeing)사의 사례를 살펴보면 한 대의 비행기를 만드는데 한국·일본·영국·이탈리아 등 수많은 국가들로부터 부품을 조달받고 있음을 알 수 있다. 심지어 보잉사가 자체 조달하는 부품들도 해외공장과 미국의 각기 다른 공장에서 만들어지고 있다. (어떤 부품들이 어떤 기업과 지역에서 조달되는지 자세히 살펴보라.) 즉 보잉사는 외국기업에게 납품을 받는 동시에 외국의 자회사에게서도 납품을 받고 있으며 본국의 공장에서도 납품을

그림 1-4 세계 해외직접투자 추이(1980~2017) (단위: 10억 달러)

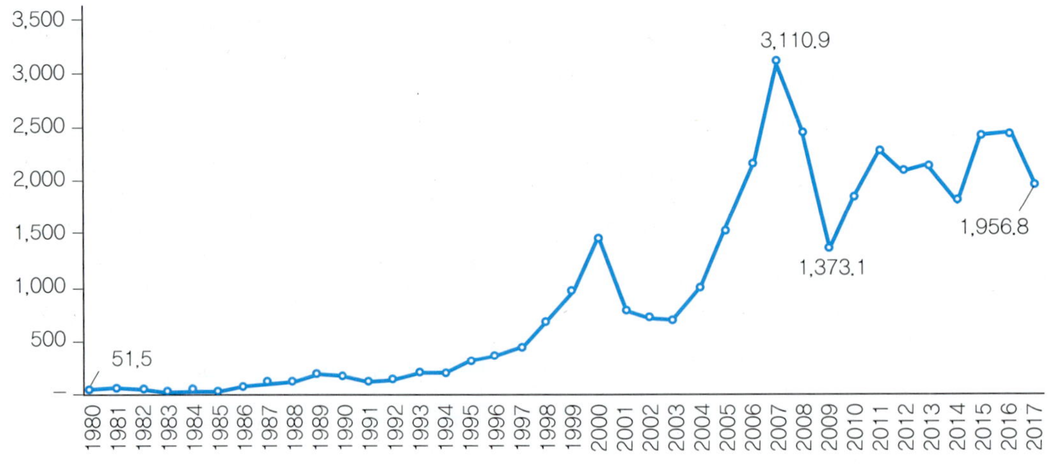

자료: World Bank Dataset.

받고 있는 것이다.

GSC 등장의 배경 이렇듯 복잡한 공급사슬을 일부러 구축하기란 어려운 일이다. 어떤 추동력이 있어서 이런 공급사슬이 형성된 것일까? 단순히 기업의 이윤동기만으로 설명하는 것은 불충분하다. 더 싸고 더 좋은 부품을 찾기 위해 경쟁하다보니 그렇게 되었다는 것은 기업의 활동을 설명하는 동어반복적 해석이다. 그보다는 국제적 탐색과 조달을 가능케한 글로벌 인프라의 발달과, 부품 공급이 가능한 수준 높은 기업이 해외에 존재하게된 내력을 밝히는 것이 더 중요하다. 이러한 이슈들은 12장과 13장에서 자세히 다루게 된다.

산업내 무역 데이비드 리카도(David Ricardo)로부터 시작된 고전 국제무역이론은 산업간(inter-industry) 무역을 상정하고 있다. 즉 각기 다른 나라들이 각기 다른 산업에 특화하여 교역하면 모두의 후생이 증가한다는 것이다. 미국이 석유화학 산업에, 한국이 전자산업에 특화하라는 식이다. 그러나 국제무역의 현실은 산업내(intra-industry) 무역에 가깝다. 미국도 한국도 석유화학과 전자산업을 모두 하면서 그 산업 내에서 세부특화된 제품들을 교역하고 있는 것이다.

그림 1-5 보잉사의 부품조달 현황

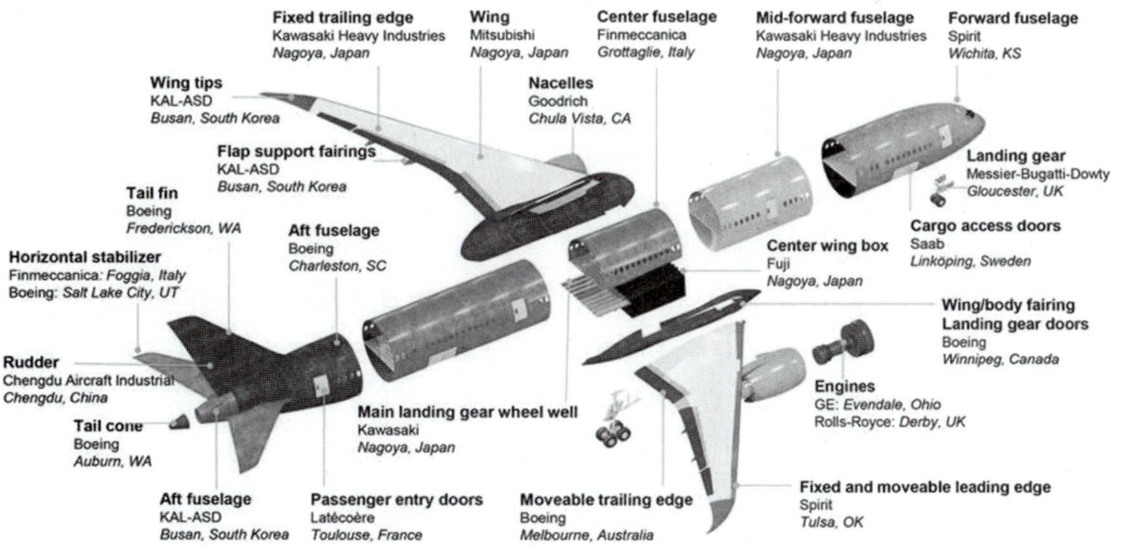

자료: 미국상공회의소(Chamber of Commerce of the United States of America).

세계의 공장 중국의 부상

21세기는 2001년 중국의 WTO 가입과 함께 시작됐다. 중국은 WTO의 다자체제를 십분 활용하여 적극적으로 글로벌 공급사슬에 뛰어들었고 거기서 막대한 혜택을 입었다. 오늘날 세계 경제총량의 1/6, 세계 경제성장의 1/3을 담당하는 중국은 WTO 체제의 최대 수혜자라고 할만하다. 80년대에는 단순임가공 기지로 활용되던 중국이 90년대 말부터 점점 글로벌 기업들의 핵심적인 생산기지가 되고 글로벌 기업의 지역본사들을 대거 유치하기 시작했다. 이제 우리나라를 비롯한 세계 각국은 중국을 어떻게 활용하고 어떻게 견제해야 하는지 분주히 고민하게 됐다. 최근에는 글로벌 공급사슬의 본거지이자 발원지가 중국으로 설정되는 이른바 중국 공급사슬(China Supply Chain) 현상이 관찰되고 있다. 제조업에 있어서 중국은 더 이상 주변부가 아니다. 우리나라 기업들은 서구를 상정한 글로벌 공급사슬에서 중국 중심의 공급사슬로 상당히 옮겨갔으며 그 결과 중국은 우리나라의 가장 큰 교역대상국이다. 홍콩을 합칠 경우 미국·일본 등 나머지 7개국을 합친 것보다 더 많은 교역을 중국과 하고 있다. 사실 중국은 세계 많은 나라의 최대 교역대상국이기도 하다.

(4) 국제수지 불균형의 지속과 국제통화제도의 개편논의

국제통화제도의 한계

현행 국제통화제도는 미국의 국제수지 적자문제가 불거질 때마다 개편하여야 한다는 목소리가 높아지고 있다. 이는 미달러화라는 한 국가의 통화를 기축통화로 하는 현행 국제통화제도는 출범당시부터 내재적 모순을 지니고 있을 뿐만 아니라 기축통화국이 지나치게 특권을 누리고 있기 때문이다. 현행 국제통화제도를 개편하기 위해 다양한 방안이 제시되고 있지만 국가 간 이해가 엇갈려 실행 가능성이 매우 희박하다. 이러한 가운데 주요국을 중심으로 통화주도권을 차지하기 위해 치열하게 경쟁을 벌이는 모습을 보이고 있다.

브레튼우즈체제의 출범

제2차 세계대전 후 국제통화제도는 미국의 주도하에 브레튼우즈협정을 체결함으로써 미달러화를 기축통화로 하는 금환본위제도와 조정가능한 고정환율제도를 근간으로 출범하였다. 세계 공적 금보유량의 80% 이상을 차지하게 된 미국은 기축통화국으로서 금 1온스당 미화 35.0달러로 태환을 보장하였다. 따라서 다른 국가들은 통화준비자산으로 금뿐만 아니라 미달러화를 보유하는 국제금환본위제가 성립되었다. 또한 IMF 회원국은 미달러화에 환율을 고정시키되 국제수지가 기초적으로 불균형을 보이는 경우 평가조정이 가능하도록 하였다.

그림 1-6 미달러화 가치와 미국의 무역수지 변동추이

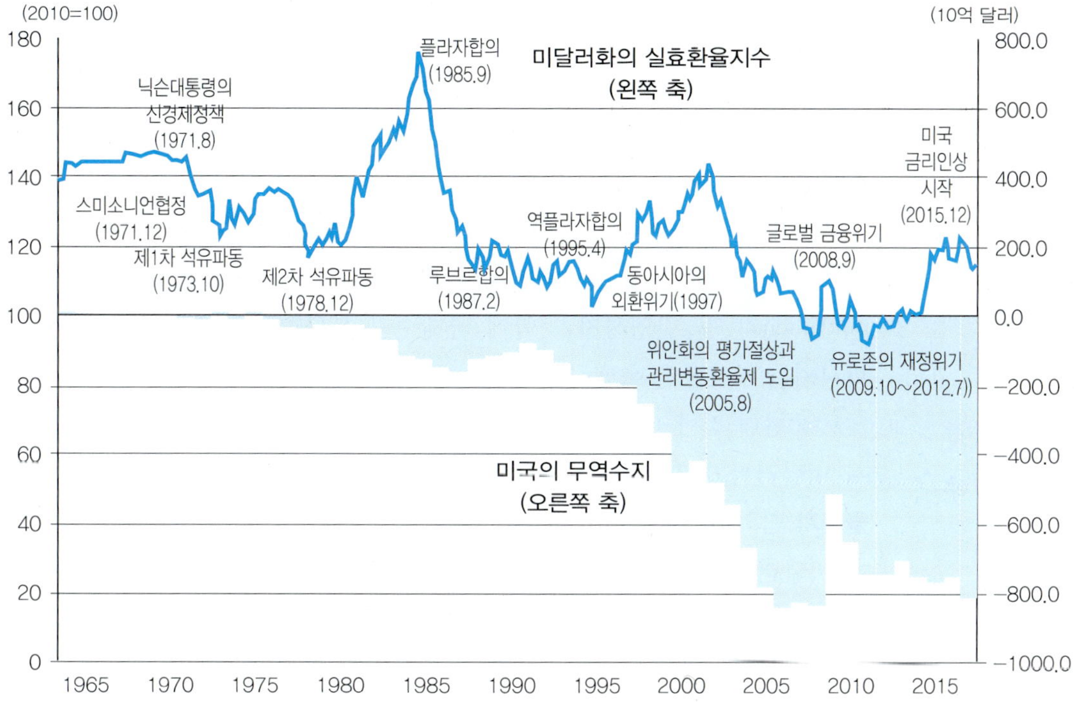

자료: BIS 웹사이트(www.bis.org), 통계청의 국가통계포탈(KOSIS) 웹사이트(kosis.kr).

유동성 공급기능과 신인성 유지기능의 상충

브레튼우즈체제는 미달러화가 기축통화의 역할을 담당하게 되면서 유동성 공급의 기능과 신인성 유지의 기능이 내재적으로 상충되어 모순을 지니고 있었다. 미달러화가 교환의 수단으로서 기능을 하기 위해서는 – 즉 세계교역의 증가에 맞추어 적절히 국제유동성을 공급하기 위해서는 미국에서 미달러화가 유출되어야 하는데, 이는 미국의 국제수지 적자에 의해 이루어질 수밖에 없었다. 반면 미달러화가 가치저장의 수단으로서 기능을 수행하기 위해서는 – 즉 국제적으로 신인성을 유지하기 위해서는 미국의 국제수지가 흑자를 보이거나 균형을 이루어야 한다. 따라서 미달러화가 두 가지 기능을 동시에 양립시키는 것은 구조적으로 불가능하였다.

브레튼우즈체제의 붕괴

이와 같이 브레튼우즈체제는 내재적 모순을 안고 있기 때문에 미국의 국제수지 적자문제가 불거질 때마다 국제통화제도의 개편논의를 촉발시키고 있다. 1960년대 말 미국의 무역수지가 적자로 전환할 조짐을 보이자 미달러화의

가치 하락을 우려한 국가들이 금태환을 요구하였다. 이에 맞서 닉슨대통령이 1971년 8월 신경제정책의 일환으로 미달러화의 금태환 정지를 공식적으로 선언하면서 브레튼우즈체제는 사실상 붕괴의 길을 걷게 되었다.

변동환율제도의 도입

1971년 12월 스미소니언협정을 체결하는 등 두 차례에 걸쳐 미달러화의 평가절하조치를 취하였지만 달러위기가 해소되지 않자 1973년 3월 일부 유럽국가와 일본이 자국통화를 미달러화에 자유로이 변동하도록 허용하면서 브레튼우즈체제가 완전히 붕괴되었다. 1976년 4월 변동환율제도가 추인을 받아 킹스턴체제가 공식적으로 출범하였지만 환율이 각국의 기초적 경제여건(economic fundamentals)을 반영하지 못함에 국제수지 불균형과 국제유동성의 편재를 심화시키는 부작용을 초래하였다.

플라자 합의

1980년대 전반 미국의 금융긴축과 재정적자 확대로 금리가 급격히 상승하면서 미달러화가 강세를 보임에 따라 국제수지가 크게 악화되었다. 1985년 9월 **플라자 합의**(Plaza Accord)를 통해 주요 미국의 국제수지 적자를 해소하기 위하여 미달러화의 약세를 유도하였다. 그러나 일본, 독일, 프랑스 등 주요 교역상대국들은 자국통화가 미달러화에 대해 지나치게 절상되어 자국상품의 국제경쟁력이 약화되자 루브르합의를 통해 미달러화 가치의 하락을 막았다.

금융위기의 확산

한편 자본이동성의 증가로 세계 각국에서 외환 및 금융위기가 빈번하게 발생하면서 국제통화체제가 불안한 모습을 보이고 있다. 1990년대 들어 1997년 동아시아 외환위기 등을 비롯하여 수많은 크고 작은 위기가 이어져 왔으며, 2008년 미국의 서브프라임 모기지위기에서 시작한 금융위기는 전 세계적으로 확산되었다.

현행 국제통화제도의 문제점

이와 같이 미국의 경상수지 적자 누적 등으로 미달러화 가치가 불안해지거나 금융위기가 발생할 때마다 미달러화를 기축통화로 하는 국제통화제도를 개편하여야 한다는 주장이 대두되고 있다. 현행 국제통화제도는 미달러화가 기축통화로서 역할을 담당하는 한 유동성과 신인성 간 딜레마를 해결할 수 없으며, 기축통화국의 신인성이 저하되어도 이를 제어할 제도적 장치가 없다는 점이 지적되고 있다. 또한 기축통화국이 과도한 시뇨리지라는 특권을 누리고 있으며, 신흥개도국은 외환위기를 겪지 않기 위해 과도하게 기축통화로 외환보유액을 쌓고 있다는 점이다.

국제통화제도의 미래

현행 국제통화제도를 개편하기 위해 다양한 차원에서 논의가 이루어지고 있으나 주요국의 이해가 엇갈려 합리적 대안을 찾지 못하고 있다. 현재 논의되고 있는 복수기축통화체제를 구축하는 방안과 초국적 통화를 창출하는 방안은 공정성과 안정성 면에서 우월하지만 실행의 용이성과 정치적 선택의 가능성이 낮다. 따라서 당분간 현행 국제통화제도가 갖고 있는 단점을 보완할 수 있는 현실적 방안들이 지속적으로 논의되는 가운데 통화주도권을 차지하기 위해 미국, 중국 및 EU 간에 치열하게 경쟁이 벌어질 것으로 전망된다.

(5) 자본이동성 증가와 외환·금융위기의 세계적 파급

1980년대 이후 국제자본이동성이 점차 증가하면서 한 나라의 외환·금융위기가 국제금융시장의 불안 등 다양한 경로를 통해 세계적으로 파급되는 모습을 보이고 있다. 일반적으로 외국자본이 급격히 유출되는 국가는 외화유동성 부족으로 외환위기를 겪을 뿐만 아니라 금융중개기능이 마비되어 실물경제가 급격히 위축된다. 일국의 외환·금융위기는 무역, 금융 등 다양한 경로를 통해 주변국이나 세계적으로 파급되어 나감으로써 세계경제의 성장을 저해한다.

국제자본이동의 긍정적 측면

국제자본이동을 긍정적 시각에서 보면 투자국이나 피투자국 모두에게 도움이 된다. 투자국으로서는 외국에 투자함으로써 자본의 수익성을 높일 수 있을 뿐만 아니라 분산투자를 통하여 위험을 낮출 수 있는 장점이 있다. 반면 피투자국으로서는 낮은 비용으로 자본을 조달함으로써 경제성장을 촉진하고 금융시장의 발전을 도모할 수 있다. 그러나 피투자국은 자본의 급격한 유출 등으로 인한 부작용을 최소화하기 위하여 단계적으로 자본자유화를 추진해 오고 있다.

금융시장의 개방 압력

1980년대 들어서면서 미국은 다른 선진국 및 신흥개도국에 대하여 금융시장을 개방하도록 압력을 넣기 시작하였다. 미국경제는 다른 나라보다 일찍 성숙단계에 진입함에 따라 높은 수익을 얻을 수 있는 투자 기회가 크게 줄어들었다. 미국은 대내적으로 금융기관이 새로운 금융상품이나 금융기법을 개발하여 투자자들의 높은 수익 요구에 부응할 수 있도록 지속적으로 금융규제를 완화하거나 철폐하였다. 한편, 미국은 대외적으로 높은 수익을 얻을 수 있는 다른 국가에 투자하기 위하여 다른 선진국이나 신흥개도국에 대하여 금융시장의 개방을 지속적으로 요구하였다.

정보처리기술 및 정보통신기술의 발달

1990년대 들어 정보처리기술과 정보통신기술의 발달은 각국 금융시장의 연계성을 높여 금융의 범세계화를 촉진하였다. 컴퓨터에 의한 정보처리기술의 발달은 수요자의 욕구에 맞추어 새로운 금융상품이나 금융기법 개발을 용이하게 하였다. 또한 정보통신기술의 발달은 범세계적 차원에서 시장정보를 수집·분석하여 신속하게 투자할 수 있게 함으로써 범세계적 차원에서 금융시장의 통합을 가져왔다.

금융 · 외환위기 빈발

금융의 범세계화로 국제자본이동성이 증가하면서 투자자들은 일국의 경제여건이 악화되어 투자손실이 발생할 것으로 예상되면 투자금을 급격히 회수함에 따라 세계 도처에서 크고 작은 금융 및 외환위기가 빈번하게 발생하고 있다. 1982년 멕시코를 시작으로 중남미 국가들이 외채에 시달리면서 연쇄적으로 모라토리엄을 선언하는 시련을 겪었다. 1992~93년 유럽통화체제의 위기가 발생한 이후 1994년 멕시코 위기, 1997년 동아시아 위기, 1998년 러시아 위기, 1999년 브라질 위기, 2002년 아르헨티나 위기 등 수많은 크고 작은 위기가 이어져 왔다. 특히 2008년 미국에서 발생한 서브프라임 모기지위기로 미국 주요 금융기관들이 유동성을 확보하기 위해 해외에 투자하였던 자금을 급격히 회수하면서 금융위기가 세계적으로 확산되었다. 이러한 글로벌 금융위기의 여파로 일부 유로회원국은 재정건전성이 악화되어 국가부도의 위기에 몰리기도 하였다.

외환 · 금융위기의 재발 방지책 구축

자본이동성의 증가로 외환·금융위기가 빈발함에 따라 G-20를 중심으로 세계적 차원에서 금융위기의 재발을 방지하기 위한 노력이 다각적으로 이루어지고 있다. 글로벌 금융위기의 가장 큰 원인이 과도한 금융규제의 완화에 있다고 보고 금융기관에 대한 감독기능 강화, 대출관행에 대한 규제 강화, 그리고 투자은행 및 담보대출기관 등 제2금융권에 대한 건전성 강화 등의 조치를 취해 나가고 있다. 이러한 조치로 이전보다 금융시장의 안정성은 높아지기는 했지만 금융위기를 완벽하게 방지할 수 있는 제도적 장치가 구축된 것은 아니다. 앞으로 외환·금융위기는 언제든지 발생할 수 있으므로 국제금융환경의 변화에 맞추어 국내금융감독체제 및 방향을 개선하고 국제금융시장의 안정성을 높이기 위한 협조체제를 구축해 나가야 한다.

PART

02 국제무역이론

원초적 형태의 무역은 원시공동체사회에도 존재했던 인간의 본질적인 행동양식이다. 무역에 대해 학자들은 다음과 같은 의문을 제기해 왔다. 국가 간의 무역은 왜 발생하는가? 무역국은 어떤 재화를 수출 또는 수입하며 무역의 방향을 결정하는 요인은 무엇인가? 무역의 이익은 무역국 간에 어떻게 분배되는가? 이러한 문제를 탐구하는 과정에서 무역이론은 발전해 왔다. 고전학파의 무역이론, 근대무역이론, 현대무역이론은 이러한 의문에 대해 탐구하는 과정에서 현실세계를 더 나은 방향으로 개선하는데 결정적인 시사점들을 제시해왔다.

CHAPTER 02

전통적 무역이론

이 장에서는 무역의 이득과 상대가격, 무역이 발생하는 근본원인에 대해 탐구한다. 적절한 교환비 안에서 무역이 이뤄지면 무역에 참여하는 모든 당사자가 이득을 누리게 된다. 무역이론은 무역의 패턴의 결정과 이로 인한 소득분배의 변화, 교역조건을 설명할 수 있다. 또한 이 장에서는 아담 스미스와 데이비드 리카도 등 고전학파 무역이론과 엘리 헥셔와 버틸 올린이 정리한 근대의 무역이론에 대해 논의한다. 고전학파의 무역이론은 이전의 중상주의 보호무역을 반대하고 자유무역을 주장했다. 아담 스미스는 분업의 개념을 확장시켜서 국제적 분업으로서의 무역의 이점을 강조했고 데이비드 리카도는 비교우위론을 주창했다. 근대 무역이론은 자본의 생산요소를 무역이론 모형에 도입해서 산업혁명 이후 세계시장이 통합된 시기의 현실에 부합하는 무역이론을 완성했다. 무역으로 인한 생산요소 간 소득분배 변화에 대해서도 설명했다.

2.1 국제무역의 발생원인과 핵심과제

(1) 무역의 발생원인

1) 무역이득

무역발생 원인

우선 무역이 발생하는 원인에 대해서 논의한다. 무역은 국가 간 경제주체들이 서로 필요한 재화 혹은 서비스를 교환하는 것이다. 교환은 본질적으로 두 경제주체가 자발적으로 참여했을 때 쌍방에 모두 이익을 가져다주는데 본질적으로 교환을 통해 두 경제주체들이 재화의 소비를 통해 누리는 효용이 모두 증가함으로써 성립한다. 이론적으로 두 경제주체가 가진 재화량이 다르거나 두 경제주체의 선호체계가 다르다고 가정하면 재화에 대한 두 경제주체의 주관적 선호도가 차이가 나게 된다.

상대가격

이와 같이 주관적 선호도가 다르면 재화에 대한 주관적 교환비, 즉 상대가격 또한 경제주체들 간에 차이가 나게 되어 일정 구간의 상대가격 구간 안에서 교환이 이뤄지면 교환에 참여하는 두 경제주체가 모두 만족하는 결과가 일어난다. 또한 교환을 통해 두 경제주체 간에 분업, 즉 생산특화가 이뤄지면 경제적 효율이 증대되는 효과가 있어서 두 경제주체들에게 이익을 가져다 준다. 분업이 이뤄지면 경제주체는 더 넓은 선택지를 가지고 생산투입요소를 경제적으로 더 효율적으로 배분할 수 있게 되어 투입요소의 생산성이 증대된다.

무역이득

이러한 교환이 국경을 넘어 국제적인 차원에서 일어나면 무역에 참여하는 국가가 쌍방 모두 이득을 얻는다. 국제무역은 생산요소의 자유로운 이동과 배분이 제약되거나 수송비 혹은 관세 측면에서 더 높은 비용이 발생하는 점, 국가 간의 상이한 시장제도를 극복해야 한다는 측면에서 국내교역과 차이가 있다. 하지만 국가의 전체적인 사회무차별 곡선을 가정할 수 있다면 **무역에 자발적으로 참여하는 국가는 경제주체 간의 교환과 마찬가지로 이득을 얻고 이를 무역이득**(gains from trade)**이라 한다.** 무역은 참여 당사국이 모두 이익이 증대되는 얻는 윈-윈 게임(포지티브 섬 게임)이다.

무역이득 = 교환에 의한 사회적 효용증가 + 생산특화에 의한 생산성 증가

경쟁촉진, 규모의 경제, 외부경제

또한 국제무역을 통해 시장이 확대되어 더 큰 범위에서 생산, 분배, 소비가 가능하게 되면 경쟁촉진, 규모의 경제, 외부경제효과와 같은 부가적인 효과가

발생해서 경제적 효율성이 한층 더 증가한다. 예를 들어 큰 시장에 접근할 수 있는 경제주체는 규모의 경제를 활용할 수 있는데 특정 생산 단계에 기계를 도입하거나 개발된 전문역량을 활용할 수 있어서 경제적 효율성이 증대되고 전체적인 무역이득은 한층 더 늘어나게 된다.

2) 무역현상의 부분균형분석모형

부분균형분석 무역의 발생원인과 무역이득을 부분균형분석을 통해 이해할 수 있다. 현실에서는 다수의 교역국이 다수의 교역품목을 거래하고 있다. 하지만 무역현상의 본질을 더 쉽게 이해하기 위해서 다음과 같이 단순화시킨 이론 모형을 설정한다. 우선 세계에는 본국(A국)과 외국(B국) 두 나라만 있다고 가정한다. 두 나라의 선호체계는 동일하고, 수출재(X재)와 수입재(Y재)의 두 가지 품목만 교역한다.

가격 차이 먼저 수출재(X재)에 대해서 살펴보면 **본국과 외국 간에는 재화에 대한 가격 차이가 존재하고 이로 인해 거래를 통해 이익을 얻으려는 경제주체들에 의해 무역이 발생**한다. 본국과 외국 모두 시장에 의해 자국 시장에서의 가격이 결정된다면 자국의 시장 수요 공급 여건에 따라 각기 다른 시장 가격이 형성될 것이다. 이 차이는 그 나라 소비자의 선호체계와 생산자의 생산성 등 요건에 따른 것이다.

재정거래 만약 본국의 X재 가격이 외국에서보다 싸게 형성되면 이 재화는 본국에서 외국으로 수출된다. 경제주체가 상품의 가격이 낮은 시장에서 매입해서 가격

그림 2-1

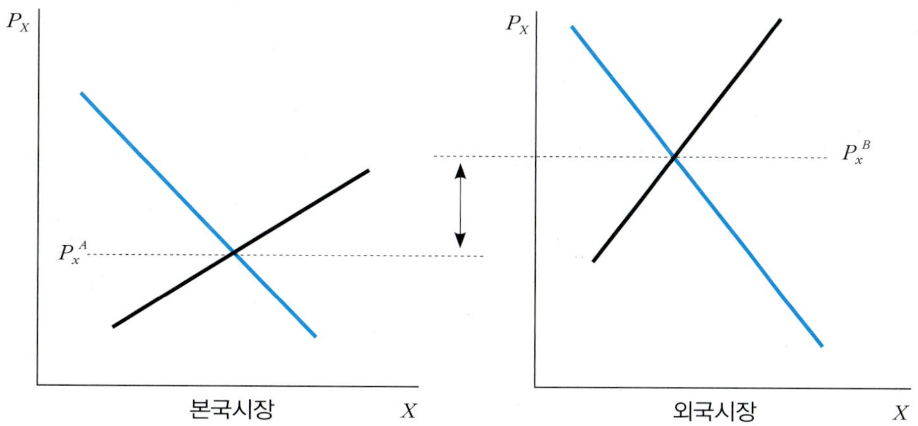

보충학습 재정거래와 일물일가의 법칙

특정 재화에 있어서 완전경쟁시장을 가정하고 수송비용과 거래 수수료 등 거래에 따른 추가 분담 비용이 없음을 가정하면 재정거래에 의해 일물일가의 법칙이 성립한다. 분절되어 있는 시장도 경제주체들의 재정거래가 지속되면 시장이 통합되는 효과가 있어서 하나의 재화에 대해서 하나의 가격만이 존재하게 된다는 의미이다. 재정거래는 장소적 재정거래 혹은 시간적 재정거래의 형태로 나타날 수 있다.

- **장소적 재정거래**
  사과: 서울과 대구
  금: 서울과 런던
  채권(이자율): 서울과 부산
- **시간적 재정거래**
  배: 가을(수확)과 봄(판매)

이 높은 시장에 매도함으로써 매매차익을 얻고자 하는 거래행위를 재정(차익) 거래(arbitrage transaction)라 하며 가격변동의 위험을 부담하지 않은 안전한 이익 추구 행위이다. 국가 간 수송비와 마진을 고려하지 않으면 본국과 외국에서 재화의 가격차이가 성립하면 필연적으로 무역이 일어난다.

세계시장의 수요곡선과 공급곡선

무역이 일어나게 되면 본국과 외국의 X재 시장 수요공급곡선으로부터 X재 즉 수출재의 세계시장 공급곡선과 수요곡선을 도출할 수 있다. X재의 세계시장 수출공급곡선은 본국 수요공급곡선에서 각 가격에서의 초과 공급량(국내공급량−국내수요량)을 통해 도출할 수 있는데 [그림 2−2]에서 확인할 수 있는 바와 같이 본국 X재의 공급곡선보다 세계시장에서의 수출공급곡선의 기울기가 더 완만하다. 초과공급은 가격변화에 따라 공급량이 더 크게 변화한다. 같은 방법으로 X재의 세계시장에서의 수출수요곡선도 외국시장의 수요공급곡선에서 도출할 수 있다. 외국 X재의 수요곡선보다 세계시장에서의 수출수요곡선의 기울기가 더 완만하다. 초과수요는 가격변화에 따라 수요량이 더 크게 변화한다.

초과수요와 초과공급

수출재 X의 세계시장에서의 수출공급곡선과 수출수요곡선이 도출되면 두 곡선이 만나는 점에서 세계시장의 균형가격과 균형거래량이 결정된다. 균형가격은 본국의 X재 시장 가격보다는 높고 외국의 X재 시장가격보다는 낮다. 균형거래량은 본국시장에서 수출가격에서의 초과공급량과 같고 외국시장에서 수출가격에서의 초과수요량과 같다.

그림 2-2

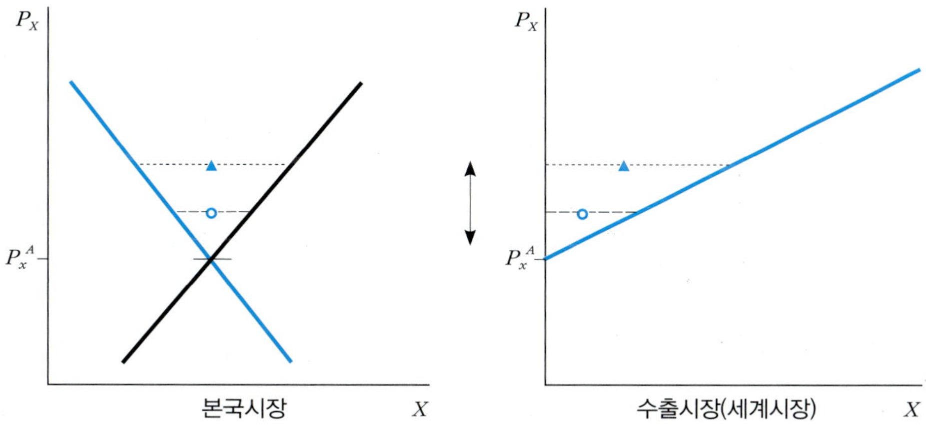

그림 2-3

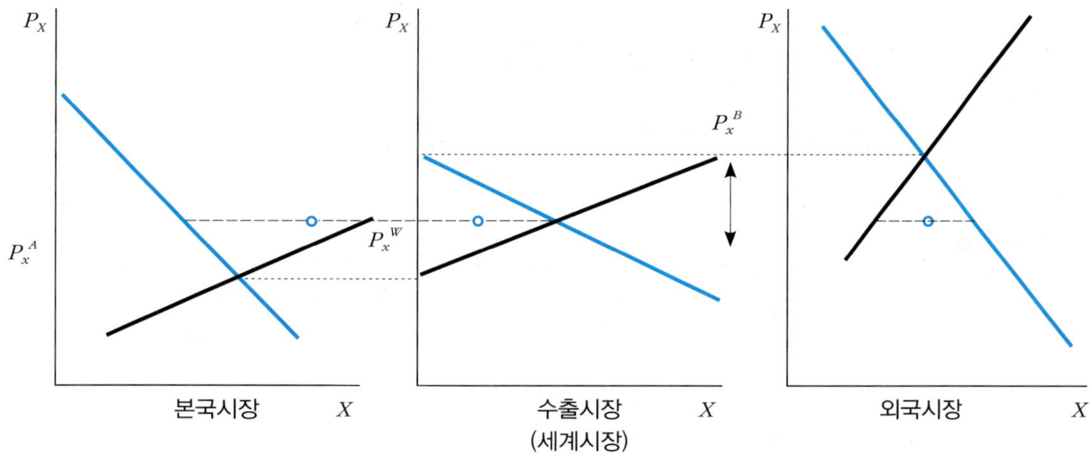

생산자잉여와 소비자잉여

세계시장의 균형가격에서 무역이 이뤄지면 본국의 생산자는 더 높은 가격에 더 많은 생산량을 판매할 수 있게 되어 생산자잉여가 무역 이전보다 증가한다. 외국의 경우도 소비자가 더 낮은 가격에 더 많은 수요량을 소비할 수 있게 되어 소비자잉여가 더 증가한다. 무역에 참여하는 양국의 사회적 후생이 동시에 증가하는 것을 알 수 있으며 무역이득을 경제모형에서 확인할 수 있다.

그림 2-4

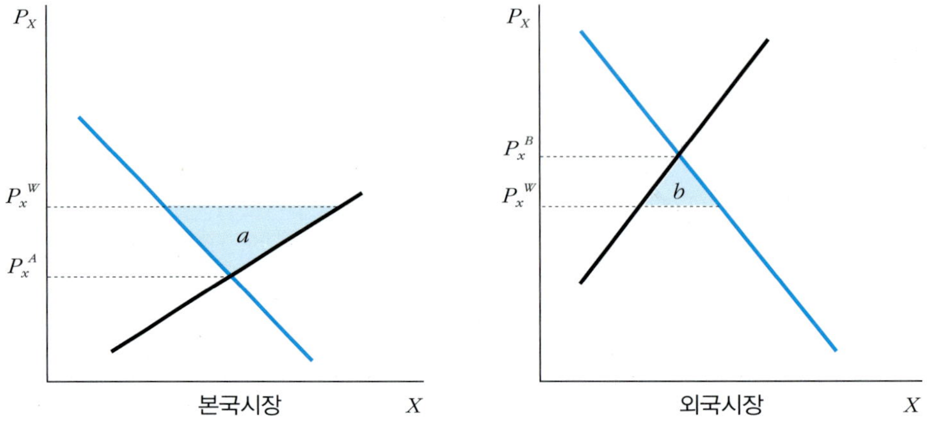

a+b=무역에 의해 늘어나는 순 사회편익

보충학습 생산자잉여와 소비자잉여

생산자의 공급곡선이 공급용의 가격을 이은 선의 의미를 갖고 있음을 볼 때 시장가격보다 낮고 공급용의 가격보다 높은 부분은 생산자가 시장에서 가격이 결정됨으로써 누리는 잉여라 해석할 수 있다. 이를 생산자잉여라 하고 a의 넓이로 계산한다.

소비자잉여는 수요곡선이 지불용의 가격을 이은 선의 의미를 갖고 있음을 볼 때 지불용의 가격보다 낮고 시장가격보다 높은 부분은 시장에서 가격이 결정됨으로써 소비자가 누리는 잉여라 해석할 수 있다. 이를 소비자잉여라 하고 b의 넓이로 계산한다.

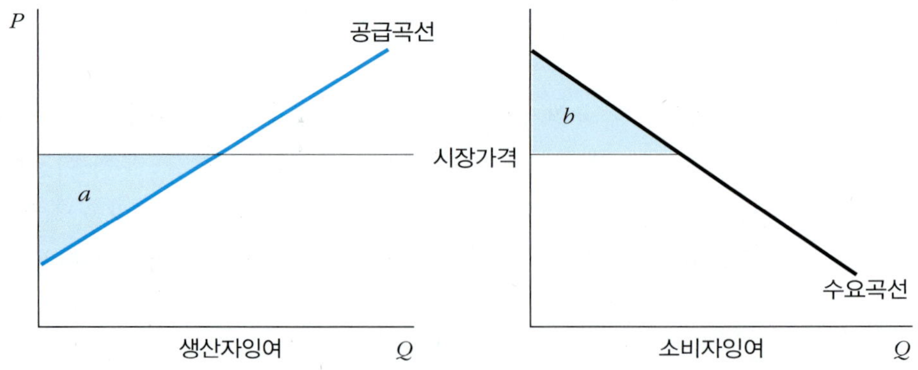

(2) 무역의 핵심과제

1) 무역의 방향결정과 사회후생의 변화

무역의 방향결정

다음으로 무역이론을 통해 무역의 방향이 결정되는 패턴과 사회후생의 변화도 논의할 수 있다. 앞에서 살펴본 바와 같이 무역은 가격차이에 따른 차익을 얻기 위한 목적에서 발생하고 무역에 참가하는 양국은 모두 무역이득을 누릴 수 있다. 이 과정에서 무역 방향의 결정패턴도 자연스럽게 같이 논의되었다. 한 국가는 어떤 재화를 왜 수출하고 다른 재화는 왜 수입하게 되는가? 무역이론은 가격차이가 그 원인이라 설명한다. 또한 이러한 가격차이의 원인에 대해서 여러 무역이론은 다양한 가정과 이견을 제시하고 있다. 이 중 중요한 이론의 내용을 정리하면 **국가 간 부존자원의 차이, 생산성의 차이, 기술의 차이, 소비자 선호의 차이 등 원인으로 가격차이가 형성된다. 가격차이가 존재하면 가격이 낮은 국가에서 가격이 높은 국가로 재화의 수출이 이뤄진다.** 즉 무역의 방향과 패턴이 결정된다.

사회후생변화

무역이론을 통해 또한 무역이득과 관련한 사회후생의 변화에 대해서 논의할 수 있다. 무역의 부분균형분석을 통해 수출국과 수입국에서 각각 생산자잉여와 소비자잉여가 증대해서 전체적인 사회적 후생이 증가함을 확인할 수 있었다. 그렇다면 이러한 무역이득이 경제체제의 사회구성원들 모두에게 돌아간다고 주장할 수 있을까? 무역이론에 의하면 그렇지 않다. 부분균형분석에서도 확인할 수 있듯이 수출국은 무역 이전보다 무역 이후 국내시장에서의 제품 가격이 상승해서 소비자잉여가 줄어든다. 즉 소비자는 국내가격이 국제가격과 동조화되면서 손해를 보게 된다. 수입국에서는 반대로 가격이 낮아지며 생산자잉여가 줄어든다. 현실적으로 자본과 노동이라는 생산요소를 가지고 있는 자본가와 노동자도 소비자잉여와 생산자잉여의 변동에 따라 산업이 일어나거나 와해되어 다른 산업으로 생산요소를 이동시켜야 하거나 생산에 기여한 부분에 대한 분배 몫이 변해서 손해를 보거나 이득을 보기도 한다. 즉 **사회전체적으로 후생이 증대된다고 해서 사회구성원 개개인의 후생이 모두 일괄적으로 증대되는 것은 아니다.** 그러므로 무역에 따라 변화하는 사회적 후생은 정부가 정책적으로 재분배할 근거가 있다.

2) 교역조건의 결정

교역조건

무역이론은 또한 교역조건의 결정을 설명할 수 있다. 국제무역이 이뤄질 때 두 생산물 사이의 상대가격을 **교역조건**(terms of trade)라 한다. 수출재 한 단위와 교환되는 수입재의 양을 교역조건이라 정의하며 만약 X재와 Y재만 존재하는 경제모델을 가정하면 다음과 같이 표현된다.

$$교역조건=Px/Py\ (X재는\ 수출재,\ Y재는\ 수입재)$$

화폐환산가격

여기서 상대가격은 절대가격과 대비되는 개념이다. 절대가격은 상품 한 단위와 교환되는 화폐량을 의미한다. 예를 들어 빅맥 햄버거 1개가 4000원이라 하면 4000원이 절대가격이며 빅맥 햄버거의 화폐환산가치이다. 이에 비해 상대가격은 어떤 상품 한 단위와 교환되는 다른 상품의 양을 의미한다. 예를 들어 김밥 1줄의 절대가격이 2000원이라 가정하자. 그렇다면 빅맥 햄버거 1개는 김밥 2줄의 가치와 같다. 빅맥 햄버거 1개는 김밥 2줄의 상대가격으로 표현될 수 있다. 반대로 김밥 1줄의 상대가격은 빅맥 햄버거 1/2개에 해당한다.

수출재와 수입재의 교환비율

교역조건은 한 나라의 입장에서 수출재와 수입재의 교환비율을 표현한 것이다. 현실적으로 한 국가는 여러 재화를 수출 또는 수입하므로 수출재와 수입재를 활용한 교역조건은 지수의 형태로 계산가능하다. 상품교역조건, 총교역조건, 소득교역조건 등 통계가 목적에 따라 계산되어 활용된다. 이러한 교역조건은 무역균형에 의해 결정되며 경기순환, 기술진보, 수출재와 수입재의 세계적인 수급 상황에 영향을 받는다. 또한 이론적으로 만약 해당 국민경제가 세계경제에서 차지하는 비중이 매우 작으면 해외에서 일방적으로 결정된다고 가정하며 이를 소규모 개방경제의 교역조건이라 한다. 반면 해당 국가가 세계경제에서 차지하는 비중이 매우 크다면 해당국 국내시장의 가격이 세계시장에서의 국제가격에 영향을 미쳐서 상호작용에 의해 교역조건이 결정된다. 세계시장에서 수출재의 국제가격이 상승하거나 수입재의 가격이 하락하면 해당국의 교역조건이 개선되며, 반대로 수입재의 국제가격이 상승하거나 수출재의 국제가격이 하락하면 교역조건이 악화된다. 교역조건이 개선될수록 동일한 양의 재화를 수출할 때 더 많은 양의 재화를 수입할 수 있으므로 본국에 귀속되는 무역이득이 증가한다.

보충학습 교역조건

교역조건에는 다음과 같은 개념이 있다.

1. 상품교역조건

이것은 수출단가지수/수입단가지수로서 가장 일반적으로 쓰이는 개념이다.

2. 총교역조건

이것은 수입수량지수/수출수량지수로서 이 지수의 상승은 기준연도에 비해 일정한 수출량에 대하여 더 많은 수입량을 얻을 수 있음을 의미한다.

3. 소득교역조건

이것은 수출총액을 수입단가지수로 나눈 것으로서 달리 말하면 상품교역조건에 수출수량지수를 곱한 것과 같다(수출총액=수출단가×수출수량, 따라서 소득교역조건=수출단가지수×수출수량지수/수입단가지수=수출단가지수/수입단가지수×수출수량지수=상품교역조건×수출수량지수). 이것은 수출국의 수입능력을 나타내는 지표로 활용한다.

2.2 고전학파 무역이론

(1) 아담 스미스 시기의 무역이론과 절대우위론

1) 중상주의 시기와 고전학파 시기의 무역이론

중상주의

무역이론의 발전 초기에는 한 국가가 무역으로부터 이득을 얻으면 그 무역상대국인 다른 국가가 손실을 보게 된다고 생각했다. 당시에는 무역이란 각 나라가 일정한 생산량을 가지고 서로 교환하는 것으로 무역 이후 생산량이 증대된다고 생각하지 못했다. 또한 수출을 통해 흑자를 내어 귀금속을 축적하는 것이 국부를 증대시키는 길이라 생각했다. 이러한 사고에 기반해서 당시 국가들은 무역로를 독점하고 수출을 장려하되 수입은 억제하는 보호무역 정책을 폈다. 이와 같이 17~18세기 서구에서 형성된 보호무역 중심의 국가정책 사조를 **중상주의**라 한다. 봉건주의 시기를 지나 절대왕정 국가로 발전하는 유럽의 국가들이 중상주의 기조를 취했다. 중상주의가 일관된 이론체계를 갖춘 것은 아니었으나 다음과 같은 내용을 가지고 있다. 첫째, 국가의 이득을 개인의 이득보다 우선시하고 왕을 중심으로 한 상비군과 관료체계를 국가의 근간으로 삼았다. 둘째, 국가의 힘을 유지하고 확대해 나가기 위해 국부의 축적을 주요과제로 삼았는데 금, 은 등 귀금속이 국부라 생각했다. 셋째, 국부의 부존량은 제한되어 있기 때문에 해외로부터의 유입과 획득에 의해 가능하다고 보았으며 이를 위해 무역독점과 보호무역 정책이 필요하다고 보았다.

아담 스미스와 국부론

이러한 중상주의 무역이론에 대해 영국에서 18세기 후반에 데이비드 흄(David Hume)과 아담 스미스(Adam Smith) 등 고전학파 경제학자들에 의해 반론이 제기되었다. 이들은 국부의 증가의 본질은 귀금속과 같은 저량의 축적에 있다고 보지 않고 국내 생산과 수출이 증대되는 유량의 증가가 핵심이라 생각했다. 데이비드 흄은 귀금속이 국내에 유입되면 국내 물가가 상승하여 결국에는 자국 수출 재화의 가격 경쟁력이 훼손될 것이라 주장했다. 아담 스미스 또한 국부는 국내 생산활동이 얼마나 활발하게 이뤄지는지에 따라 측정해야 한다고 주장했는데 국제 분업, 즉 무역을 통해 수요와 공급이 늘어나면 국부가 증대된다고 생각했다.

분업과 특화

아담 스미스는 그의 저서 〈국부론〉에서 다음과 같은 무역이론을 전개했다. 아담 스미스는 우선 일반적으로 재화의 생산공정이 여러 단계를 거치므로 분업의 가능성이 존재하며 분업해서 노동이 각 공정에 특화하면 노동자의 숙련도가 올라가고 노동자가 여러 공정을 옮겨가면서 허비되는 시간이 절약되며 공정의 단순화로 효율적 생산을 위한 도구나 기계의 발명이 가능해져서 노동 생산성이 향상될 수 있다고 보았다. 이러한 가능성은 시장의 제한을 받게 되는데 국제무역을 통해 시장 규모가 확대되면 각국이 생산비용이 절대적으로 가장 적게 드는 재화의 생산에 특화하고 이를 상호 교역함으로써 무역 참가국이 서로 시장을 제공하고 협소한 시장이 극복될 수 있다고 생각했다. 그렇게 되면 노동의 분업이 최고 수준에 이르게 되고 규모의 경제가 달성되어 단위당 생산비용이 떨어지고 생산 측면의 무역의 이득이 달성된다. 무역을 통해 각국이 한정된 생산요소로서 보다 많은 재화를 보다 저렴하게 소비할 수 있다.

2) 절대우위론

절대우위와 절대열위

아담 스미스는 국제적 분업을 통해 생산성 향상을 달성할 수 있다고 생각했으며 국가 간 절대적인 노동생산성 차이 때문에 무역이 발생한다고 설명했다. 이러한 생각은 무역에 관한 절대우위론의 수준에 머물러 있었다. 여기서 절대우위는 한 나라가 다른 나라에 비해 어떤 재화의 생산비용이 절대적으로 낮을 때 그 재화 생산에 있어서 **절대우위**(absolute advantage)를 가진다고 한다. 생산비용이 높으면 **절대열위**(absolute disadvantage)를 가진다고 한다. 이 때 생산비용 차이는 노동생산성 차이와 같은 의미를 가지는데 그 배경은 다음과 같다.

노동가치설과 수확불변

절대우위론에서는 우선 고전학파 시기의 노동가치설을 채용해서 노동만이 유일한 생산요소라 가정한다. 즉 자본 혹은 토지 등의 생산요소는 고려하지 않으며 노동만이 투입되어 재화의 생산이 이뤄진다고 가정한다. 자본이 큰 의미를 가지지 않았던 가내수공업이 지배적인 시대의 이론이다. 두 번째로 수확불변의 생산기술을 가정한다. 즉 노동투입량이 증가하는 것에 비례해서 생산량이 증대되는 것이다. 수확체감 혹은 수확체증의 상황을 고려하지 않는다. 세 번째로 재화시장은 완전경쟁시장으로 생산비용에 의해 재화의 가격이 결정된다고 가정한다. 소비자의 기호는 동일하며 생산측면의 요인에 의해서만 가격이 결정된다. 마지막으로 양국에서 노동 한 단위당 임금은 동일하다고 가정한다. 이러한 가정하에서는 재화 한 단위를 생산하기 위해 투입되는 노동량에 의해 생산비용의 비교가 가능하고 이에 따른 재화의 가격비교도 가능한다.

표 2-1 노동투입계수와 절대우위

	X재(섬유)	Y재(기계)
A국	2 (20원)	8 (80원)
B국	6 (60원)	1 (10원)

주: 단위 노동에 대한 임금 = 10원/인

수출수입 패턴의 결정

A국과 B국이 X재와 Y재만을 생산 수출, 수입하는 경제모형을 가정해 보자. 한 단위의 재화를 생산하기 위해 필요한 투입노동, 즉 노동 투입계수는 〈표 2-2〉와 같다. 만약 단위노동에 대한 임금이 10원/인으로 양국에서 동일하다면 A국과 B국에서 X재, Y재의 가격은 괄호 안과 같이 정해진다. 그러면 X재의

표 2-2 무역 이전과 무역 이후의 생산량 변화

	무역 이전 생산량		무역(특화) 이후 생산량	
	X	Y	X	Y
A국	1	1	5	0
B국	1	1	0	2.5
합계	2	2	5	2.5

주: 양 국의 노동 부존량은 각각 10

경우 A국의 생산비용이 B국보다 싸므로 A국에 절대우위가 있고 Y재의 경우는 반대로 B국에 절대우위가 있다고 할 수 있다. 이 경우 A국은 X재를 수출하고 Y재를 수입하게 된다. B국은 Y재를 수출하고 X재를 수입한다.

무역 이후 생산량 증가

만약 A국과 B국의 노동부존량이 각각 10으로 A국은 이 노동을 X재 1단위와 Y재 1단위 생산에 투입해서 활용하고 있었다고 가정해 보자. 이와 같은 상황에서 위의 노동생산성 차이 때문에 무역이 이뤄지면, 즉 절대우위에 있는 재화에 대한 완전특화가 이뤄지면 무역 이후의 생산량은 〈표 2-2〉와 같이 변화한다. 그러면 무역 이후 세계적으로 볼 때 X재와 Y재의 생산량은 각각 [2단위, 2단위]에서 [5단위, 2.5단위]로 늘어난다.

보충학습 노동투입계수와 노동생산성

노동투입계수: 재화 한 단위를 생산하는데 투입되는 노동량

$$a_{LX}=\frac{L}{X}$$

노동생산성: 노동 한단위 투입으로 생산할 수 있는 재화의 양

$$\frac{1}{a_{LX}}=\frac{X}{L}$$

노동투입계수와 노동생산성은 역의 관계

절대우위론의 한계

위와 같이 절대우위론은 국제 분업으로 인한 이득을 설명할 수 있으며 현실의 자유무역정책을 위한 이론적 기초를 제공한다. 하지만 절대우위론은 다음과 같은 한계를 가진다. 첫째로 무역의 이득이 양국 간에 어떻게 분배되는지는 설명하지 못한다. 즉 재화의 상대가격 결정 기제는 설명하지 못한다. 다음으로 한 나라가 모든 재화의 생산에서 절대우위가 있는 경우에도 발생할 수 있는 국제무역은 설명하지 못한다. 이는 비교우위론을 통해 설명할 수 있다. 그러나 실제에 있어서 단기 개별 산업의 무역에 주목할 경우는 절대우위론을 적용하는 것이 적절한 경우가 많다.

(2) 데이비드 리카도의 비교우위론

1) 비교우위론의 개념과 내용

비교우위와 비교열위

비교우위는 절대우위보다 더 일반적인 개념이다. 한 나라가 다른 나라에 대해 어떤 재화의 생산비용이 다른 재화에 비해 상대적으로 낮으면 **비교우위**(comparative advantage)를 가진다고 한다. 반대로 생산비용이 상대적으로 높으면 **비교열위**(comparative disadvantage)에 있다고 한다. 각 국이 비교우위를 가진 상품에 특화해서 수출하고 비교열위를 가진 상품은 수입한다면 무역에 참가하는 모든 국가가 이익을 얻을 수 있다는 것이 비교우위론의 요지이다.

데이비드 리카도

데이비드 리카도(David Ricardo)는 아담 스미스가 주장한 규모의 경제가 없는 경우라도 국가 간 생산비용의 격차가 있으면 무역이 생길 수 있다고 주장했다. 데이비드 리카도는 영국에서 국회의원으로 활약하면서 **곡물법** 철폐에 큰 역할을 했다. 당시 지주, 귀족과 기업가, 노동자는 유럽대륙에서의 곡물 수입을 규제하는 곡물법에 대해 상반된 입장을 가지고 있었다.

곡물법

기업가와 노동자는 곡물수입에 찬성하는 입장이었는데 곡물 가격이 싸져야지만 노동자의 생활비가 적게 들고 임금을 낮게 유지할 수 있었기 때문이다. 지주인 귀족의 입장은 곡물수입을 반대하는 것이었는데 국가안보차원에서 국내 생산을 해야 한다는 주장이었다. 실제로 1809년 나폴레옹은 대륙봉쇄령을 통해 영국을 고립시키는 전략을 취한 적이 있다. 이러한 정치적 상황에서 데이비드 리카도는 비교우위론이라는 자유무역 옹호 논리를 만들었고 곡물법 철폐의 강력한 이론적 배경이 되었다.

비교우위론의 가정

비교우위론을 구체적으로 전개하면 다음과 같다. 우선 비교우위론 또한 절대우위론과 마찬가지로 노동가치설을 가정한다. 즉 노동이 유일한 생산요소이다. 또한 수확불변을 가정한다. 생산량은 노동투입량에 비례해서 증가한다. 다음으로 완전경쟁시장을 가정한다. 양국의 소비자 기호는 같으며 생산비용에 의해서만 재화의 가격이 결정된다. 다음으로 양국에서 노동 한 단위당 임금은

표 2-3 노동투입계수와 비교우위

	X재(섬유)	Y재(기계)
A국	1 (10원)	2 (20원)
B국	9 (90원)	6 (60원)

주: 단위 노동에 대한 임금 = 10원/인

동일하다. 또한 노동의 국내산업 간 이동은 자유로우나 국가 간 이동은 제한적이다. 마지막으로 국가 간 재화의 단위생산에 필요한 노동투입량은 상이하다. 이러한 차이는 기후조건이나 자연조건의 차이 때문에 발생한다.

노동투입계수

이러한 가정 하에 노동투입계수가 〈표 2-3〉과 같이 주어진다고 할 때 A국은 B국보다 X재와 Y재 모두 절대우위를 가지고 있다. 즉 양국의 임금이 10원/인으로 같다고 가정할 때 A국은 X재와 Y재 모두 더 싼 절대비용으로 생산할 수 있으며 가격도 이와 같다. 데이비드 리카도 이전의 무역이론에 의하면 이러한 경우 무역이 발생할 동기가 없다.

노동생산성

하지만 **비교우위론에 의하면 여전히 무역의 발생 동기가 있다.** 〈표 2-3〉에 따르면 A국은 B국에 비해 X재 생산시 1/9의 노동을 필요로 한다. 생산비용과 가격 또한 1/9이다. 다시 말하면 A국은 B국보다 X재 생산시 노동생산성이 9배가 높다. Y재의 경우는 1/3의 노동을 필요로 하므로 A국은 B국보다 Y재 생산시 노동생산성이 3배가 높다. 노동생산성 차이가 이렇게 다를 때 비교우위, 비교열위의 개념이 성립한다. A국은 두 재화 모두 절대우위를 가지고 있지만 절대우위의 정도가 상대적으로 높은 X재 생산에 비교우위를 가진다. 한편 B국은 두 재화 생산에서 모두 절대열위에 있지만 절대열위의 정도가 비교적 작은 Y재 생산에 비교우위가 있다. 이 경우 A국은 X재에 B국은 Y재에 비교우위가 있다고 한다.

비교우위론의 무역이득

비교우위론에 의해 각 국은 자국에 비교우위가 있는 재화 생산에 특화해서 무역이 발생한다. A국은 X재 생산에 특화해서 이를 수출하고 B국은 Y재 생산에 특화해서 이를 수출하게 되면 세계 전체적으로 X재와 Y재 모두 생산이 늘고 효율적인 자원배분이 달성된다. 늘어난 생산량은 상대가격에 의해 분배가 이뤄지고 무역에 참여한 A국, B국 모두 이득을 얻게 된다.

표 2-4 무역 이전과 무역 이후의 생산량 변화

	무역 이전 생산량		무역(특화) 이후 생산량	
	X	Y	X	Y
A국	1	1	3	0
B국	1	1	0	2.5
합계	2	2	3	2.5

주: 노동 부존량 A국 30, B국 150

2) 검증과 한계

비교우위론의 의의

리카도의 비교우위론은 절대우위론보다 더 일반적인 이론이다. 절대우위론이 특수한 경우의 무역발생에 대해서만 설명할 수 있었던 반면 비교우위론은 이러한 한계를 극복하고 더 일반적인 상황의 무역에 대한 설명이 가능하다. 국제무역의 발생원인, 무역의 방향 및 무역의 이익에 대해 설명할 수 있다. 이러한 비교우위론은 영국 자유무역 정책에 대한 이론적 근거를 제공했으며 영국이 산업혁명의 선두주자로 세계를 제패하는데 큰 기여를 한다. 실제로 데이비드 리카도가 비교우위론을 소개할 때는 18세기로 영국과 포르투갈, 포도주와 모직물 산업을 사례로 들어 이론을 전개했는데 이 시기에만 해도 영국은 스페인과 포르투갈보다 산업이 발전하지 못했었기 때문에 절대열위를 가진 국가로 이론 속에서 묘사되었다. 하지만 적극적인 자유무역정책을 편 영국은 여러 산업이 동시에 발전하고 세계패권을 가져오게 된다.

비교우위론의 한계

하지만 비교우위론은 다음과 같은 한계를 가지고 있다. 우선 최초 비교우위 발생 원인에 대한 설명이 불충분하다. 리카도는 각 국 노동생산성의 격차가 단순히 기후나 토질의 차이에 의해 발생한다고 설명했다. 이러한 설명은 몇몇 작물이나 가공품에는 맞는 설명일 수 있지만 일반적인 설명일 수 없다. 공산품의 생산성 격차를 기후조건의 차이로 설명할 수는 없다. 또한 비교우위론에서는 무역의 이익을 설명하기 위해 완전특화만을 가정한다. 하지만 이는 현실과는 괴리되는 경우가 많다. 현실에서 수출국과 수입국의 경제가 완전한 시장통합을 이루지 않는 한 완전특화를 해서 서로 거래하는 경우는 드물다. 다음으로 비교우위론은 수요측면을 고려하지 않고 있다. 재화의 가격이 생산비용에 의해서만 결정된다고 가정한다. 하지만 현실적으로 재화의 가격은 수요와 공급 양 측면에 의해 결정되며 각 국의 수요의 차이 또한 무역이 이뤄지는 중요한 동인이다. 비교우위론은 이러한 측면을 고려할 수 없다. 존 스튜어트 밀(J. S. Mill)의 상호수요이론은 이를 보완할 수 있다. 또한 비교우위론은 노동 이외의 생산요소를 고려하지 못했다. 무역 참여국 간에 동질한 단 하나의 생산요소 노동만을 상정해서 이론을 전개했다. 이는 고전학파 무역이론의 공통된 한계이며 근대적 무역이론에서 노동과 자본이 모두 고려된다. 마지막으로 리카도의 비교우위론은 정태적인 무역이득만을 고려할 수 있다. 현실에서 비교우위는 시간에 따라 바뀐다. 개발도상국에서 처음에는 첨단산업에서 비교열위가 명확하다 해도 향후 경제가 발전하고 역량이 커짐에 따라서 비교열위가 해소될 수 있다. 이러한 경우 비교우위에 따라 첨단산업을 포기하고 특정부문에 특화하는 것은 동태적 무역이득을 고려하지 않은 선택일 수 있다.

(3) 존 스튜어트 밀의 상호수요이론

1) 오퍼곡선의 개념과 도출

오퍼곡선

한 경제의 **오퍼곡선**은 그 경제에 주어진 공급 및 수요조건 아래에서 해외와 무역을 할 때 수출재 및 수입재 사이 상대가격의 변화에 따라서 수입하고자 하는 수입재의 수량과 그 대가로 수출하려는 수출재의 수량의 조합을 궤적으로 나타낸 것이다. 이 개념은 수요 측면을 반영해서 무역을 설명하려는 노력의 일환으로 **존 스튜어트 밀**(J. S. Mill)에 의해 창안되고 알프레드 마샬(A. Marshall)과 프랜시스 에지워스(F. Edgeworth)에 의해 발전되었다.

존 스튜어트 밀과 상호수요이론

오퍼곡선 위의 점은 X축이 X재로 수출량, Y축이 Y재로 수입량을 나타내며 원점에서의 기울기는 X재와 Y재 사이의 상대가격이다. 일반적으로 한 경제의 생산가능곡선과 사회무차별곡선을 상정하고 해당 상대가격에서 이뤄지는 재화의 수출수입량을 확인해서 이를 궤적으로 이어 도출할 수 있다. 오퍼곡선은 가로축(수출재)에 볼록한 형태를 띤다. 그 이유는 수출량이 늘어날수록 수출재 한 단위와 교환하고자 하는 수입재의 양이 커지기 때문이다. 다시 말하면 수출이 많이 이뤄지지 않고 적은 단계에서는 수출재, X재 한 단위와 교환되는 수입재, Y재의 양이 적다. 하지만 수출이 많이 이뤄지는 단계에서는 수출재와 교환되

그림 2-5

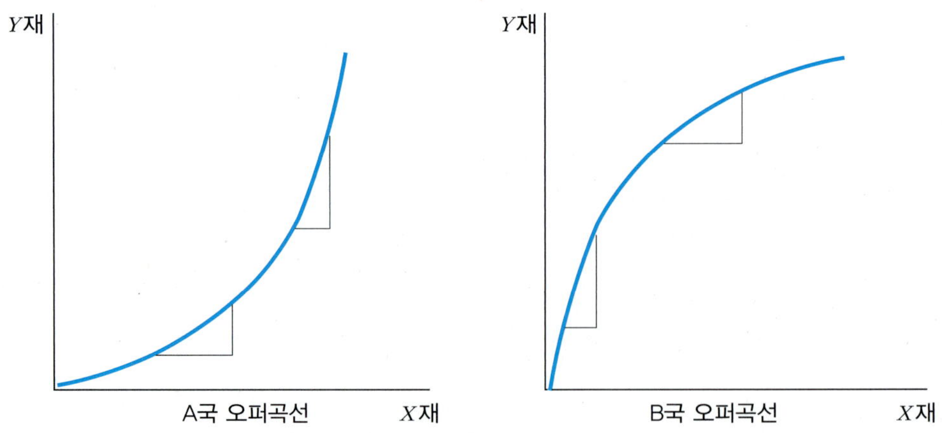

는 수입재의 양이 많아진다. 이는 한편으로 생산측면에서 수출과정에서 생산량이 많아질수록 한계비용이 증가하기 때문이며 다른 한편으로 수요측면에서 수출에 의해 국내소비가 줄어들수록 한계효용이 높아져서 수출재의 가치가 높아지기 때문이다.

오퍼곡선의 형태

같은 방법으로 외국(B국)의 오퍼곡선도 도출할 수 있다. 이 때 X축은 외국(B국)의 관점에서 수입재가 되고 Y축은 수출재가 된다. 그러므로 외국(B국)의 오퍼곡선은 그림과 같이 Y축에 대해 볼록한 형태를 띠게 된다.

2) 국제교역조건의 결정과 균형 조정 기제

국제교역조건의 결정

상호수요이론에 따르면 본국(A국)과 외국(B국)의 오퍼곡선이 도출되면 오퍼곡선이 서로 만나는 점에서 재화의 수출과 수입량이 결정되고 국제무역의 균형(equilibrium)이 달성된다. 양 국의 오퍼곡선이 만나는 점에서는 다음과 같은 관계가 성립한다.

A국의 X재 수출량=B국의 X재 수입량
A국의 Y재 수입량=B국의 Y재 수출량
P(상대가격)=OY/OX=Px/Py

이와 같은 상황에서는 양국 모두 수출액이 수입액과 같아지며 무역수지 균형(balance) 상태에 있게 된다. 이러한 오퍼곡선 상의 무역균형 상황에서 외부

그림 2-6

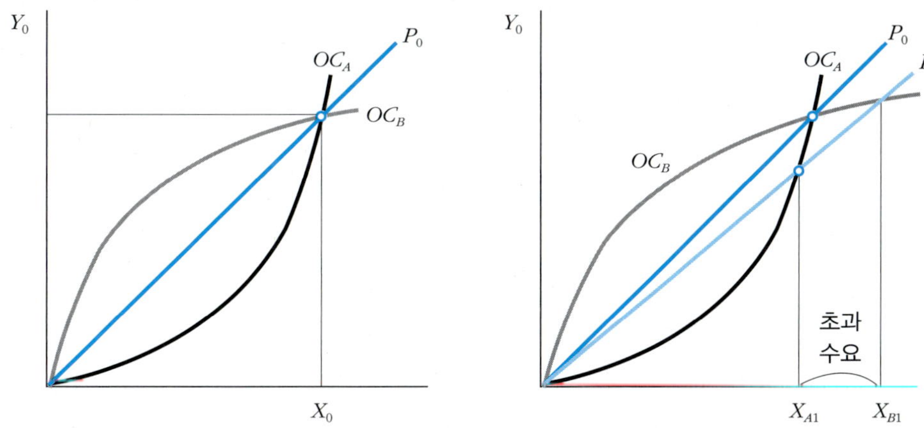

균형교역조건 수출재 가격하락시

충격에 의해 상대가격 조정이 이뤄질 경우에는 다른 조건이 일정하다면 상대가격과 수출액, 수입액은 다시금 기존의 균형점으로 회복된다. 그 과정은 다음과 같다.

균형조정기제

만약 교역조건 즉 수출재의 상대가격이 그림에서와 같이 하락하면 해당 교역조건에서 A국에서의 수출량이 B국의 수입량보다 적어지게 된다. 그러면 초과수요가 생겨서 수출재 가격이 상승한다. 수입재 시장에서는 B국의 수출량이 A국의 수입량보다 많아지게 되면 초과공급이 이뤄져서 수입재 가격이 하락한다. 이와 같이 수출재 가격은 상승하고 수입재 가격이 하락하면 교역조건은 원래의 상대가격으로 되돌아오며 균형이 회복된다.

2.3 근대적 무역이론

(1) 헥셔-올린 이론의 정립 배경과 기본가정

1) 헥셔-올린 이론의 정립배경

엘리 헥셔

엘리 헥셔(Eli Heckscher; 1879~1950)가 활동하며 무역이론을 정립한 20세기에는 세계적으로 과학기술이 발전하며 경제통합이 가속화되고 생산력이 급속하게 성장했다. 산업혁명을 주도한 영국의 세계패권이 점차 쇠퇴하고 미국과 독일이 새로운 공업국가로 부상했는데 이 과정에서 빠르게 발전하는 과학기술이 체화된 설비가 도입되어 생산력이 급속하게 증가했다. 철강산업에서 베세머 공법이 도입되었고 화학산업에서 인공적인 고분자 화합물이 만들어졌다. 전기가 제조업에 활용되어 생산력이 폭발적으로 증가했는데 야간에도 일을 할 수 있고 석탄, 물 등 자원의 제약없이 도시가 성립할 수 있었으며 고층건물 전체가 공장이 될 수 있었다. 제국주의적인 식민지 개척을 통해 전 세계가 하나의 시장으로 연결되었고 운하와 철도가 건설되고 교통 통신의 발달로 규모의 경제가 실현되었다. 근대국민국가 성립이 이뤄지며 자본가 계급이 성장하여 자본축적이 빠르게 진행되었다.

엘리 헥셔의 학문적 업적

엘리 헥셔는 덴마크에서 태어나 스웨덴으로 이민을 왔고 1897년에 웁살라 대학에 입학해서 1907년에 박사학위를 받았다. 엘리 헥셔는 철도와 스웨덴 경제에 대한 박사학위논문을 쓰는 등 변화를 목도하고 있었으나 스웨덴은 이 당시만해도 세계의 변방으로 가난한 나라에 속해 있었다. 엘리 헥셔가 무역에 관한 논문을 처음 쓴 것은 1919년으로 무역이 소득분배에 미치는 영향을 연구하는 것이 그 목적이었는데 이 때 데이비드 리카도의 무역이론의 모형 한계를 극복하기 위해 생산요소로 노동에 더해 토지와 자본의 3가지 생산요소를 포함한 이론 모형을 제시했다. 이 과정에서 데이비드 리카도와는 다른 관점에서 비교우위 발생 원인을 설명했는데 핵심적인 내용은 다음과 같다. 국가 간에 생산기술은 다르지 않다고 가정하고 **생산요소의 부존량의 차이가 생산요소의 상대적 가격차이를 발생시켜 이것이 생산비용 차이를 초래해서 비교우위가 발생한다**는 것이 그것이다.

버틸 올린

이러한 엘리 헥셔의 무역이론은 스웨덴어로 되어 있었기 때문에 널리 알려져 있지 않았다. 이 이론을 세계적인 것으로 만든 것은 엘리 헥셔의 제자인 버틸 올린(Bertil Ohlin)이다. 버틸 올린은 스톡홀름 대학에서 엘리 헥셔에게 수학하고 하바드 대학에서 석사학위를 받았는데 이때부터 스승의 이론을 발전시킨다. 버틸 올린은 엘리 헥셔의 뒤를 이어 코펜하겐 대학의 교수가 되어 활동했고 1938년부터는 국회의원이 되어 1944년부터는 자유당 당수, 무역장관을 역임하며 현실 정치에도 무역이론에 기반해서 스웨덴의 자유무역 국가로의 변화를 이끌었다. 노벨상을 받은 버틸 올린은 세계대전이 진행되어 새로운 세계질서가 세워지는 시기 동안 스웨덴이 세계에서 가장 부강한 국가 중의 하나로 거듭나는데 큰 역할을 했다.

2) 헥셔-올린 이론의 기본가정

2가지 생산요소

헥셔-올린 이론은 노동가치설의 한계를 극복하고 자본을 생산요소로 이론 모형 안에 포함시켰다. 이를 통해 국제무역의 핵심과제를 체계적으로 설명할 수 있었으며 무역 후 무역이득을 설명하기 위해 완전특화의 경우만을 상정했던 기존 비교우위론의 한계를 극복할 수 있었다. 이론 모형의 구체적인 내용은 다음과 같다. 우선 **헥셔-올린 이론 모형은 2개의 국가**(A국, B국)**가 2가지 재화**(X재, Y재)**를 생산하며 이 재화를 생산하기 위해 2가지 생산요소**(K: 자본, L: 노동)**을 사용한다고 상정한다. 이후 다음과 같은 가정들을 바탕으로 이론을 전개한다.**

국가 간 상이한 요소부존도

첫 번째로 국가 간에 요소부존도가 상이하다. 예를 들어 A국이 B국에 비해 상대적으로 노동이 풍부한 국가라고 가정한다. 이는 B국은 A국에 비해 상대적으로 자본이 풍부한 국가가 된다. 이 때 노동이 풍부한 A국은 노동의 상대적 가격 또한 B국보다 저렴하다. 임금이 상대적으로 저렴하다고 할 수 있다. 반면 B국은 자본의 상대적 사용가격이 저렴하다. 즉 자본보수율이 저렴하다고 표현한다. 양국은 요소부존도를 제외하면 다른 모든 면에서는 동일하다고 가정한다.

재화 간 상이한 요소집약도

두 번째로 X재와 Y재를 생산하는데 각기 상이한 요소집약도가 성립한다. 즉 재화 간에 생산요소의 결합비율을 의미하는 생산기술이 다르며 이는 요소집약도에 의해 구분된다. 예를 들어 X재를 노동집약재라고 가정하면 이는 X재를 생산하기 위해 단위 자본보다 노동이 많이 필요하다는 것을 의미한다. 쉽게 이해하기 위해 X재를 생산하기 위해 노동 3단위와 자본 1단위가 필요하다고 가정할 수 있다. 현실에서 의복 및 신발, 서비스 산업 등은 노동집약적 산업으로 분류할 수 있다. 만약 Y재가 자본집약재라고 가정하면 이는 Y재를 생산하는데 노동보다 자본이 상대적으로 많이 투입되어야 하는 것을 의미한다. 임의로 Y재를 생산하기 위해서 설비가 매우 중요하여 자본 2단위와 노동 1단위가 필요하다고 가정할 수 있다. 현실에서 자본집약재는 반도체, OLED 디스플레이, 자동차 등 재화가 포함된다. 이러한 재화를 생산하기 위해서는 위험한 화학공정, 세밀한 조립을 위해 자동화된 설비의 역할이 주요하다.

동일한 기술

세 번째로 위와 같이 A국과 B국의 요소부존도가 다르고 X재, Y재가 각각 노동집약재, 자본집약재로 정해지면 기본적으로 A국과 B국에서는 동일한 기술, 즉 생산요소 결합비율로 생산이 이뤄진다고 가정한다. 이 가정은 기존 고전학파 시대의 무역이론 모형과 가장 큰 차이를 보인다. A국과 B국에서 모두 X재를 생산하는 데에는 같은 생산요소의 결합비율, 즉 같은 기술이 사용된다. 이 때 A국과 B국의 X재 생산을 위한 노동생산성은 같게 된다.

수확불변과 소비자 기호 동일, 완전경쟁의 가정

네 번째, 생산함수는 규모에 대해 수확불변이 적용된다. 즉 요소투입량의 증가에 비례해서 생산량도 증가한다. 노동과 자본의 투입이 같은 비율로 k배 증가하면 생산량도 똑같이 k배 증가한다. 다섯 번째로 양국 간 소비자 기호는 동일하다. 무역 후에도 소비자 기호는 변하지 않고 동일하다. 이는 생산측면만을 고려해서 무역이론을 전개한다는 것을 의미한다. 여섯 번째로 생품시장과 생산요소시장은 완전경쟁시장이라 가정한다. 이러한 가정하에서는 유연한 가격변화에 의해 생산요소의 완전고용이 이뤄진다. 이 때 산업 간 임금과 자본보수율이 같다고 가정할 수 있는데 국내에서 산업 간 생산요소의 이동이 자유롭다고 가정할 수 있기 때문이다. 즉 생산요소시장이 완전경쟁시장이라 가정함으로써 산업 간 임금과 자본보수율이 같다고 가정할 수 있다.

정태분석

일곱 번째로 양국 간에 요소부존량과 생산기술은 일정하다고 가정한다. 정태적 분석을 추구하는 것이며 동태적으로 양국 간에 생산요소가 이동하거나 기술혁신으로 새로운 생산요소의 결합을 통해 X재나 Y재의 생산이 가능해진다거나 하는 경우는 배제한다. 이 때 한 국가의 생산가능곡선은 일정하게 형성되며 기간 변화에 따른 성장은 고려대상이 아니다. 여덟 번째로 양국 간 무역에 있어서 거래비용이나 관세 등 국가 간 무역을 제한하는 조치는 없다고 가정한다. 즉 자유무역을 가정한다.

(2) 헥셔-올린 이론의 주요 정리

1) 헥셔-올린 정리

무역의 방향결정

헥셔-올린 정리는 헥셔-올린 이론 모형의 가정하에서 무역의 발생원인과 방향에 대한 것이다. 그 핵심적 내용은 다음과 같다. **각국은 자국에 상대적으로 풍부하게 부존된 생산요소를 집약적으로 사용하는 재화를 수출하고 상대적으로 희소하게 부존된 생산요소를 집약적으로 사용하는 재화를 수입하게 된다.**

무역 패턴의 결정

노동풍부국인 A국은 노동의 가격, 즉 임금이 상대적으로 저렴하다. 이론 모형에서 양국의 생산기술이 같다고 가정하면 노동집약재 X재를 생산하는 비용은 A국에서 더 저렴하다. 그러므로 노동풍부국 A국은 노동집약재 X재에 비교우위를 갖게 되고 무역의 방향이 결정된다. 무역이 이뤄지면 노동풍부국 A국

그림 2-7

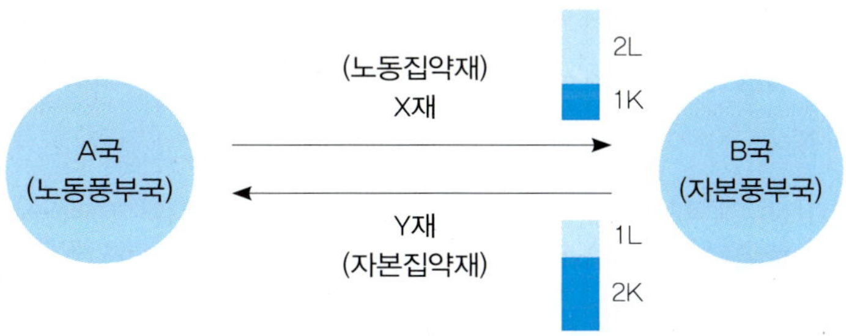

- A국(노동풍부국): X재(노동집약재) 수출. Y재(자본집약재) 수입
- B국(자본풍부국): Y재(자본집약재) 수출. X재(노동집약재) 수입

은 노동집약재 X재의 생산을 늘린다. 국내수요에 더해 B국의 수입 수요만큼을 더 생산하게 되기 때문이다. 대신 자본집약재 Y의 생산은 줄어든다. 무역의 방향이 결정됨에 따라 수입되는 자본집약재에 비교열위를 갖게 되어 가격경쟁력이 없기 때문이다. 이 때 요소부존량이 변하지 않는다는 가정에서 자본집약재 생산에 투입되던 생산요소가 해체되어 노동집약재 생산에 활용된다.

무역으로 인한 요소 간 소득분배

무역에 따른 생산요소 간 소득분배에 관심을 가졌던 헥셔-올린 이론에 의하면 팽창하는 노동풍부국인 A국에서 노동집약재 X재 산업의 규모가 커지고 팽창함에 따라 노동에 대한 수요가 상대적으로 크게 증가한다. 반면 자본집약재 Y재는 수입이 이뤄지기 때문에 생산이 축소되어 자본에 대한 수요는 줄어든다. 이로 인해 노동가격, 즉 임금은 상승하고 자본가격, 즉 자본보수율은 하락한다. 자유무역으로 인해 노동풍부국에서 희소한 생산요소인 자본의 상대가격은 하락하고 풍부한 생산요소인 노동의 상대가격은 상승하게 된다. 자본풍부국 B국이 노동풍부국 A국과 무역을 시작하게 되면 자본집약재 Y재를 수출하고 노동집약재를 수입하게 된다. 그러면 자본집약재 생산이 증가하면서 자본집약재 Y재 생산을 늘리는 쪽으로 생산요소의 해체와 결합이 일어나게 되어 자본의 수요가 증가하고 자본의 상대가격 즉 자본보수율이 높아진다.

2) 스톨퍼-사무엘슨 정리

폴 사무엘슨

스톨퍼-사무엘슨 정리는 미국의 경제학자인 볼프강 스톨퍼(Wolfgang Stolper)와 그 후배였던 폴 사무엘슨(Paul Samuelson)에 의해서 1941년 발표되면서 정립되었다. 헥셔-올린의 이론에 의해 무역이 이뤄지면 요소의 상대가격 변화가 이뤄져서 요소소득의 재분배가 이뤄질 것이라 예측할 수 있지만 당시 경제학자들은 이러한 생산요소의 상대가격 변화가 생산요소의 실질소득 변화로 연결될 것이라 인정하지 않았다. 만약 자본풍부국인 B국이 자본집약재에 특화하는 무역을 하게 되더라도 이 국가의 노동자들에게 돌아가는 실질적인 분배의 몫이 줄어들 것이라 인정하지 않았는데 그 근거로는 첫째로, 무역의 이득이 워낙 커서 분배될 것이고, 둘째로, 물가가 낮아져서 명목적으로 자본풍부국 B국에서 노동집약재 생산이 줄어들더라도 임금이 낮아지는 것보다 물가가 더 낮아져서 노동자들의 실질소득은 더 늘어나게 될 것이라는 점이 주장되었다. 또한 셋째로, 노동과 같은 유연한 성격을 가지는 생산요소는 장기적으로 충격을 흡수해서 실질소득에의 충격은 제한적일 것이라 주장했다.

생산요소 절대가격의 수렴

이러한 당시 경제학자들의 견해에 대해 스톨퍼와 사무엘슨은 헥셔-올린 이론을 강화하여 확인하며 생산요소의 상대가격 변화가 실질소득으로 직접 연결됨을 증명했다. 증명의 방향은 헥셔-올린 정리와는 반대로 하면 이해가 좀 더 용이하다. 만약 무역이 이뤄지던 상황에서 수입규제 혹은 관세설정 등의 정부개입으로 무역이 중단되면 자본집약재 Y재를 수출하던 자본풍부국 B국에서는 자본의 상대가격인 자본보수율은 다시 낮아진다. 반면에 희소 생산요소인 노동의 상대가격인 임금은 무역 이전 상태의 방향으로 높아지게 된다. 여기까지는 헥셔-올린 정리를 역으로 적용한 것으로 큰 차이가 없다. 하지만 이를 더 발전시켜 스톨퍼-사무엘슨 정리는 이 때 희소 생산요소인 노동의 상대가격 뿐만 아니라 절대가격 또한 증가함을 증명했다.

정리의 증명

증명의 내용을 간단히 소개하면 수확불변의 가정하에 동일한 생산함수를 사용하면 생산요소의 한계생산성은 규모와 관계없이 요소의 결합비율에 의해서만 결정된다. 이에 따라 무역중단으로 자본의 노동에 의한 대체가 이뤄지면 노동집약재와 자본집약재 모두에서 노동의 한계생산성이 높아진다. 노동집약재 X재 생산과 자본집약재 Y재 생산에서 노동의 한계생산성이 증가하게 되면 X재로 표시하든 Y재로 표시하든 노동의 실질임금, 즉 노동의 절대가격이 절대적으로 증가한다. 즉 자본풍부국 B국에서 자유무역이 이뤄지다가 무역이 중단되면 희소 생산요소인 노동의 몫이 상대적으로나 절대적으로나 다시 증가하게 된다.

스톨퍼-사무엘슨 정리

이러한 배경하에 스톨퍼-사무엘슨 정리의 내용을 정리하면 다음과 같다. **자유무역은 풍부한 생산요소의 상대가격과 실질소득**(절대가격)**을 증가시키고 희소한 생산요소의 상대가격과 실질소득**(절대가격)**을 감소시킨다.** 이러한 이론의 성격 때문에 스톨퍼-사무엘슨 정리는 주로 자본풍부국인 선진국에서 보호무역을 주장하는 근거로 활용된다. 자본풍부국이 노동집약재를 수입하게 되어 노동집약재 산업이 사양산업이 된다면 이 재화에 대해 수입규제를 함으로써 무역으로 인한 이득이 줄어든다고 하더라도 노동집약재 생산에 종사하는 자본풍부국의 노동자가 더 늘어나지만 않는다면 노동자 전체의 소득수준이 상대적으로나 절대적으로 반드시 증가하게 되어 이 생산자 집단을 보호할 수 있게 된다.

3) 요소가격 균등화 정리

요소가격 균등화 정리

요소가격 균등화 정리는 **자유무역에 의해 양국 간 재화의 상대가격이 같아진다면 양국 간 생산요소의 상대가격이 같아지며 더 나아가 절대가격도 같아진다**는 내용이다. 헥셔-올린 이론에서 자유무역이 이뤄지면 노동풍부국 A는 노동집약재 X를 수출하고 생산을 늘리게 되고 자본풍부국 B는 자본집약재 Y에 특화해서 수출하고 Y재 생산을 늘리게 된다. 이로 인해 원래 노동이 풍부해서 임금이 상대적으로 쌌던 A국에서는 노동에 대한 수요가 증가한다. 대신 자본집약재 생산은 줄어들며 자본수요가 줄어들어 자본의 상대가격은 낮아진다. 결과적으로 노동의 상대가격이 높아진다. 자본집약재 수출국인 B국에서는 이와 반대로 자본수요가 증가해서 자본의 가격 즉 자본보수율이 높아지고 무역 이전 저렴했던 자본의 상대가격이 높아진다. 이러한 방향으로 각 국에서 생산요소의 상대

그림 2-8

• A국(노동풍부국) 무역으로 인한 생산요소 이동

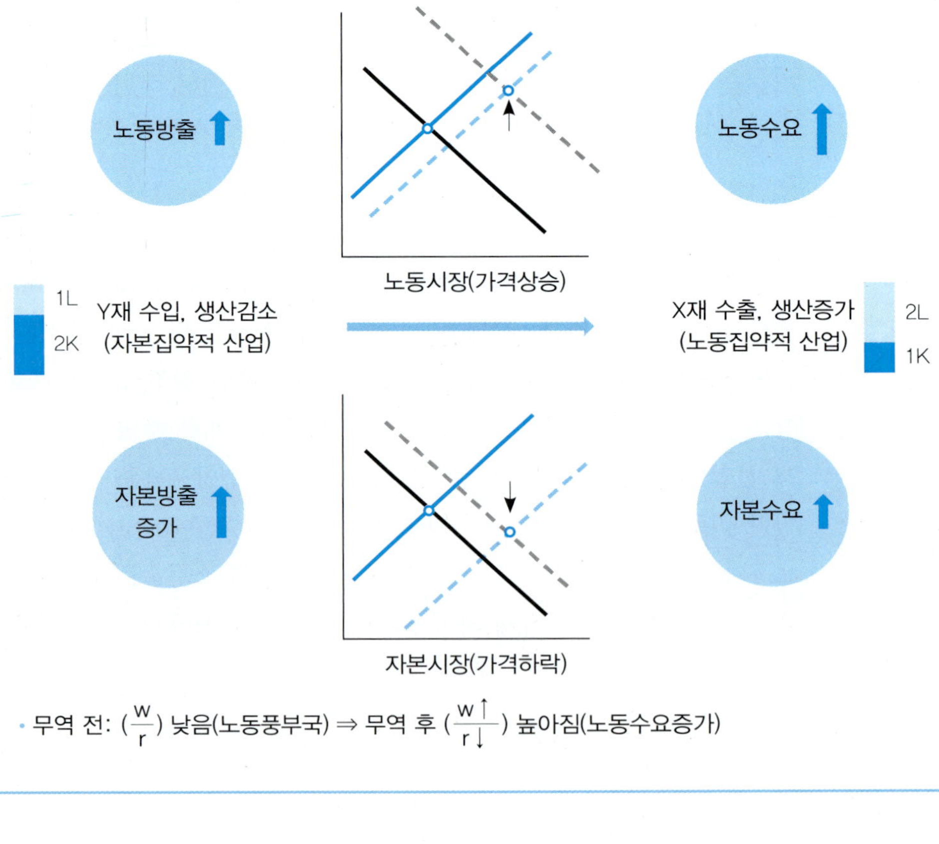

• 무역 전: $(\frac{w}{r})$ 낮음(노동풍부국) ⇒ 무역 후 $(\frac{w\uparrow}{r\downarrow})$ 높아짐(노동수요증가)

가격이 변화해서 마침내는 양국에서 생산요소의 상대가격이 같아진다는 것이다. 국제교역으로 인해 국제시장에서 재화의 균형상대가격이 같아지면 요소의 상대가격이 같아진다는 원리이다.

절대가격, 즉 실질소득의 수렴

사무엘슨은 헥셔-올린의 정리를 한 단계 더 발전시켜 자유무역이 이뤄지면 양국 간에 생산요소의 절대가격까지 같아진다는 것을 증명했다. 생산함수가 1차 동차의 성격을 가지면 생산요소의 한계생산성은 생산요소의 결합비율인 요소집약도에 의해 결정되어 양국 간에 노동과 자본 각각의 한계생산성이 같아진다. 국제시장에서의 재화가격이 같으므로 교역국에서 생산요소의 절대가격도 같아지게 된다는 것이 정리의 핵심이다.

생산요소 이동을 대체하는 재화이동

요소가격 균등화 정리의 의미를 좀 더 살펴보면 비록 **생산요소의 국제적 이동이 불가능한 상황에서도 재화의 국제적 이동이 완전히 자유롭다면 재화의 국가 간 교역이 생산요소의 이동을 대체하여 교역국 간의 생산요소 가격을 상대적으로 뿐만 아니라 절대적으로도 균등화시킨다는 것이다.** 이러한 정리는 각 국에서 노동집약적 재화 산업과 자본집약적 재화 산업 간에 생산요소의 고용과 이동이 자유롭게 이뤄질 경우 가능하다. 그러므로 자본의 고용이 결정되는 비교적 장기의 기간 동안에 한해서라면 실증이 가능하다.

4) 립진스키 정리

요소부존량의 동태변화

립진스키 정리(Rybczynski Theorem)는 경제학자 다테우스 립진스키(Tadeusz Rybczynski)에 의해 정립된 생산요소 공급량이 변화할 때 그 효과에 관한 정리이다. 그 핵심내용은 다음과 같다. **재화의 상대가격이 변하지 않는 경우 다른 한 요소의 부존량이 불변일 때 어느 한 요소의 증가는 동 요소를 집약적으로 사용하는 재화의 절대생산량을 증가시킨다.** 반면 다른 재화의 절대생산량은 감소한다. 구체적으로 만약 자유무역에 참여하고 있는 한 국가에서 노동부존량이 증가하게 되면 노동집약재의 절대생산량이 증가한다. 대신 자본집약재의 절대생산량은 감소한다. 반대로 자유무역에 참여하고 있는 한 국가에서 자본부존량이 증가하게 되면 자본집약재의 절대생산량이 증가한다. 대신 노동집약재의 절대 생산량은 감소한다. 요소부존량의 변화로 인한 립진스키 정리의 결과는 다음과 같은 직관적인 방법으로 이해할 수 있다.

그림 2-9

• A국(노동풍부국)의 자본증가

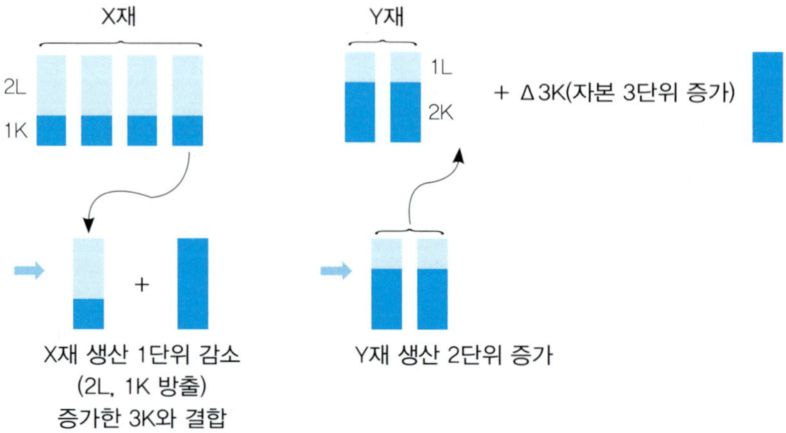

• 자본부존량 증가 → 자본집약재 생산 증가
• 노동부존량 증가 → 노동집약재 생산 증가

자본집약재 생산증가

[그림 2-9]에서 사례로 든 바와 같이 노동집약재 X재와 자본집약재 Y를 생산하는 국민경제에서 자본부존량 3단위가 증가하면 재화의 상대가격이 변하지 않아 생산요소 가격이 변하지 않고 이로 인해 요소집약도가 변하지 않으므로 노동집약적인 X재 생산이 해체되어 Y재 생산을 위해 결합하게 된다. 그렇게 되면 노동집약재인 X재의 절대생산량은 줄어들고 자본집약재인 Y재 생산은 늘어나게 된다.

(3) 레온티예프의 역설과 해명

1) 헥셔-올린 정리와 레온티예프의 역설

바실리 레온티예프

헥셔-올린 정리에 따르면 [그림 2-7]에서 볼 수 있는 바와 같이 자본풍부국은 자본집약재를 수출하고 노동풍부국은 노동집약재를 수출하게 된다. 하지만 현실에서 이론과는 다른 현상이 나타났는데 이를 **레온티예프의 역설**(Leontief Paradox)이라 한다. 바실리 레온티예프(Wassily W. Leontief)는 헥셔-올린 이론을 실증하기 위해 미국의 무역 데이터를 살펴보았다. 2차 세계대전 전후 미국은 자본풍부국으로 분류할 수 있는데 1인당 자본장비율이 세계 다른 나라에 비해 상대적으로 높은 것으로 이를 확인할 수 있다. 그러므로 헥셔-올린 정리대로라면 미국은 자본집약재를 수출하는 결과가 도출되리라 예상했다. 하지만 분석결과는 이론과 상치되는 것이었는데 구체적으로 다음과 같다.

산업연관표 분석

바실리 레온티에프는 1947년과 1951년 미국의 산업연관표를 작성해서 수출재와 수입경쟁재의 100만 달러당 자본-노동 투입비율을 산출했다. 표에서 확인할 수 있는 바와 같이 수입경쟁재의 자본집약도가 수출재의 자본집약도보다 높았는데 이는 미국이 자본풍부국인데도 불구하고 노동집약재를 수출하고 자본집약재를 수입한다는 의미와 같았다.

표 2-5 레온티에프 역설

구분	1947년		1951년	
	수출재	수입경쟁재	수출재	수입경쟁재
자본(천달러)	2,551	3,091	2,257	2,303
노동(연인원수)	182	170	174	168
1인당 자본장비율	14,068(A)	18,184(B)	12,796(A)	13,726(B)
B/A	1.29		1.05	

2) 레온티에프의 역설에 대한 해명

헥셔-올린 이론 가정의 비현실성

이러한 레온티에프의 역설의 의미를 해석하기 위해 다음과 같은 논의들이 이뤄졌다. 우선 ① 헥셔-올린 이론에서 국가 간에 자본과 노동과 같은 생산요소가 동질적이라고 한 가정이 성립하지 않을 수 있다는 차원에서 논의가 이뤄졌다. 레온티에프 자신은 미국의 노동생산성이 무역상대국에 비해 높은데 이로 인해 미국이 오히려 노동풍부국이라 주장했다. 하지만 이러한 주장은 받아들이기 어려운 것이었다. 오히려 인적 자본(Human Capital)과 관련한 주장이 더 합리적이라 받아들여졌는데 교육, 훈련 등을 통해 노동생산성을 높이기 위해 노동에 체화된(embeded) 인적 자본이 미국의 노동의 질을 무역상대국과 다르게 했다는 견해이다. 단순노동력과 차별화된 숙련노동력, 고급기술자, 과학자들의 노동을 단일한 노동으로 계산하는 것은 잘못된 것이라는 견해이다. 실제로 도날드 키징(D. Keesing)은 단순노동과 숙련노동을 세분화해서 미국의 수출재가 숙련노동 집약적임을 밝혔고 볼드윈은 미국의 수출재가 고급기술자 및 과학자 집약적임을 밝혔다. 또한 미국이 자본집약적으로 생산되는 천연자원을 수입한다는 견해도 설득력을 가졌다. 석유 등 천연자원은 노동력보다는 시추설비가 중요한 자본집약적인 재화로 자본과 보완관계에 있다. 그러므로 미국이 강대국으로 부상하는 과정에서 상대적으로 부족한 천연자원을 수입하기 위해 자본집약재를 수입하는 결과가 나타나게 되었다는 것이다. 레온티에프는 천연자원을 제외하고 분석을 진행한 결과 미국의 수출재가 자본집약적임을 확인했다.

현실과 부합하지 않는 가정

이외에도 ② 같은 산업에서는 요소집약도가 일정하게 같다는 가정이 현실에서 성립하지 않을 수도 있다는 차원에서 논의가 진행되기도 했다. 특정 산업의 요소집약도가 반전될 수 있다는 것이다. ③ 또한 헥셔-올린 이론에서 가정했던 양국 간 동일한 수요함수가 현실과 부합하지 않기 때문에 레온티에프 역설이 현실에서 관찰된다는 견해도 있었으나 이는 타당하지 않은 것으로 밝혀졌다. 그리고 ④ 헥셔-올린 정리의 완전한 자유무역 가정이 현실적이지 않다는 견해도 있는데 미국이 노동집약재에 대해서 제도적으로 수입을 제한하는 무역장벽을 쌓고 있기 때문에 노동집약재 수입이 적다는 견해이다. 이 주장은 어느 정도 타당성을 인정받았다.

요약

1. 무역은 근본적으로 가격차이 때문에 발생한다. 적절한 상대가격 범위에서 당사자 간 무역이 이뤄지면 무역에 참가하는 주체들은 모두 무역의 이득을 누릴 수 있게 된다. 이는 소비자잉여와 생산자잉여를 계산하는 정태분석을 통해 증명할 수 있다.
2. 무역이론은 무역의 발생원인, 무역이 이뤄지는 방향, 즉 패턴 결정, 무역으로 인한 소득분배, 무역시 재화의 상대가격, 즉 교역조건의 결정을 설명할 수 있다.
3. 아담 스미스는 국부론에서 분업론에 대해 설명하면서 "스스로 필요한 재화를 직접 만드는 것보다 분업에 의하여 만든 재화를 서로 교환하면 훨씬 많은 양의 재화를 만들 수 있다."고 주장했다. 이러한 논리를 국가 간에도 적용하면 국제분업을 통해 각국이 절대우위에 있는 분야에 특화해서 개별국가의 후생을 증가시킬 수 있다.
4. 데이비드 리카도는 곡물법 폐지를 위한 근거로 비교우위론을 주장했다. 한 나라가 다른 나라에 비해 모든 재화의 생산비용이 높더라도 어떤 재화의 생산비용이 상대적으로 낮다면 비교열위에 놓이게 된다. 각국은 비교우위를 가진 상품에 특화생산해서 수출하고 비교열위에 놓인 상품을 수입하면 무역에 참가하는 국가들은 모두 이익을 얻을 수 있다.
5. 존 스튜어트 밀이 주장한 상호수요이론은 국제무역에서 재화의 교환비율은 다른 나라 재화에 대한 각국의 수요의 강도와 탄력성에 따라 결정된다는 이론이다. 자유무역의 균형은 양국의 오퍼곡선이 만나는 점에서 결정되며 이 때 결정되는 상대가격이 재화의 교환비율이 된다.
6. 헥셔-올린의 무역이론은 생산요소로 노동에 더해 자본을 고려해서 고전학파의 한계를 극복한 무역이론이다. 무역의 패턴이 무역참여국의 상이한 요소배분에 따라 결정된다고 주장했다. 또한 무역이 이뤄짐으로 인해서 노동과 자본 각 요소에 분배되는 소득의 변화까지 탐구해서 이론화했다.
7. 스톨퍼-사무엘슨은 헥셔-올린의 무역이론을 더욱 발전시켜서 무역으로 인해 노동과 자본의 상대가격 뿐 아니라 절대가격, 즉 실질소득까지 변함을 증명했다. 이러한 내용은 요소가격 균등화 정리나 스톨퍼-사무엘슨 정리로 구체화되었다.
8. 레온티예프 역설은 1947년과 1951년의 미국 산업연관표를 분석해서 자본풍부국인 미국이 오히려 노동집약재를 수출하고 자본집약재를 수입한다는 결론에 도달했다. 헥셔-올린 이론에 반하는 이러한 실증결과를 설명하기 위해 헥셔-올린 무역이론의 기본가정이 실제에 부합하는지 의문을 제기하거나 자본의 포괄범위가 타당한지 미국의 천연자원 수입이 자본집약재의 수입이라는 분석이 나왔다.
9. 고전학파 무역이론과 근대적 무역이론은 생산요소를 노동 한 가지만 고려할 것인지 노동과 자본 두 가지를 고려할 것인지의 차이와 국가 간의 기술차이, 즉 노동생산성 차이를 인정하는지 혹은 국가 간 동일한 기술을 가정하고 상이한 요소부존도가 무역패턴을 결정한다고 설명할 것인지의 차이가 있다. 고전학파 무역이론과 근대적 무역이론은 그 나름의 한계를 가지고 있다.

연습문제

1. 다음 용어를 설명하시오.

(1) 재정거래 (2) 생산자잉여
(3) 교역조건 (4) 비교우위
(5) 노동가치설 (6) 노동투입계수
(7) 요소부존도 (8) 립진스키 정리
(9) 레온티예프 역설 (10) 규모불변

2. 아담 스미스, 데이비드 리카도, 존 스튜어트 밀의 생애와 저작에 대해조사해 보시오.

3. 엘리 헥셔와 버틸 올린의 생애를 조사해 보시오.

4. 자동차의 수요와 공급함수가 다음과 같이 주어졌다고 가정하고 다음 물음에 답하시오. (단위: 100만원, 만대)

- 수요함수 $Q^D = \frac{160}{3} - \frac{4}{3}P$
- 공급함수 $Q^S = -30 + 2P$

(1) 자급자족하에서 균형가격과 균형거래량을 구하시오. 이 때 생산자잉여와 소비자잉여를 구하시오.

(2) 자동차를 3000만원/대에 얼마든지 생산이 가능하다는 가정하에 국내생산량, 국내수요량 및 수출량을 구하시오. 그리고 이 때 생산자잉여와 소비자잉여를 구하시오.

5. 한국과 대만의 두 나라가 핸드폰과 컴퓨터만을 생산하고 있고 생산요소는 오직 노동 뿐이라고 가정한다. 한국이 가진 노동은 총 400단위이고 대만이 가진 노동은 총 300단위이다. 한국은 노동을 전부 사용하여 핸드폰 40대를 생산하거나 컴퓨터 40대를 생산할 수 있다. 한편 대만은 노동을 전부 사용하여 핸드폰 20대를 생산하거나 컴퓨터 25대를 생산할 수 있다. 노동의 한계생산물은 상품의 생산량과 관계없이 일정하다는 가정하에 다음 물음에 답하시오.

(1) 한국과 대만의 단위당 노동투입량표를 작성해 보시오.

	컴퓨터	핸드폰
한국		
대만		

(2) 어느 나라가 핸드폰 생산에 절대우위에 있는가? 컴퓨터 생산에는?

(3) 한국과 대만에서 핸드폰 한 대의 기회비용은 각각 얼마인가?

(4) 한국과 대만에서 컴퓨터 한 대의 기회비용은 각각 얼마인가?

(5) 한국과 대만은 각각 어느 상품에 비교우위가 있는가?

6. A국과 B국의 요소부존량이 다음과 같이 주어져 있다고 가정하고 물음에 답하시오. (양국의 소비자기호는 동일하며 재화시장과 생산요소 시장은 완전경쟁시장이고 자유무역이 행해진다는 가정하에 물음에 답하시오)

	A	B
노동(노동자 1명)	45	20
자본(기계 1대)	15	10

(1) 어떤 국가가 상대적으로 자본이 풍부한가? 또한 어떤 국가가 상대적으로 노동이 풍부한가?

(2) 위의 요소부존도로 인해 A, B 양국의 임금과 자본보수율이 다음과 같이 주어져 있다고 가정한다.

	A	B
임금(노동가격): w	4원	5원
자본보수율(자본가격): r	12원	10원

이 때 만약 양국에서 생산하는데 2단위의 노동과 1단위의 자본이 필요한 노동집약재인 옷(2L+1K)과 생산하는데 1단위의 노동과 2단위의 자본이 필요한 자본집약재인 오토바이(1L+2K)를 생산한다면 양국에서 2재화의 생산가격은 어떻게 결정되는지 계산해서 아래 표를 채우라. (양국 간 생산기술은 동일하며 규모에 대한 수확불변을 가정한다)

	A	B
옷		
오토바이		

(3) 위에서 계산한 A, B 양국의 옷과 오토바이 생산가격에 근거해서 A, B 양국은 각각 어떤 재화에 비교우위가 있는지 판단하시오.

7. 다음은 비교우위론에 관한 논쟁이다. 다음 논쟁을 비교우위론의 관점에서 반박하라.

(1) 세계의 최빈국들은 수출할 것이 없다. 그 나라에는 풍부한 자원이 없다. 자본도 없고 토지도 작을 뿐 아니라 작은 빈국들은 노동력도 풍부하지 않다.

(2) 일부 개발도상국들은 "자유무역은 각국의 노동생산성이 높아져 국제경쟁력이 있는 경우에만 유익하다."라고 주장하면서 수입을 제한하거나 시장개방에 부정적 입장을 보이고 있다.

(3) 선진국이 개발도상국과 무역을 할 경우 개발도상국에 대한 가격을 결정할 수 있으므로 무역을 통한 모든 이익을 가져간다.

CHAPTER 03

현대적 무역이론

고전학파 무역이론과 근대 무역이론은 제조업 분야 산업 내에서 이뤄지는 동태적인 무역현상 및 차별화되어진 제품의 교역을 설명해주지 못했다. 또한 이론이 동차생산함수를 가정함으로써 무역의 이득을 온전히 설명하지 못했다. 2차 세계대전 이후 현실에서는 기존의 이론으로 쉽게 설명할 수 없는 교역현상이 나타났는데 선진국들 사이의 산업내 무역이 크게 증가한 것이다. 또한 다국적 기업이 무역의 주체로 등장하기 시작했다. 이를 설명하기 위해서 현대적인 무역이론이 성립하기 시작한다. 이 장에서는 이러한 현대의 무역현상을 설명하기 위해 발전한 신무역이론, 동태무역이론, 신신무역이론을 소개한다.

3.1 신무역이론

(1) 규모의 경제와 무역이론

1) 규모의 경제

기존 무역이론의 한계

데이비드 리카도와 비교우위론과 헥셔-올린 이론은 규모에 대한 보수불변의 동차 생산함수를 가정하고 있다. 이는 규모의 경제가 존재하지 않더라도 무역이 이뤄질 수 있음을 설명한 것이다. 규모에 대한 보수불변의 의미는 모든 생산요소의 투입을 τ(타우)배 증가시킬 때 생산량도 똑같이 τ 배 증가하는 것을 말한다.

폴 크루그먼의 신무역이론

이에 반해 아담 스미스는 체계화된 모형을 제시하지는 않았지만 규모의 경제로부터 오는 무역의 이득을 직관적으로 이해하고 이를 주장했다. 아담 스미스는 노동의 분업과 특화에 기초한 노동생산성 향상은 시장의 크기에 의해 제한받을 수 있는데 이는 무역을 통해 시장의 크기를 충분히 확대함으로써 가능하면 이 과정에서 규모의 경제가 달성된다고 했다. 이러한 아담 스미스의 견해를 폴 크루그먼(Paul Krugman)이 종합 계승해서 현대적인 무역이론으로 재정립했다. 이를 **신 무역이론**(New Trade Theory)이라 한다. 폴 크루그먼은 현대 산업내 무역이 발생하는 원인 중 상당 부분이 규모의 경제를 달성하기 위해서라고 설명한다. 무역을 통해 시장이 확대되면 규모의 경제를 실현할 수 있게 되고 노동과 자본이 부존량이 서로 비슷한 국가들 간에도 서로 규모의 경제를 노린 수출과 수입이 이뤄진다. 이러한 관점은 현실의 산업내 무역을 잘 설명할 수 있다.

규모의 경제

규모의 경제가 있다는 용어의 의미는 모든 생산요소의 투입을 똑같이 τ 배 증가시키면 생산량이 τ 배보다 더 큰 배수로 증가하는 것을 말한다. 이를 규모에 대한 보수가 증가한다고도 표현한다. 규모의 경제가 존재하면 반대로 말해서

표 3-1 규모의 경제가 존재하는 경우 평균비용의 변화

생산량	총노동자본투입	평균노동자본투입	평균비용
5	10	2	2
10	15	1.5	1.5
15	20	1.33	1.33
20	25	1.25	1.25

생산량이 증가함에 따라서 생산요소 투입이 증가하는 재화의 생산량보다 더 작은 비율로 증가하게 되어 평균비용이 감소한다.

평균비용곡선의 하강

예를 들어 위의 표와 같이 노동과 자본이 같은 비율로 투입되는 경우 생산량이 증가함에 따라 노동과 자본의 총 투입이 생산량 증가 비율보다 더 작게 투입되어도 된다면 평균비용곡선은 우하향하는 형태를 띠게 된다. 이러한 경우에 규모의 경제가 있다고 말한다.

2) 외부 규모의 경제와 내부 규모의 경제

외부 규모 경제

규모의 경제를 효율이 생산주체인 기업의 외부로부터 발생하는가 혹은 내부적으로 발생하는가에 따라서 **외부적 규모의 경제**와 **내부적 규모의 경제**로 나눌 수 있다. 우선 외부적 규모의 경제는 해당 기업이 속해 있는 산업의 크기가 커질수록 기업의 생산에서 규모의 경제가 나타나는 것이다. 산업의 확대에 따라 규모의 경제가 발생하는 원인에 대해서는 알프레드 마샬(Alfred Marshall)이 먼저 주목했다. 알프레드 마샬은 19세기 영국의 산업을 관찰하면서 외부경제(External Economies)와 산업의 집적효과(Economies of Agglomeration)의 개념을 제시했다.

알프레드 마샬의 집적효과

외부경제가 발생한다는 의미는 어떤 경제주체가 원인 행위를 한 결과로 인한 과실이 원인 행위자에게 돌아가지 않고 그 일부가 타인에게 돌아가는 경우를 말한다. 한 개의 기업이 홀로 따로 떨어져 있을 때는 외부경제가 발생하지 않는다. 하지만 같은 산업에 속해 있는 기업들이 산업이 확대됨에 따라 한 곳에 모여 하나의 산업 클러스터 지역(Industrial District)을 형성하게 되면 외부경제가 발생한다. 이들 기업들은 ① 서로의 노하우를 공유하며 생산성을 높이고, ② 특정 하청업체로부터 공동으로 부품을 구매하면 관련 산업이 발달한다. ③ 산업에 종사하고자 하는 요소공급자들이 모여들며 생산요소의 결합도 용이해 진다. 이러한 3가지 집적효과를 알프레드 마샬의 삼위일체 효과라 한다. 또한 기업들이 각기 다른 생산공정이나 영역에서 서로 분업하며 전문성을 높여 생산성이 더욱 증대되고 재화의 평균 생산비용이 낮아진다. 이렇게 같은 산업에 속한 여러 기업들이 한 곳에 모여 집적의 이익을 누리면 외부적 규모의 경제가 발생한다.

산업차원의 비용곡선 하강

외부적 규모의 경제가 발생할 경우에는 개별 기업의 생산량 증가에 따른 평균비용곡선이 꼭 우하향할 필요는 없다. 기업의 비용곡선이 산업확대에 따라 하방이동하는 형태일 수도 있다. 하지만 산업 전체 수준에서 투입물과 생산량이 계산된다면 산업 차원의 단위당 평균비용곡선은 우하향하는 형태를 띠게 된다. 이렇게 산업 차원의 산출이 투입요소보다 더 많이 증가하는 생산성 향상이 나타나는데 이는 개별기업의 단위당 평균비용에 영향을 끼치게 된다. 이는 앞서 언급한 알프레드 마샬이 제시한 삼위일체 효과를 통해서 나타나는데, 첫 번째로, 개별기업의 지식자본 축적량을 증가시켜서 개별기업의 생산성은 증대된다. 두 번째로, 산업의 산출이 많아지면 개별기업은 더욱 싼 가격에 품질 좋은 중간재와 숙련된 노동을 구할 수 있게 되어 이득을 얻는다.

내부 규모 경제

기업 내부에서 발생하는 내부적 규모의 경제는 이러한 외부적 규모의 경제와 따로 구분해서 논의할 수 있다. 내부적 규모의 경제의 발생원인은 기업의 **생산을 통한 학습**(Learning by Doing)의 관점에서 우선 논의할 수 있다. 생산을 통한 학습은 기업이 누적 생산량(Cumulative Output)이 많아질수록 단위생산비용이 낮아지는 것을 의미한다. 경제학에서 생산을 통한 학습의 개념이 처음 사용된 것은 공식적으로는 케네스 애로우(Kenneth Arrow)가 내생성장을 설명하기 위해서 사용한 것이 시초이다.

생산을 통한 학습

많은 제품을 생산하는 과정에서 기업은 여러 노하우를 얻게 되며 이를 통해 점진적으로 공정의 효율성을 개선하고 평균비용을 낮출 수 있게 된다. 설비에 문제가 발생했을 때 이를 빠르게 해결해서 가동률을 높이고 정기정비를 통해 문제가 발생하는 상황 자체를 예방한다. 신제품 개발과 대량생산 체제구축

그림 3-1

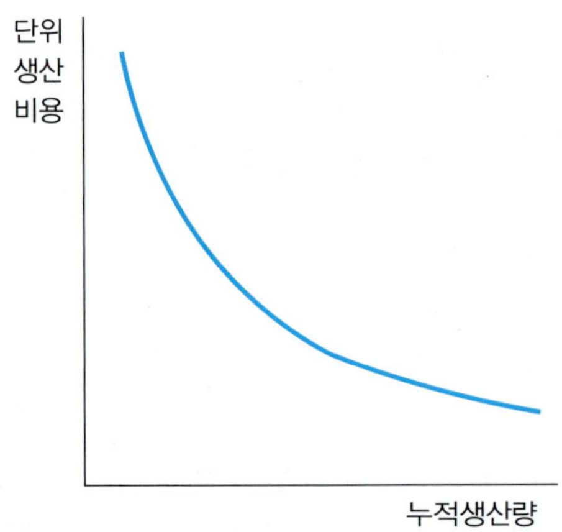

(ramping up) 기간을 단축시켜 정해진 기간 내에 훨씬 큰 매출의 현금 흐름을 발생시킨다. 암묵적 지식(implicit knowledge)의 축적을 통해 수율 달성을 높이고 원자재와 노동의 투입을 절약한다. 이러한 개별기업의 경험은 또한 기업이 같은 재화를 생산하는 다른 기업을 인수 합병하는 과정에서 확산될 수도 있다. 인수 합병이 이뤄지면 생산성이 높은 생산단위의 경험이 연수와 교육을 통해 다른 생산단위로 확산되며 기업 전체의 생산성이 한층 더 증가한다. 이러한 과정이 지속적으로 이뤄지면 규모의 경제가 달성되면서 산업 전체 평균비용이 낮아지는 효과가 나타날 수 있다.

공학적 차원의 규모의 경제

또한 생산설비 건설 과정에서의 **공학적인 규모의 경제**도 같이 고려해 볼 수 있다. 예를 들어 반도체 생산시 8인치 웨이퍼를 사용하는 것보다 12인치 웨이퍼를 사용하게 되면 생산할 수 있는 반도체 칩의 수는 기하급수적으로 증가한다. 마찬가지로 석유화학 제품의 생산설비를 건설하는데 있어서도 물질이 이동할 수 있는 파이프 관의 직경이 2배가 되면 이동할 수 있는 물질의 부피는 이보다 기하급수적으로 늘어난다. 물리적으로 용량이 큰 새로운 생산설비의 생산이 안정되면 이전 설비보다 훨씬 큰 생산성을 거둘 수 있는 것이다. 이러한 측면에서도 내부 규모의 경제를 설명할 수 있다.

기업의 수직결합

또한 이러한 내부적 규모의 경제에 대한 논의를 좀 더 넓혀서 진행하면 제품의 제조 뿐 아니라 유통과 마케팅까지 담당하는 **독점거대기업의 생산성과 단위당 평균비용하락**도 설명할 수 있다. 19세기 미국에서는 교통과 통신이 빠르게 발전하면서 특히 철도가 도시 사이를 이어주고 시장을 통합시키면서 대규모 소매상과 도매상들이 등장했다. 이들은 넓은 지역에 걸쳐 판매망을 확보하면서 거래비용을 줄이고 제조기업과 소비자들을 효율적으로 연결시키는 역할을 했다. 시장이 커지고 통합되면서 판매유통의 기능이 중요해지고 이들의 협상력이 커지자 제조기업은 이들을 시장에서 고용하지 않고 직접 판매유통 조직을 확보하거나 기존의 판매유통 조직을 인수합병해서 거대기업으로 발전하는 선택을 한다. 즉 기업이 전문화되고 세분화된 역할을 하고 있는 조직을 수직결합해서 기술과 시장을 선점하고 거대화하고 독점기업으로 성장하는 것이다. 예를 들어 이 당시 싱거(Singer) 재봉틀 기업은 당시 비싼 제품이었던 재봉틀의 사용법을 설명하고 애프터서비스를 제공하며 인적 판매를 담당할 판매조직을 전국적으로 구축해서 큰 성공을 거두게 된다. 알프레드 챈들러(Alfred chandler)는 시장이 연결되고 성장하는 상황에서 이러한 기업의 선택은 장기적으로 거래비용을 줄이기 위한 매우 자연스러운 일이라고 설명한다. 기업이 이러한 방식으로 생산성을 달성할 수 있는 근본적인 원인은 시장통합으로 인해 규모의 경제의 실현이 가능해졌기 때문이다. 전국의 수요에 접근할 수 있는 가능성을 활용해서 규모의 경제를 실현하고 제조기업의 한계를 넘어서는 수직통합을 통해 단위당 평균비용을 한층 더 낮춰서 생산성을 달성했다.

(2) 독점적 경쟁과 무역이론

1) 독점적 경쟁

에드워드 챔벌린의 독점적 경쟁

폴 크루그먼은 규모의 경제에 더해 에드워드 챔벌린(E.H. Chamberlin)의 **독점적 경쟁**(monopolistic competition)**과 차별화**의 개념을 무역이론에 도입하면 산업내 무역을 더욱 잘 설명할 수 있다고 주장했다. 독점적 경쟁시장은 다수의 차별화된 기업들이 각각 차별화된 제품을 공급하는 시장이다. 개별적으로 시장을 지배하지 못하는 다수의 기업들이 있고 이들의 시장 진입 퇴출이 자유로워 경쟁시장이지만 차별화된 상품을 공급하는 기업은 시장의 일부에서는 독점력을 가지므로 독점적이라 한다. 독점적 경쟁시장은 단기적으로 가격지배력을 가지고 독점가격을 설정할 수 있다는 측면에서 독점시장과 유사하지만 장기적으로 자유로운 진입과 퇴출이 이뤄져서 기업이 정상이윤만을 누릴 수 있고 초과이윤을 누릴 수 없다는 측면에서는 완전경쟁시장과 유사하다.

표 3-2 시장의 장단기에 따른 특성 구분

	완전경쟁	독점적 경쟁	독점
단기		가격지배력에 의한 독점가격 설정	
장기	자유로운 진입, 퇴출에 의한 초과 이윤의 소멸		

자료: 이상호 외(2015).

독점적 경쟁시장의 특성

독점적 경쟁시장은 다음과 같은 특징을 가지고 있다. 첫째, 다수의 기업들이 차별화된 제품을 공급한다. 하나의 기업이 시장 전체에 영향을 미치지 못하므로 '경쟁시장'이라 한다. 기업들의 상품은 서로 대체성을 가지고 있다. 하지만 개별기업의 제품은 차별화되어 있어서 시장 중 일부분에 대해서는 지배력을

보충학습 차별화된 제품과 제품차별화

동일한 수요를 충족하지만 질적으로 조금씩 다른 상품을 차별화된 제품(differentiated product)이라고 한다. 제품차별화(product differentiation)는 이러한 제품을 생산, 공급하는 것을 말한다. 제품 사이의 질적 차이는 실질적인 차이일 수도 있고 광고 등에 의해서 생긴 소비자의 주관적인 느낌의 차이일 수도 있다.

현실에서 제품차별화가 나타나는 이유는 소비자들이 제품차별화를 원하기 때문이다. 소비자들의 기호는 다양하고 자신에게 더 많은 만족을 주는 제품에 대해서는 더 높은 가격을 지불할 용의가 있다. 이에 더해 ①소비자들은 변화를 좋아하며 기호가 변하며 차별화된 제품을 선호하고 ②국가 경제 전체적으로 다양한 기호가 존재하기 때문에 제품차별화가 국제무역의 강한 동기로 작용할 수 있게 된다.

행사할 수 있다. 그러므로 '독점적'이라 말한다. 둘째, 개별기업이 일부 시장에 대해서 독점적 지배력을 행사하므로 개별기업은 우하향하는 수요곡선에 직면한다. 셋째, 장기적으로 시장의 진입 퇴출이 자유롭기 때문에 개별기업은 정상이윤만을 누린다. 독점적 이윤은 오래가지 않고 새로운 기업의 진입을 유발시킨다. 넷째, 우하향하는 수요곡선과 이에 따른 우하향하는 한계수입곡선 때문에 개별기업의 생산은 평균비용이 체감하는 국면에서 이뤄진다.

그림 3-2

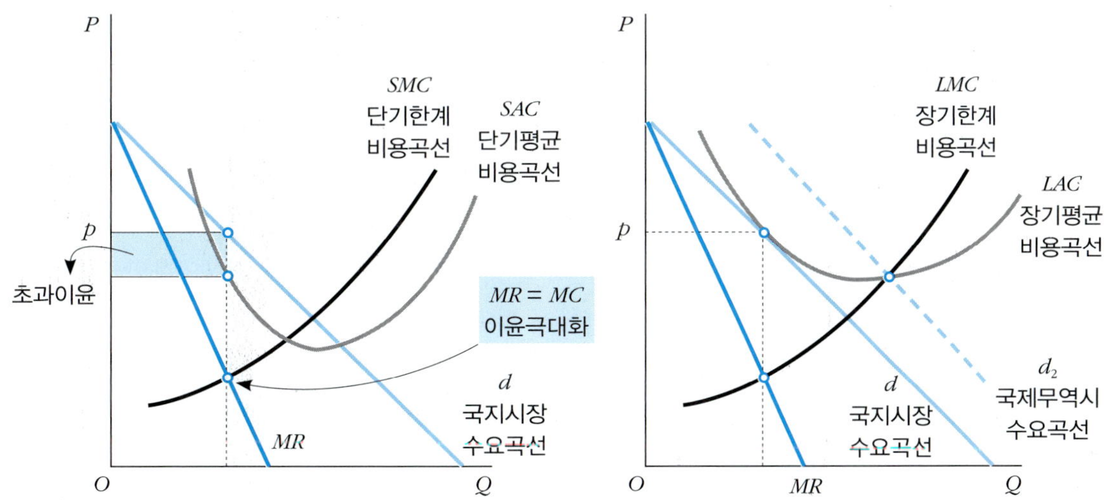

독점적 경쟁시장의 단기분석

[그림 3-2]를 통해 독점적 경쟁시장에서의 기업의 이윤극대화 상황을 분석해보면 다음과 같다. 단기에 있어서 독점시장이므로 개별 기업은 시장수요를 독점할 수 있고 그러므로 개별기업이 직면하는 수요곡선은 우하향하는 형태를 가진다. 기업은 단기한계비용곡선과 한계수입곡선이 만나는 지점에서 생산량을 결정해서 최대 이윤을 누릴 수 있다.

독점적 경쟁시장의 장기분석

하지만 장기에 있어서는 초과이윤을 누리기 위해 다른 기업들이 새로운 제품을 개발해 제품 시장에 진출한다. 이는 차별화된 제품에 대한 모방제품일 수도 있고 제품에 대한 수요를 충족시킬 수 있는 다른 종류의 차별화된 제품일 수도 있다. 잠재 기업의 진입이 이뤄지면 단기적으로 독점 시장을 누리던 기업의 수요가 감소하고 수요곡선이 좌측으로 이동한다. 독점적 경쟁기업이 손실을 보고 있다면 장기적으로 퇴출이 이뤄져서 다른 기업의 수요가 증가하게 된다. 이러한 기제로 인해 독점적 경쟁 기업의 장기평균비용곡선이 수요곡선과 접해서 정상이윤을 누리는 지점에서 장기균형이 이뤄진다. 장기균형이 이뤄지는 지점에서 주의 깊게 볼 점은 장기균형이 이뤄지는 점이 평균비용이 하락하는 구간으로 규모의 경제가 작용하는 상황이라는 것이다.

2) 독점적 경쟁과 국제 무역

독점적 경쟁시장의 무역이득

위와 같이 독점적 경쟁이 이뤄지는 상황에서 국제무역이 이뤄지면 독점적 경쟁기업들은 해외로부터 다양하게 차별화된 제품에 대한 대규모 수요에 직면하게 된다. 기존의 수요에 더해 해외 수요에도 부응할 수 있게 되면 결과적으로 기업이 직면하는 독점적 시장에 대한 수요가 늘어나 수요곡선이 우방으로 이동하는 결과가 나타난다. 그러면 독점적 경쟁기업은 생산량을 늘려 평균비용을 감소시키려 할 것이다. 이 과정에서 기업은 규모의 경제를 누릴 수 있게 되며 무역의 이득이 발생한다. 하지만 개별기업의 규모의 경제는 무한히 이뤄지지는 않으며 장기평균비용곡선이 결국은 U자 형태를 이루기 때문에 신규기업의 진입도 활발하게 이뤄지며 독점적 경쟁기업은 정상이윤만을 누리는 장기균형점에서 생산활동을 하게 된다. 이 때문에 국제 사회 전체적으로 볼 때도 독점적 경쟁이익, 즉 초과이윤이 소멸되어 소비자들은 차별화된 제품을 보다 저렴하게 구입할 수 있게 된다. 이러한 소비자 후생도 독점적 경쟁시장의 확대로 인한 무역의 이득이 된다.

산업내 무역

위와 같이 생산 측면에서 또한 소비 측면에서 무역의 이득이 발생하기 때문에 차별화된 제품에 기반한 독점적 경쟁시장의 확대가 국제무역을 활성화시키는 원인이 된다. 이러한 국제무역은 산업내 무역의 활성화와 더 관련이 깊다. 실제로 세계무역은 이미 자본이 풍부한 선진국들 사이의 산업내 무역이 많은 비중을 차지하고 있다. 자국내에서 독과점 시장을 확보하고 있는 선진국의 기업들은 경쟁국 시장에 진출해서 매출을 확보하는데 자동차나 전자제품 시장에서 이러한 상황이 전개된다.

(3) 신무역이론의 의의와 발전

1) 신무역이론의 의의

수요측면을 고려한 이론

폴 크루그먼이 정립한 신무역이론은 비교우위론과 헥셔-올린 무역이론으로 대표되는 고전적인 무역이론의 한계를 극복, 보완할 수 있었다. 고전적 무역이론은 우선 공급측 요인만을 고려한 무역이론이다. 가격의 결정에 영향을 미치는 수요측면의 국가 간 차이를 고려할 수 없었다. 하지만 신무역이론은 차별화된 제품의 국제교역을 논의함으로써 이 점을 보완할 수 있었다.

산업간 무역과 산업내 무역

이에 더해 고전적 무역이론은 기본적으로 비교우위를 바탕으로 한 산업간 무역을 설명하는데 적합했지만 2차 세계대전 이후 늘어난 선진국간 산업내 무역을 설명할 수 없었다. **산업간 무역**(Inter-industry Trade)이란 각기 다른 산업에서 생산된 재화가 국가 간에 서로 교역되는 형태의 무역을 의미한다. **산업내 무역**(Intra-industry Trade)이란 어떤 한 산업 내에서 차별화된 제품이 국가 간에 교역되는 형태의 무역을 말한다. 농산품과 공산품의 교역과 같은 형태의 무역은 산업간 무역에 속하고 제조업 내에서의 차별화된 제품의 국가 교역은 산업내 무역에 속한다.

완전특화를 가정하지 않은 이론

또한 노동생산성 차이 요소부존도 차이로 인해 비교우위, 비교열위가 생기면 교역에 참여하는 국가는 완전특화를 가정할 때 무역의 이득을 확실하게 설명할 수 있었다. 하지만 현실에서 완전특화가 이뤄지는 경우는 극히 드물다. 신무역이론은 완전특화를 가정하지 않아도 무역의 이득이 생길 수 있다고 가정했으며 이로 인해 더욱 일반적인 상황의 무역이득을 설명할 수 있었다.

산업내 무역으로부터의 무역이득

산업내 무역으로부터의 이득과 산업간 무역으로부터의 이득은 상이한 성격을 가진다. 산업간 무역의 이득은 상대가격의 변화로부터 생긴다. 하지만 산업내 무역의 이득은 시장의 확대로부터 생긴다. 즉 산업내 무역을 통해서 시장이 확대되는데 이 때 개별기업이 생산규모를 늘림으로써 생산비용이 낮아지고 무

보충학습 산업내 무역지수

그루벨(H. G. Grubel) 과 로이드(P. J. Lloyd)는 GL 지수를 만들어 산업내 무역을 측정할 수 있는 방법을 고안했다.

$$Bi=1-|Xi-Mi|/(Xi+Mi)$$

여기서 Xi와 Mi는 각각 해당산업 생산물의 수출액과 수입액을 나타내고 |Xi−Mi|는 순수출액의 절대값이다.

① 어느 산업 생산물의 수출액과 수입액이 똑같으면 Xi−Mi=0이고 Bi는 1이 된다. 이 때는 그 산업의 모든 무역은 산업내 무역이 된다.

② 어느 산업 생산물의 수출은 전혀 없고 수입만 있으면 Bi는 0이 된다. 즉 그 산업의 산업내 무역은 전혀 없고 산업간 무역만 존재한다.

③ 반대로 어느 산업 생산물의 수출은 있으나 수입이 전혀 없으면 Bi는 0이 된다. 즉 그 산업내 무역은 전혀 없고 산업간 무역만 있다고 할 수 있다.

④ 어느 산업 생산물의 수출과 수입이 모두 있되 수출액이 많든가 수입액이 많으면 Bi는 0보다 크고 1보다 작게 된다. 수출액과 수입액의 상대적 격차가 클수록 Bi가 작고 그 산업의 산업내 무역이 적고 산업간 무역이 많다고 할 수 있다.

자료: Grubel, Herbert & Lloyd, P. J. (1975). "Intra industry trade: The theory and measurement of international trade in differentiated products", Halsted Press, New York, 이상호 외(2015)에서 인용.

역에 참여하는 양국의 소비자들은 더 싼 가격에 차별화된 제품을 소비할 수 있어서 사회적 후생이 증대된다.

2) 신무역이론의 발전

신경제지리학

폴 크루그먼은 규모의 경제와 독점적 경쟁을 이론화해서 수요를 반영하고 산업내 무역을 설명할 수 있는 신무역이론을 정립한 후 이를 발전시켜 **새로운 경제지리학**(New Economic Geography)으로 완성했다. 경제지리학에서 폴 크루그먼은 인구가 많아서 수요가 풍부하고 노동공급이 원활히 이뤄질 수 있는 지역이 그렇지 않은 지역에 입지우위를 점해서 산업이 집적된다고 설명한다. 이러한 경향은 운송비가 점차 줄어들수록 심화되는데 인구가 많은 지역일수록 국가는 철도와 도로 인프라를 개선해서 물류비용이 더욱 낮아질 수 있으며 생산설비 투자가 집중되어 집적된 생산입지가 형성된다. 이 때 알프레드 마샬이 명시한 외부적 규모의 경제가 심화되며 기업의 고정투자비용이 한층 더 줄어들게 되고 인구가 많은 지역으로 다양한 역량을 지닌 노동력이 모여들어 지역 전체의 생산성이 크게 제고된다.

공간을 고려한 국제무역

국제무역은 이러한 산업이 집적된 지역 사이에서 활발하게 일어나고 성장하게 된다. 국가 간 무역은 무역이 발생하는 국가를 하나의 점으로 이해하지 않고 실제 공간을 점유하고 있는 실체로 이해할 때에만 의미있는 것이 될 수 있다는 것이다. 폴 크루그먼의 관점은 기존의 국제무역이론이 도외시했던 규모의 경제와 불완전 경쟁, 수송비의 문제를 고려해야만 진정한 의미의 무역이론의 정립이 가능하다는 것이다. 그러므로 **교역의 발생과 패턴 형성, 그 이득의 분배 등 국제무역이론의 모든 문제는 본질적으로 경제지리학의 문제와 같다**고 주장한다.

이러한 관점에서 폴 크루그먼의 EU의 경제변화에 대한 예측은 의미가 크다. 폴 크루그먼은 일찍이 EU가 상식적으로 알려진 바와 달리 경제적 특화가 진행되지 않았음으로 주목했다. 상식적으로는 EU가 국가 간 관세를 낮추고 경제통합을 지속적으로 추진해 왔기 때문에 산업특화와 경제적 효율성이 높은 수준으로 달성되어 있다고 생각하기 쉬운데 폴 크루그먼의 분석에 의하면 미국과 비교할 때 지역 간 산업특화 수준이 그다지 높지 않았다. 이러한 경우 EU 경제통합이 진행되면 독일과 같이 경제주체의 생산성이 높은 곳에 산업이 집중되어 중심부가 형성되고 기존의 공업지역인 이탈리아 등 국가의 산업기반이 약해져 구조조정이 일어나 지역경제가 주변부로 후퇴할 수도 있다는 것이다. 이러한 경향은 각국의 산업정책이 공동으로 행해지고 EU 안에서 거래되는 유일한 법정통화로 유로화가 성립하면서 각국의 통화정책이 자율성을 잃으면서 더욱 심화될 수 있다. 실질적인 고정환율제 하에서 통화정책이 유럽중앙은행에 의해 제약을 받게 되면 각국은 환율조정을 할 수 없어서 주변주의 국가들은 산업경쟁력이 시간이 지날수록 훼손된다. 규모의 경제와 불완전 경쟁이 작용하는 세계에서 각 지역들은 자기 지역의 수송비를 낮추기 위해 인프라를 건설하고 노력하게 되면 지역 간 격차, 즉 국가 간 격차가 더욱 심화되고 무역도 기존의 산업내 무역에서 오히려 산업간 무역으로 대체된다. 이렇게 경제통합의 수혜자와 피해자가 나뉘지게 되면 오히려 EU의 존립기반이 시간이 지날수록 훼손될 것이라는 예측이다. 실제로 EU는 2009년 남부유럽 국가들이 재정위기를 겪었고 최근에는 이탈리아가 재정위기에 처하는 등 산업경쟁력이 뒤처지는 지역이 나타나고 있다. 중심부인 독일의 경제가 계속 성장하는데 비해 국가 간, 지역 간 격차가 심화되고 있다.

3.2 동태적 기술변화와 무역이론

(1) 기술격차 이론

동태이론 데이비드 리카도와 비교우위론과 헥셔-올린 이론은 각각 국가 간 노동생산성 차이와 요소부존도 차이를 강조했는데 이는 일정 기간 동안의 국가 간 비교를 상정한 정태적인 관점이었다. 하지만 현실에서 국가 간 기술의 격차는 항상 일정하게 비교할 수 있는 것이 아니다. 시간의 흐름에 따라서 기술 격차가 줄어들기도 하고 더 커지기도 한다. 기술 추격국의 노동생산성이 선도국을 따라잡아 생산성이 역전되기도 한다. 이러한 맥락에서 **기술격차의 동태적인 변화를 반영한 무역이론**이 제시되었는데 대표적으로 **기술격차이론**(technology gap theory)과 **제품수명주기이론**(product life cycle theory)이 있다.

기술격차이론 기술격차이론은 1961년 미카엘 포즈너(M. V. Posner)에 의해 제시되었다. 각국의 생산기술상의 격차가 무역발생의 원인이 되고 이로 인해 무역패턴이 결정된다는 것이 그 요지이다. 이론에 따르면 기술혁신국은 새로운 제품을 개발하고 생산하는데 선도적이고 해당 제품에서 비교우위를 가지기 때문에 이 제품을 수출한다. 기술혁신국의 기업은 새로운 제품이 개발되면 우선 모국시장에서 이를 출시해서 성공을 거둔 후 이를 외국시장에 수출한다. 기술혁신국의 기업은 특허 등 지식재산권을 통해 혁신을 전유하고 기술혁신 격차를 유지한다. 이 기업이 기술격차를 유지하는 동안은 국제시장에서 독점적 이윤을 누리게 되며 기술혁신국은 해당 제품에서 비교우위를 가지게 된다. 이러한 기술혁신국의 비교우위는 일정한 시점이 되면 소멸되는데 제품을 수입하는 국가가 이를 모방해서 생산하게 되기 때문이다.

국가의 역동성 그러나 기술혁신국가가 다시 새로운 제품을 개발해서 생산하면 기술격차에 기반한 비교우위는 다른 제품으로 이동해서 지속적으로 나타난다. 이 때 지속적인 기술혁신국으로 남을 수 있거나 빠른 모방자로서 기술격차를 줄일 수 있는 국가가 될 수 있는 관건은 국가의 역동성(dynamism)이 좌우한다. 포스너가 의미한 역동적인 국가는 국제시장에서 혁신을 더 강도 높게 이뤄내서(innovate at a greater rate) 다른 국가와의 기술격차를 좁히거나 선도자로서의 기술격차를 더 벌릴 수 있는 국가를 의미한다.

(2) 제품수명주기 이론

1) 제품수명주기 이론

레이몬드 버논의 제품수명주기론

레이몬드 버논(R. Vernon)과 루이스 웰즈(L. T. Wells)에 의해 주창된 제품수명주기 이론도 제품 생산과 개발에서의 동태적인 기술변화와 국가의 비교우위 변화를 가정했다. 이론에서는 우선 하나의 제품은 다음과 같은 수명주기를 가지고 있다고 가정한다. 우선 ① 개발단계이다. 이 단계에서는 고도의 과학기술 역량을 가진 연구개발인력들을 중심으로 제품 실험이 이뤄진 후 소규모로 시제품이 생산된다. 시장출시가 이뤄지면 높은 소득을 가진 소비자들이 이를 사용하며 시장의 크기는 작다. 두 번째로 ② 성숙단계이다. 이 단계에서는 시장수요가 커짐에 따라 생산도 증가하게 된다. 연구개발 역량보다는 대규모 생산역량이 중요하게 된다. 마지막 ③ 표준화 단계에서는 제품기술이 세계 전체적으로 사용되며 기술이 표준화되어 대량생산이 중요해진다. 이러한 세 단계의 제품수명주기를 거치는 동안 연구개발 중심의 기술혁신 역량에서의 비교우위가 생산비열위로 상쇄되어 비교우위가 선진국-경쟁국-개발도상국으로 전이되어 처음에는 해당 제품의 수출국이던 선진국이 이를 오히려 역수입하는 상황이 전개된다는 것이 이론의 요지이다.

기술개발 선진국의 수출독점

이러한 제품생명주기 단계를 가지는 제품이 국제 무역의 대상이 되면 다음과 같은 단계의 무역패턴 결정 국면이 전개된다. 첫 번째 국면에서는 기술개발 선진국의 생산 및 수출독점이 일어난다. 고소득 소비시장의 잠재 수요에 부응하는 제품을 먼저 개발한 선진국의 기업은 선진국 시장에서 독점적 지위를 누리게 된다. 독점 시장에 가깝기 때문에 수요의 가격 탄력성이 작아서 생산비가 높더라도 큰 문제가 되지 않는다. 개발된 제품에 대한 정보는 해외에 퍼지기 시작해서 해외 소비자들의 수요 또한 증가하고 선진국에서 소득이 비슷한 다른 경쟁 선진국으로의 수출이 일어난다. 해외시장에 대해서도 기술개발 선진국 기업은 독점적 지위를 누린다.

경쟁 선진국의 수입대체

두 번째 국면에서는 해외시장에서 경쟁 선진국의 수입대체가 시작된다. 시간이 흐름에 따라 시장이 성숙해서 해외 소비자들이 제품에 친숙하게 되어 해외 수요가 증가하게 되면 경쟁 선진국의 잠재적 생산 기업이 제품 개발에 뛰어들고 생산을 시작하게 된다. 이러한 경쟁 선진국의 기업은 확대된 자국 시장수요를 겨냥해서 생산을 하게 되는데 관세나 운송비를 지불할 필요가 없고 기존의 시행착오를 학습해서 재화 개발에 필요한 비용을 덜 지불하고도 생산할 수 있다. 이러한 가격의 비교우위를 활용해서 경쟁 선진국의 기업은 기술개발 선진국 기업이 점유하고 있던 자국시장 수입을 대체한다. 한편 기술 개발 선진국의 기업은 시간이 흐름에 따라 생산량이 많아질수록 규모의 경제를 누릴 수 있게 되어 제3국 시장에서는 여전히 비교우위를 가진다.

가격경쟁 심화 세 번째 국면에서는 해외시장에서 기술개발 선진국과 경쟁 선진국 간의 가격경쟁이 심화된다. 수입대체를 이뤄낸 경쟁 선진국 기업도 규모의 경제를 누리게

그림 3-3

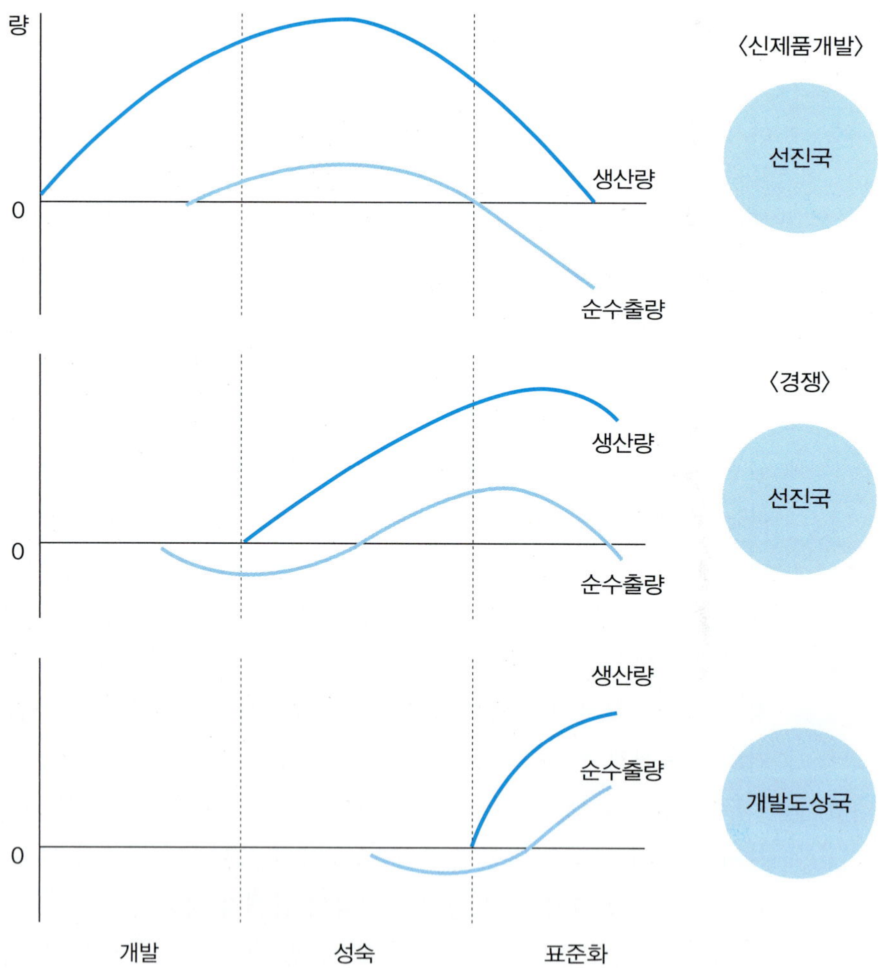

자료: 이상호 외(2015).

되어 생산비가 하락한다. 따라서 동일한 운송비와 관세를 지불하는 제3국 시장에서 기술 개발 선진국과 경쟁 선진국 간의 경쟁이 발생한다. 경쟁 선진국의 기업들이 시장점유율을 높여가지만 기술 개발 선진국의 시장은 여전히 관세와 운송비를 통해 시장이 보호되고 초기 기술개발 기업이 시장을 점유하고 있다.

선진국의 역수입

네 번째 국면에서는 기술 개발 선진국이 제품을 해외로부터 역수입한다. 표준화가 완성되면서 경쟁 선진국의 생산비가 낮아지고 경쟁이 심화되면 개발도상국에서도 제품의 생산이 시작된다. 개발도상국은 자본이 풍부하지 않지만 발달된 국제자본시장이 이를 보완한다. 개발도상국의 저렴한 노동력을 활용하고 국제자본시장에서 저렴한 자본을 조달할 수 있는 다국적 기업들은 개발도상국에 최신 기술이 체화된 설비를 설치하고 대량생산을 통해 생산비를 한층 더 낮춘다. 그렇게 되면 기술 개발 선진국은 관세와 운송비를 감안해도 가격측면의 비교우위를 상실하고 제품을 수입하게 된다. 이로써 제품 수명주기에 따른 한 제품의 무역주기가 완결된다.

2) 제품수명주기이론의 의의

국가 간 생산성 차이의 원인

제품수명주기이론은 다음과 같은 의의를 가지고 있다. 첫 번째로 제품수명주기이론은 리카도의 비교우위론에서 명쾌히 해결되지 못했던 '왜 어떤 나라가 특정 제품의 생산기술에서 근본적인 우위를 가지는가'에 대한 해답을 제시했다. 우선 제품수명의 초기단계의 경우 일반적으로 소득수준이 높고 자본이 풍부한 국가(capital-rich country)에서 새로운 제품의 개발이 먼저 이뤄지는데 이는 이 국가에서 새로운 제품에 대한 잠재적 수요가 풍부하기 때문이다. 실제로 이론에서 사례를 든 1960년대 미국과 같은 선진국에서는 노동의 가격이 높았기 때문에 노동을 절약하기 위해 타자기, 재봉틀 등 기계의 혁신이 이뤄졌다. 제품수명주기이론에서는 기술선도국의 국내시장에서의 필요와 기회가 새로운 제품의 혁신을 촉진한다(The need and opportunities of the domestic market stimulate the innovation of a new product)고 가정한다. 선진국에서의 잠재적 수요와 시장기회가 특정 제품의 개발을 촉발하고 이 제품 생산에 대해 선진국이 가격 측면에서의 비교우위를 가질 수 있게 된다. 하지만 이러한 선진국의 생산기술의 우위는 제품수명의 단계가 변화됨에 따라 사라진다. 제품시장이 성숙하고 표준화 단계에 접어들면 대량생산 설비와 저렴한 노동이 가격 측면의 비교우위를 결정하게 되고 이러한 생산요소의 결합이 용이한 개발도상국이 비교우위를 누릴 가능성이 더 커지게 된다. 이러한 설명은 기술혁신이론과도 일맥상통한다. 윌리엄 애버나시와 제임스 어터백(William Abernathy & James Utterback)은 산업혁신의 초기 단계에는 제품혁신이 더욱 빈번하게 이뤄지고 중요한 반면 시장이 성숙해서 가장 필요한 기능만을 담고 싸게 생산이 가능한 지

보충학습 산업별 기술혁신 패턴에 관한 동태 이론

애버나시와 어터백은 산업별 기술혁신의 동태변화 패턴을 이론화해서 기술혁신 연구에서 중요한 위치를 차지하고 있다. 이들은 산업별 혁신의 패턴 단계를 유동기, 과도기, 경화기로 분류해서 유동기와 과도기에는 여러 소규모 기업들이 독자적인 시제품을 출시해서 경쟁하기 때문에 제품혁신이 빈번하게 일어난다고 설명한다. 이러한 혁신패턴은 경화기로 갈수록 표준화된 지배모델이 등장해서 경쟁에서 승리한 대기업이 과점구조를 이루고 전문화된 설비에 의존해서 대량생산을 추구하기 때문에 공정혁신이 중요해진다고 설명한다.

제품	높은 다양성에서 지배제품으로, 급진적 혁신에서 표준화된 제품을 바탕으로 점진적 혁신으로
공정	숙련공과 범용설비에 의존하는 형태에서 미숙련공도 다룰 수 있는 전문화된 설비에 의존하는 형태로
조직	창업가적인 유기적인 조직에서 정형화된 과업과 절차를 지닌 위계적, 기계적 조직으로
시장	다양한 제품과 피드백이 빠르고 세분화되고 불안정한 시장에서 일용품으로서 비차별적인 제품시장
경쟁	독특한 제품을 생산하는 많은 중소기업에서 유사한 제품을 가진 과점의 형태로

그림 산업별 혁신패턴 모형

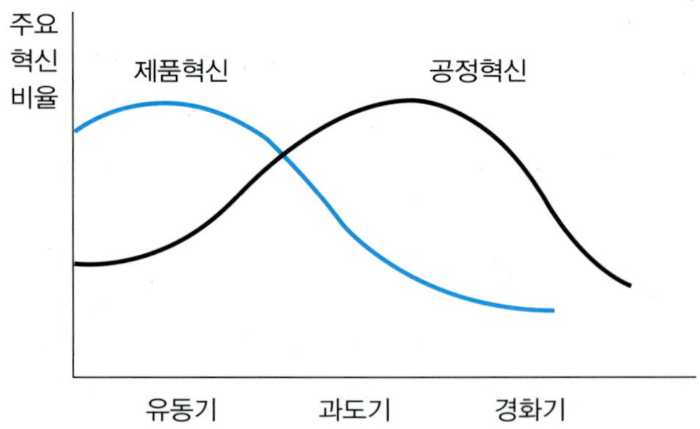

자료: Utterback(1997), p.128, 산업별 기술혁신 패턴의 분석 틀 및 사례, 기술사회팀 부연구위원 김석관.

배모델(dominant model)이 등장하면 대량생산을 위한 공정혁신이 더욱 중요해지게 된다고 설명하고 있다. 제품과 산업, 시장이 시간의 흐름에 따라 동태적으로 변화하면 그 국면 특성에 따라 국가 혹은 경제주체가 가지는 비교우위도 달라지게 된다.

다국적 기업

두 번째로 제품수명주기이론은 현실에서 국제무역의 주역으로 부상한 다국적 기업의 존재를 고려하고 있다. 레이몬드 버논은 선진국 시장의 수요에 의해 제품이 개발되고 시장이 형성되었다고 해도 표준화가 진행된 후 생산이 꼭 선진국에서 이뤄질 필요는 없다고 설명하고 있다. 개발도상국에서 표준화된 제품의 생산이 이뤄질 수 있는데 선진국에 본부를 둔 다국적 기업이 개발도상국에 대량생산설비를 투자해서 그 나라의 저렴한 노동력을 활용해서 제품을 생산한 후 이를 선진국으로 역수출할 것이라 예측하고 있다. 수익률만 높다면 자본을 국세금융시장에서 조달할 수 있기 때문에 개발도상국에 자본이 부족한 것은 문제가 되지 않는다. 즉 헥셔-올린 이론에서의 요소부존도 차이가 생명주기이론이 설명하는 현실에서는 큰 의미가 되지 않는다.

레이몬드 버논의 배경

레이몬드 버논은 그 자신이 학계와 국제기구에서 다국적 기업 정책에 깊이 관여하며 정책수립에 영향력을 행사한 인물이다. 레이몬드 버논은 1913년 뉴욕에서 태어나 뉴욕시립대학교를 졸업하고 1941년 콜롬비아대학교에서 경제학박사학위를 취득한 후 증권감독위원회, 국무성, 하버드 행정대학원에서 실제 매우 중요한 프로젝트들을 맡아 수행하다 1959년 하버드 대학교 경영대학원 조교수로 임명되고 1965년부터 본격적으로 다국적 기업에 대한 프로젝트를 주관했다. 그는 다국적 기업을 단순한 대기업이 아닌 금융, 조직, 생산, 마케팅, 정책관계 등이 함께 어우러진 복합조직체로 이해하였다. 이 연구의 중요한 결실중의 하나가 제품수명주기이론이다. 제품수명주기이론은 당시 다국적 기업의 세계산업생산과 교역의 절반을 차지하는 현실을 반영하고 있으며 레이몬드 버논은 이러한 상황에서 빈부격차 확대, 국가 주권의 위협, 노동자의 권리약화와 같은 문제의식을 가지고 있었다.

3.3 신신무역이론

(1) 생산성 측면에서 이질적인 기업과 무역이론

마크 멜리츠의 신신무역이론

2차 세계대전 이후 미국을 중심으로 경제가 회복되고 서구 유럽과 일본, 동아시아에 자유무역이 확대되면서 산업내 무역을 넘어서 또 다른 현상들이 나타났다. 젠슨 버나드 외(Bernard, Jensen, et al, 1995)는 국제무역이 빠르게 확대되며 해외직접투자(FDI)가 증가하고 거대 다국적 기업의 해외지사와 본사 간의 거래가 급증하는 현상을 관찰했다. 이와 함께 서비스 무역도 빠르게 늘어났는데 다국적 기업이 라이센스 등 기술 사용 계약을 통해 아웃소싱을 늘리고, 프랜차이즈 기업의 해외진출이 늘어났기 때문이다. 다국적 기업은 국경을 넘어서 수직계열화를 추구하기 시작했고 제품의 성능이 높아지면서 생산의 모듈화가 심화되었다. 이러한 현상을 설명하기 위해 **신신무역이론**(New-New Trade Theory)이 등장했다. 신신무역이론은 마크 멜리츠(Marc Melitz)에 의해서 처음 이론화되었는데 신무역이론에서 독점적 경쟁과 제품 차별화를 가정한 것에 더해 **이질적 기업**(firm heterogeneity)**을 가정**함으로써 국제무역이론을 더욱 일반화시킬 수 있었다.

기업의 생산성과 무역참여

신신무역이론은 거대 다국적 기업의 해외활동을 이론화함으로써 새로운 패턴의 무역을 설명하고 새로운 차원의 무역이득을 발견할 수 있다고 주장한다. 간략한 이론은 다음과 같다. 신신무역이론에서 기업들은 생산성이 이질적이라 가정한다. 기업의 이윤은 기업의 생산성에 비례하며 기업의 생산성이 일정 수준을 넘어서지 못하면 시장에서 퇴출된다. 무역 이전의 국내 시장에서 생산성이 서로 다른 기업들은 상존하며 경쟁하는데 이러한 상황에서 국제무역이 시작되면 생산성이 낮은 기업들의 시장 퇴출이 더욱 활발해진다. 국제무역이 시작되어도 모든 기업이 수출을 할 수 있는 것은 아닌데 수출을 하기 위해서 기업들은 추가적으로 수출시장 진입비용(export market entry costs)과 무역비용(trade costs)이 필요하기 때문이다. 수출시장에 진입해기 위해서는 기업이 만드는 제품에 대해 수요가 있는지 규제환경이 어떠한지 해외시장조사가 필요하다. 해외시장에서 제품을 실제로 팔아줄 구매자와 접촉 협상하고 제품을 해외로 보내는 체제를 구축하기 위한 비용이 필요하다. 또한 수출이 이뤄지면 실제 이윤이 실현되기 전에 운송비와 통관비 등을 부담해야 한다. 그러므로 이러한 비용을 감당할 수 있는 생산성이 높은 기업들만이 해외시장에 수출을 할 수 있고 무역을 통해 더 높은 이윤을 얻게 된다.

낮은 생산성 기업의 퇴출

반면에 생산성이 낮아 이러한 비용을 감당하지 못해서 수출을 할 수 없었던 기업들은 이윤이 감소하는데 그 이유는 두 가지이다. ① 국제무역이 시작되면 국내시장에 생산성이 높은 해외기업들이 진출해서 경쟁이 심화되어 이윤이 감소한다. ② 국내 경쟁기업 중에서 성공적으로 해외시장에 진출한 기업의 국내 생산이 확대되며 생산요소 비용이 증가한다. 산업에서 노동수요가 증가하고 노동의 조달비용이 증가하면 국내 시장에서만 사업을 할 수 밖에 없었던 기업은 이윤이 감소한다. 이러한 기업 중 일부는 시장에서 퇴출된다.

(2) 새로운 차원의 무역이득과 무역결정패턴

경제 전체의 생산성 향상

이와 같이 국제무역을 통해 경쟁이 심화되어 생산성이 낮은 기업이 시장에서 퇴출되고 더 큰 해외시장에 접근해서 큰 이윤을 얻는 생산성이 높은 기업만이 시장에 남게 되면 생산요소가 재배분되고 경제 전체의 생산성이 증가한다. 다른 한편으로 국제무역이 이뤄지면 국제무역에 참가하는 생산성이 높은 기업들로 하여금 연구개발에 더 많은 투자를 하거나 선진기술을 더 적극적으로 받아들일 동기를 높여 기업의 생산성이 한층 더 높아진다. 또한 현재 생산성이 낮은 기업이라 할지라도 이 기업은 해외시장에서 투자성과를 회수할 것을 염두에 두고 미래이윤 극대화를 위해 동태적으로 연구개발 등 생산성을 높이는 활동을 적극적으로 전개한다. 이로 인해 기업의 생산성도 한층 더 향상된다.

소비자 후생증대

경제 전체의 생산성이 증가하고 경제 내 개별기업의 생산성이 한층 더 향상되면 이 제품을 소비하는 국내와 해외의 경제주체가 이러한 이득의 수혜자가 된다. 이러한 성격의 무역이득은 기존의 무역이론에서 볼 수 없던 것으로 새로운 차원의 무역이득이 이론화된 것이다. 새로운 무역이득은 실증연구를 통해 확인되었는데 멜리츠와 트레플(Melitz, Trefler, 2012)에 의하면 시장개방 확대 이후 생산성이 높은 수출기업들의 성장과 생산성이 높은 기업의 시장퇴출이 경제 전체의 생산성 향상에 기여한 부분을 실증모형을 통해 입증되었고 시장개방 확대이후 새롭게 수출시장에 진입한 기업들의 연구개발 투자증가, 기존 수출기업들의 연구개발 투자증가, 품질이 더 좋은 중간재의 미국 이외 지역으로부터의 구입이 기업들의 생산성 증가에 미치는 영향이 입증되었다.

이와 함께 신신무역이론의 발전을 통해 새로운 형태의 무역결정패턴이 이론

그림 3-4 다양한 무역 패턴

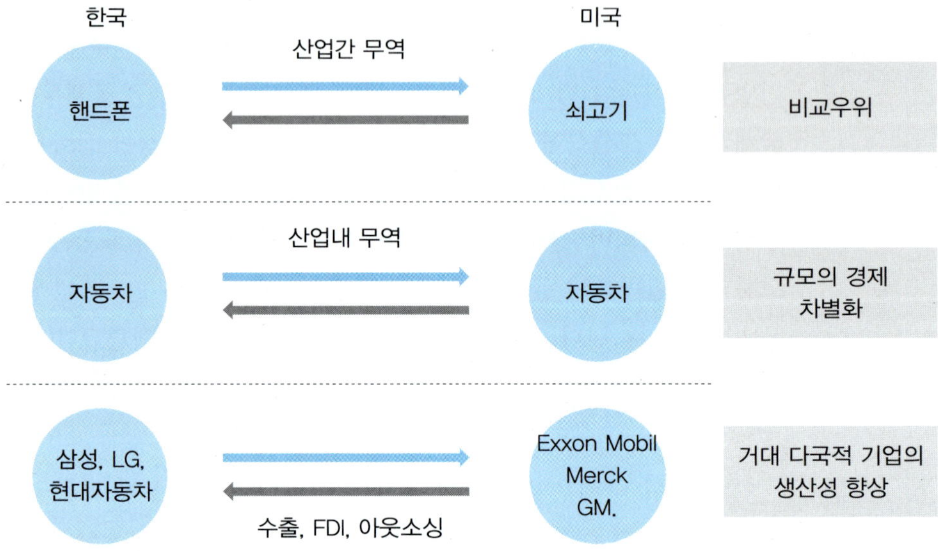

다국적 기업과 글로벌 생산네트워크의 형성

화될 수 있다. 기존의 산업간 무역, 산업내 무역의 동기가 국가 간 산업별 비교우위와 특화로 인한 무역이득, 규모의 경제와 차별화를 통한 무역이득이었기 때문에 생산비용에 기반한 비교우위와 선진국의 기술선도와 공간접근성이 무역패턴을 결정했다. 신신무역이론에서는 이와 다르게 거대 다국적기업이 어떤 나라에 투자해서 어떤 부품을 생산하고 어떤 제품을 수출, 수입하는지가 무역패턴을 결정한다고 설명할 수 있다. 신신무역이론은 아직 젊은 이론으로 큰 발전가능성을 가지고 있으며 젊은 경제학자들인 폴 안트라스(Pol Antras)와 사무엘 코텀(Samuel Kortum)은 다국적 기업들의 아웃소싱 혹은 국제무역에서 기업의 역할에 주목하며 신신무역이론의 발전을 이끌어나가고 있다.

요약

1. 현대무역이론은 제2차 세계대전 이후 나타난 선진국 간 산업내 무역과 다국적 기업의 무역활동을 설명하기 위해 등장했다. 이를 위해 수요측면을 반영하고 규모의 경제, 독점적 경쟁시장, 수직결합한 거대기업에 대한 이론을 종합해서 현대무역이론이 정리되었다.
2. 규모의 경제는 외부 규모의 경제와 내부 규모의 경제로 나눌 수 있다. 외부 규모의 경제는 산업 전체의 단위 생산비용이 생산량이 증가함에 따라 하락하는 것으로 산업 집적효과로 인한 긍정적인 외부성이 발현되어 개별기업의 생산성을 향상시킨 것이다. 내부 규모의 경제는 생산을 통한 학습, 공학적 규모의 경제, 수직결합을 통한 생산성 향상 등을 통해 설명할 수 있다.
3. 독점적 경쟁시장은 단기적으로 차별화된 제품을 통해 일부 시장에서 독점적 지위를 누리는 여러 개별기업이 존재하나 장기적으로 독점이윤을 향유하려는 기업들의 진입과 퇴출이 일어나 경쟁시장이 형성된다. 장기적으로 독점적 경쟁시장에서 개별기업들은 정상이윤만을 누릴 수 있는데 이 때 개별기업은 평균비용이 하락하는 구간에서 최적생산량을 결정하며 규모의 경제를 누릴 수 있다.
4. 규모의 경제와 독점적 경쟁시장은 산업간 무역보다 산업내 무역과 더 큰 관련이 있다. 신무역이론은 완전특화를 가정하지 않고도 무역을 통해 생산측면에서 이득을 누리는 기업을 설명했다. 또한 차별화된 제품을 누리는 수요측면의 무역이득을 발견했다. 이로써 신무역이론은 현실에서의 산업내 무역을 설명할 수 있다. 폴 크루그먼은 신무역이론을 신경제지리학으로 발전시켜 공간을 고려한 국가 간 국제무역을 이론화 했다.
5. 기존의 무역이론은 정태분석에 근거한 논리를 전개함으로써 동태적으로 변화하는 무역의 양상을 설명하지 못했다. 기술격차이론과 제품수명주기이론은 이러한 기존 무역이론의 약점을 극복한 무역이론이다. 기술격차이론은 국가 간 무역이 국가 간 기술격차로 인해 발생한다고 설명하고 이러한 기술우위가 동태적으로 변화하면 무역의 패턴도 변화한다고 주장했다.
6. 제품수명주기이론은 제품이 선진국에서 개발되어 추격국에 의해 모방생산되고 후발국에서 대량생산되는 과정을 거치면서 국가 간 무역의 패턴이 동태적으로 변화한다고 설명했다. 제품수명주기이론은 이러한 무역패턴의 동태적 변화를 주도하는 주체가 다국적 기업임을 인식했으며 선진국의 발전된 수요를 국가 간 생산성 차이의 원인으로 설명했다.
7. 신신무역이론은 이질적인 생산성을 가진 기업을 가정하고 이론을 전개해서 새로운 차원의 무역이득을 발견했다. 국내에서 무역의 비용을 감당할 수 있는 생산성이 높은 기업이 무역을 통해 더욱 많은 이득을 얻게 되고 시장점유율을 높인다. 생산성이 낮은 기업은 무역을 통해 해외기업과 경쟁하고 생산성이 높은 국내기업이 생산을 확대하면 생산요소 비용이 높아져 시장에서 도태되어 퇴출된다.
8. 신신무역이론에서 높은 생산성의 기업만이 시장에 남게 되면 경제 전체의 자원배분이 개선되고 경제전체의 생산성이 높아진다. 국내와 해외 소비자는 이러한 높아진 생산성을 향유함으로써 무역의 이득을 누리게 된다.

연습문제

1. 다음 용어를 설명하시오.

(1) 규모의 경제 (2) 집적효과
(3) 생산을 통한 학습 (4) 독점적 경쟁
(5) 산업내 무역 (6) 제품수명주기
(7) 다국적 기업

2. 주요국의 무역에서 산업내 무역이 차지하는 비중을 조사하시오.

3. 제품수명주기이론에서 단계별 특징에 대해서 설명하시오.

4. 두 나라는 동일한 수요함수와 비용함수를 가지며 두 나라의 시장구조가 독점적 경쟁 구조를 가진다고 가정하자. 즉, 각 국가는 제품차별화와 함께 내부적 규모의 경제를 적극 활용하고 있다.

(1) 두 나라가 무역을 개시한다면 국내 재화의 가격과 상품의 다양성에는 어떤 변화가 일어나는지 설명하시오.

(2) 무역 후 나타나는 소비자 후생의 변화를 설명하고 무역의 패턴과 국내 소득 분배 효과가 헥셔-올린 무역이론의 그것과 일치하는지 판단하시오.

5. 다음 기술이 옳은지 그른지 밝히고 그 이유를 설명하라.

(1) 두 나라 사이에 생산요소의 생산성이 동일하고 생산요소의 부존량이 서로 똑같으면 무역이 발생하지 않는다.

(2) 두 재화 생산에서 모두 규모의 경제가 있으면 무역에 의하여 각국은 완전특화를 함으로써 무역이득을 누릴 수 있다.

(3) 두 나라 사이에 비교우위가 존재하고 각 재화 생산에 규모의 경제가 있으면 각국은 비교우위가 있는 재화 생산에 완전특화하고 그 재화를 수출한다.

(4) 독점적 경쟁 기업은 단기에는 정상이윤보다 많은 이윤을 보고 장기에는 정상이윤만을 누린다.

(5) 독점적 경쟁의 경우 무역의 이득 중 하나는 소비자들이 더 다양한 차별화된 상품들을 소비할 수 있다는 점이다.

(6) 독점적 경쟁과 관련된 무역은 주로 산업내 무역이다.

(7) 고전학파 비교우위 무역이론이 정태적인 기술격차 이론이라면 제품수명주기이론은 동태적인 기술격차 이론이다.

(8) 개발도상국들이 표준화된 제품을 생산할 때는 노동보다 자본을 더 많이 필

요로 한다.

(9) 신신무역이론에서는 기업들이 이질적인 생산성을 가지고 있다고 가정하며 무역이 이뤄지면 이들 기업의 성과가 더 큰 차이를 보이게 된다고 설명한다.

(10) 신신무역이론에 따르면 무역이 이뤄짐으로 해서 생산성이 높은 기업들만이 살아남아 이들 기업이 생산을 확대하면 경제 전체의 생산성이 높아지고 이를 소비자들이 누리게 되어 무역이득이 발생한다.

PART

03 무역정책과 경제통합

세계후생측면에서 보면 자유무역이 바람직하지만 세계 각국은 경제발전단계나 경제여건이 다르기 때문에 자국에 유리한 방향으로 무역정책을 수립하여 집행하여 오고 있다. 일반적으로 자국 산업의 경쟁력이 약하면 관세 등 다양한 수입제한조치를 통해 보호하고, 경쟁력을 갖추면 시장을 개방하여 경쟁을 유도한다. 다른 한편으로는 경제적으로 이해를 같이 하는 국가들끼리 더 빠른 속도로 시장을 개방하여 자유무역의 이익을 누리기 위하여 경제통합을 추진하기도 한다.

CHAPTER 04

무역정책

무역정책이란 일국 정부가 특정한 경제목표를 달성하기 위하여 민간부문이 외국과 행하는 무역거래에 인위적으로 개입하는 경제적 조치를 의미한다. 지금까지 다룬 무역이론은 민간부문의 대외거래에 정부가 개입하지 않는 순수한 자유무역을 상정하고 전개되었다. 그러나 현실적으로 각국은 자국의 경제상황을 고려하여 다양한 형태로 민간의 대외거래에 직 · 간접적으로 개입하고 있다. 본편에서는 무역정책이란 무엇이며, 어떠한 종류가 있고, 자원배분 등에 미치는 경제적 효과에 관하여 살펴보고자 한다. 이러한 분석은 일국이 특정한 경제목표를 달성하기 위하여 어떠한 정책수단을 선택하여 어떻게 운용하여야 하는가를 제시하여 줄 것이다.

4.1 무역정책의 의의와 목표

(1) 의의와 성격

1) 의의

무역정책의 의의

무역정책은 경제정책의 한 범주로서 일국 정부가 특정한 경제목표를 달성하기 위하여 민간부문이 외국과 행하는 경제적 거래-특히 무역거래에 인위적으로 개입하는 경제적 조치를 말한다. 일반적으로 개방경제를 상정하는 경우 대부분의 경제정책은 직접적 또는 간접적으로 대외경제거래에 영향을 미치기 때문에 넓은 의미에서 모두 무역정책의 범주에 넣을 수도 있다. 그러나 여기서 무역정책은 경제정책중에서도 대외경제거래-특히 무역거래에 직접적으로 영향을 미치는 경제정책을 가리킨다.

무역정책의 주체

무역정책은 다른 경제정책과 마찬가지로 정부나 공공기관에 의하여 수행된다. 흔히 기업, 경제단체, 노동조합, 학계 등 민간부문의 각 이익집단(interest group)들은 무역정책이 자기가 원하는 방향으로 수립·집행되도록 정부에 압력을 가하게 된다. 이와 같이 무역정책의 전개과정에서 이해당사자들은 압력단체로서 역할은 할 수 있지만 무역정책을 수립하고 집행하는 주체는 어디까지나 정부나 공공기관이다.

대외경제정책분야

대외경제정책 일반적으로 경제정책은 경제정책의 주 대상을 국내경제거래에 두느냐 또는 대외경제거래에 두느냐에 따라 대내경제정책과 대외경제정책으로 구분하여 볼 수 있다. 무역정책은 국내민간부문의 대외경제거래에 직접적으로 영향을 미친다는 점에서 대외경제정책의 한 분야라고 할 수 있다. 이와 같이 무역정책이 대외경제정책의 한 분야이기는 하지만 무역정책이 넓은 의미에서 대외경제정책을 모두 포괄하는 것으로 해석되기도 한다.

미시경제정책 분야

일반적으로 경제정책은 경제정책이 국민경제활동에 미치는 범위에 따라 거시경제정책과 미시경제정책으로 구분된다. 거시경제정책은 국민경제활동의 전반에 무차별하게 영향을 미치는 반면 미시경제정책은 특정산업 또는 특정부문의 경제활동에 직접적으로 영향을 미친다. 무역정책은 민간부문의 경제활동중에서 무역거래에 인위적으로 개입하는 조치이므로 미시경제정책에 속한다.

2) 성격

종합적 경제정책

무역정책은 정책대상으로 무역거래에 국한하고 있지만 그 정책효과가 국민경제 전반에 걸쳐 미치기 때문에 종합적 경제정책으로서 성격을 갖는다. 예를 들어 수출장려정책은 해당산업의 수출증가를 가져오게 되는데 이러한 수출증가는 해당산업뿐만 아니라 관련산업의 생산과 고용을 증가시키며 나아가 물가, 국민소득, 국제수지 등 국민경제활동의 전반에 걸쳐 영향을 미치게 된다. 특히 우리나라와 같이 무역의존도가 높은 국가의 경우 무역정책은 국민경제 전반에 미치는 파급효과가 크기 때문에 종합적 경제정책으로서 성격이 매우 강하다고 할 수 있다.

대외적 파급

무역정책의 효과는 국내경제에만 국한되는 것이 아니라 대외적으로도 파급된다. 대내경제정책은 대부분 국내경제에 미치는 영향이 큰 반면 교역상대국에 미치는 영향은 상대적으로 미미하다. 그러나 무역정책은 국가에 따라 정도의 차이는 있지만 교역상대국에 직접적으로 영향을 미치게 된다. 예를 들어 우리나라가 수출장려정책을 적극적으로 추진한다면 교역상대국은 수입이 늘어나 산업활동이 위축될 뿐만 아니라 국제수지도 악화된다. 이와 같이 무역정책의 효과는 우리나라뿐만 아니라 대외적으로 파급됨으로써 교역상대국에 상당한 충격을 주게 된다.

교역상대국 반응의 고려

이처럼 무역정책은 그 효과가 대외적으로 파급되기 때문에 무역정책의 수립·집행과정에서 교역상대국의 반응을 고려하지 않으면 안된다. 무역정책의 효과는 교역상대국이 이에 어떻게 반응하느냐에 따라 달려있다. 만약 우리나라가 수출을 촉진하고자 수출보조금을 지급하여도 교역상대국이 수출보조금에 상당하는 관세를 부과한다면 우리나라의 수출보조금정책은 기대한 만큼 정책적 효과를 전혀 가져오지 못한다. 따라서 무역정책의 수립과 집행은 교역상대국의 정책방향과 반응을 신중히 고려하여 실시되지 않으면 안된다.

(2) 목표와 근거

1) 목표

무역정책은 경제정책의 한 분야로서 궁극적으로 국민복지를 향상시키는 데 궁극적 목표를 두고 추진된다. 일반적으로 경제정책은 국민복지를 향상시키기 위하여 자원배분의 효율성 제고, 소득분배의 형평성 제고, 물가의 안정, 완전고용의 달성 및 국제수지의 개선 내지는 균형 등에 기본 목표를 두고 시행된다. 경제정책의 한 분야로서 무역정책이 갖는 기본 목표와 그 내용을 정리하면 다음과 같다.

표 4-1 무역정책의 목표와 내용

목표	내용
자원배분의 효율성 제고	• 국내 경쟁조건의 개선 • 과당경쟁의 조정을 통한 자원낭비 및 무절제한 경쟁의 억제 • 산업 간 노동 · 자본 이동성의 제고 • 국제분업의 향상 등
소득분배의 형평성 제고	• 소득 및 부의 재분배 등
물가의 안정	• 인플레이션의 억제
완전고용의 달성	• 경기적 실업의 축소 • 구조적 및 마찰적 실업의 축소
국제수지의 개선	• 수출증대와 수입억제

2) 근거

무역정책이 앞에서 열거한 정책목표(policy goals)를 달성하기 위하여 추진되는 경우 합리적 근거가 제시되어야만 한다. 무역정책이 실시되는 근거는 각국이 처한 경제발전단계나 경제여건에 따라 상이한 형태를 취하는 경우가 많은데 이중 널리 사용되고 있는 것을 살펴보면 다음과 같다.

국내산업의 보호

국내산업의 보호는 각국이 무역정책을 실시하는 근거로서 가장 널리 사용하여 온 것 중의 하나이다. 국내산업보호의 근거로서는 유치산업보호론과 사양산업보호론의 측면에서 파악하여 볼 수 있다.

유치산업보호론

유치산업보호론(infant industry argument)은[1] 해밀턴(A. Hamilton)과 리스트(F. List)에 의하여 주장된 것으로 정부가 국내 유치산업을 보호하지 않고 그대로 방치한다면 국내 유치산업은 외국 산업의 강력한 경쟁에 밀려 발아하기도 전에 쇠퇴하는 경향이 있기 때문에 장래에 성장 가능성이 높은 산업을 선정하여 수입관세 등을 부과하여 보호하여야 한다는 것이다. 유치산업보호론은 유치산업

1 해밀턴과 리스트는 19세기 말 각각 미국과 독일의 산업이 당시 세계경제에서 패권적 지위를 갖게 된 영국의 산업과 경쟁에 부딪쳐 공업화가 어렵게 됨에 따라 이를 타개하기 위하여 국내의 유치산업을 보호해야 한다고 강력히 주장하였다.

을 영구히 보호하는 것이 아니라 관세부과에 의하여 유치산업이 성장함에 따라 점차 관세율을 낮추어가야 하며 유치산업이 외국 산업과 충분히 경쟁할 수 있는 능력을 갖추게 되면 관세를 철폐하여 자유무역으로 돌아가는 것이 유리하다는 주장을 펴고 있다. 유치산업보호론에 의하면 보호기간 중에 입은 경제적 손실은 유치산업의 성장에 의하여 얻는 경제적 이익에 의하여 충분히 보상될 수 있다는 것이다. 이러한 유치산업보호론은 제2차 세계대전 후에도 공업화를 촉진하려는 개발도상국뿐만 아니라 일부 선진국에서도 국내산업을 보호하기 위한 이론적 근거로서 널리 사용되어 왔다.

사례 연구

신유치산업보호론

1980년대 들어 신보호무역주의가 확산되면서 유치산업보호론을 선진국 입장에서 새로이 해석한 신유치산업보호론 또는 첨단기술산업보호론(high-technology industry argument)이 대두되었다. 첨단기술산업보호론이란 발아기에 있는 컴퓨터, 유전공학, 신소재 등 첨단기술산업을 정부가 강력히 보호하여 육성하여야 한다는 주장이다.

유치산업보호론은 선진국에 비하여 뒤떨어진 유치산업이 경쟁력을 갖추도록 유치산업을 일정기간 동안 보호하여야 한다는 주장인 반면 첨단기술산업보호론은 앞서가는 첨단기술산업의 경쟁력을 유지하기 위하여 정부가 강력히 보호조치를 취하여야 한다는 주장이다. 유치산업보호론은 유치산업을 보호하기 위하여 유치산업과 경쟁관계에 있는 외국수입제품에 대하여 관세 등을 부과하여야 한다고 주장하는 반면 첨단기술산업보호론은 자국산업이 개발 또는 보유한 첨단기술을 보호하기 위하여 지적재산권의 침해에 대하여 강력히 무역보복조치를 취해야 한다는 주장이다.

최근 이러한 첨단기술산업보호론은 선진국간 또는 선진국과 개발도상국 간에 기술격차가 축소됨에 따라 선진국들이 보유한 기술적 우위를 지속적으로 확보하고자 하는 과정에서 대두되었다.

사양산업보호론

사양산업보호론(senescent industry argument)은 국내경제여건의 변화에 따라 외국산업과 경쟁에서 비교우위를 상실해 가고 있는 사양산업의 고용과 사양산업에 종사하고 있는 계층의 소득을 보호하기 위하여 사양산업에 대해 보호조치를 취해야 한다는 주장이다. 동태적 측면에서 본다면 요소부존도, 기술진보 등과 같은 경제여건이 변함에 따라 새로운 산업이 비교우위산업으로 등장하게 되고 기존산업 중에서 일부는 비교우위를 상실하여 사양화되는 과정을 밟게 된다. 이러한 과정에서 구조조정속도가 느려 사양산업에서 비교우위산업으로 자본, 노동과 같은 생산요소가 순조롭게 이동하지 못한다면 사양산업에서 실업이 증가하고 사양산업에 속한 계층의 소득이 감소하여 사회적 불안을 초래하게 된다. 따라서 사양산업의 구조조정에서 야기되는 문제를 극소화하기 위하여 정부가 사양산업을 수입관세 부과 등의 수입규제를 통하여 보호하여야 한다는 것이다.

국제수지의 개선

국제수지개선론은 수입초과에 의하여 초래되는 국제수지 적자를 개선하기 위하여 수입규제조치가 필요하다는 주장이다. 이러한 주장은 만성적 국제수지 적자현상이 해당국의 대외지불능력을 감퇴시켜 해당국의 원활한 대외거래를 저해함으로써 국민경제의 안정기조를 동요시킬 뿐만 아니라 발전을 기대할 수 없다는데 근거하고 있다.

국내고용의 증대

오늘날 대부분 국가들이 수출을 증대시키고 수입을 관리하는 것은 국내산업의 보호, 국제수지 개선 이외에도 고용을 창출하여 실업을 감소시키는데 커다란 목적이 있다. 실업은 직접적으로 생산자원의 낭비를 초래할 뿐만 아니라 정치적, 사회적 문제를 야기하기 때문에 국내고용의 증대는 무역정책을 펴는 중요한 근거 중 하나이다. 일반적으로 수출의 증대는 국내 생산활동을 촉진시켜 실업을 감소시키는 반면 수입의 증대는 국내 생산활동을 위축시켜 실업을 증가시킨다. 따라서 과도한 수출장려정책이나 수입억제정책은 실업을 외국으로 수출하는 것과 동일한 결과를 초래한다. 이는 다른 나라의 희생을 바탕으로 자국의 번영을 추구하는 것이기 때문에 통상마찰의 원인이 된다.

경제성장의 촉진

일부 개발도상국의 경우는 수출증대를 통하여 경제성장을 촉진하고자 하는 전략의 일환으로 무역정책을 사용하고 있다. 수출의 순조로운 증가는 수출산업의 생산시설을 확장시키고 기술진보를 통해 생산성을 향상시키거나 새로운 제품을 개발시킨다. 나아가 생산자원을 효율적으로 이용하게 함으로써 국민소득을 증가시킨다. 수출증대에 의한 생산량 증가, 생산성 제고, 신제품 개발은 수출을 더욱 촉진시켜 국민경제를 동태적으로 발전시킨다.

교역조건의 개선

교역조건개선론은 무역정책을 통한 교역조건의 개선이 당해국의 사회후생수준을 향상시킨다는 데 근거하고 있다. 국제시장에서 차지하는 수출입 비중이 높아 가격결정에 영향력을 미칠 수 있는 국가는 수입규제를 통하여 수입량을 줄임으로써 수입재의 국제가격을 하락시키거나 또는 수출규제를 통하여 수출량을 줄임으로써 수출재의 국제가격을 상승시켜 교역조건을 자국에 유리하도록 조정할 수 있다. 이러한 교역조건의 개선은 같은 양을 수출하더라도 더 많은 양의 수입을 가능하게 함으로써 해당국의 사회후생수준을 향상시킨다.

자원의 효율적 배분

이러한 주장은 생산물시장이나 생산요소시장이 왜곡되어 있는 경우 무역정책을 통하여 이를 제거함으로써 자원의 효율적 배분을 도모할 수 있다는 데 근거를 두고 있다. 예를 들어 생산물시장이 불완전경쟁형태를 취하고 있거나 생산물시장에 외부경제나 외부불경제가 존재하는 경우 자원배분의 왜곡이 발생한다. 또한 생산요소시장에 산업부문 간 임금격차 등으로 인하여 생산요소시장이 완전경쟁형태를 취하지 못하는 경우에도 자원배분의 왜곡이 발생한다. 이와 같이 생산물시장이나 생산요소시장이 불완전경쟁형태를 취하고 있는 경우 시장왜곡요인을 제거하여 자원을 효율적으로 배분시킬 수 있는 적절한 무역정책이 필요하게 된다.

국민경제자립론

국민경제자립론은 과도한 대외의존을 줄이고 국민경제의 건전한 자급자족체제를 구축하기 위하여 무역정책이 필요하다는 주장이다. 세계각국은 비교우위 상품을 수출하고 비교열위 상품을 수입하는 가운데 국민경제의 활동을 영위하여 나가고 있다. 그러나 국가 간 정치·경제·군사적 갈등이나 마찰로 인하여 국제경제환경이 급변하는 경우 지나친 대외의존은 국민경제에 심각한 충격을 야기한다. 따라서 이러한 경제적 충격을 미연에 방지하기 위하여 기간산업을 중심으로 국민경제의 자립도를 제고할 수 있도록 무역정책을 펴 나가야 한다는 것이다.

기타

앞에서 열거한 것들 외에도 무역정책의 근거로서 생산목표, 소비억제, 관세수입 등도 거론되고 있다. 자원의 효율적 배분 등 경제적 차원보다 국가안보, 사회, 문화, 보건 등 비경제적 차원에서 특정산업의 국내생산이나 소비를 촉진하거나 억제하기 위하여 무역정책수단을 사용한다. 예를 들면 식량안보차원에서 농업부문의 자급률을 일정수준 이상으로 유지하고자 하거나 사치재가 과도하게 수입되어 소비되는 것을 억제하고자 하는 경우 등이다. 또한 근대국가의 성립시기에는 조세체계가 확립되어 있지 않아 국경을 통과하는 수출입물품에 부과하여 거두어들이는 관세수입이 국가재정의 주요한 원천이었다.

4.2 무역정책의 수단과 종류

(1) 관세

관세의 의의

관세란 법정관세구역을 통과하는 수출상품 또는 수입상품에 대하여 정부가 부과하는 조세이다. 일반적으로 각국은 수출을 장려하기 위하여 수출상품에 대하여는 관세를 부과하지 않기 때문에 관세라고 하면 수입상품에 부과되는 수입관세로 널리 인식되고 있다. 이러한 관세는 수입되는 상품에 일정액 또는 일정률의 조세를 부과하여 국내판매가격을 높임으로써 – 가격의 통제를 통하여 수입상품의 수입량을 조절함으로써 특정한 정책목표를 달성하는 수단으로 널리 쓰이고 있다.

표 4-2 관세의 분류

분류기준	종 류	내 용
과세방향	수입세	외국물품이 국내에 수입될 때 부과되는 관세
	수출세	국내물품을 외국으로 수출할 때 부과되는 관세
	통과세	물품이 단순히 자국을 거쳐 운송되는 경우 부과되는 관세
과세목적	재정관세	정부의 재정수입 확보를 주된 목적으로 부과되는 관세
	보호관세	국내산업의 보호를 주된 목적으로 부과되는 관세
과세방법	종가세	물품의 가격을 기준으로 부과하는 관세
	종량세	물품의 수량을 기준으로 부과하는 관세
	혼합세	종가세와 종량세를 혼합하여 부과하는 관세
과세근거	국정관세	자국의 법령에 따라 자주적으로 부과하는 관세
	협정관세	외국과 통상조약 등과 같은 협정에 의하여 부과하는 관세
과세율의 수	단일관세	동일한 상품에 대하여 국가를 구분하지 않고 동일한 세율을 부과하는 관세
	복수관세	동일한 상품에 대하여 두 가지 이상의 세율을 부과하는 관세(예를 들면 최혜국대우 국가에는 낮은 관세율, 기타국가에는 정상적인 관세율을 부과하는 경우)
특혜여부	MFN관세	최혜국대우에 의하여 국가 간에 차별없이 동일하게 적용되는 관세
	특혜관세	특정 국가나 지역의 물품에 대하여 낮은 세율의 혜택을 부여하는 관세
관세권한	법정관세	법정관세 법률에 의하여 정해지는 관세
	탄력관세	탄력관세 행정부가 관세율을 탄력적으로 적용할 수 있는 관세

그림 4-1 우리나라의 관세구조

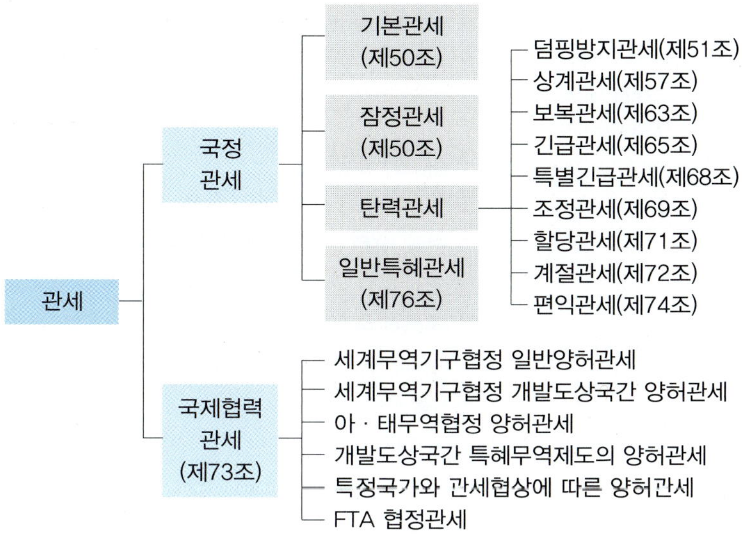

(2) 비관세

비관세의 의의

비관세란 국가 간 교역을 저해하는 관세이외의 모든 무역정책수단을 통틀어 지칭한다. 비관세장벽은 종류가 다양하고 성격이나 효과도 다르기 때문에 한 마디로 정의하기 어렵지만 수입을 양적으로 제한하거나 국내 수입업자와 외국 수출업자에 대하여 무역거래의 비용과 위험 증가를 통해 수입가격을 인상시킴으로써 수입량을 억제하는 모든 무역정책수단이라고 할 수 있다. 즉 관세는 가격을 직접 통제함으로써 수입물량을 억제하고자 하는데 반해 비관세는 수입물량을 직접 통제하거나 관세이외의 방법을 통해 가격을 인상시킴으로써 수입물량을 억제한다.

비관세의 유형

비관세장벽의 전형적인 형태는 수입국이 자국산업을 보호하기 위하여 수입물량을 직접적으로 제한하는 수입수량할당제이다. 현실적으로 각국은 다양한 방법으로 수입물량을 직·간접적으로 제한하는 조치를 취하고 있지만 공식적으로 인정되지 않을 뿐만 아니라 은폐되거나 위장되어 있기 때문에 그 유형을 정확히 파악하기 어렵다. UNCTAD는 [그림 4-2]에서 보는 것과 같이 비관세장벽을 크게 수입제한조치와 수출제한조치로 구분하고, 수입제한조치를 다시 기술조치와 비기술조치로 구분하고 있다.

그림 4-2 비관세장벽의 유형

4.3 무역정책의 경제적 효과

(1) 산업보호를 위한 무역정책

1) 관세부과

소국과 수출입가격

소국을 가정하고 관세부과가 해당 산업에 미치는 경제적 효과를 자원의 재배분과 사회후생의 재분배 측면에서 살펴 보고자 한다. 우선 소국이란 이 국가의 수출입이 세계 교역시장에서 차지하는 비중이 매우 작기 때문에 이 국가의 수출입 변동이 국제가격에 영향을 미치지 못한다. 완전경쟁기업이 시장가격을 주어진 것으로 보고 생산활동에 참여하는 것과 마찬가지로 소국도 국제시장가격을 주어진 것으로 보고 수출입을 한다.

자유무역 균형

소국인 우리나라가 자유무역을 하게 되면 수입재를 세계시장에서 주어진 가

그림 4-3 관세부과의 경제적 효과(소국 모형)

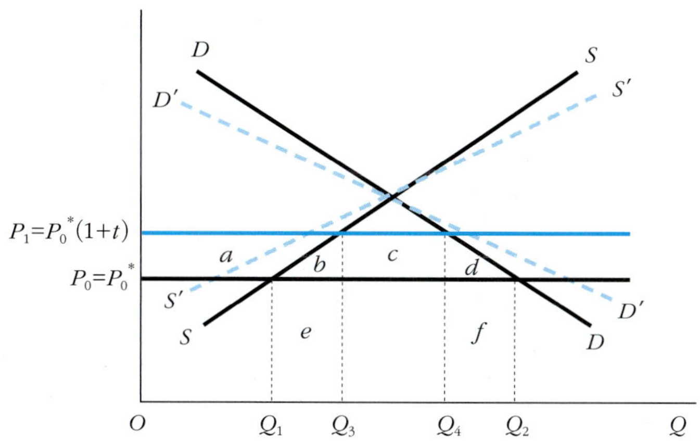

자유무역	구분	관세부과
P_0^*	국제가격	P_0^*
$P_0=P_0^*$	국내가격	$P_1=P_0^*(1+t)$
Q_1	국내생산	Q_3
Q_2	국내소비	Q_4
$\overline{Q_1Q_2}$	수입량	$\overline{Q_3Q_4}$

격 P_0^*으로 얼마든지 수입할 수 있으므로 수입공급곡선은 [그림 4-3]에서 보는 바와 같이 국제가격 P_0^*에서 무한탄력적인－즉 수평인 형태를 취한다. 자유무역하에서 수입재의 국내가격 P_0은 국제가격 P_0^*과 같으므로 국내공급량은 Q_1, 국내수요량은 Q_2에서 결정된다. 따라서 우리나라는 현재의 국내가격에서 초과수요 $\overline{Q_1Q_2}$를 수입에 의하여 충당하게 된다.

관세부과 후 균형 우리나라가 수입재에 대하여 국제가격에 일정률의 관세 t를 부과한다면 수입재의 관세부과 후 국내가격 P_1은 관세율 t만큼 상승한 $P_0^*(1+t)$가 된다. 수입재에 관세가 부과되는 경우 수평인 수입공급곡선은 단위당 관세액 tP_0^*만큼 위로 이동하게 된다. 따라서 관세부과 후 국내공급량은 Q_3으로 증가하는 반면 국내수요량은 Q_4로 감소함으로써 수입량은 $\overline{Q_3Q_4}$로 감소하게 된다.

자원의 재배분 관세부과는 수입재의 국내가격을 상승시킴으로써 국내자원을 재배분시킨다. 관세부과는 수입재의 국내가격을 P_0에서 P_1으로 상승시킴으로써 국내소비를 Q_2에서 Q_4로 억제시키는 반면 국내생산을 Q_1에서 Q_3로 촉진시킨다. 특히 수입재의 국내수요와 공급이 탄력적일수록－즉 [그림 4-3]에서 보는 바와 같이 국내 수요곡선($D'D'$)과 공급곡선($S'S'$)의 기울기가 점선과 같이 완만해질수록 관세부과가 국내소비를 억제하고 국내생산을 촉진하는 효과는 더욱 커진다.

사회후생의 재분배 관세부과는 생산자와 소비자 간 사회후생을 재분배시킨다. 관세부과는 수입재의 국내가격을 P_0에서 P_1으로 상승시킴으로써 소비자잉여를 $a+b+c+d$만큼 감소시킨다. 그러나 이중 a는 소비자잉여가 생산자잉여로 전환되는 부분이며, c는 소비자잉여가 정부의 관세수입으로 귀속되는 부분이다. 그러나 정부의 관세수입은 궁극적으로 소비자에게 소득세의 경감형태로 환원된다.

자원배분의 왜곡

관세부과는 자원을 비효율적으로 배분시킴으로써 사회후생을 감소시킨다. 소비자잉여의 감소분 중 b와 d는 생산자나 소비자에게 어떠한 형태로든 재분배되지 않고 사장(死藏)되어 없어진다. 이러한 사중손실(deadweight loss)은 우리나라가 관세부과를 통하여 자원배분을 왜곡시킴으로써 지불하여야 하는 사회적 비용이다.

보호의 사회적 비용

b는 생산측면의 왜곡에서 발생하는 보호비용이며 d는 소비측면의 왜곡에서 발생하는 보호비용을 나타낸다. 우리나라가 수입재의 생산량을 Q_1에서 Q_3로 늘리기 위해서는 $e+b$만큼의 생산비용이 소요된다. 그러나 이를 해외에서 수입한다면 e만큼만 지불하면 되기 때문에 국내생산은 b만큼 더 많은 생산비를 부담하여야 한다. 한편 소비자는 수입재에 대한 소비를 줄임으로써 f만큼 수입재에 대한 지출을 줄일 수 있다. 그러나 소비자는 화폐단위로 측정한 효용이 $f+d$만큼 줄어들게 됨으로써 d에 해당하는 만큼 효용상 손실을 입게 된다.

정책적 함의

사회후생 측면에서 보면 소국이 관세를 부과하면 자원배분의 왜곡을 가져와 사회후생을 감소시키므로 자유무역이 최선의 정책이다. 그러나 관세부과(철폐)로 생산자(소비자)는 이득을 얻지만 소비자(생산자)는 손해를 보므로 손해를 입는 자에 대한 보상이 필요하다. 여기서는 관세부과의 경제적 효과를 정태적 측면에서 파악한 것이라는 한계를 가지고 있다. 동태적 측면에서 관세부과를 통해 해당산업이 경쟁력이 강화된다면 해당산업을 보호하고자 하는 유인이 높아질 것이다.

대국모형으로 확장

대국은 관세의 부과를 통해 교역조건을 개선시킴으로써 후생을 증진시킬 수 있다. 대국이 관세를 부과하면 세계시장에서 수입량이 감소하므로 국제가격이 하락한다. 즉 상대적으로 대국의 수출재의 가격이 상승함으로써 교역조건이 개선된다. 따라서 교역조건의 개선으로 인한 사회후생의 증가가 관세부과로 인한 사회후생의 감소보다 크면 대국은 관세를 부과하고자 하는 유인이 높아진다.

2) 수입수량할당제

개념

수입수량할당제(import quota system)란 외국으로부터 상품수입은 원칙적으로 허용하지만 이를 수량 또는 금액으로 할당하고 이 할당범위를 초과하는 수입은 허용하지 않는 제한조치를 말한다. 예를 들어 우리나라가 쌀의 수입량을 연간

50만톤으로 제한하는 경우 연간 50만톤 이내에서는 자유롭게 수입이 가능하지만 이를 초과해서는 수입을 허용하지 않는다. 1970년대에 선진국과 섬유수출국간에 실시된 다자간 섬유협정(MFA: Multi-Fiber Agreement)은 수입수량할당제의 대표적인 예이다.

특징

수입수량할당제는 입법조치 없이도 행정당국이 국내외 경제여건을 고려하여 재량적으로 시행할 수 있고 수입억제효과가 확실한 무역정책수단이다. 관세는 고율의 관세를 부과하더라도 수요와 공급의 가격탄력성에 따라 수입억제효과가 불확실하나 수입수량할당제는 수입량을 국가가 정하기 때문에 수입억제효과가 확실하다. 이러한 장점 때문에 수입수량할당제가 1931년 프랑스에 의하여 최초로 도입된 이래 양차 세계대전 사이에 대표적 보호무역 정책수단으로 널리 사용되었다. 그러나 수입수량할당제가 무역자유화의 가장 큰 걸림돌로 인식되면서 GATT의 발족 이후 이를 폐지하기 위하여 노력하여 온 결과 선진국의 공산품에 대한 수입수량할당제는 대부분 폐지되었다.

수출국과 사전 협상

한편 일국이 수입수량할당제를 실시하고자 하는 경우 이에 따른 혼란이나 수출국과 통상마찰을 피하기 위하여 사전에 수출국과 협상을 하게 된다. 수입수량할당제가 실시되는 경우 수출국들은 수입국의 수입수량할당량이 소진되기 전에 먼저 수출하고자 서로 경쟁을 하게 되므로 수출국 간 마찰을 불러일으킬 소지가 많다. 따라서 수입국은 수입수량할당제를 실시하기에 앞서 수출국들과 협상을 통하여 국별로 할당량을 배분하지 않으면 안된다.[2] 이러한 협상과정에서 수입국은 수입수량할당량을 어떠한 기준에 의하여 배분하느냐 뿐만 아니라 수입수량할당제 수혜대상에서 특정국을 제외하느냐 안하느냐 등의 문제에 직면하게 된다.

관세부과와 관계

수입수량할당제는 수입억제를 목적으로 한다는 점에서 관세와 유사한 경제적 효과를 가진다. 관세는 국내가격 인상을 통하여 수입량을 간접적으로 통제하는 정책수단인 반면 수입수량할당제는 직접적으로 수입량을 통제하는 정책수단이다. 그러나 수입수량할당에 의한 수입량의 통제는 국내공급량을 감소시킴으로써 국내가격의 인상을 초래한다. 따라서 관세와 수입수량할당제는 수입물량을 직접적으로 통제할 것이냐 또는 간접적으로 통제할 것이냐하는 점에서만 차이가 있을 뿐이고 수입재의 국내가격을 인상시켜 수입재의 국내생산을 촉

2 이와 같이 수출국에 할당된 수출물량을 수출국은 수출기업에 다시 할당하지 않으면 안된다. 일반적으로 수출기업에 할당된 수출물량은 「수출쿼터」라고 한다.

그림 4-4 관세와 수입수량할당제(소국모형)

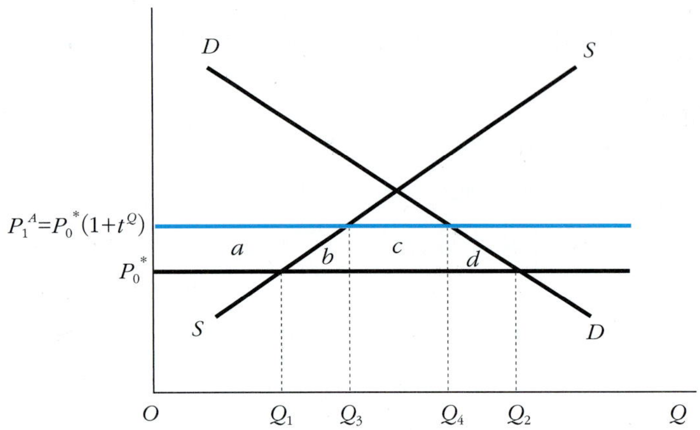

자유무역	구분	쿼터부과
P_0^*	국제가격	P_0^*
P_0^*	국내가격	P_1^A
Q_1	국내생산	Q_3
Q_2	국내소비	Q_4
$\overline{Q_1Q_2}$	수입(할당)량	$\overline{Q_3Q_4}$

진하고 국내소비를 억제한다는 점에서 동일하다고 할 수 있다.

관세와 수입수량 할당제의 동등성 수입수량할당제는 다음의 세 가지 조건이 만족하는 경우 관세와 동등한 경제적 효과를 갖는다. 첫째, 수입수량할당제의 대상이 되는 재화는 외국기업에 의하여 완전경쟁적으로 국내에 공급된다. 둘째, 이 재화의 국내시장도 완전경쟁상태에 있다. 셋째, 이 재화의 수입권(輸入權)이 수입권자(수입수량할당제 면허 보유자) 간에 완전경쟁적으로 배분되어야 한다.

소국모형 소국의 입장에서 수입공급은 완전탄력적이기 때문에 수입공급곡선은 국제시장가격에서 수평인 형태를 취한다. [그림 4-4]에서 보는 바와 같이 해외시장에서 수입재의 가격이 P_0^*에서 결정되었다고 하자. 자유무역하에서 국내가격은 국제가격(P_0^*)과 같으므로 국내수요량은 Q_2인 반면 국내공급량은 Q_1에 불과하다. 따라서 우리나라는 P_0^*가격에서 초과수요량 $\overline{Q_1Q_2}$를 수입하게 된다.

국내가격의 상승과 자원의 재배분 정부가 수입재의 수입량을 $\overline{Q_3Q_4}$으로 할당하여 억제한다면 국제가격 P_0^*에서 $\overline{Q_1Q_2}$로부터 $\overline{Q_3Q_4}$를 뺀 만큼 초과수요가 발생한다. 이러한 초과수요는 국내가격의 상승을 초래하는데 이 과정에서 국내가격은 이러한 초과수요를 완전히 해소하는 P_1^A까지 상승하게 된다. 이에 따라 관세를 부과할 때와 같이 국내생산량은 Q_3로 증가하고, 국내소비량은 Q_4로 감소한다.

관세상당치 수입수량할당제는 국내가격을 상승시키므로 수입수량할당제에 따른 국내가격의 상승률을 다음과 같이 관세상당치로 나타내어 볼 수 있다.

$$관세상당치(t^Q) = \frac{P_1^A - P_0^*}{P_0^*}$$

이는 우리나라가 수입수량할당제를 사용하는 대신에 t^Q에 상당하는 관세부과하여 국내가격을 P_1^A까지 인상시킴으로써 수입량을 $\overline{Q_3Q_4}$에서 억제할 수 있음을 의미한다.

사례 연구 수출자율규제

수출자율규제(voluntary export restraints)는 수입국이 수입증가로 인한 시장교란 등을 방지하기 위하여 수출국과 쌍무적 또는 수자간 협정을 체결하여 수출국으로 하여금 특정 상품의 수출을 자율적으로 제한하도록 하는 무역제한조치이다. 수입국으로서는 수출국이 자율적으로 수출량을 제한하여 주기 때문에 관세나 수입수량할당제에 의해 수입량을 제한하는 것과 비슷하다고 할 수 있다. 그러나 관세나 수입수량할당제는 수입국의 주도하에 이루어지는 반면 수출자율규제는 수출국의 주도하에 이루어진다는 점에서 큰 차이가 있다. 이러한 수출자율규제는 1970년대 초 자동차산업을 보호하고자 하는 미국의 압력에 의하여 일본의 자동차업계가 자율적으로 대미수출량을 제한한 것을 효시로 널리 사용되고 있다.

미국 등 일부 선진국들이 자국의 국내산업을 보호하기 위한 수단으로서 관세나 수입수량할당제보다는 수출자율규제를 선호하는 데는 몇 가지 이유가 있다. 첫째, 수입국이 수입을 직접 규제하기보다는 수출국이 자발적으로 수출을 제한하는 형식을 취함으로써 그 동안 GATT체제하에서 선진국들이 표면적으로나마 유지해 온 무역자유화를 저해하지 않는다는 인상을 줄 수 있다. 둘째, 수출자율규제는 관세나 수입수량할당제와는 달리 수입국이 국내입법 절차를 밟지 않고 수출국과 협상에 의하여 실시되기 때문에 수입국의 경제사정에 따라 적기에 실시될 수 있고 그 채택이 용이하며 정치적으로 저항이 적다. 셋째, 수출자율규제는 수입국의 국내시장을 교란시키는 특정 주요국가에 차별적으로 적용된다는 점에서 GATT의 기본정신에 위배되지만 현실적으로 GATT의 제재를 받고 있지 않기 때문이다.

수입국이 수출자율규제를 통해 수입수량할당제를 실시할 때와 똑같은 양을 수입되도록 제한한다면 자원배분에 미치는 효과는 수입수량할당제와 똑같다. 왜냐하면 수출자율규제를 실시할 때 수입재의 국내가격이 수입수량할당제를 실시할 때와 같아지기 때문이다. 그러나 수출자율규제를 실시할 때는 수출업자가 수출가격을 높여 수출하는 반면에 수입수량할당제를 실시할 때는 수입업자가 수입하여 국내가격을 높여 판매하기 때문에 사회후생에 미치는 효과가 달라진다. 즉 [그림 4-4]에서 c부분이 외국의 수출업자에게 돌아가게 된다. 따라서 사회후생측면에서 보면 수출자율규제는 관세부과나 수입수량할당제에 비해 수입국에 불리한 무역정책이다.

사회후생효과의 비교 　수입수량할당제의 실시에 따른 국내가격의 인상은 이에 상응하는 관세부과를 통해서도 달성될 수 있기 때문에 수입수량할당제는 관세와 동일한 경제적 효과를 갖는다. 관세부과의 경제적 효과를 분석하는 과정에서 본 바와 같이 b와 d는 수입수량할당에 따른 생산과 소비측면에서 자원배분의 왜곡으로 발생하는 사중손실이며 a는 소비자잉여가 생산자잉여로 전환되는 부분이다. c는 관세부과시 관세수입으로 나타나지만 수입수량할당제의 경우는 수입권의 매각에서 얻어지는 재정수입으로 나타난다. 만일 정부가 수입권을 매각하지 않고 어떠한 특정기업에 준다면 관세수입액에 상당하는 경제적 지대가 수입권자에게 돌아감으로써 소득분배면에서 관세와 상이한 결과를 가져온다.

3) 생산보조금

개념 　생산보조금(production subsidy)이란 정부나 공공단체가 수입재의 수입을 억제하고 국내생산을 촉진하기 위하여 수입재산업이나 수입대체산업에 대하여 실시하는 재정적 또는 금융적 지원조치를 말한다. 즉 생산보조금이란 정부가 수입재산업의 생산비용 중에서 일정액 또는 일정비율을 보조해 주는 것을 말하는데 현실적으로 정부가 직접적으로 생산비를 보조해주기 보다는 수입재산업에 대하여 조세감면혜택을 부여하거나 낮은 금리로 기술개발자금을 제공하는 등 간접적으로 생산비를 보조하는 것이 일반적이다.

그림 4-5 생산보조금의 경제적 효과

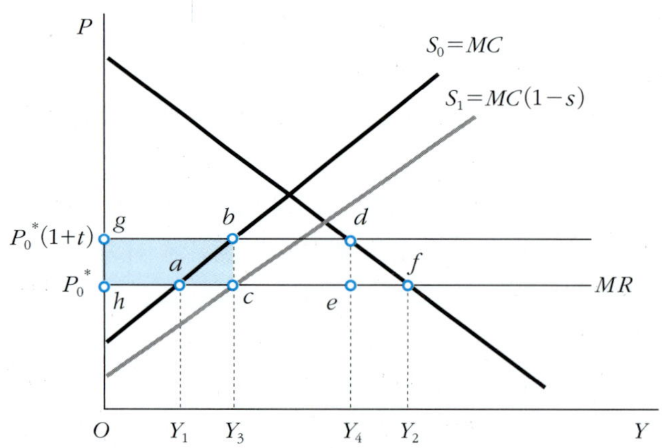

관세부과	구분	생산보조금
P_0^*	국제가격	P_0^*
$P_0^*(1+t)$	국내가격	P_0^*
Y_3	국내생산량	Y_3
Y_4	국내소비량	Y_2
$\overline{Y_3Y_4}$	수입량	$\overline{Y_3Y_2}$

관세와 비교

수입재산업에 대한 생산보조금 지급은 부(−)의 관세를 부과하는 것과 동일하므로 관세부과와 비교하여 살펴보고자 한다. 소국모형하에서 수입재에 대하여 t율의 관세를 부과하면 [그림 4−5]에서 보는 바와 같이 수입재의 국내가격이 국제가격 P_0^*보다 단위당 $tP_0^*(=bc)$만큼 높은 $P_0^*(1+t)$로 상승하면서 국내생산량이 Y_3로 늘어나고 국내수요량이 Y_4로 줄어듦에 따라 우리나라는 Y재를 $\overline{Y_3Y_4}$만큼 수입한다. 따라서 관세부과시 소비자잉여가 ⏢$ghfd$만큼 감소하지만 이중 ⏢$ghab$는 생산자잉여로 전환되며 □bed는 관세수입으로 전환되기 때문에 사회후생의 측면에서 볼 때 관세부과로 인한 사회적 순손실은 ⊿bac와 ⊾def이다.

생산보조금 지급

만약 정부가 생산보조금의 지급을 통하여 관세를 부과할 때와 동일한 Y_3까지 수입재의 국내생산량을 늘리고자 한다면 정부는 관세율과 같은 율로 보조금을 지급하여야 한다. 정부가 관세율 t와 같은 s율로 보조금을 지급한다면 국내 수입재산업의 한계비용곡선은 보조금율을 뺀 만큼 아래쪽으로 이동하며 점 c를 통과한다. 따라서 수입재산업은 자유무역하에서 국제가격과 국내가격이 같으므로 국제가격에 상당하는 한계수입($MR=P_0^*$)과 보조금을 감안한 한계비용 $MC(1-s)$이 일치하는 점 c에서 P_0^*의 가격으로 Y_3만큼 생산하게 된다. 따라서 국내수요량은 Y_2이므로 수입량은 $\overline{Y_3Y_2}$이 된다. 한편 정부는 단위당 $\overline{bc}$의 보조금을 지급하므로 보조금총액은 □$ghcb$가 된다.

사회후생효과의 비교

생산보조금은 생산측면에서 ⊿bac에 상당하는 보호비용만을 초래할 뿐 소비측면에서 보호비용을 발생시키지 않는다는 점에서 관세부과와 경제적 효과가 다르다. 정부가 관세를 부과하기보다는 생산보조금 지급을 통하여 수입재의 국내생산을 Y_3에서 유지한다면 ⏢$ghfd$에 상당하는 소비자잉여의 감소를 막을 수 있다. 그러나 만약 정부가 수입재산업에 대하여 지급하는 보조금을 소비자로부터 소득세의 증액을 통하여 충당한다면 소비자잉여는 생산보조금 지급액 □$ghcb$만큼 감소한다고 할 수 있다. 그러나 이중 ⏢$ghab$에 상당하는 부분은 생산자잉여의 증가에 의해 상쇄되지만 ⊿bac는 어느 누구도 가져가지 못하고 없어지기 때문에 사회적 순손실로 나타난다. 그러나 생산보조금은 관세부과와 달리 소비자측면에서 보호비용(⊾def)을 초래하지 않는다. 따라서 사회후생측면에서 볼 때 생산보조금은 관세보다 우월한 무역정책수단이라고 할 수 있다.

(2) 수출지원과 시장왜곡시정을 위한 무역정책

1) 수출보조금

개념 수출보조금(export subsidy)이란 국가 또는 공공단체가 국내생산물의 수출을 증가시키기 위하여 국내 수출산업이나 수출업자에게 제공하는 재정적 또는 금융적 지원조치를 말한다. 우리나라가 1960년대 초 경제개발계획을 수립·추진하면서 수출을 촉진하기 위하여 수출재산업에 대하여 다양한 조세감면조치를 취하여 왔으며 수출단계별로 낮은 금리로 금융지원을 하였다. 그러나 최근 교역상대국들이 수출보조금이 국제무역질서를 문란시킨다는 명분하에 상계관세를 적극적으로 활용함에 따라 크게 축소되고 있다.

장단점 수출보조금은 수출재의 생산비용을 직·간접적으로 낮춤으로써 대외적으로 가격경쟁력을 강화시켜 수출을 촉진시킨다. 이러한 수출촉진은 국내고용을 증가시키고 나아가 경제성장을 촉진시킨다. 그러나 수출보조금은 국내산업의 경쟁력을 약화시킬 뿐만 아니라 자원을 과도하게 수출재산업으로 이동시켜 자원의 비효율적 배분을 초래함으로써 사회후생을 하락시킨다.

자유무역 균형 [그림 4−6]에서 DD와 S_0S_0는 수출재 X재의 국내수요곡선과 국내공급곡선을 나타낸다. 우리나라 X재를 수출한다면 자유무역하에서 국제가격은 폐쇄경제하에서 국내균형가격보다 높다. 우리나라가 소국으로서 국제가격 P_0^*을 주어진

그림 4−6 수출보조금의 경제적 효과

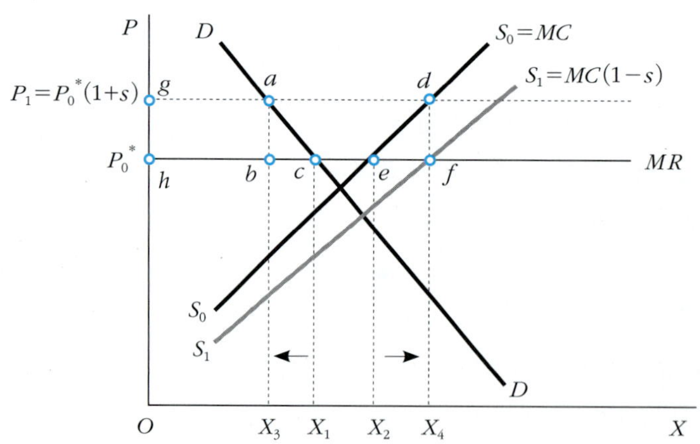

자유무역	구분	수출보조금
P_0^*	국제가격	P_0^*
P_0^*	국내가격	P_1
X_2	국내생산량	X_4
X_1	국내소비량	X_3
$\overline{X_1X_2}$	수출량	$\overline{X_3X_4}$

것을 받아들인다면 국내생산량이 X_2이고 국내수요량이 X_1이므로 $\overline{X_1X_2}$를 수출한다.

수출보조금의 지급과 자원의 재배분

정부가 수출재 한 단위당 s율의 보조금을 지급한다면 보조금을 감안한 X재의 공급곡선은 S_1S_1으로 s율만큼 아래쪽으로 이동한다. 따라서 X재는 국내공급곡선 S_1S_1(=보조금을 감안한 한계비용곡선)과 국제가격 P_0^*(=한계수입곡선)이 교차하는 점 f에서 생산이 이루어지므로 생산량은 X_4가 된다. 한편 수출기업은 국내가격이 국제가격에 보조금을 더한 것보다 낮다면 국내에 공급하는 것보다 보조금을 받고 수출하고자 할 것이므로 국내가격은 국제가격에 보조금을 더한 $P_1 = P_0^*(1+s)$까지 올라간다. 국내시장의 균형은 국내가격선 P_1과 국내수요곡선이 서로 만나는 점 a에서 이루어지며, 국내수요량 또는 국내공급량은 X_3가 된다. 따라서 X재의 수출이 자유무역의 경우와 비교할 때 $\overline{X_1X_2}$에서 $\overline{X_3X_4}$로 늘어난다. 요약하면 수출보조금의 지급은 수출재의 국내생산을 증가시키는 동시에 국내수요를 억제시킴으로써 수출을 촉진한다.

사회후생의 재분배

수출보조금의 지급은 수출재를 X_4으로 증가시키므로 생산자잉여가 ▱$ghed$ 만큼 늘어난다. 그러나 수출재의 국내가격이 P_1으로 상승하므로 소비자잉여가 ⏢$ghca$만큼 줄어든다. 또한 국민은 □$abfd$에 상당하는 보조금을 부담해야 한다. 따라서 수출보조금의 지급은 소비측면에서 ◺abc과 생산측면에서 ⊿def의 추가적 부담을 초래하므로 자유무역의 경우에 비해 사회후생을 하락시킨다.

수출보조금의 영향

수출보조금의 지급은 국제시장에서 수출가격을 하락시킬 가능성이 많다. 이는 수출국의 교역조건을 악화시켜 수출국의 사회후생을 더욱 하락시킨다. 반면 국민경제 내에 실업이 존재하는 경우 수출보조금의 지급은 사회후생을 증가시킬 수도 있다. 수출보조금의 지급은 수출재의 국내생산 증대를 통해 국내고용을 증가시킬 뿐만 아니라 국제수지 개선에도 기여할 것으로 보인다.

2) 국내독점시장의 개방

국내독점

어떤 재화가 무역장벽 때문에 수입되지 못하고 국내기업이 독점으로 생산하여 공급하고 있다면 국내독점기업은 이윤을 극대화할 수 있도록 생산량과 가격을 결정한다. [그림 4-7]에서 보는 바와 같이 국내독점기업은 한계비용과 한계수입이 일치하는 점 f에서 생산량 Y_0를 결정하며 이에 대응하는 수요곡선 위에서 가격 P_0를 책정한다. 이 때 국내독점기업이 책정하는 수입재의 가격 P_0는 국내독점기업의 한계비용 fY_0보다 높기 때문에 자원배분의 측면에서 보면 비효율

그림 4-7 국내독점시장 개방의 경제적 효과

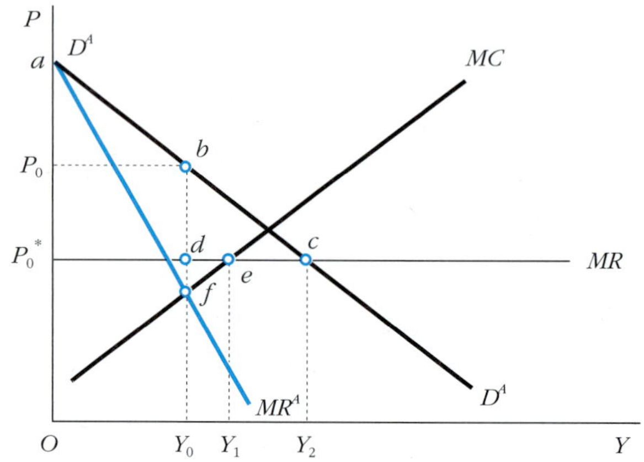

적이다.

시장개방과 완전경쟁 시장개방으로 수입재의 국내시장이 완전경쟁상태로 변하는 경우 국내독점기업은 수입재의 국제가격 P_0^*를 받아들이지 않으면 안된다. 따라서 국내시장에서 수입재의 국내가격이 국제가격과 같은 P_0^*가 되므로 국내수요량은 Y_2에서 결정된다. 국내독점기업은 P_0^*가 한계수입이 되므로 한계비용과 일치하는 점 e에 해당하는 Y_1까지 생산량을 늘리게 된다. 나머지 $\overline{Y_1Y_2}$에 해당하는 초과수요는 수입에 의하여 충당된다. 이와 같이 자원의 재분배 측면에서 보면 국내독점시장의 개방은 국내생산을 촉진하는 동시에 국내소비도 증가시키는 효과를 가져온다.

사회후생의 변화 시장개방에 의한 자유무역은 사회후생을 증가시킨다. 우선 시장개방에 의한 수입재의 국내가격 하락은 소비자잉여를 $\triangle aP_0b$에서 $\triangle aP_0^*c$로 증가시킨다. 이에 따른 소비자잉여의 순증가분 ⏢$P_0P_0^*cb$ 중 □$P_0P_0^*db$는 국내독점기업의 잉여가 소비자잉여로 전환되는 부분이기 때문에 사회후생의 순증가분은 $\triangle bdc$이다. 한편 국내독점기업은 수입재의 국내가격하락으로 생산자잉여가 □$P_0P_0^*db$만큼 줄어들기는 하지만 생산량이 Y_0에서 Y_1으로 늘어남에 따라 생산자잉여가 $\triangle dfe$만큼 증가한다. 따라서 사회후생의 측면에서 볼 때 우리나라는 시장개방을 통하여 수입재시장이 완전경쟁구조를 갖게 함으로써 사회후생을 소비측면에서 $\triangle bdc$와 생산측면에서 $\triangle dfe$만큼 증가시키게 된다.

사례 연구 국제 덤핑

국내시장에는 비싼 가격으로 판매하면서 해외시장에는 싼 가격으로 수출하는 국제적 덤핑은 수입국의 시장을 위협한다는 점에서 국제적으로 비난을 받고 규제의 대상이 되고 있다. 이러한 국제적 덤핑은 1970~80년대 우리나라 자동차나 전자산업과 같이 정부의 강력한 보호로 국내시장을 독점하면서 해외시장에서 경쟁을 하는 경우에 국내기업이 이윤을 극대화하기 위하여 국제적으로 가격차별을 하는 과정에서 발생하게 된다.

국내시장을 독점하는 기업은 정부가 보호하여 준다면 국제적으로 가격차별을 좋은 환경에 놓이게 된다. 첫째, 국내시장을 독점하므로 이윤을 극대화하도록 가격을 설정할 수 있다. 둘째, 국내시장과 해외시장으로 분리되어 있어 각 시장에 적합한 가격정책을 취할 수 있다. 셋째, 정부의 수입규제조치로 해외시장에 낮은 가격으로 판매하여도 이를 수입하여 국내시장에 높은 가격으로 다시 팔 수 없다. 넷째, 국내시장과 해외시장의 특성이 다른 만큼 국내수요와 해외수요의 가격탄력성이 다르다.

먼저 독점기업이 국내시장에만 공급하는 경우를 생각하여 보자. 국내독점기업은 이윤을 극대화하기 위해 한계비용(MC)과 한계수입(MR)이 같아지는 점 a에서 생산을 결정한다. 따라서 생산량은 Q_0가 되고, 국내가격을 P_0로 책정하게 된다. 독점기업은 총판매수입 □OP_0bQ_0에서 생산비용 ◁$OhaQ_0$를 제외한 ▷hP_0ba를 독점이윤으로 얻게 된다.

이제 국내독점기업이 해외가격 P_1^*로 외국기업과 경쟁하면서 얼마든지 수출을 하게 되었다고 하자. 이 경우 해외가격 P_1^*은 국내독점기업의 한계수입이 된다. 따라서 국내독점기업은 이윤을 극대화하기 위하여 한계수입(MR_1^*)과 한계비용(MC)이 만나는 점 c에서 생산량과 가격을 책정하게 된다. 이 때 총생산량은 Q_1이고, 한계비용은 cQ_1이다.

국내독점기업은 국내한계수입(MR^d)과 한계비용($cQ_1 = dQ_1^d$)이 만나는 점 d에서 국내공급량(Q_1^d)과 국내가격(P_1^d)을 책정한다. 그

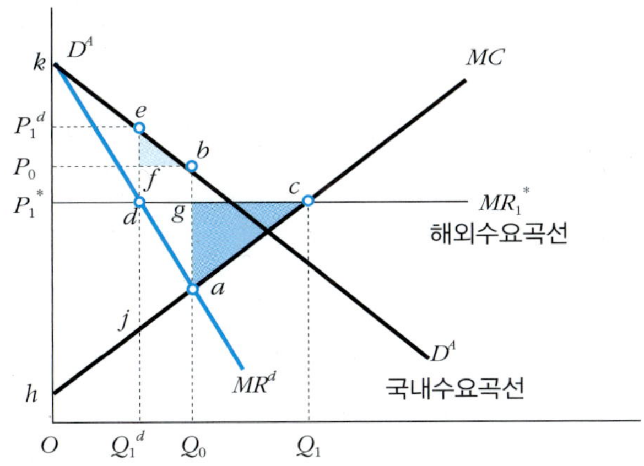

리고 총생산량(Q_1)에서 국내 공급량(Q_1^d)을 뺀 $\overline{Q_1^dQ_1}$을 P_1^*의 가격으로 해외시장에 수출한다.

국내독점기업의 해외수출은 소비자의 사회후생을 줄이고 생산자의 사회후생을 늘리는 결과를 가져 온다. 그림에서 보는 것과 같이 소비자잉여는 △kP_0b에서 △kP_1^de로 줄어든다. 한편 생산자는 국내시장에서 독점이윤 ▭hP_1^dej와 수출에서 생산자잉여 ▱djc를 얻게 된다.

사회전체의 후생측면에서 보면 소비자잉여가 ⏢$P_0P_1^deb$만큼 감소하지만 이중 □$P_0P_1^def$는 국내독점기업의 이윤으로 전환되므로 △efb가 사회후생의 손실로 나타난다. 또한 국내공급량의 축소에 따라 독점이윤 중 □$fdgb$를 잃게 된다. 그러나 수출에 따른 생산량의 증가로 생산자잉여가 ▱gac만큼 늘어난다. 결과적으로 사회후생이 소비자에서 생산자로 재분배되는 결과를 가져온다.

이와 같이 국내독점기업은 이윤을 극대화하는 과정에서 국내시장에는 높은 가격을 책정하고 해외시장에는 낮은 가격을 책정한다. 그러나 수입국의 입장에서 보면 수출국이 국내시장을 보호하고 낮은 가격으로 자국시장을 침투하는 것으로 보인다. 따라서 수입국은 이러한 수출국의 가격정책을 위협적 덤핑(predatory dumping)으로 보고 자국산업을 보호하기 위하여 반덤핑 관세를 부과하게 된다.

요약

1. 무역정책은 일국 정부가 특정한 경제목표를 달성하기 위하여 민간부문이 외국과 행하는 경제적 거래 - 특히 무역거래에 인위적으로 개입하는 경제적 조치를 말한다. 무역정책은 정책효과가 국민경제전반에 걸쳐 미치기 때문에 종합적 경제정책으로서 성격을 가지며, 교역상대국에 파급되므로 무역정책을 실시할 때 교역상대국의 반응을 고려하여야 한다.
2. 무역정책은 국내산업의 보호, 국제수지의 개선, 국내고용의 증대, 경제성장의 촉진, 교역조건의 개선, 자원의 효율적 배분 등을 통해 사회후생을 증가시키기 위해 실시된다.
3. 무역정책수단은 크게 관세와 비관세로 나눈다. 관세란 법정관세구역을 통과하는 수출상품 또는 수입상품에 대하여 정부가 부과하는 조세이고, 비관세란 관세이외의 무역정책수단을 통틀어 말한다. UNCTAD는 비관세를 수입조치와 수출조치로 나누고, 수입조치는 기술조치와 비기술조치로 구분하고 있다.
4. 관세부과는 수입재의 국내가격을 상승시킴으로써 국내생산을 촉진하고 국내소비를 억제한다. 사회후생의 재분배측면에서는 소비자잉여를 감소시키고 생산자잉여를 증가시키나 생산과 소비자원배분의 왜곡을 가져와 사회후생을 감소시킨다.
5. 수입수량할당제도 수입재의 국내가격을 상승시므로 관세와 같은 자원의 재배분과 사회후생의 재분배를 가져온다. 관세와 수입수량할당제가 동등성을 갖기 위해서는 해당 재화가 외국기업에 의해 완전경쟁적으로 공급되고, 해당 재화의 국내시장이 완전경쟁적이어야 하며, 해당 재하의 수입권이 완전경쟁적으로 배분되어야 한다.
6. 수입재 산업에 대한 생산보조금은 자원재배분 측면에서 해당 산업의 국내생산을 촉진하지만 국내소비는 억제하지 못한다. 사회후생 측면에서 보면 생산보조금 지급액이 생산자잉여의 증가분 보다 커 사회후생이 감소한다.
7. 수출재 산업에 대한 보조금의 지급은 자원의 재배분 측면에서 수출재의 생산을 증가시키는 동시에 국내소비를 억제함으로써 수출을 촉진시킨다. 사회후생 측면에서 보면 생산과 소비측면에서 자원배분의 왜곡을 가져와 사회후생을 하락시킨다.
8. 국내시장이 독점기업에 의해 지배되는 경우 시장개방을 통하여 자원을 효율적으로 배분시킴으로써 사회후생을 증가시킬 수 있다. 즉 시장을 개방하여 완전경쟁시장의 형태를 취하게 하면 독점으로 인해 자원의 비효율적 배분에서 오는 사회후생의 감소를 막을 수 있다. 나아가 자유무역에 의한 사회후생의 증가를 추가적으로 얻을 수 있다.

연습문제

1. 다음 용어를 설명하시오.

(1) 유치산업보호론
(2) 사양산업보호론
(3) 사장손실
(4) 수입수량할당제
(5) 관세와 수입수량할당제의 동등성
(6) 생산보조금
(7) 수출보조금
(8) 국제덤핑

2. 우리나라 탄력관세제도에 관하여 조사해 보시오.

3. 우리나라 무역위원회 홈페이지에서 우리나라 무역구제제도의 종류와 내용을 파악하여 보시오. 또한 무역구제제도의 유형별로 무역위원회가 실시한 사례를 조사하여 보시오.

4. 우리나라의 고구마에 대한 수요 및 공급함수가 다음과 같고 세계 고구마시장에서 우리나라 수입이 차지하는 비중이 매우 작아 국제가격에 영향을 미치지 않는다고 가정하고 다음 물음에 답하시오. (단위 톤, 달러)

- 수요함수: $Q^D = 2,100 - 2P$
- 공급함수: $Q^S = -300 + P$

(1) 우리나라의 고구마에 대한 수요곡선과 공급곡선을 그리고, 고구마의 균형가격과 거래량을 구하시오.

(2) 고구마의 국제가격이 톤당 600달러일 때 국내 생산량과 소비량 및 수입량을 구하고 이를 위의 그림에 나타내시오. 또한 생산자잉여와 소비자잉여의 크기를 구하시오.

(3) 우리나라가 고구마의 수입에 대하여 20%의 관세를 부과할 때 국내 생산량과 소비량 및 수입량을 구하시오.

(4) 관세의 부과가 우리나라의 생산자, 소비자 및 사회전체 후생에 어떻게 영향을 미치는가를 설명하시오.

(5) 관세의 부과로 인해 사회후생이 감소하는 이유를 생산과 소비 측면으로 나누어 밝히고, 그 크기를 각각 구하시오.

5. 소국 개방경제에서 모자에 대한 국내 수요와 공급은 다음과 같다고 하자.

- 수요: $Q=100-P$
- 공급: $Q=50+2P$

(1) 세계가격이 10인 경우 자유무역하에서 국내 생산량 및 소비량과 수입량은 각각 얼마인가?

(2) 국가가 11단위의 수입수량할당을 부과한 경우 국내가격은 얼마로 상승하는가?

(3) 11단위의 수입수량할당을 부과할 때 이 국가의 사회후생에 미치는 효과에 대하여 분석해 보시오.

(4) 관세와 수입수량할당제가 사회후생의 측면에서 어떠한 차이가 있는가를 설명하시오.

6. 우리나라는 1995년 WTO협정을 체결하면서 쌀산업을 보호한다는 명분하에 최소시장접근을 도입하였으며, 2015년 관세화로 전환하였다. 이와 관련된 다음 물음에 대하여 설명하시오.

(1) WTO협정을 체결할 당시 우리나라가 관세화보다는 최소시장접근을 주장하여 관철시킨 근거를 설명하시오.

(2) 우리나라는 쌀을 농산물유통공사가 독점으로 수입하여 공매하고, 여기서 얻은 수익금을 농업지원에 사용하였다. 이러한 정부의 정책이 어떠한 논리로 정당화될 수 있는가에 대하여 설명하여 보시오.

(3) 앞으로 우리나라가 쌀에 대한 관세율을 낮추면 쌀 산업의 자원배분 및 사회후생에 어떻게 변할 것으로 예상되는가를 설명하시오.

7. 우리나라는 1970~80년대 국내시장규모가 작아 중화학공업과 전자산업에 속한 기업은 국내시장에 독점으로 공급하면서 해외시장에서는 외국기업과 치열하게 경쟁을 하였다. 이러한 과정에서 우리나라 독점기업은 국내시장에는 높은 가격으로 판매하고 해외시장에는 낮은 가격으로 판매함으로써 비난을 받았다. 이러한 국내독점기업의 가격정책을 이론적으로 설명하고, 수입국은 왜 비난하고 어떻게 대응하는가를 설명하여 보시오.

CHAPTER 05

국제지역경제통합

경제통합은 무역과 통상 활동의 진전으로 상호의존성이 높아진 국가들이 협정 체결 혹은 시장 발전을 통해 하나의 통합된 경제권을 형성해 가는 것이다. 최근에는 WTO 체제가 출범한 후 새로 시작된 다자주의 활동으로 DDA 협상의 진전이 늦어지자 FTA 등 RTA를 중심으로 하는 지역주의가 새로운 경제통합의 추세가 되고 있다. 각국은 자국에 유리한 국가들과 우선적으로 FTA를 체결해서 경제의 효율성을 높이고 경제통합의 이득을 누리고자 한다. 이러한 추세에 따라 세계적으로 많은 국제지역경제통합이 탄생했다. 이 장에서는 EU, NAFTA를 대체해서 타결된 USMCA, ASEAN 국가들 간에 출범한 AEC의 역사적 탄생배경을 탐구한다. RCEP과 CPTPP와 같은 메가 FTA 권역 형성에 대해서도 논의한다.

5.1 경제통합의 기초

(1) 경제통합과 지역주의

1) 경제통합의 의의와 유형

경제통합

경제통합(economic integration)이란 경제적으로 상호의존성이 높은 국가들이 협정체결을 통해 하나의 통합된 경제권을 형성해 가는 것이다. 역외국에 대해서는 기존의 관세 및 비관세장벽을 그대로 유지하면서 동맹국 상호 간의 재화 및 생산요소의 자유로운 이동을 도모한다.

제도적 통합과 시장주도적 통합

경제통합은 해석과 관점에 따라 제도적인 통합(Institutional integration)과 시장주도(market-driven)의 기능적 통합으로 나눌 수 있다. 전자는 제2차 세계대전 이후 유럽연합(EU)을 이룬 유럽의 통합과 같이 회원국의 정치적인 합의에 의해 지역무역협정을 통해 경제권을 형성해 가는 제도적·포괄적 통합이 사례가 될 수 있다. 후자는 정치적인 합의 없이 지리적인 근접성에 기인해서 다국적 기업 등이 주도가 되어 자연스럽게 무역과 투자가 확대되고 이에 따라 제도가 정비되는 형태이다. 동아시아의 경제통합이 사례가 될 수 있다.

세계경제통합과 지역경제통합

경제통합의 방식은 또한 통합이 포함하는 지리적 범위에 따라 다르게 인식될 수 있다. 오늘날 가장 중요한 경제통합은 세계무역기구(WTO) 중심의 다자무역체제 심화에 의한 세계경제통합이다. 세계무역기구는 전 세계적인 무역–투자–서비스에 대한 규범을 표준화하고 각 국의 통상제도를 동조화시켜 세계경제를 통합시키는 역할을 하고 있다. 다른 한편 지역무역협정을 통해 심화되는 특정 국가 간 경제통합도 활발하게 일어나고 있다. 지역경제통합은 지리적으로 상대적으로 좁은 범위에서 일어나며 회원국들의 긴밀한 경제관계 형성을 목표로 하며 정치적인 통합으로 발전할 수 있다.

유럽연합

이와 같이 경제통합이 여러 관점에서 구분될 수 있지만 가장 널리 사용되는 일반적인 의미에서의 경제통합은 제도적인 통합과 지역경제통합의 의미가 결합된 것이다. 유럽연합은 가장 전형적인 국가 간 경제통합의 사례이다. 유럽연합의 역사적 경험을 중심으로 일반적인 의미에서의 경제통합을 의미하는 지역경제통합을 다음과 같이 발전단계별로 분류할 수 있다.

자유무역지역

먼저 **자유무역지역**(Free Trade Area)은 회원국 상호 간에 무역장벽을 철폐해서 역내에서는 모든 상품의 자유로운 이동을 보장하는 경제통합이다. 다만 역외국에 대해서는 각 회원국이 관세, 비관세장벽 등 무역제한조치를 독자적으로 취한다. 유럽자유무역연합(EFTA: European Free Trade Association), 북미자유무역협정(NAFTA: North America Free Trade Area), 호주, 뉴질랜드 자유무역연합(CERTA)이 대표적이다.

관세동맹

다음으로 **관세동맹**(Customs Union)은 자유무역지역에서 한 단계 발전한 형태의 경제통합으로 회원국 간 무역장벽 해제와 상품의 자유로운 이동 허용에 더해 역외국에 대해 공동관세 등 공동무역정책을 시행한다. 가장 전형적인 형태의 경제통합 형태라 할 수 있으며 일반적으로 경제통합의 이론은 관세동맹으로 인한 경제효과를 분석하는데서 출발한다. 역사적으로 19세기 중엽 독일의 졸페라인(Zollverein)이 관세동맹의 효시가 되었으며 1944년부터 벨기에, 네덜란드, 룩셈부르크 삼국이 달성한 베네룩스 관세동맹이 대표적인 사례이다. 유럽연합은 1968년 7월 관세동맹 형태의 경제통합을 달성했다. 관세동맹은 현재 WTO 체제에서는 회원국 관세율 조정에 따른 제3국의 손해를 보상해 주어야 하기 때문에 새로 생기기 어렵다. 기존에 관세동맹을 목표로 진전되던 중남미 지역의 안데스 공동체(ANCOM)나 남아프리카 관세동맹(SACU)도 관세동맹의 조건을 갖추지 못하고 있다.

공동시장

공동시장(Common Markets)은 관세동맹에서 한층 더 발전한 경제통합으로 회원국 간의 무역자유화를 기반으로 하면서 노동, 자본 등 생산요소의 자유로운 역내이동까지 허용하는 형태의 경제통합이다. 역외국가에 대해서 공동관세를

그림 5-1 경제통합의 유형

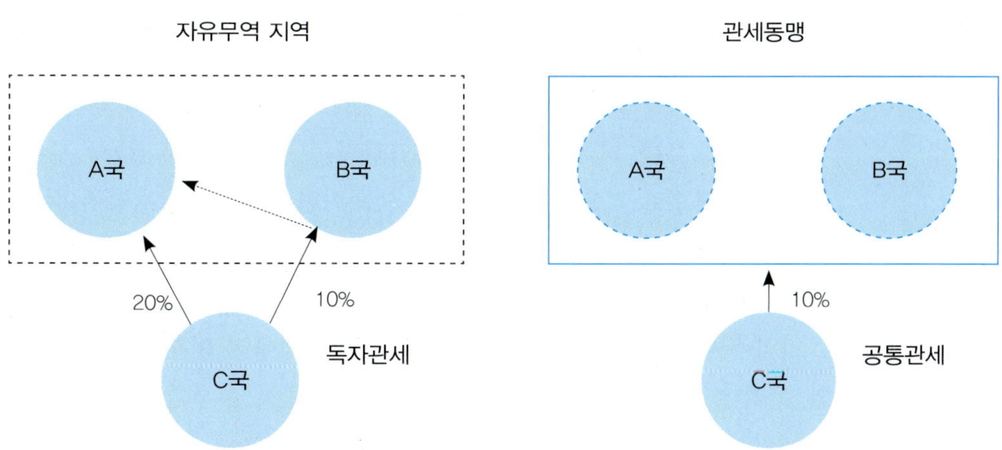

책정하는 등 공동무역정책을 취한다. 이러한 공동시장 형태의 경제통합은 1958년 출범한 유럽경제공동체(EEC)가 대표적이다. 회원국이 확대된 형태의 공동시장은 유럽연합이 1993년 1월부터 단일공동시장을 출범시킨 사례가 있다.

경제통화동맹

경제통화동맹(Economic and Monetary Union)은 공동시장이 더욱 발전된 형태로 역내의 재화 및 생산요소의 자유로운 이동뿐 아니라 회원국들의 인플레이션, 금리, 환율 등 모든 거시지표 관리와 이에 대한 정책수립에 있어서 상호협력하고 궁극적으로 단일 통화발행과 경제정책 공동조율로써 이를 완성하는 경제통합의 최종단계를 의미한다. 현재의 유럽연합은 1992년 마스트리히트 조약을 통해 1999년부터 역내 고정환율제를 도입해서 운영하고 2002년부터 유로를 법정통화로 인정했으며 2008년부터 실거래에서 활용하고 있다. 또한 유럽 중앙은행이 설립되어 경제통화정책 이행과 추진에 대해 임무를 맡고 있다.

표 5-1 경제통합의 종류와 포괄범위

<table>
<tr><th>역내관세철폐</th><th>역외공동관세</th><th>역내생산요소
자유이동보장</th><th>역내공동경제
정책수행</th><th>초국가적기구
설치 운영</th></tr>
<tr><td>① 자유무역협정
(NAFTA, EFTA 등)</td><td></td><td></td><td></td><td></td></tr>
<tr><td colspan="2">② 관세동맹(베네룩스 관세동맹)</td><td></td><td></td><td></td></tr>
<tr><td colspan="3">③ 공동시장(EEC, CACM, CCM, ANCOM 등)</td><td></td><td></td></tr>
<tr><td colspan="5">④ 완전경제통합(마스트리히트조약 발효 이후의 EU)</td></tr>
</table>

자료: 관세청(http://www.customs.go.kr/fta/ftaa_000.html).

2) 지역주의

지역주의

지역주의(Economic Regionalism)는 경제적으로 이해를 같이 하는 특정국가들 간의 경제교류를 저해하는 각종 무역장벽을 철폐하여 WTO의 자유무차별원칙을 국지적으로 적용하려는 움직임을 의미한다. 이러한 지역주의는 FTA(Free Trade Agreement)로 대표되는 **지역무역협정**(Regional Trade Agreement)을 통해서 구체화된다.

지역무역협정

지역주의와 대비되는 다자주의는 제2차 세계대전 이후 1948년 출범한 관세와 무역에 대한 일반협정(GATT)로부터 시작해서 우루과이라운드(UR)를 거쳐 1995년부터 탄생한 세계무역조직(WTO)이 표방하는 전 세계에 적용되는 무역

규범이다. 이러한 다자무역체제의 기본원칙은 모든 회원국을 동일하게 대우해야 하는 것이다. 이를 최혜국대우(MFN)라 한다. 최혜국대우 원칙은 지역경제통합과 상충되는 것으로 지역주의와는 사실상 양립하기 어려운 것이다. 하지만 다자무역체제 성립을 추진하던 미국과 유럽 국가들은 한편으로는 지역경제통합을 강화해 나가고 있었고 충돌하는 원칙의 문제를 해결하기 위해 최혜국대우 예외조항을 GATT 제24조에 추가하게 되었고 상품무역에만 국한되지 않도록 서비스무역에도 동일한 예외를 적용하기 위해 GATS 제5조에 최혜국대우 예외규정을 추가했다.

보충학습 지역무역협정에 대한 GATT와 GATS 조항

WTO 협정에는 지역무역협정이 특정조건을 만족시킬 경우 GATT/WTO의 제1조 최혜국대우 원칙에 대한 예외를 인정할 수 있다고 하는 조항이 있다. 상품분야에 대한 GATT 24조와 서비스 분야에 대한 GATS 5조가 그것이다. 최혜국대우 원칙 예외를 적용받기 위한 지역무역협정의 요건을 정리하면 다음과 같다.

WTO 협정하에서 지역무역협정이 1) 역내국들 간의 상품교역에 대해 실질적으로 모든 교역에 대해 관세 및 기타 제한적 무역조치들을 제거하고 역내국 간 서비스 교역에 대해 실질적으로 모든 차별을 철폐한다면 지역무역협정은 최혜국대우 원칙 예외를 인정받을 수 있다. 또한 지역무역협정이 2) 역외국에 대해서 지역무역협정 체결 이전보다 상품 무역이 제한되거나 서비스 교역의 장벽수준이 높아지지 않는다면 원칙 예외를 인정받는다. 3) 지역무역협정의 합리적 이행기간은 10년을 넘어서는 안되며 협정 체결 후 다자무역체제에 즉시 통보해야 한다.

지역무역협정 증가 배경

보충학습에서 확인할 수 있는 바와 같이 WTO는 GATT 24조와 GATS 5조를 통해 최혜국대우 원칙의 예외를 인정하는 동시에 예외 인정의 요건을 부여함으로써 지역무역협정의 무분별한 확대를 억제하고자 했다.

이처럼 지역무역협정의 예외조항을 만들면서 이에 대한 무분별한 확대를 억제하는 요건을 규정한 것은 지역무역협정이 다자주의의 성립에 도움이 될지 장애물이 될지 판단하기 어렵기 때문이다. 다양한 관점에서의 논란이 있었는데 최종적으로는 지역무역협정이 국지적으로라도 자유무역을 촉진하는 결과가 있기 때문에 세계 자유무역을 위한 다자주의체제 형성에 도움이 된다는 의견이

그림 5-2 세계 RTA 증가 추세

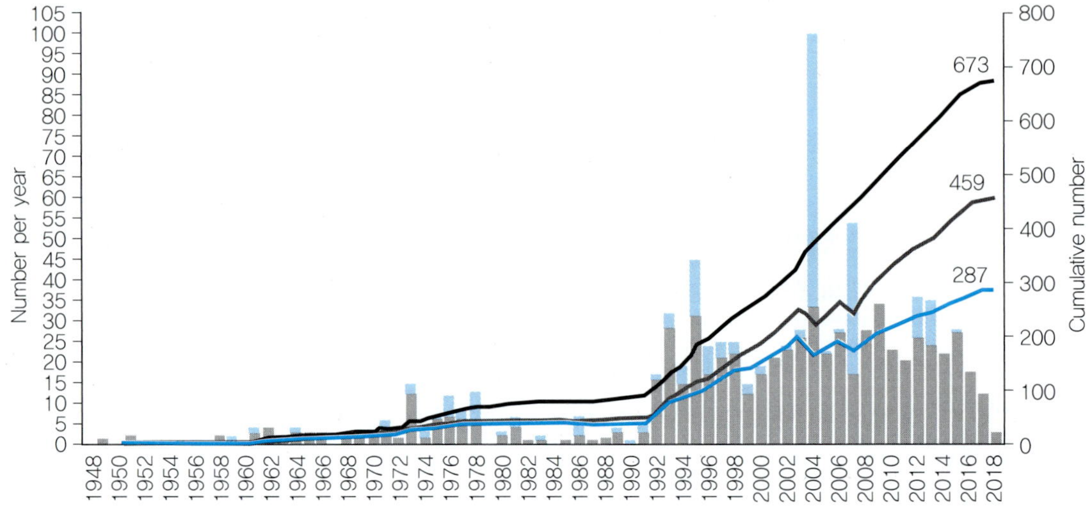

자료: 세계무역기구 홈페이지(https://www.wto.org).

다소 우세한 편이다.

지역주의 지역주의는 세계화와 함께 오늘날 국제경제 질서를 특정짓는 조류가 되고 있는데 WTO가 출범한 이후 오히려 확산추세에 있다. 최근 증가추세가 주춤하지만 GATT 체제 47년간 통보된 지역무역협정이 91건으로 연평균 1.93건이었던데 비해 WTO 출범 후 1995년에서 2017년까지의 기간에는 연평균 10건이 넘는 지역무역협정이 통보되었으며 2017년 누계기준으로 유형별 지역무역협정은 455건이다.

다자협상 진전의 난항 이러한 지역주의의 확산추세는 WTO 체제를 넘어서는 다자협상의 발전이 어렵기 때문이다. DDA 협상이 장기간 소요되며 많은 회원국 간에 의미있는 결과를 도출하기가 어렵기 때문에 각 국은 지역 경제통합을 강화하며 국익을 도모하고 있다. 2008년 세계금융위기 이후에는 세계경제의 성장이 둔화되고 대외통상여건도 악화되고 있다. 성장기회 상실을 만회하기 위해 각 국은 FTA 체결을 적극적으로 추진하고 있으며 여러 국가에서 생산성이 향상되고 외국인 직접투자가 증가하는 등 효과가 보이면서 지역주의가 확산되고 있다.

3) FTA

자유무역협정 **자유무역협정**(Free Trade Agrement)은 회원국 간 교역에 대해 관세를 철폐하고 완화된 비관세 장벽을 적용하는 협정이다. 소수의 회원국 간에 체결되며 관세철폐 외에도 서비스와 투자, 무역규정들을 조정하고 개선시킴으로써 회원국의 교역을 확대시키는 것을 목표로 한다. 지역무역협정은 가장 느슨한 형태의 지역경제통합을 의미하며 자유무역지역이 성립하는 기반이 된다.

자유무역협정의 다른 이름

WTO가 지역무역협정에 대해 그 명칭을 규정하고 있지 않기 때문에 회원국은 이를 합의하에 정하면 된다. 그러므로 FTA와 내용상 같은 무역협정도 많이 체결되고 있다. 2005년 인도와 싱가포르 간에 맺어진 지역무역협정은 포괄적경제협력협정(Comprehensive Economic Cooperation Agreement; CECA)으로 명명되었는데 2010년 체결된 한국과 인도의 FTA의 공식 명칭도 포괄적경제연계협정(Comprehensive Economic Partnership Agreement; CEPA)이 되었다. 2010년 중국과 대만 간에는 경제협력기본협정(Economic Cooperation Framework Agreement; ECFA)이 맺어졌다.

자유무역협정의 주체와 목적

FTA는 체결하는 주체와 목적에 따라 내용이 다양하다. 개도국과 추진되는 FTA는 관세철폐와 시장개방이 주된 내용이 되고 상품분야 위주로 협정이 구성된다. 반면 선진국과 체결되는 FTA는 무역규범, 서비스, 투자 등 경제통상제도에 관한 협정이 많은 부분을 차지하게 된다. 협성은 일반적으로 전문(Preamble), 협정 본문(Chapter), 부속서(Annex), 부록(Appendix), 서한(Letter) 등으로 구성된다. 본문의 장(Chapter)은 본문을 통해 기본 입장, 핵심 내용, 관련 정의가 제시되고 관련 부속서, 부록, 부속 서한, 주해 등으로 보충설명을 첨가한다. 방대한 내용의 부속서, 부록은 따로 제시되고 양국 통상장관과 당국자

표 5-2 협정 구성요소별 주요 내용

구성요소	주요 내용
전문	협정 체결의 일반적인 목적을 선언적으로 구성
장	분야별로 장을 부류해서 양측 간 합의내용을 규정
부속서	관세양허안 또는 서비스 유보안처럼 분량이 방대하거나 협정문 본문에 두는 것이 적절하지 않은 특정 분야의 합의내용을 규정
부록	부속서에 딸린 부록은 부속서 내용 중에서도 보다 구체적이로 기술적인 세부 내용을 규정
서한	협정 내용 중 해식싱 이해가 디를 경우를 대비해서 협상과정에서 합외한 해석내용 또는 협상과정의 논의내용을 확인하는 서한형태의 분석

자료: 대한민국 정부(2007), "한미 FTA 상세설명자료", 정인교(2010).

서한에 의해 구체적인 내용의 해석 등에서 혼선을 피할 수 있도록 되어 있다.

한국의 자유무역 협정 정책

한국은 WTO 체결 이전에는 지역주의를 반대하는 입장이었으나 WTO가 발효된 이후에는 적극적으로 지역무역협정을 활용해서 경제적 국익을 확대해가는 방향으로 전략을 수정했다.

(2) 경제통합의 경제적 효과

1) 정태적 효과

경제통합의 정태적 경제효과

경제통합 이론은 관세동맹에 따른 경제적 효과를 분석하는 데서 출발하고 있으며 관세동맹 결성으로 인한 자원배분 효과가 어떻게 발생하는지가 주된 관심사이다. 이러한 이론의 효시는 제이콥 바이너(Jacob Viner, 1950)의 연구라 할 수 있는데 이 이후 학자들은 관세동맹의 결성으로 인한 관세 및 비관세의 폐지가 긍정적인 경제효과만을 가져다 주는 것이 아니라는 것을 **무역창출효과**(trade creation effect)와 **무역전환효과**(trade diversion effect)를 통해 설명함으로써 관세동맹의 이론을 체계화시켰다.

무역창출효과

세계가 A, B, C의 3국으로 구성되어 있는 간단한 모형을 가지고 관세동맹의 효과를 설명한다. 우선 무역창출효과를 설명한다. X재와 Y재 두 가지 재화에 대해서 모두 A국에서 생산비가 가장 높고 C국에서 생산비가 가장 낮다고 가정한다. 이 상황에서 만약 자유무역이 이뤄질 경우에는 X재에 대해 A국은 생산비가 낮은 C국에서 전량을 수입하게 된다. 하지만 만약 A국이 자국 산업을 보호하기 위해 B국과 C국에 일률적인 관세를 부과한다면 수입은 이뤄지지 않게 된다. A국과 B국 간에 관세동맹이 체결되었다고 가정하면 B국의 생산비가 A국의 생산비보다 낮기 때문에 B국에서 A국으로의 무역이 창출된다. 즉 관세동맹 결성에 의해 역내 관세가 철폐됨으로써 종래 관세보호 하에 높은 비용으로 생산되던 자국의 생산이 감소되고 역내국으로부터 싼 상품이 수입됨으로써 새로이 역내무역이 창출됨으로써 긍정적인 경제적 효과가 창출되는데 이를 무역창출효과라 한다. 새로이 창출된 무역으로 인해 얻어진 이익은 역내국에 귀속된다.

무역전환효과

관세동맹은 무역창출효과 뿐만 아니라 무역전환효과도 발생시킨다. 즉 관세동맹으로 인해 역외국가에 차별적인 관세가 부과됨에 따라 수입선이 역외의 낮은 생산비 공급원으로부터 역내의 높은 생산비 공급원으로 전환되는 효과가 있는 것이다. 관세동맹 전 A국은 Y재 생산비가 가장 낮은 C국으로부터 수입하고

그림 5-3 무역창출효과와 무역전환효과

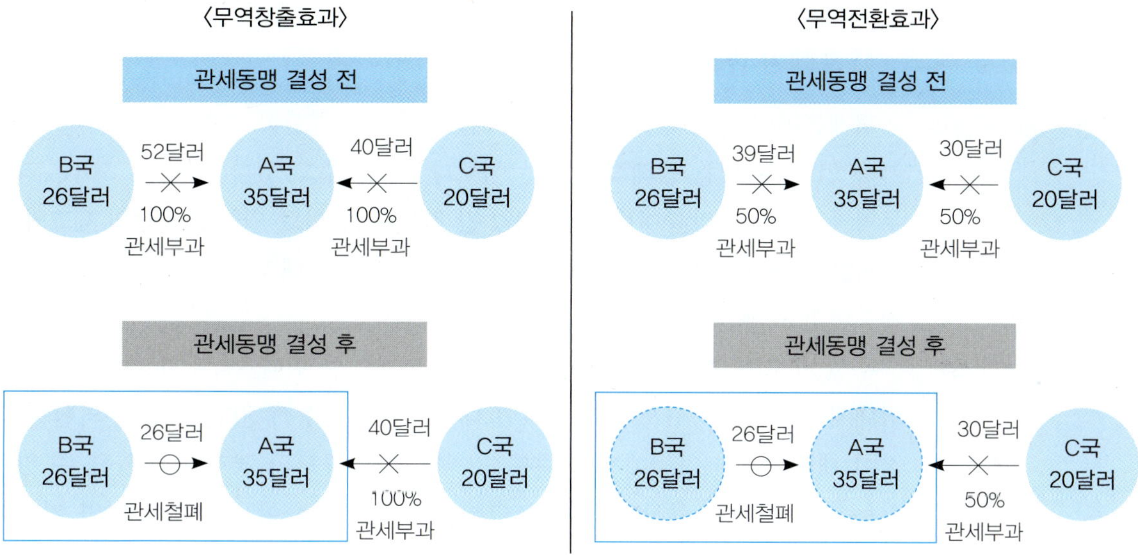

있었다고 가정한다. 하지만 관세동맹이 체결된 후 역내국인 B국으로부터 Y재를 수입하게 되었다. 이때 비록 B국은 C국보다 더 높은 생산비로 Y재를 생산하지만 A국은 B국에 대해서 관세를 부과하지 않기 때문에 수입선이 C국으로부터 B국으로 전환되게 된다. 이러한 경우에는 역내수출국으로부터는 관세수입을 거둘 수 없으므로 관세수입을 포기해야만 한다. 이러한 부정적인 효과를 무역전환효과라 한다.

경제통합의 득실

경제통합의 득실은 무역창출효과 뿐만 아니라 무역전환효과도 같이 고려하야 정확하게 계산할 수 있다. 즉 무역창출효과 즉 무역창출로 인한 이득이 무역전환효과 무역전환으로 인한 손실보다 더 커야 경제통합으로 인한 사회후생의 증대를 보장할 수 있다. 이론에 의하면 경제통합으로 인한 정태적 효과는 다음과 같은 상황에서 커지게 된다. 첫째, 회원국 간의 산업구조가 서로 경쟁적일 경우 효과가 크다. 즉 통합 이전에 회원국들의 특정 산업분야에 대한 특화가 두드러져서 비경쟁적이라면 경제통합으로 인해 얻어지는 긍정적인 효과는 적어진다. 둘째, 가맹국들의 규모가 크거나 수가 많아서 시장규모가 클 경우 무역창출의 기회가 많아지는 반면 무역전환의 비용은 적어진다. 셋째, 관세동맹 이전 회원국들 간의 관세장벽이 높고 비회원국에 대한 관세율이 낮을 경우 경제통합의 경제적 효과가 크게 나타난다. 넷째, 인접되어 유통비용이 낮고 산업구조조정의 유연성이 높을 때 경제적 효과는 크게 나타난다.

2) 동태적 효과

경제통합의 동태적 효과

경제통합의 정태적 효과는 단기적인 효과만을 계산한 것이며 시간의 흐름에 따라 얻을 수 있는 **동태적 효과**는 이보다 더 클 수도 있다(Balassa, 1961). 역내 무역자유화와 시장확대로 인한 **기업 간 경쟁촉진**, 이로 인한 **효율성의 제고와 기술개발**, **규모의 경제효과**, **외국인직접투자 촉진** 등 동태적 효과를 고려한다면 경제통합의 효과는 커진다.

규모의 경제

우선 규모의 경제로 인한 긍정적 효과를 볼 수 있다. 국내시장에서 통합된 역내시장으로 시장규모가 확대되면 대량생산이 가능해진다. 앞서 논의한 바와 같이 대량생산이 가능해지면 내부적, 외부적인 규모의 경제가 실현될 수 있는 가능성이 생긴다. 규모의 경제로 인해 역내 생산활동이 효율적이 되면 기업의 장기 평균비용이 하락해서 상품의 가격이 낮아진다. 낮은 상품가격을 역내의 모든 소비자들이 향유할 수 있다면 소비자 후생이 증대된다. 또한 이렇게 기업의 장기평균비용이 하락하면 이는 역내재화의 대외 가격경쟁력으로 이어지고 또 다른 무역의 기회가 창출된다.

기업경쟁력 강화

또한 무역장벽이 철폐되면 역내 기업 간의 경쟁이 촉진되어 기업들의 경쟁력이 제고된다. 각국에서 독과점 시장을 누리던 기업들도 경쟁할 수밖에 없게 되고 이로 인해 역내 재화의 전반적인 가격은 하락한다. 즉 재화와 서비스의 질적 수준이 높아진다. 역내 기업들은 커진 시장확대의 기회를 누리기 위해 적극적으로 연구개발 활동을 추진한다. 기업들은 신제품을 개발하고 기존제품을 개선하며 효율적인 생산기술을 개발하는 노력을 하게 된다. 이러한 기술이 축적되고 파급되면서 역내 기업들의 경쟁력이 제고된다. 역내 기업들의 생산성이 개선되면 이는 역내 소비자들의 실질소득 향상으로 이어져서 소비자 후생이 증대된다.

외국인직접투자

경제통합으로 일어나는 동태적 효과로 외국인직접투자 유입도 중요한 역할을 한다. 경제통합으로 역내 시장이 확대되면 세계 각국 기업의 생산활동이 역내로 유인되는 효과가 있다. 역내 생산활동은 다음과 같은 이점을 가지고 있다. 첫째, 경제통합으로 무역장벽이 사라지면 주요 원자재 및 중간재를 무관세로 역내에서 싼 값으로 조달할 수 있다. 둘째, 역내에 생산된 제품을 판매할 경우에도 서비스 시장이 통합되어 있으면 운송비, 정보비가 절감되고 무관세 혜택으로 더욱 경쟁력 있는 가격으로 시장에 내놓을 수 있다. 이렇게 요소시장, 원자재 시장, 제품 시장 등 역내 시장에 접근이 용이하기 때문에 다국적기업들의 외국인 직접투자가 활발해 진다. 외국인직접투자로 역외국은 지역무역협정에 참여하지 않고도 역내 무관세 혜택을 얻을 수 있으며 역내국은 자본유지, 기술이전, 유휴자원 활용 등 효과로 인해 고용창출이 일어나 국민소득증대의 효과를 누릴 수 있다.

5.2 경제통합의 추이와 현황

(1) WTO 성립 이전 경제통합의 추이 및 전망

유럽의 경제통합

제2차 세계대전이 끝난 후 공산권에 대항하기 위해서 미국은 서구 유럽과 일본을 포함하는 자유주의 경제의 결속을 도모하고 세계질서를 구축하기 위한 노력을 했다. 이 과정에서 유럽 각국의 경제가 회복하고 동아시아에도 일본을 중심으로 경제가 발전하기 시작했다. 이러한 상황에서 1960년대 들어 세계 여러 곳에서 협소한 국내시장을 서로 통합해서 공업화에 필요한 대규모 시장을 확보하기 위해 경제통합을 추진하는 움직임이 일어났다. 개도국 간에 주로 이러한 움직임이 활발하게 일어났는데 세계무역에서 차지하는 비중이 작아서 그다지 큰 영향을 가져오지는 못했다. 하지만 처음 이러한 움직임을 구체화한 지역은 유럽이었다. 제2차 세계대전 이후 서독과 프랑스 등 서유럽 국가들은 경제재건을 통해 세계경제에서 위상을 확보하고 미국에 대응하기 위해 경제통합의 필요성을 절감했다. 서독과 프랑스의 주도하에 1958년 유럽경제공동체(EEC; European Economic Community)가 출범했고 이는 1967년 유럽공동체(EC; European Community)로 발전했다. 영국과 노르웨이 등 7개 국가들은 추구하는 경제통합의 성격이 달랐기 때문에 EEC에 대응해 따로 1960년 유럽자유무역연합(EFTA; European Free Trade Association)을 결성했다. 하지만 이러한 움직임은 계속 진전되지 못했다. 1970년대 초 오일쇼크로 국내사정이 어려워지자 각국은 국익에 우선순위를 두게 되었고 경제통합의 심화는 뒤로 미루어졌다.

중남미 지역의 경제통합

유럽지역의 경제통합은 중남미와 아프리카 지역에서 지역경제통합이 일어나도록 자극했다. 중남미 지역에서는 1960년 아르헨티나, 브라질과 멕시코, 우루과이 등 7개국이 참여한 라틴아메리카 자유무역연합(LAFTA; Latin American Free Trade Association)이 결성되어 지역의 경제통합을 도모했다. 이 연합은 17개국으로 회원국을 늘려 1980년에는 라틴아메리카 통합연합(ALADI; Latin American Integration Association)으로 재조직되었다. 위원회를 만들어 통합을 논의하고 1999년에는 쿠바도 회원국으로 추가로 가입했다. 이 밖에 1961년에는 중미공동시장(CACM; Central American Common Market)이 1969년에는 안데안공동시장(ANCOM; Andean Common Market)이 결성되었다. 중동과 아프리카 지역에서도 1964년 아랍공동시장(ACM; Arab Common Market)이 결성되고 아프리카에서는 1964년 중부아프리카 관세동맹(UDEAC; Customs and Economic Union of Central Africa)이 성립했다. 동남아시아에서도 1967년 동남아 국가연합(ASEAN; Association of South-East Asian Nations)이 결성되었는데 이는 경제적 목적보다는 정치안보적 동기에서 결성된 것이었다.

GATT와 경제통합

초기의 세계 여러 곳에서 일어난 경제통합은 1980년대 후반에 들어오면서 보다 심화된 형태로 발전했는데 그 배경은 다음과 같다. 다자무역체계로서의 관세와 무역에 관한 일반협정(GATT; General Agreement of Trade and Tariff)에 결함이 존재하고 있었고 후속 협상이 부진했다. 또한 서독과 일본의 부상과 함께 미국의 경제 패권이 약화되면서 세계경제의 다극화 현상이 심화되었다. 이와 함께 유럽경제통합이 가속화되면서 다른 경제권의 경제통합을 촉진하는 효과가 있었다. 이러한 상황에서 1980년대 후반부터는 유럽과 미국 등 세계경제

표 5-3 1960년대와 1980년대 후반 이후 지역주의 비교

1960년대 지역주의	구분	1980년대 후반 이후 지역주의
– 정태적 목적 관세인하와 무역확대	목적	– 동태적 목적 FDI와 경제개혁
– 상품 및 서비스	대상	– 상품 및 서비스 – 투자, 노동, 환경, 경제협력
– 무역의 후생효과 강조 무역창출과 무역전환 효과	효과	– 무역창출효과 강조 자유화로 인한 무역창출
– 블록화에 대한 우려 보호주의와 통상마찰 우려	체제	– 자유화 촉진효과 인정 체결국 간 자유화가 세계적 자유화 기여
– 유사한 경제발전단계 국가 – 지리적 인접국가	대상	– 자유화 의사공유국 – 지리적 인접성과 무관하게 통합

의 중심이 되는 선진국들이 경제통합을 주도하고 개도국들도 이에 가세하는 국면을 보이고 있다. 선진국은 시장개방수단으로 개도국은 시장접근수단으로 지역경제통합을 추진하고 있으며 양자 간 FTA에 국한되지 않고 다자간 FTA 혹은 경제통합체 간 FTA도 적극적으로 추진되고 있다.

(2) 주요 경제통합체의 발전과 현황

1) 유럽연합(EU)

EU **EU 유럽연합**은 1993년 12월 1일 공식출범한 유럽국가들 간의 지역경제통합공동체로 11월 발효된 마스트리히트 조약에 따라 EC(European Community)의 명칭이 변경된 것이다. 이 당시에는 12개국의 EC 회원국으로 시작했으나 2013년 크로아티아가 마지막으로 EU에 가입하면서 28개국으로 확대되어 있으며 2009년 리스본 조약으로 유럽 이사회 의장직이 신실되면서 실질적인 정치통합의 단계까지 진전되어 있다. 2018년 현재 28개국의 인구는 5억에 달하며 미국에 버금가는 경제규모를 이루고 있다. 유로화 또한 달러화에 이어 특별인출권에서 2번째 지위를 가지고 있다. 다만 2016년 6월 영국이 EU 탈퇴를 국민투표로 의결하면서 탈퇴협상이 진행되어 2019년 3월 탈퇴가 이뤄진다.

ECSC 유럽의 경제통합 움직임은 제2차 세계대전 이후 미국과 소련의 영향력에 대항해서 유럽의 지위를 회복하고 유럽에 항구적인 평화체제를 정착시키고자 하는 노력에서 시작되었다. 유럽의 경제통합은 프랑스 주도로 시작되었는데 그 시초는 1950년 프랑스 슈망에 의해 처음 제안되고 1951년 4월 체결된 파리조약에 의거해서 1952년 7월 창설된 유럽석탄철강공동체(ECSC; European Coal Steel Community)라 할 수 있다. ECSC는 프랑스, 서독, 이탈리아, 네덜란드, 벨기에, 룩셈부르크 6개국이 참여했으며 자국의 석탄과 철강에 관한 권한을 ECSC에 위임했다. 이후 ECSC는 회원국 간 석탄과 철강제품의 자유무역을 추진하고 이 분야 경제통합을 주도했으며 이러한 노력이 EU 창건의 토대가 되었다.

EC ECSC의 6개국은 경제통합에 대한 논의를 이어가며 1955년 7월 이탈리아 메시나에서 6개국 외무장관회의에서 유럽경제공동체(EEC; European Economic Community) 창립을 위한 협상을 시작했다. 이후 1957년 3월 기존의 ECSC에서 이뤄진 자유무역의 단계를 관세동맹 및 농업공동시장 형태로까지 발전시키는 EEC를 출범시키는 로마조약이 체결되었다. 이에 따라 1958년 1월 1일부터 6개국을 회원국으로 관세동맹형태의 EEC가 출범했다. ECSC는 유럽의 경제부흥에 결정적인 역할을 했다.

EEC 이후 EEC는 1967년 ECSC와 유럽원자력공동체(EURATOM)를 합해서 유럽공동체(EC; European Community)로 발전하고 1968년 관세동맹을 완성한다. 이후 1970년대 들어서면서 석유파동과 경기불황이 이어지고 유럽의 경제가 침체되는 상황에서 한층 더 강화된 역내경제통합이 새롭게 모색되었다. 공동체에 보호무역을 강화하려는 균열의 조짐이 보이자 EC 국가들은 회원국을 늘림으로써 무역의 이득을 증대시켜 이를 극복하고자 했다. 이러한 노력으로 1973년에 영국, 아일랜드, 덴마크가 새로 EC에 가입했고 1981년에 그리스가 1986년에 스페인과 포르투갈이 EC에 합류함으로써 EU가 탄생하기 전 1994년까지 12개 회원국 체제를 갖추게 되었다.

단일유럽법 EC는 또한 관세동맹을 넘어선 단일시장을 새롭게 추진했다. 로마조약의 기본이념을 발전시켜 1985년 룩셈부르크에서 열린 EC 정상회담에서 단일유럽법(Single European Act)을 채택했고 이후 역내에서 관세장벽 뿐 아니라 비관세장벽을 제거하고 재화, 서비스의 자유로운 무역을 넘어 노동과 자본의 생산요소도 자유롭게 이동할 수 있도록 해서 완전한 경제통합으로 한 걸음 나아갔다.

EMU 1991년 12월 네덜란드 마스트리히트에서 열린 EC 정상회담에서는 유럽통화동맹(EMU; European Monetary Union)과 유럽정치동맹(EPU; European Political Union)의 결성에 합의하여 EC 통합논의를 한 차원 더 발전시켰다. 이 때 마스트리히트 조약은 EU조약이라 부르며 이 조약에 따라 1993년부터 단일시장으로 출범하게 되었고 1994년 유럽통화기구(ECB; European Central Bank)가 창설되고 1997년 유럽 중앙은행(ECB; European Central Bank)가 설립되어 거시경제정책을 통일하고 단일통화지역으로 발전할 수 있는 기반을 갖추게 되었다.

EU의 출범 1993년 EC는 EU로 명칭을 변경하고 1995년 1월 스웨덴, 핀란드, 오스트리아 3개국이 국민투표를 거쳐 EU에 가입해서 회원국이 15개국으로 확대되었다. 이후 EU는 1997년 10월 암스테르담조약, 2001년 2월 니스조약을 체결하며 마스트리히트 조약 내용을 수정해서 제도를 정비했다. 1999년에는 단일통화인 유로화를 도입하고 공동외교안보정책(CFSP)을 실시하기로 합의한다.

코펜하겐 기준 한편 1980년대 말부터 공산권의 붕괴가 진행되며 중동구권 국가들이 EU 가입에 관심을 가지게 되고 유럽 경제 통합의 확대가 논의되기 시작했다. 1987년 터키를 시작으로 13개 가입 희망국이 EU에 가입신청을 하게 되고 EU도 이들 국가들과의 통합을 논의하며 1990년대 이들 중 10개국과 준회원국 협정인

보충학습 EU 가입조건과 미가입국가, EFTA

모든 유럽국가는 EU 조약 49조에 의거해서 EU에 가입할 수 있다. 단 1993년 코펜하겐에서 만들어진 기준을 만족시켜야 하는데 정치, 경제, 제도 관해 다음과 같은 조건을 만족시켜야 한다. 우선 정치적 조건은 민주주의, 법치주의, 인권, 소수민족 존중 및 보호를 보장하는 제도장치를 마련해야 한다. 경제적 조건은 시장경제체제 및 EU 내에서 경쟁과 시장기능에 대응할 수 있어야 한다. 제도적 조건은 EU의 회원국으로의 의무를 준수해야 한다.

가입희망국은 가입신청서를 EU 이사회에 제출하고 이사회는 EU 집행위원회에 가입현상 개시 여부를 검토하도록 한다. 이에 대한 검토 의견서를 이사회가 보고 가입여부를 결정하면 유럽의회로부터 동의를 수락한 후 회원국들의 만장일치로 가입을 결정한다. 가입 희망국은 가입협상 후 가입조약(Accession Treaty)을 체결한다. 가입희망국의 의회비준과 국민투표가 통과된 후 유럽의회의 승인에 의해 가입이 완료된다.

유럽에는 EU 가입조건을 만족시키지만 EU에 가입하지 않은 국가들이 있다. 스위스, 리히텐스타인, 노르웨이, 아이슬란드는 유럽자유무역지역(EFTA; Europe Free Trade Area)에 속하는 국가들로 EU에는 가입하지 않고 있다. 이들 국가들은 가입조건을 만족시킬 수 있을 정도로 발전된 국가들이고 시장도 EU국가들과 거의 비슷할 정도로 통합되어 있다. 반대하는 국가도 없다. 하지만 스위스는 중립국 위치를 고수하기 위해서, 리히텐스타인은 스위스가 외교를 대신해주고 있기 때문에, 노르웨이는 자국의 수자원 공유를 꺼리기 때문에, 아이슬란드는 가입신청을 했었지만 가입협상이 원활히 진행되지 않아서 EU 가입을 하지 않고 있다.

반면 가입신청을 했으나 가입조건 충족이 어렵거나 가입에 대한 만장일치가 달성되지 않아서 가입이 이뤄지지 않는 국가들도 있다. 마케도니아, 몬테네그로, 세르비아, 터키, 알바니아, 보스니아 헤르체고비나 등 국가들은 가입신청을 했으나 다양한 이유 때문에 가입이 이뤄지지 않고 있다.

유럽협정(Europe Agreement)를 맺어 통합을 강화해 나갔다. 이들 국가들의 가입에 대해 1993년 6월 덴마크의 코펜하겐에서 유럽이사회 정상들은 중동구권 국가들의 EU 가입을 결정하고 EU 가입국가들이 갖춰야 할 코펜하겐 기준(Copenhagen Criteria)을 제시했다. 이후 2004년 5월 헝가리, 폴란드, 체코, 슬로베니아, 에스토니아, 키프로스, 라트비아, 리투아니아, 슬로바키아, 몰타가 EU에 가입하고 2007년 루마니아와 불가리아, 2013년에는 크로아티아가 가입해서 EU는 28개국 체제를 갖추게 되었다.

리스본조약

EU는 2009년 리스본조약을 통해 정치통합을 도모하고 EU가 법인격을 가질 수 있게 의결함으로써 대외협정을 EC가 아닌 EU의 이름으로 체결할 수 있게 되었다. 또한 6개월 순환의장직을 대신해서 2년 6개월 임기의 유럽정상회의 상임의장직(President) 및 외교안보정책 고위급대표직(High Representative of the Union for Foreign Affairs and Security Policy)을 신설해서 EU의 지도부의 권한을 강화했다. 기존의 EU의 행정부의 역할을 하는 조직의 수장인 유럽위원회 위원장(European Commission President)도 강력한 권한을 가지고 있었는데 이에 더해 EU의 지도부의 각국에 대한 통제력이 한층 강해졌다.

EU 소관사항

EU와 개별 회원국이 분담하는 권한 내용은 다음과 같다. 2001년 체결된 니스조약에 따라 EU가 전담하는 소관사항(exclusive competence)은 관세동맹, 역내시장에 필요한 경쟁규칙, 유로존의 통화정책, 어업정책, 공동통상정책이 있으며 외국인투자도 EU 관할이다. 또한 EU는 사회정책, 경제/사회/영토 결속, 환경, 소비자보호, 교통, 에너지, 안보 및 사법, 공공보건 등의 영역에 대해서는 권한을 공유(shared competence)한다. 개별 회원국에 귀속된 고유 권한(supporting competences)은 산업, 지식재산권, 문화, 관광, 교육, 스포츠, 직업훈련, 자연재해로부터의 시민보호 등이 있다.

EU 규범

EU는 소관사항에 대해 규범을 정하고 집행하기 위해 집행위원회에서 초안을 작성하고 이를 각료이사회의 의결을 거쳐 EU 관보에 공고해서 확정하는 절차를 거치며 이 과정을 거쳐 결정되는 규범의 성격은 다음과 같이 나뉘어진다. 먼저 규정(regulation)은 발효시 회원국에 대해 즉각 구속력을 가지며 회원국의 국내법보다 우선한다. EU 전담 소관사항에 대한 내용이 대부분 규정을 통해 정해진다. 다음으로 명령(directive)은 회원국에 즉시적인 구속력을 가지지 못하고 회원국이 자국의 입법과정을 거쳐서 국내법을 제정해서 그 내용을 시행한다. EU가 명령 이행을 강제할 수단은 없다. 결정(decision)은 긴급한 경우 특정 회원국에게만 해당되며 채택되는 것으로 집행위원회의 초안이 중간 의사결정 과정을 생략하고 각료이사회의 의결을 받아 채택된다. 이 밖에 집행위원회는 권고(recommendation)나 의견(opinion)을 채택해서 구속력은 없지만 회원국을 설득해서 정책을 관철할 수 있다.

이중다수결제

EU의 의사결정은 2014년부터 기존의 인구수에 비례해서 투표권을 가지는 가중다수결제(qualified majority)를 이중다수결(double majority)로 새롭게 정의해서 운영하고 있다. 이중다수결제도는 28개국 회원국 중 55% 이상인 16개국 이상 비준과 함께 EU 전체 인구수의 65% 이상 찬성이 요구된다. 공동 외교안보정책, 다년간 재정정책, 사회정책, 환경관련 예산 등이 이 방법으로 결정된다. 조세 및 국방은 만장일치 방법에 의해 의결된다.

2) 미국멕시코캐나다 협정(USMCA)

NAFTA

북미자유무역협정(NAFTA; North America Free Trade Agreement)은 미국, 캐나다, 멕시코 북미 3국 간에 체결된 자유무역협정으로 1989년 미국과 캐나다가 먼저 발효하고 1992년 8월 멕시코를 포함하는 협정을 가조인 후 체결해서 각 국 의회의 비준을 받아서 1994년 1월 공식 출범했다. 북미자유무역협정으로 미국, 캐나다, 멕시코는 공동시장 형태의 경제통합을 이루게 되었다. 당시 미국은 NAFTA를 기반으로 점차 확대되고 있는 유럽경제권과 동아시아 경제권에 대항함으로써 상대적으로 약화된 미국의 경제적 지위를 회복하고 산업경쟁력 강화를 모색한 것이다. 대내적으로도 미국은 캐나다의 자원과 멕시코의 노동력을 미국의 자본 및 기술과 결합해서 경쟁력을 향상시키고 멕시코 시장에의 수출을 도모해 역내 고용창출을 도모했다.

NAFTA의 목표

NAFTA의 공식적인 목표는 회원국 간의 무역장벽의 철폐와 원활한 상품 및 서비스의 이동, 공정한 경쟁조건의 배양, 투자기회의 확대, 지식재산권의 충분하고 효율적인 보호, 협정의 시행, 운용 및 분쟁해결에 관한 절차 마련, 협정혜택의 확대 및 증진을 위한 협력체제 구축이다. 이러한 목표를 이루기 위해 협정은 총 8개 부문에 대해 22개 장과 7개의 부속서로 이뤄져 있다. NAFTA 협정은 시장접근 및 원산지 규정 등 상품교역 관련 사항, 투자 및 서비스 관련 사항, 지식재산권을 명확히 규정하고 있으며 환경에 관한 내용도 명확하게 규정하고 있다.

NAFTA의 경제적 영향

NAFTA는 선진국과 개도국 사이에 맺어진 협정이라는데 큰 의의가 있다. 이 때문에 NAFTA가 선진국 뿐 아니라 개도국 경제에도 긍정적인 영향을 미칠 수 있는지 많은 관심이 집중되었다. NAFTA의 경제적 효과에 대해서는 여러 관점에서 다른 의견이 있다. 하지만 대체로 다음과 같은 경제적 효과가 인정받고 있다. 우선 역내교역은 크게 증가했는데 미국, 캐나다, 멕시코를 포함하는 교역이 증가했고 특히 미국과 캐나다의 산업내 무역의 증가폭이 크다. 멕시코에 대한 외국인직접투자(FDI)도 증가했는데 미국시장을 겨냥해서 멕시코의 노동력을 활용려는 제조업 투자가 활발하게 일어났다. 세계은행의 보고서에 따르면 NAFTA가 체결되지 않았더라면 FDI 유입액은 체결시보다 40% 정도는 감소했을 것이라고 보고 있다. IMF는 NAFTA에 의해 총요소생산성이 향상되고 경기순환성 변동성이 하락하고 멕시코의 제도적 변화 및 거시정책 개선이 기여를 했다고 평가하고 있다.

USMCA 하지만 미국의 값싼 농산품이 멕시코로 수입되면서 멕시코 농민들이 경제적으로 타격을 입었고 이는 제도적으로 충분히 보상되지 못해서 사회불안의 원인이 되었다. 멕시코에서 미국으로의 불법이민 문제는 더욱 심화되었다. 또한 멕시코의 제조업이 성장한데 반해 미국의 오대호 주변 러스크벨트 지역과 캐나다의 퀘벡 공업지역은 쇠락했는데 이러한 쇠락이 NAFTA 때문이라고 생각하는 사람들이 많아졌고 이는 2016년 도널드 트럼프(Donald Trump) 대통령 당선의 배경이 되었다. 도널드 트럼프 대통령은 이러한 정치적 지지를 바탕으로 NAFTA 재협상을 추진해서 NAFTA를 대체할 2018년 10월 **미국–멕시코–캐나다**(US-Mexico-Canada: USMCA) **협정**을 체결했다. 이 협정에는 이례적으로 다른 회원국의 동의 없이 비시장경제국과의 FTA 체결을 금한다는 조항이 삽입되었는데 이는 미국이 중국의 견제를 의도한 것이다. USMCA는 주로 상품교역에 관한 내용에 초점을 맞추고 있고 자본과 노동의 이동은 제한하고 있다. 또한 미국에 유리한 방향으로 협정이 개정되었는데, 예를 들면 미국 부품을 75% 이상 사용한 자동차에만 관세부과를 면제한다는 내용이 타결되었다. 기존의 기준은 62.5%였다. 또한 미국의 낙농업 제품이 캐나다로 더 쉽게 갈 수 있도록 진입장벽이 완화되었다.

3) 아세안경제공동체(AEC)

AEC **아세안경제공동체**(AEC; ASEAN Economic Community)는 2015년 12월 31일부터 출범한 아세안 10개국의 단일시장 경제통합공동체이다. 2015년 기준 GDP 2조 5천억 달러, 인구 6억 규모의 경제통합체가 형성된 것이다. 동남아국가연합(ASEAN; Association of South-East Asian Nations)은 필리핀, 말레이시아, 싱가포르, 인도네시아, 태국, 브루나이, 캄보디아, 라오스, 미얀마, 베트남이 구성하고 있는 동남아시아 지역정치경제연합체이다.

AFTA AEC는 1993년 1월 창설된 아세안자유무역지대(AFTA; ASEAN Free Trade Area)를 발전시킨 것이다. 1997년 동아시아 지역 전반에 큰 충격을 주었던 금융위기를 겪은 후 경제통합을 진전시키기 위한 ASEAN Vision 2020에 근거해서 통합 논의가 지속된 것이 결실을 맺은 것이다.

ASEAN의 성립

ASEAN은 1967년 경제적 목적보다는 정치안보적 목적에서 탄생했다. 당시 베트남전이 본격화되면서 인도차이나 반도에서 공산주의가 확산될 조짐이 보였기 때문에 이를 반대하는 인도네시아, 태국, 말레이시아, 필리핀, 싱가포르 5개국이 1967년 8월 외교장관회의를 개최하고 방콕회의를 통해 처음 출범했다. 이후 경제통합 논의는 부진했는데 개별 회원국의 정치불안이 지속되었고 회원국 간 경제적 경쟁과 갈등 요인이 해소되지 않았기 때문이다. 이후 독립을 획득한 브루나이가 1984년 ASEAN에 가입해서 6번째 회원국이 되었다.

공동유효특혜관세제도

이들 6개국은 ASEAN을 AFTA로 발전시켰는데 1991년 태국의 아난 수상이 자유무역지대의 필요성을 역설한 것이 계기가 되었다. 1992년 싱가포르에서 싱가포르 선언(Singapore Declaration of 1992)에 서명한 후 1993년부터 AFTA를 출범시켰다. AFTA는 관세와 비관세 장벽을 제거해서 ASEAN 회원국들의 제조업 경쟁력을 강화시키고 더 많은 FDI 유치를 목표로 했다. 이 단계에서 AFTA는 EU처럼 외부에 대한 공동관세를 강제하지는 않았다. 대신 역내국에 대해서는 공동유효특혜관세제도(CEPT: Common Effective Preferential Tariff scheme)를 채택했다. 그 내용은 2002년까지 역내국의 관세를 0~5%까지 낮추는 것이었는데 잠정적 제외 품목, 민감농산품목, 국가 안보와 공중도덕, 동식물, 예술작품과 관련된 일반제외대상의 3가지 예외를 제외하고는 모든 상품을 포함하는 것이었다. 이와 함께 ASEAN의 확장도 동시에 이뤄졌다. 서구공산권이 무너진 후 개혁개방 노선을 정한 베트남이 미국과 수교후 옵저버 기간을 거쳐 1995년 7월 ASEAN의 7번째 회원국이 되었고 라오스와 미얀마는 1997년, 캄보디아는 1999년에 ASEAN 회원국이 되어 AFTA 체제에 편입되었다.

AEC 청사진

이후 ASEAN 국가들은 동남아시아 지역의 경제통합을 강화할 것을 합의하고 1997년 ASEAN Vision 2020과 중기행동계획인 하노이 행동계획을 발표한다. 2003년에는 AEC의 2020년 설립에 대한 ASEAN 협력선언Ⅱ(Bali Concord Ⅱ)를 발표하고 2004년 비엔티안 행동계획에서 이에 대한 전략 및 프로그램이 구체화 된다. 2007년에는 AEC 출범 목표를 2015년으로 앞당기는 청사진(AEC Blueprint)을 발표하고 2014년에 AEC 주요요소에 대한 합의를 도출했다. 동남아시아 10국은 AEC의 출범이 경제통합의 완성이라고 평가하지 않고 있으며 경제통합을 진전시켜 궁극적으로 EU와 같은 단계까지 경제 통합을 완성시키는 것을 목표로 하고 있다.

ASEAN 연계성 발전전략

2015년 11월 21일 쿠알라룸푸르에서 개최된 제27회 아세안정상회의에서 기존의 경제통합 계획의 달성도를 평가하고 새로운 비전을 제시했는데 내용은 다음과 같다. 2007년의 청사진에서 ASEAN은 역내 관세철폐, 역내 비관세장벽철폐, 역내 인프라 연계성 확대, 역내 무역원활화, 역내 서비스 무역 자유화의 크게 5가지 목표를 설정하고 세부지표들을 관리해 왔다. 이러한 노력을 통해 2015년 AEC 출범 전까지 관세철폐율을 96%까지 달성했고 2018년까지 역내 모든 비관세장벽을 철폐하기 위해 데이터 베이스를 구축하기로 했다. 또

보충학습 ASEAN 인프라 연계성 발전 전략

ASEAN의 역내 인프라 연계성을 향상시키려는 노력은 1982년 운송협력논의에서 시작되어서 1995년 ASEAN 교통장관회의를 통해 구체화되기 시작했다.

이후 2010년에 발표된 ASEAN 연계성에 대한 기본계획(Master Plan on ASEAN Connectivity 2010-2015)에서 구체적인 목표가 설정되었으며 2017년 필리핀 마닐라에서 발표된 ASEAN 연계성 제고를 위한 계획(Masterplan on ASEAN Connectivity 2025)으로 이어져 지속적으로 추진되고 있다. 그 목표와 달성정도는 다음과 같다.

우선 역내 인도차이나 반도를 중심으로 고속도로망을 구축한다. 기존의 Asian 고속도로망에 더해 ASEAN 고속도로망을 새로 건설하는데 총연장 39,400km를 늘리는 것을 목표로 했으며 이 중 2015년 기준으로 26,627km가 완공되었다. 고속도로는 4차선 이상의 아스팔트 도로인 1등급도로와 2차선 아스팔트 도로인 2등급도로, 그 아래 단계인 3등급도로로 나뉘는데 2010년부터 2015년까지 동남아시아 전역의 2,454km의 3등급도로가 1등급 혹은 2등급으로 업그레이드 되었다.

또한 싱가포르–쿤밍 간의 철도 연결을 추진하였다. 이 노선은 캄보디아, 라오스, 미얀마, 베트남, 태국의 수도를 연결하는 총연장 7,000km의 노선으로 1,287km의 신규 철도 노선 설치가 필요했다. 이 계획과 관련해서 2017년 현재 싱가포르와 프놈펜을 잇는 노선이 계획대로 건설 중이다.

2013년까지 역내 로로선 해운망이 완성되었다. 두마이–말라카(Dumai-Melaka), 벨라완–페낭–푸켓(Belawan-Penang-Phuket), 다바오/산토스–비퉁(Davao/General Santos-Bitung)의 3개 노선을 중심으로 할 것을 역내국들이 합의하고 이를 성공적으로 구축해 냈다.

또한 ASEAN 단일항공시장을 위한 로드맵이 완성되어 기술적인 측면이나 제도적 측면의 통합이 진전되고 있다.

교통 인프라의 연계성 이외에도 통신과 에너지 부문의 연계성도 논의되고 통상, 정책 등 제도적 연계성(Institutional Connectivity), 학문과 관광 교류와 관련된 인적 연계성(People to People Connectivity)도 심화되어 논의되고 있으며 AEC를 넘어선 경제통합이 추구되고 있다.

한 역내 효율적인 물류망을 구축하기 위해 아세안 고속도로망(ASEAN Highway Network), 싱가포르–쿤밍 철도, 47개 주요항구 선정과 로로선 해운망 건설, 단일 항공 운송망 구축을 골자로 하는 역내 인프라 연계성 확대 전략을 지속적으로 추진했다. 또한 아세안 무역 원활화 작업 프로그램(ASEAN Trade Facilitation Work Programme)을 통해 무역, 관세 절차 및 관련 정보의 표준화, 통일화 작업을 진행했다. 또한 항공, e-ASEAN, 보건, 관광을 우선으로 물류부문까지 서비스 무역 자유화를 추진했다.

개도국 주도의 경제통합

AEC는 동남아시아의 국가들이 선진국에 의지하지 않고 자발적으로 경제공동체를 결성하고 이를 발전시킨 개도국 간 지역무역협정이라는 데 의의가 있다. 동남아시아 지역은 과거 유럽 국가들이 행하는 플랜테이션 농업과 자원수탈의 대상이 되는 지역이었으며 몇몇 국가들은 오랜 식민지로서의 역사를 가지고 있다. 싱가포르, 브루나이의 도시국가를 제외하면 아직은 선진국 수준에 도달한 국가가 없으며 중등소득 국가로 발전하고 있다. 이러한 국가들이 모여 역내 시장을 통합하고 기업의 경쟁력 강화를 도모하고 있다. 이러한 노력에 힘입어 여러 성공 기업 사례가 나오고 있으며 이 지역으로의 FDI가 집중되고 있다. AEC는 또한 개도국 간의 경제통합의 한계를 극복하기 위해 한국, 중국, 일본과 오세아니아 등과 쌍무적 FTA를 지속적으로 추진하고 있다.

4) 중남미 지역의 경제통합

중남미 지역의 경제통합

중남미 국가들은 19세기 스페인과 포르투갈 등 국가로부터 독립할 때까지 유럽 국가들의 영향에서 자유롭지 못했다. 식민지로서 유럽 국가들로부터 언어, 종교, 역사, 문화 등의 분야에서 영향을 받았고 이러한 공통점과 지리적 인접성을 기반으로 중남미 국가들 간에 교류가 이어지고 경제협력으로 발전했다. 역내 경제통합도 적극적으로 추진되었다. 다만 여러 경제공동체가 병존하고 있으며 독자적으로 역외국과 적극적인 통상정책을 취하는 국가들이 있어서 경제통합으로 개별 국가들이 누리는 이득은 편차가 있다.

MERCOSUR

먼저 중남미 국가들의 경제통합 중에서 가장 규모가 큰 것은 **남미공동시장**(MERCOSUR; Mercado Commun Del Sur)이다. 이 경제통합은 2018년 현재 브라질, 아르헨티나, 파라과이, 우루과이가 정회원국으로 참여하고 있다. 베네수엘라는 2012년 가입했다가 2016년 자격정지상태이다. 1991년 3월 파라과이의 아순시온에서 체결된 아순시온 협약을 통해 자유무역지역으로 시작해서 1994

년 12월 비준된 오루프레투 협약으로 1995년에는 관세동맹 형태로 발전하면서 MERCOSUR로 출범했다. MERCOSUR는 남미지역 총인구의 2억9천만 명의 인구를 포괄하며, 지역 국내총생산은 2조7천억 달러를 차지하는 거대 신흥시장이다. 역외국에 대해 동일관세를 적용하고 1999년부터는 역내국 간에 무관세 교역을 시행하고 있다. 공동시장 결성을 목표로 하고 있으며 주변국 혹은 주변 경제통합체와 FTA를 연이어 체결하며 경제통합을 심화시키고 있다. 1996년에는 칠레, 1997년에는 볼리비아, 2003년에는 페루와 FTA를 맺었고 2004년 7월부터는 콜롬비아, 에콰도르, 베네수엘라와 FTA가 발효되었다. 2005년에는 안데안공동시장(ANCOM)과 2006년에는 쿠바와 FTA를 체결했다. 이후 중남미 이외의 국가 혹은 경제공동체와도 FTA 체결을 추진했는데 그 성과는 크지 않았다. 2010년 4월 이스라엘과의 FTA가 발효되었는데 각 국은 국내비준 절차를 거쳐 이전에 승인을 마친 후 최종적으로 MERCOSUR의 이름으로 발효된 것이다. 2010년 8월에는 이집트와 FTA를 체결했다. EU, 중국, 한국 등과의 FTA가 논의 중이다.

MERCOSUR의 경제적 효과

MERCOSUR의 경제적 효과를 연구한 결과를 보면 역내교역이 증가함으로 인해 무역창출효과가 두드러지게 나타났다. 비회원국에 대한 무역전환효과는 크게 나타나지 않아서 통합이 긍정적으로 작용한 것으로 분석되었다. 또한 MERCOSUR를 결성함으로써 회원국들은 WTO 협상 혹은 여타 대외무역협상에서 협상력을 높여 역내국의 이익을 관철시키는데 유리한 고지를 점할 수 있었다. 다만 개도국 간의 경제통합이고 회원국들의 거시경제가 안정적이지 않아서 수요변동에 큰 영향을 받았고 개별국가들의 안정적인 거시운영이 이뤄지지 않은 것으로 나타났다. 또한 신자유주의와 반복되는 경제위기를 효과적으로 극복하는데 결정적인 역할을 하지는 못했던 것으로 보여진다.

ANCOM

다음으로 중남미 지역에는 안데안공동시장(ANCOM; Andean Common Market)이 결성되어 있다. ANCOM은 1969년 콜롬비아, 에콰도르, 볼리비아, 페루, 칠레 5개국에 의해 창설되었는데 그 후 1973년에 베네수엘라가 추가 가입하고 칠레는 1976년 탈퇴했다. ANCOM은 역내국 간의 경제적 불균형을 완화한 뒤 경제통합을 이뤄 경제발전을 달성하는 것을 목표로 삼고 있다. 공동시장을 목표로 하고 1993년 2월부터 페루를 제외한 콜롬비아, 베네수엘라, 볼리비아, 에콰도르 등 4개국이 자유무역지역 수준으로 경제통합을 달성했으나 회원국 간의 경제격차가 심하고 큰 비중을 차지하고 있는 석유자원을 중심으로 경제발전을 도모하는 국가들의 거시변동성이 심해서 통합으로 인한 경제적 성과는 그리 크지 않다. 회원국의 정치외교적 불안으로 인해 경제적 실익이 발생하지 못하고 있다.

CACM

다음으로 경제구조와 발전단계가 비슷한 과테말라, 엘살바도르, 온두라스, 니카라과, 코스타리카의 중미 5개국이 결성한 중미공동시장(CACM; Central American Common Market)이 있다. 이들 국가들은 협소한 국내시장을 극복하기 위해 1962년 공동시장 결성을 위하 조약을 체결했고 역내 무역자유화, 역외 공동관세, 통합 산업제도를 합의했다. 이후 1993년부터 역외 공동관세를 실행하고 있지만 회원국들의 경제규모가 크지 않아서 경제적 효과가 크지 않다. 이에 ANCOM과 MERCOSUR와의 경제통합협력을 지속적으로 추진하고 있다.

CARICOM

중남미 지역에는 카리브해 영연방국가들 간의 경제통합체인 카리브 공동시장(CARICOM; Caribbean Community and Common Market)도 결성되어 있다. 이들 국가들은 1973년 4월 역내무역자유화, 역외국에 대한 공동관세 부과 등을 목적으로 CARICOM을 결성했다. 회원국은 트리니다드 토바고, 바베이도스, 가이아나, 자메이카, 그라나다, 몬세라트, 세인트 루시아, 세인트 빈센트, 안티구아 버뮤다, 세인트크리스토퍼 네이비스, 벨리스, 바하마 등 13개 국가이며 본부는 가이아나 수도인 조지타운에 있다. 이들 국가들은 카리브해의 도서국가들로 미국의 영향을 크게 받고 있다. CARICOM은 1988년 정상회의의 합의를 바탕으로 역내 무역장벽을 철폐하기 시작했으며 1994년 1월부터 단일시장을 출범시켰다.

(3) 거대경제블록화와 메가 FTA 결성 움직임

거대경제블록화

1995년부터 시작된 WTO 체제가 발전하면서 특히 중국이 2001년 WTO에 가입하고 세계무역이 폭발적으로 증가하면서 최근에는 새로운 양상의 경제블록화가 진행 중이다. 앞서 논의한 바와 같이 지역경제통합협정이 WTO의 최혜국대우의 예외로 인정받을 수 있기 때문에 개별 국가들은 자국의 이익을 위해 지리적인 근접성에 국한되지 않고 많은 FTA를 체결하는 추세이다. 즉 다자주의가 관철된 이후 양자주의가 부상했다. 이와 같이 개별 국가들의 이익을 위해 추진되는 FTA는 대체적으로 세계적인 무역자유화에 긍정적인 영향을 미친다는 것이 우세한 의견이다. 하지만 개별 국가가 여러 나라와 동시에 FTA를 체결하면 나라마다 다른 원산지 규정 적용, 통관 절차, 표준 등을 확인하는 데 시간과 인력이 더 들어 당초 기대했던 거래비용 절감 효과가 반감되는 효과도 있으며 이를 **스파게티볼 효과**(Spaghetti Bowl Effect)라고 한다. 다수의 FTA가 체결, 발효되면 대상 지역별로 다른 규정이 적용돼 서로 얽히고설키는 부작용이 발생하게 되는데 이 같은 현상이 마치 스파게티 접시 속 국수 가닥과 닮았다는 뜻이다. 오히려 교역비용이 증대되는 효과이다.

메가 FTA 그러므로 이러한 개별 FTA를 넘어서 선진국들은 WTO 체제에서 경쟁국들보다 한층 더 무역의 이득을 누리고 수혜를 얻기 위해서 자국 중심으로 여러 나라가 참여하는 메가 FTA를 추진하며 경제블록화를 도모하고 있다. 특히 중국을 중심으로한 신흥국들의 경제성장과 무역량이 증대하며 세계경제에서의 비중이 커지자 미국, EU, 일본 등 국가들은 자국에게 유리한 각기 다른 경제통합을 추진하며 신흥국을 견제하고 있다.

TPP 대표적으로 미국은 일본과 함께 환태평양경제동반자협정(TPP; Trans-Pacific Strategic Economic Partnership)을 추진해서 중국의 부상을 견제하고자 했다. 이 협정은 2005년부터 뉴질랜드, 싱가포르, 칠레, 브루나이 4개국이 우선 협상을

그림 5-4 메가 FTA 경쟁체체 현황 (2017년 국가별 명목 GDP, 단위 10억 US$)

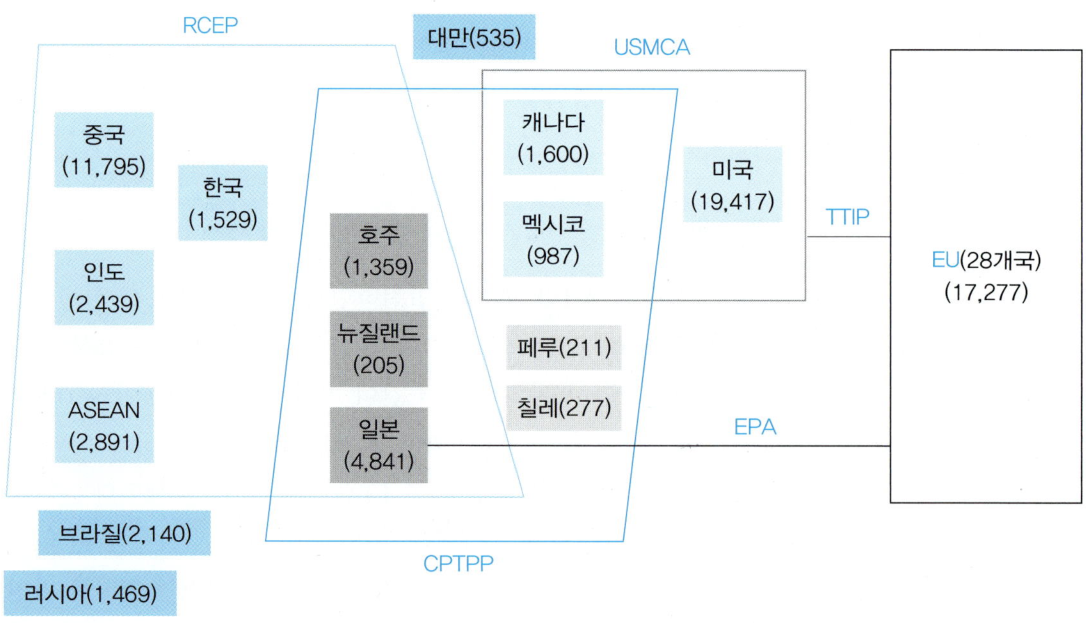

자료: 안덕근(2015) 구성을 바탕으로 저자 업데이트.

진행했는데 아시아 태평양 지역의 경제 통합을 목표로 모든 제품의 관세장벽을 철폐하고 정부조달, 지식재산권, 노동규제, 금융, 의료 서비스 분야에서도 모든 비관세장벽을 철폐하는 것을 추진했다. 미국은 호주, 페루, 베트남, 말레이시아와 2010년부터 참여하며 협상을 주도해 나갔으며 일본도 2013년부터 협상에 참여했다.

TPP 협정 내용

TPP 협상에서는 국유기업의 불공정한 지위나 행위에 대한 규제가 적극적으로 논의되고 정부조달, 지식재산권, 노동과 환경 관련 규제가 엄격하게 정해질 전망이다. 그러므로 이러한 분야의 발전이 더딘 중국의 경우에는 적극적으로 가입을 추진하기 어렵다. 또한 회원국 만장일치로 신규 회원국의 가입을 승인하는 방식을 택하고 있는데 이 또한 남사군도 등 지역에서 분쟁을 겪고 있는 중국에게 불리한 방식이다. 또한 누적원산지 규정이라는 제도가 도입되어 TPP에 가입한 모든 회원국 역내에서 수입된 재료와 공정을 자국산으로 인정해주는 방식을 채택하고 있는데 역외국에게는 이러한 제도가 매우 불리하게 작용할 전망이다. 즉 중국을 견제하기 위한 미국과 일본 중심의 경제통합이다.

CPTPP

TPP는 2015년 10월 미국, 일본, 싱가포르, 브루나이, 뉴질랜드, 칠레, 베트남, 말레이시아, 페루, 베트남, 멕시코, 캐나다 12개국이 참여해서 협정의 타결을 이뤄냈다. 2014년 기준으로 세계 GDP의 37%가 참여하는 메가 FTA였다. 하지만 2017년 협정이 발효하자마자 당시 막 취임한 도널드 트럼프 미국 대통령이 2017년 1월 23일로 TPP 탈퇴를 공식선언하고 미국우선의 양자주의를 표명함에 따라 TPP는 새 국면을 맞게 되었다. 남은 11개 회원국들은 2017년 3월 칠레에서 통상장관 회의를 가지고 협정의 지속을 결의했으며 11월에는 기존의 TPP를 **점진적이고 포괄적인 환태평양동반자협정 CPTPP**(Comprehensive-progressive Trans Pacific Partnership)로 변경하여 추진하기로 합의했다. 2018년 3월 협정 체결이 완료되었으며 비준이 이뤄지는 대로 2019년부터 발효될 예정이다. 미국을 제외한 CPTPP가 포괄하는 경제규모는 2017년 기준 5억 명에 GDP는 10.2조 달러로 세계 GDP 비중의 13.5%를 차지한다. 무역액은 4.8조 달러로 세계 무역액에서 차지하는 비중은 15% 정도이다. CPTPP 협정은 기존의 TPP 협정 내용을 대부분 그대로 계승하였는데 미국이 주장한 지식재산권, 투자자 보호, 서비스 등 22개 분야의 내용을 삭제하지 않고 유예해서 협정을 체결했다. 이는 미국의 재가입 가능성을 염두에 두고 진행한 것으로 실제로 도널드 트럼프 미국 대통령은 좀 더 좋은 조건 하에서 CPTPP에 가입할 수 있음을 언급했다.

RCEP **역내포괄적동반자협정**(RCEP; Regional Comprehensive Economic Partnership)은 이와는 반대로 중국과 개도국 주도로 논의되고 있는 메가 FTA이다. RCEP는 2011년 ASEAN이 그 구상을 시작해서 2012년부터 여러 국가들이 이에 참여해서 논의가 이뤄지고 있다. 주요 협상국을 보면 ASEAN에 한중일을 더한 ASEAN+3인 13개국과 인도, 호주, 뉴질랜드, 페루가 협상에 참여하고 있어서 17개국이 잠정적인 회원국이다. 2016년 타결을 목표로 했지만 실패하고 2017년부터는 인도와 관련된 협상이 난항을 보이며 타결이 불투명해지고 있다. RCEP은 중국이 FTA를 맺으며 확장시켜온 지역경제블록과 일치하며 중국이 적극적으로 협상을 주도하고 있다.

중국과 개도국 중심의 메가 FTA 중국은 기존에는 FTA에 소극적인 자세를 가지고 있었으나 2001년 WTO에 가입한 이후부터는 적극적으로 FTA를 체결하며 자국중심의 경제블록 구축을 도모하고 있다. 중국이 처음 체결한 FTA는 공식적으로는 2003년 홍콩 및 마카오와의 CEPA(Closer Economic Partnership Arrangement)이지만 중국 영토의 일부이고 WTO 최혜국대우 문제를 해결하기 위해 체결한 것이다. 그러므로 중국이 실질적으로 역외국과 체결한 FTA는 ASEAN과 2004년 체결하고 2005년부터 발효한 FTA가 최초이다. 이후 중국은 2005년 칠레, 2006년 파키스탄, 2008년 뉴질랜드와 싱가포르와 각각, 2009년 페루, 2010년 코스타리카와 FTA를 체결했다. 특히 뉴질랜드와의 FTA는 기존의 낮은 수준의 FTA가 아니라 상품과 서비스 부문의 포괄적인 시장개방과 지식재산권과 투자 관련된 규범이 포함되어 있었다. 2010년에는 대만과 양안경제합작구조협정(ECFA; Economic Cooperation Framework Agreement)을 체결해서 중화경제권의 경제통합을 심화시켰다. 2013년에 스위스, 아이슬란드와 FTA를 체결하고 2014년에 한국과 호주와 FTA 타결을 선언했다. 이로써 중국이 추구하는 RCEP 경제블록 중 일본과 인도를 제외하고는 FTA 연계망을 구축하고 확장된 중화경제권의 경제통합을 완성했다. 다음 단계로 일본과는 한중일 FTA가 논의되고 있고 인도와는 RCEP 차원의 경제통합이 논의되고 있다.

TTIP 이 밖에 범대서양무역투자동반자협정(TTIP; Transatlantic Trade and Investment Partnership)은 미국과 EU 주도로 캐나다, 멕시코가 협상에 참여하고 있는 NAFTA와 EU의 경제통합 논의이다. 2013년 협상이 시작되었으나 2016년 버락 오바마 대통령은 협상결렬을 선언했으며 도널드 트럼프 대통령도 협상을 진전시키려 하지 않고 있다.

EPA 미국과 중국이 각자의 방식으로 세계무역질서를 재편하려 하고 있는 동안 일본과 EU는 2017년 12월 8일 경제동반자협정(Economic Partnership Agreement, EPA)의 최종타결을 발표했다. 이는 EU가 맺은 FTA 중 가장 큰 규모의 것이다. 이를 통해 세계무역규모의 40%, 세계 GDP의 1/3에 달하는 거대 경제권이 탄생한 것으로 2018년 7월 17일 양 경제체의 수반이 서명하고 2018년 12월 13일 양 경제체 의회의 승인을 마치고 2019년 2월 발효된다. 이로써 일본과 EU는 거의 모든 관세가 철폐된다. 특히 일본에서 EU로 수출되는 자동차에 매겨지던 10%의 관세가 8년에 걸쳐 단계적으로 철폐되어 최종적으로는 90%의 자동차가 무관세 혜택을 누리게 되어 일본 자동차의 경쟁력이 높아진다. EU에서 일본으로 오는 상품은 와인, 치즈, 쇠고기 등 식료품이 무관세 혜택을 받게 되어 경쟁력을 가질 전망이다.

APEC 이 밖에 경제통합 형태가 아닌 협의체 형식의 대륙 간 경제협력체가 존재한다. 대표적으로 아시아 태평양 경제협력체(APEC; Asia-Pacific Economic Cooperation)는 1989년 아시아 태평양 국가들 간의 상호 협력을 통합 공동이익을 증진하기 위해 정부차원에서 결성한 경제협력체이다. 호주 총리 밥호크의 경제협력 요청이 계기가 되어 시작되었으며 사무국 본부는 싱가포르에 있다. 처음에는 12개국이 참여했으나 1991년에 중국, 홍콩, 대만이, 1993년에 멕시코, 파푸아 뉴기니, 1994년에 칠레, 1998년에 페루, 러시아, 베트남이 추가로 가입해서 총 21개국이 참여하고 있다. 1993년 미국의 빌 클린턴 대통령의 주장에 따라 정상회의로 격상되었다. 다만 APEC 가입국은 국가가 아닌 경제체제로 그 자격을 설정하고 있으므로 APEC 정상 간 회의는 정상회의(Summit)가 아닌 경제지도자 회의(Economic Leadear's Meeting)로 지칭한다. 1994년 보고르 선언과 1996년 마닐라 실행계획을 통해 경제협력체로 발전할 수 있는 기반을 마련했으며 미국의 주창에 따라 **개방적 지역주의**(Open Regionalism)를 채택하고 있다. OECD 형태의 포괄적 경제협의체의 성격을 가지고 있다.

ASEM 아시아유럽정상회의(ASEM; Asia-Europe Meeting)도 이러한 아시아와 유럽 국가들 간의 포괄적 경제협의체 형태의 회의이다. 1996년에 결성되었으며 EU와 ASEAN+3 국가들이 2년마다 정상회의를 개최한다. 정치, 경제, 사회 분야의 포괄적인 이슈가 논의되며 회원국 정상들이 중요한 국제이슈를 자유롭게 논의하되 사무국 등 조직을 제도화하지 않았다.

요약

1. 경제통합은 경제적으로 상호의존성이 높은 국가들이 협정체결을 통해 하나의 통합된 경제권을 형성해 가는 것이다. 역외국에 대해서는 기존의 관세 및 비관세장벽을 그대로 유지하면서 동맹국 상호간의 재화 및 생산요소의 자유로운 이동을 도모한다.
2. 경제통합은 자유무역지역, 관세동맹, 공동시장, 경제동맹 등 여러 단계로 구분될 수 있으며 역외국에 대한 공동관세 여부, 생산요소의 자유로운 이동, 회원국 간 산업, 재정, 통화정책의 공조정도에 따라 구분한다.
3. 경제통합으로 정태적으로 무역창출효과와 무역전환효과가 발생할 수 있다. 무역창출효과는 역내국 간 새로이 무역이 창출되는 긍정적 효과를 의미하며 무역전환효과는 역외국 간 무역이 역내국 간 무역으로 대체되는 부정적 효과를 의미한다. 또한 경제통합으로 규모의 경제, 경쟁촉진, 외국인직접투자 촉진 등의 동태적 효과도 발생할 수 있다.
4. 지역주의는 경제적으로 이해를 같이하는 특정국가들 간에 경제교류를 저해하는 각종 무역장벽들을 철폐해서 WTO의 자유무역 원칙을 지역적으로 적용하려는 움직임을 의미한다. WTO에서는 지역경제통합으로 인한 역내국과 역외국 차별을 용인함으로써 이러한 움직임이 확대되고 있으며 FTA 협정체결의 증가, 메가 FTA의 결성 움직임이 관찰된다.
5. 1960년대의 지역주의는 주로 경제통합의 정태적 효과를 겨냥해서 이뤄졌고 블록화의 우려로 인해 부정적으로 평가되었다. 또한 지리적 인접성에 기반해서 경제통합이 추진되었다. 하지만 1980년대 후반 이후의 지역주의는 주로 적극적인 동태적 효과를 겨냥해서 경제통합이 시도되고 있으며 자유화를 오히려 촉진하는 것으로 평가되고 있다. 또한 지리적 인접성보다는 국가의 자유무역 의지에 따라 협정이 체결되었다.
6. EU는 1993년 12월 1일 공식출범한 유럽국가들 간의 지역경제통합 공동체로 현재는 28개국의 회원국이 가입해 있으며 단일시장으로 미국 다음의 시장규모를 보이고 있다. EU는 1951년 ECSC로부터 출범해서 관세동맹, 공동시장, 통화동맹으로 발전해 왔으며 지금은 각국의 산업정책과 재정정책, 통화정책까지 공동으로 결정하는 단계에 있다.
7. 미국 중심으로 캐나다와 멕시코가 참여한 USMCA가 최근 체결되었다. 이는 NAFTA를 계승한 것으로 자유무역지역의 형태이다. 또한 ASEAN 10국은 최근 경제통합을 발전시켜 AFTA를 계승한 공동시장의 수준의 AEC를 출범시켰다. 중남미 지역에는 MECOSUR, ANCOM 등 경제통합이 있지만 그 효과는 크지 않다.
8. 최근에는 새로운 양상의 경제블록화가 진행 중이다. 원래 미국 주도로 이뤄졌으나 미국이 탈퇴하고 일본을 중심으로 환태평양 연안국들과 동남아 국가들이 참여한 CPTPP가 형성되어 있다. 또한 중국을 중심으로 중화경제권 경제들과 ASEAN, 일본, 한국, 호주 등이 참여하는 RCEP이 결성 추진 중이다. 일본과 EU는 최근 EPA를 체결했다.
9. APEC과 ASEM은 경제통합 형태가 아닌 협의체 형식의 대륙 간 경제협력체이다. 회원국 정상들이 중요한 국제이슈를 자유롭게 논의하되 사무국 등 조직을 제도화하지 않으며 개방적 지역주의와 같은 구속력 없는 원칙을 지향하고 있다.

연습문제

1. 다음 용어를 설명하시오.

(1) 지역주의 (2) FTA

(3) 관세동맹 (4) 공동시장

(5) EC (6) NAFTA

(7) RCEP (8) AEC

2. 우리나라의 FTA 협정 체결과 추진 현황을 조사해 보시오.

3. 최근 체결된 USMCA의 내용 중 NAFTA와 비교해 다른 점을 조사해 보시오.

4. 중국이 WTO 가입 이후 FTA를 체결해온 내용과 추진하고 있는 FTA를 조사하고 RCEP의 성격과 재화와 서비스에 관한 자유무역 촉진 협정 내용을 조사하시오.

5. A국의 런닝머신에 대한 국내 수요와 공급은 다음과 같다고 가정하자. (단위: 만원/개)

- 수요함수: $Q^D = 200 - P$
- 공급함수: $Q^S = 50 + 2P$

또한 A국은 B국으로부터 런닝머신을 20만원에, C국으로부터는 15만원에 얼마든지 수입할 수 있다고 가정하고 다음 물음에 답하시오.

(1) 현재 A국이 런닝머신의 수입에 대해 80%의 관세를 부과하고 있다고 하자. 이 경우 A국은 어느나라로부터 얼마만큼 런닝머신을 수입하는가? 또한 A국의 런닝머신 국내생산량과 수요량은 얼마인가?

(2) 만약 A국이 B국과 자유무역협정을 체결하고 런닝머신에 대한 관세를 철폐하였다면 A국은 B국으로부터 얼마만큼 런닝머신을 수입하는가? 또한 A국의 런닝머신 국내생산량과 수요량은 얼마인가?

(3) (1)번과 (2)번에서 A국과 B국 간 자유무역협정의 체결로 인한 무역전환효과와 무역창출효과는 얼마인가?

(4) A국과 B국 간 자유무역협정의 체결로 인한 사회후생의 변화에 대해 살펴보시오. A국은 자유무역협정의 체결로 인해 사회후생이 증가하였는지 아니면 감소하였는지 밝히시오.

PART 04

국제수지와 외환 및 국제금융

앞에서는 국제통상에서 핵심적 위치를 차지하고 있는 무역거래를 중점적으로 다루었지만 무역거래 이외에도 다양한 형태로 경제거래가 이루어지고 있다. 한 국가의 대외경제거래는 국민경제의 순환과정과 맞물려 국민소득, 통화량 등에 영향을 미치고 또한 영향을 받는다. 한편 국가마다 사용하는 법정통화가 다르기 때문에 국가 간 상품 및 서비스의 수출입과 자본이동에 따른 대금의 결제과정에서 외환거래를 수반하게 된다. 따라서 국제경제거래가 원활하게 이루어지기 위해서는 외환시장이 잘 발달되어 있어야 한다. 또한 국제경제거래의 과정에서 국가 간 자금의 과부족이 발생하게 되는데 이를 융통해 주는 국제금융시장이 발달되어 있어야 국제경제거래가 활발하게 이루어지게 된다.

CHAPTER 06

국제수지와 국민경제

각 가정은 경제활동과 수반하여 발생하는 수입과 지출을 가계부에 기록하고, 이를 살펴봄으로써 미래 살림에 대한 지침을 마련한다. 마찬가지로 각국은 외국과 경제거래에 따른 수입과 지출을 국제수지표에 기록 · 정리함으로써 향후 산업정책이나 외환정책의 기초자료로 사용한다. 먼저 국제수지표의 개념, 구성 및 작성, 국제수지의 균형 등 기초적 개념에 관하여 살펴보고자 한다. 그리고 한 나라의 국민경제의 실물 및 통화부문이 국제수지를 통하여 해외경제와 어떻게 연계되어 있는가를 알아보고자 한다. 이는 국제수지와 국민소득이 어떻게 동시에 결정이 되고, 또한 외환의 수요와 공급이 어디서 발생하고, 환율이 어떻게 결정되는가를 이해하는 데 도움이 될 것이다.

6.1 국제수지의 개념과 구성

(1) 국제수지표의 정의

국제수지표의 정의

국제수지표(BOP: Balance of Payment Table)는 국민계정의[1] 하나로서 일국이 외국과 경제거래를 기록한 장부라고 할 수 있다. 즉 **국제수지표**란 '일정기간 동안 일국의 거주자와 비거주자 간에 일어난 모든 경제적 거래를 체계적으로 분류·정리한 표'이다.

유량통계

유량통계	저량통계
국제수지표	국제 투자대조표
국민소득 포괄손익계산서	국부 재무상태표

일정기간 동안이란 국제수지가 어느 시점과 시점 사이에 발생한 거래를 집계한 **유량**(flow)**통계**임을 의미한다. 국민소득, 기업의 포괄손익계산서(income statement) 등은 유량통계에 속한다. 반면에 국부(國富, wealth), 기업의 재무상태표(statement of financial position) 등은 일정시점에서 집계되는 **저량**(stock)**통계**이다. 국제수지와 대응하는 통계로서 일정시점에서 일국의 대외금융자산 및 부채잔액을 집계하는 **국제투자대조표**(IIP: International Investment Position)가 있다.[2]

거주자와 비거주자

'이익의 중심'이란 해당 경제 단위가 경제영역 내에 주거, 생산장소 및 기타 토지를 두고 이를 근거로 영구적 또는 오랜 기간 동안 상당한 규모의 경제활동 및 거래에 종사하면서 이를 계속할 의지가 있는 경우를 말함.

거주자(resident)란 '경제활동을 영위하는 본거지가 국민경제 영역 내에 있는 경제주체'를 말한다. 거주자와 비거주자(non-resident)는 경제주체의 법률상 국적이나 지리적 영역이 아니라 **주된 경제적 이익의 중심**(center of predominant economic interest)이 어디에 있는가를 기준으로 구분한다. 예를 들어 개인은 외국인이 영업활동을 하지 않더라도 1년 이상 우리나라에 체재하고 있으면 이익의 중심이 우리나라에 있는 것으로 보아 거주자로 인정한다. 반면 해외교포는 우리나라 국적을 가지고 있어도 경제활동이 해외에서 이루어지고 있으므로 일시 귀국하여 3개월 이상 체재하지 않는다면 비거주자로 분류된다. 기업은 본사의 국적과 관계없이 기업의 설립을 승인하고 규율하는 사법권 관할이 어느 국가 내에서 이루어지고 있는가에 따라 거주성을 구분한다. 우리나라 기업이 외국에 투자하여 설립한 해외법인은 비거주자에 속하고, 우리나라에서 법인을 설립하여 영업하고 있는 외국인투자기업은 거주자에 속한다.

---

1 국민계정은 국민소득통계, 산업연관표, 자금순환표, 국제수지표 및 국민대차대조표로 구성되어 있음.

2 국제투자대조표에 관한 자세한 내용은 한국은행(2019), 「알기 쉬운 경제지표해설」 참조.

경상거래+금융거래

모든 경제적 거래란 문자 그대로 거주자가 비거주자와 행하는 모든 거래를 포함한다. 즉 상품 및 서비스거래, 소득거래와 대외채권·채무를 변동시키는 금융거래뿐만 아니라 경제적 대가 없이 일방적으로 주고받는 이전거래도 포함한다.

국제적 통일기준 채택

체계적으로 분류·정리한 것이란 복식부기의 원리에 의해 국제적으로 통일된 기준에 따라 작성하였다는 것을 말한다. 국제수지표는 개별 교환거래에 대하여 항상 대변과 차변에 같은 금액을 동시에 기록한다.[3]

국제수지 편제방법은 국가에 따라 다소 차이가 있을 수 있지만 대부분의 국가가 IMF의 「국제수지 편제 매뉴얼」에 따라 작성하고 있다. 현재 우리나라도 IMF가 2010년 1월 새로이 공표한 「국제수지 편제 매뉴얼」 제6판(BPM6: Balance of Payments and International Investment Position Manual, Sixth Edition)에 따라 국제수지표를 작성하여 발표하고 있다.

사례 연구 외국환거래법과 소득세법에서 거주자의 정의

외국환거래법상 거주자라 함은 한국 내에 주소 또는 거소를 둔 개인과 한국 내에 주된 사무소를 둔 법인을 말한다. 다만 비거주자의 한국 내의 지점·출장소 기타의 사무소는 법률상 대리권의 유무에 상관없이 거주자로 본다.

한국 국민은 원칙적으로 거주자이지만 외국에 있는 사업체(재외외교공관은 제외)에 근무하거나 2년 이상 체재할 목적으로 외국에 가 있는 국민은 비거주자이고, 외국에 있는 법인도 비거주자이다. 외국인은 원칙적으로 비거주자이나, 한국에 있는 사업체에 근무하는 자 또는 입국 후 6개월 이상 거주하는 자는 거주자이며, 외국정부나 국제기관(UN·IOC 등)의 공무로 일시 체재하는 자는 비거주자이다.

우리나라 국제수지표는 기초통계의 하나로서 외환수급통계를 사용하고 있어 실질적으로는 1년 기준보다는 외국환거래법상의 거주자 기준이 적용되고 있다고 볼 수 있다.

한편 소득세법상 거주자라 함은 소득세를 납부할 의무가 있는 자로서 국내에 주소를 두거나 1년 이상 거소를 둔 개인을 말하고, 비거주자라 함은 거주자가 아닌 자로서 국내에 원천소득이 있는 개인을 말한다.

자료: 한국은행(2018), 「우리나라 국제수지통계의 이해」, p.14.

3 상품을 구입하고 대가를 지급하지 않는 이전거래의 경우에도 별도의 항목을 설정하여 대차가 같도록 하고 있음.

(2) 국제수지표의 구성과 작성

1) 국제수지표의 구성

국제수지표는 거래의 특성에 따라 크게 경상수지, 금융계정, 자본수지와 오차 및 누락으로 나누어진다.[4]

표 6-1 국제수지표의 표준항목 분류체계

대계정	소계정	대항목
I. 경상수지	A. 상품수지	1. 일반상품
		2. 중계무역순수출
		3. 비화폐용금
	B. 서비스수지	1. 가공서비스
		2. 운송
		3. 여행
		4. 건설서비스
		5. 보험서비스
		6. 금융서비스
		7. 통신 · 컴퓨터 · 정보서비스
		8. 지적재산권사용료
		9. 유지보수서비스
		10. 기타사업서비스
		11. 개인 · 문화 · 여가서비스
		12. 정부서비스
	C. 본원소득수지	1. 급료 및 임금
		2. 투자소득
	D. 이전소득수지	1. 일반정부
		2. 기타부문
II. 자본수지		1. 자본이전
		2. 비생산 · 비금융자산
III. 금융계정		1. 직접투자
		2. 증권투자
		3. 파생금융상품
		4. 기타투자
		5. 준비자산
IV. 오차 및 누락		

4 2010년 1월 IMF가 작성한 「국제수지 편제 매뉴얼」 제6판(BPM6)에 따라 한국은행이 2013년 11월 새로이 개편한 국제수지표 분류방식임.

경상계정에는 외국과 상품 및 서비스거래와 노동이나 자본을 제공한 대가로 받는 임금이나 배당 및 이자 등의 본원소득거래 및 대가없이 이전되는 이전소득거래가 기록된다. 금융계정에는 민간기업, 금융회사, 정부 및 통화당국 등 모든 거주자의 대외금융자산 및 부채의 변동이 기록되고, 자본수지에는 비생산·비금융자산의 취득 및 처분과 자본이전이 기록된다. 오차 및 누락에는 통계상 불일치를 사후적으로 계산하여 기록한다.

① 경상수지

경상수지(current account)에는 상품거래, 서비스거래, 본원소득거래와 이전소득거래에 따른 수입과 지출이 기록된다. 경상수지는 산업생산, 고용, 국민소득 등 국민경제의 각 분야에 크게 영향을 미치기 때문에 전통적으로 일국의 대외경쟁력을 나타내는 척도로서 중시되고 있다. 경상수지는 상품수지, 서비스수지, 본원소득수지 및 이전소득수지로 나누어진다.

상품수지

상품수지에는 상품의 수출과 수입이 기록된다. 상품수지는 계상시점, 가격산정 등이 다르기 때문에 관세청이 집계하는 무역수지와 다소 차이가 있다. 상품수지는 거래재화의 특성에 따라 일반상품, 중계무역순수출과 비화폐용 금으로 세분된다.

서비스수지

서비스수지에는 거주자와 비거주자 간 서비스거래로 인한 수입과 지출이 기록된다. 서비스수지는 가공서비스(위탁·수탁가공에 따른 임가공료), 운송(여객운임, 화물운임, 운항 및 항만경비, 우편 및 상업송달), 여행(유학 및 연수, 일반여행), 건설서비스(건설 및 설비공사), 보험서비스(적하보험, 생명보험 및 재보험), 금융서비스(금융중개서비스 수수료 등), 통신·컴퓨터·정보서비스(원격통신, 뉴스제공, 기타정보제공 등), 지적재산권(상표권, 저작권 포함) 사용료, 유지보수서비스, 기타사업서비스(연구 및 개발, 전문·경영컨설팅, 기술·기타 사업서비스), 개인·문화·여가서비스, 정부서비스(외교단 경비)로 나누어진다.

본원소득수지

본원소득수지에는 거주자가 비거주자로부터 수취하거나 비거주자에게 지급한 급료 및 임금과 투자소득 등이 기록된다. 급료 및 임금에는 단기간(1년 미만) 머물면서 노동의 대가로 수취하거나 지급한 임금 및 기타보수가 계상된다. 투자소득은 거주자가 보유하고 있는 대외금융자산과 부채에서 발생하는 배당 및 이자 등이 계상된다.

이전소득수지

이전소득수지에는 거주자와 비거주자 간 대가 없이 주고받은 거래가 기록된다. 여기에는 개인송금, 종교기관이나 자선단체의 기부금과 구호물자, 정부 간 무상원조, 국제기구출연금 등이 계상된다.

사례 연구 가공무역의 국제수지통계와 통관통계의 비교

가공무역은 거주자 소유의 원재료를 해외에서 가공하여 국내로 반입하지 않고 가공국 또는 제3국으로 수출한 상품 및 거주자가 해외가공을 위해 가공국 또는 제3국에서 조달하여 가공국으로 보낸 원재료 수입액을 의미한다. 관세청의 통관통계도 위·수탁가공거래와 관련한 원재료의 반출입과 가공품의 반출입이 포함되어 있으나 이는 소유권 변동없이 이루어지는 가공을 위한 원재료 및 가공품의 반출입을 의미하는 것으로 국제수지통계의 상품수지에 계상하는 가공무역과는 계상시점, 금액 등에서 차이가 있다.

아래 그림은 우리나라의 하나기업이 원재료(A)를 반출하여 베트남 칭화기업에서 위탁가공하고, 일부 가공품(B)은 우리나라로 반입하고 나머지 가공품(C)은 베트남 또는 제3국으로 수출하는 경우를 나타내고 있다.

하나기업이 임가공을 위하여 베트남으로 반출한 원재료(A)와 국내로 반입한 가공품(B)의 소유권은 우리나라에 있으므로 국제수지통계에서는 수출입거래로 보지 않지만, 통관통계는 관세선을 통과하므로 수출입으로 계상한다. 한편 우리나라의 거주자인 하나기업이 비거주자인 베트남 또는 제3국으로부터 원재료를 구입하거나 가공품을 베트남 또는 제3국에 수출하면 거주자와 비거주자 간 소유권이 변동하므로 국제수지통계에서 수출입으로 계상하지만, 관세통계에서는 우리나라의 관세선을 통과하지 않으므로 수출입으로 계상하지 않는다. 그리고 하나기업이 베트남 칭화기업에 지급한 임가공료는 가공무역에 계상한다.

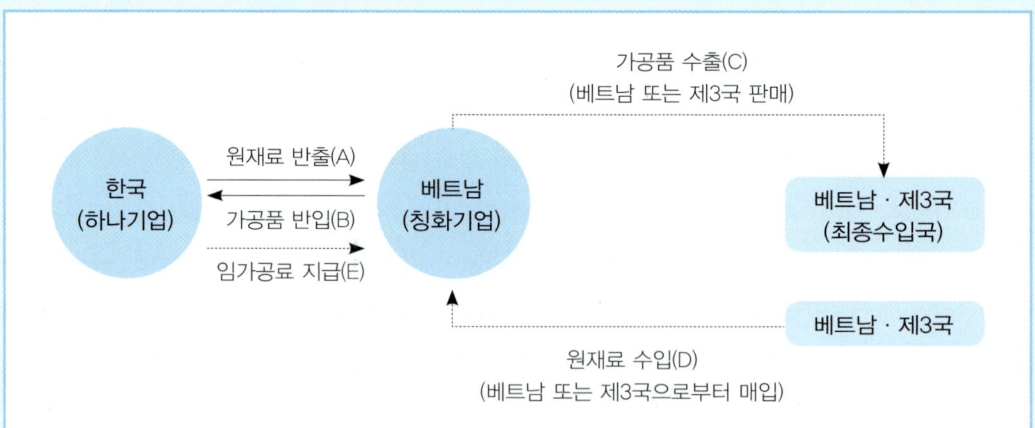

주: 실선은 소유권 변동이 없고, 점선은 거주자와 비거주자 간 소유권 변동을 나타냄.

보충학습 국제수지통계, 무역통계와 외환수급통계의 차이

외국과 경제거래의 동향이나 추이를 파악하기 위한 통계자료로서 국제수지통계, 통관통계, 외환수급통계 등이 널리 이용되고 있다. 그러나 이들 통계는 포괄범위, 계상시점, 가격산정 등에서 다음과 같은 차이가 있다.

| 국제수지통계, 통관통계 및 외환수급통계의 비교

	국제수지통계	통관통계	외환수급통계
포괄범위	경상 · 자본거래, 유상 · 무상거래에 관계없이 모든 거래를 포괄	통관이 이루어지는 상품거래만 포함. 성질상 서비스거래, 소득거래와 자본거래는 제외	외환의 수입(受入)과 지급이 발생되는 거래만 포함. 무상거래, 원화거래는 제외
계상시점	소유권의 이전시점	상품의 통관시점	외환의 결제시점
상품의 가격산정	수출: FOB 수입: FOB	수출: FOB 수입: CIF	공통기준이 없고 실제거래된 조건
작성기관	한국은행	관세청	한국은행

주: FOB; 본선인도가격, CIF; 운임 및 보험료 포함가격.

② 자본수지

자본수지(capital account)에는 거주자와 비거주자 간에 발생하는 자본이전과 비생산·비금융자산으로 나누어진다. 자본이전에는 자산소유권의 무상이전, 채권자에 의한 채무면제 등이 기록된다. 비생산·비금융자산에는 상품과 서비스의 생산에 사용되거나 필요하지만 그 자체는 생산될 수 없는 브랜드네임, 상표 등의 마케팅자산과 기타 양도가능한 무형자산 등의 취득과 처분이 기록된다.

③ 금융계정

금융계정(financial account)에는 민간기업, 금융회사, 정부, 통화당국 등 모든 거주자의 대외금융자산과 부채의 변동이 기록된다. 금융계정은 투자의 성격에 따라 직접투자, 증권투자, 파생금융상품, 기타투자, 준비자산증감으로 구분된다.

직접투자 직접투자는 국내기업이 해외에 경영참여 등 영속적 이익을 얻기 위해 이루어지는 대외투자를 말한다. 직접투자는 투자방향에 따라 해외직접투자(국내에서 해외로 이루어지는 투자)와 외국인직접투자(해외에서 국내로 이루어지는 투자)로 구분하고, 투자형태에 따라 지분투자, 수익재투자와 기타자본으로 구분된다.

증권투자

증권투자는 영속적 이해관계보다 단지 투자수익을 목적으로 이루어지는 비거주자와 주식, 채권거래 등을 말한다. 증권투자라도 투자대상기업의 의결권을 10% 이상 보유하는 경우에는 직접투자로 분류된다. 증권투자는 투자방향에 따라 해외증권투자와 외국인증권투자로 구분된다.

파생금융상품

파생금융상품은 비거주자와 금융선물, 옵션, 스왑 등 파생금융상품거래로 실현된 손익 및 옵션 프리미엄의 지급과 수취가 기록된다.

기타투자

기타투자에는 직접투자, 증권투자, 파생금융상품 및 준비자산에 포함되지 않는 모든 금융거래－즉 대출 및 차입, 무역관련신용, 현금 및 예금 등이 기록된다.

준비자산증감

외환보유액은 정부의 외국환평형기금(전액 한국은행이 관리, 운용)과 한국은행이 보유하고 있는 외환(외국통화, 해외예치금, 외화증권 등), 해외 및 국내 보유금, SDR(특별인출권), IMF 리저브 포지션으로 구성되어 있으며, 통화당국의 대외외화 자산 중 유동성이 결여되어 있는 국제기구대출 및 출자, 출연자산은 외환보유액에서 제외됨.

준비자산증감(changes in reserve assets)에는 통화당국(정부 및 한국은행)이 국제수지 불균형의 보전이나 외환시장 불균형의 조정 등을 위해 보유하고 있는 외환보유액의 거래에 의한 증감을 기록한다. 외환보유액은 거래뿐만 아니라 환율변동 등에 의해서 변동될 수 있지만 국제수지통계에서 준비자산증감은 거래적 요인에 의한 변동분만 기록된다. 여기서 준비자산의 증가는 음(−), 감소는 양(+)으로 표시된다.[5]

④ 오차 및 누락

국제수지는 모든 거래를 복식부기의 원리에 따라 기록하므로 이론상 차변의 합계와 대변의 합계가 같아야 한다. 그러나 국제수지표는 무역통계, 외환수급통계 등 기초통계를 이용하여 작성되는데, 각 기초통계 간 계상시점, 평가방법의 차이가 있고 기초통계 자체의 오류, 통계작성과정에서 보고 잘못 및 누락 등으로 인해 차변의 합계와 대변의 합계가 일치하지 않는다. 이러한 불일치를 오차 및 누락(net errors and omissions)이라고 하며, 모든 대외거래를 기록한 후에 사후적으로 계산하여 차변의 합계와 대변의 합계를 일치시킨다.

5 국제수지표는 복식부기의 원리에 의해 작성되므로 차변의 합계에서 대변의 합계를 빼면 0이 된다. 따라서 경상수지, 자본수지와 금융계정(준비자산증감은 제외)의 합이 양(+)이면 통화당국의 준비자산이 증가하므로 준비자산의 증가를 음(−)으로 표시해야 국제수지표 작성에서 대변과 차변의 합계가 같아진다.

사례 연구 외환보유액과 준비자산증감

외환보유액이란 국제수지 불균형의 보전을 위한 자금 조달, 시장개입을 통한 외환시장의 불균형 조정 등을 위해 통화당국에 의해 즉각적으로 통제·이용가능한 대외자산을 말한다. 그런데 통화당국이 보유하고 있는 외환보유액이 거래에 의해 늘거나 줄게 되면 이를 준비자산증감에 계상하게 된다.

이와 같이 외환보유액과 준비자산증감은 다 같이 통화당국이 보유하고 있는 대외자산을 대상으로 한다는 점에서는 같다. 그러나 외환보유액은 일정시점에서 잔액을 나타내는 스톡(stock) 통계인 반면에 준비자산증감은 일정기간 중에 증감을 나타내는 플로우(flow) 통계이다.

또한 외환보유액의 일정기간 중 증감(이번 기말 외환보유액－지난 기말 외환보유액)은 거래에 의한 증감(외환시장에서 외화자산의 매매 등)뿐만 아니라 환율변동에 의한 증감(보유 중인 기타통화표시 외환자산의 달러가치가 변동)도 포함한다. 반면에 국제수지표에서 준비자산증감은 거래에 의한 증감만을 계상한다.

예를 들어 3월 15일 엔－달러환율이 달러당 100엔일 때 한국은행이 1억엔(미달러화로 환산시 100만달러)에 상당하는 엔화표시 증권을 매입하였는데 엔－달러환율이 3월 31일에 달러당 90엔으로 하락하였다고 하자. 이 경우 3월 중 준비자산증감은 거래시점의 환율을 적용하여 계상하므로 100만달러가 된다. 반면 외환보유액은 3월 말 현재 환율을 적용하여 평가하므로 기존에 엔화표시 채권을 보유하지 않고 있었다면 111.1만달러가 증가하게 된다.

2) 국제수지표의 작성

복식부기의 원리

차 변	대 변
자산의 증가	자산의 감소
부채의 감소	부채의 증가
자본의 감소	자본의 증가
손실의 발생	이익의 발생

국제수지표는 복식부기의 원리에 의해서 작성되므로 모든 거래는 항상 차변(借邊, debit)과 대변(貸邊, credit)에 같은 금액이 기록된다. 〈표 6－2〉와 같이 외환의 수취가 발생하는 거래는 대변에 기록하는 동시에 이와 수반하여 발생하는 반대급부는 차변에 기록한다. 반대로 외환의 지급이 발생하는 거래는 차변에 기록하는 동시에 이와 수반하여 발생하는 반대급부는 대변에 기록한다.

국제수지의 사후적 항등성

국제수지표는 복식부기의 원리에 따라 작성되므로 거래가 발생할 때마다 대변과 차변에 같은 금액이 기록된다. 따라서 국제수지표의 차변의 합계와 대변의 합계가 항상 일치하게 되는데 이를 **국제수지의 사후적 항등성**이라고 한다.

표 6–2 국제수지표 작성의 기본원리

차변 〈외환의 지급(支給)〉	거래항목	대변 〈외환의 수취(受取)〉
• 상품 수입(실물자산 증가) • 서비스 수입(제공받음) • 임금 및 급료, 이자 및 배당금 지급 • 해외에 대한 이전지출(移轉支出)	경상수지	• 상품 수출(실물자산 감소) • 서비스 수출(제공해 줌) • 임금 및 급료, 이자 및 배당금 수취 • 해외에 대한 이전수입(移轉收入)
• 자본이전 지급 • 비생산 · 비금융자산 취득	자본수지	• 자본이전 수입 • 비생산 · 비금융자산 처분
• 해외직접 · 증권투자 • 금융기관의 대외자산 증가 또는 대외부채의 감소 • 통화당국의 준비자산 증가	금융계정	• 외국인직접 · 증권투자 • 금융기관의 대외자산의 감소 또는 대외부채의 증가 • 통화당국의 준비자산 감소

사례 연구 국제수지표 작성의 실례

1. 우리나라 기업이 전자제품 100만달러어치를 수출하면서 30만달러는 외화수표로 받고 70만달러는 90일 후에 받기로 하였다.

차변(지급)	대변(수취)
금융계정>기타투자> 현금및예금 30 무역관련신용 70	경상수지> 상품수지> 상품수출 100

☞ 상품수출은 실물자산을 감소시키므로 경상수지–상품수지의 대변에, 이에 따른 수출대금의 유입은 대외자산을 증가시키므로 금융계정–기타투자의 차변에 현금 및 예금과 무역관련신용으로 각각 나누어 계상된다.

2. 외국기업이 우리나라에 LCD부품제조공장을 설립하기 위하여 현금 40만달러와 기계설비 60만달러를 출자하였다.

차변(지급)	대변(수취)
경상수지>상품수지> 상품수입 60 금융계정>기타투자> 현금및예금 40	금융계정>직접투자> 외국인직접투자 100

☞ 외국인의 국내직접투자는 대외부채를 증가시키므로 금융계정–직접투자의 대변에, 기계설비의 국내반입은 상품수입(실물자산의 증가)을 가져오므로 경상수지–상품수지의 차변에, 그리고 현금출자에 의한 자금유입은 금융자산의 증가를 가져오므로 금융계정–기타투자의 차변에 계상된다.

3. 우리나라 자산운용사가 국내투자자로부터 펀드를 조성하여 뉴욕시장에서 50만달러에 상당하는 미달러화표시 재정증권(만기 1년 이하)을 매입하였다.

차변(지급)	대변(수취)
금융계정>증권투자> 해외증권투자 50	금융계정>기타투자> 현금및예금 50

☞ 우리나라의 해외증권투자는 대외자산의 증가를 가져오므로 금융계정－증권투자의 차변에, 이에 따른 현금 및 예금의 감소는 대외자산의 감소를 가져오므로 금융계정－기타투자의 대변에 계상된다.

4. 외국투자자가 국내기업으로부터 받은 배당금 75만달러를 본국으로 송금하였다.

차변(지급)	대변(수취)
경상수지> 본원소득 수지> 배당및이자 75	금융계정> 기타투자> 현금및예금 75

☞ 배당금의 해외송금은 경상수지의 본원소득수지의 차변에, 이에 따른 현금 및 예금의 감소는 대외자산의 감소를 가져오므로 금융계정－기타투자의 대변에 계상된다.

5. 우리나라 기업이 유럽기업으로부터 상표권을 매입하고 현금 300만달러를 지급하였다.

차변(지급)	대변(수취)
자본수지> 비생산 · 비금융자산 300	금융계정> 기타투자> 현금및예금 300

☞ 상표권의 매입은 마케팅자산의 증가이므로 자본수지－비생산·비금융자산의 차변에, 매입 대금의 지급에 따른 현금 및 예금의 감소는 대외자산의 감소를 가져오므로 금융계정－기타투자의 대변에 계상된다.

(3) 국제수지의 균형과 국제수지표

국제수지 균형의 의미

균형이란 사전(事前)적(*ex ante*) 개념인 수요와 공급이 일치하는 경우를 말함. 수요와 공급이 일치하지 않으면 사후(事後)적(*ex post*)으로 의도하지 않은 재고의 변동으로 나타남.

국제수지표의 사후적 항등성이 국제수지의 균형(Balance of Payment Equilibrium)을 의미하지 않는다. 국제수지표는 복식기부의 원리에 따라 하나의 경상거래 또는 금융거래가 발생하면 똑같은 금액을 차변과 대변에 동시에 사후적으로 기록하여 작성한다. 따라서 국제수지표는 항상 차변(외환의 지급)의 합계와 대변(외환의 수취)의 합계가 같아지는 항등관계－즉 국제수지표의 (사후적) 항등성이 성립한다. 반면 국제수지의 균형이란 경상 및 금융거래로 발생하는 외환의 수요와 공급이 사전적으로 일치하는 상태를 말한다.

자율적/보정적 거래

외환의 수요와 공급을 사전적(事前的)으로 파악하기 어렵기 때문에 국제수지 균형을 파악하기 위한 대체수단으로서 자율적 거래와 보정적 거래라는 개념을 많이 활용하고 있다. 자율적 거래(autonomous transaction)란 가격, 소득, 이자율 등 경제적 요인의 차이로 인해 발생하는 거래를 말하고, 보정적 거래(accommodating transaction)란 자율적 거래를 뒷받침하기 위하여 발생하는 보조적 거래를 말한다. 일반적으로 〈표 6-1〉의 국제수지표상에서 위 쪽에 위치할수록 자율적 거래의 성격이 강하고, 아래 쪽에 위치할수록 보정적 성격이 강하다.

국제수지 균형의 판단기준

자율적 거래와 보정적 거래를 어디서 나누는가는 국제수지의 균형을 정의하고 판단하는 데 중요한 문제이다. 국제수지 균형의 판단기준으로 경상수지, 기초수지, 종합수지 등이 제시되고 있으며, 각국의 경제여건이나 연구목적에 맞추어 적절히 사용하면 된다.

경상수지로 보는 견해

첫째, 경상수지에 의해－즉 경상수지를 자율적 거래로 보고, 금융계정과 자본수지를 보정적 거래로 보아 국제수지의 균형 여부를 파악하는 견해이다. 가장 보편적 견해로서 국제수지 불균형의 밑바탕은 경상수지 불균형에서 기인하며, 궁극적으로 국제수지의 균형은 경상수지의 균형에 의해서만 달성되기 때문이다. 또한 경상수지는 국민소득 등 실물부문과 직결되어 있기 때문에 국민경제의 대외균형을 분석하는 데 중요한 개념이다.

기초수지로 보는 견해

경상수지
금융계정
직접투자 ─ 기초수지
증권투자
파생금융상품
기타투자 ─ 종합수지

둘째, 장기적 자본이동 성격을 갖는 직접투자는 국내경제성장에 기여할 뿐만 아니라 일국의 장기결제능력을 나타내므로 경상수지에 직접투자수지를 합한 기초수지에 의해 국제수지 균형 여부를 파악하여야 한다는 견해이다. 직접투자 등 장기자본으로 자본재 등을 수입하는 과정에서 경상수지가 일시적으로 적자를 보인다고 해서 이러한 경상수지 적자를 국제수지 불균형으로 파악하는 것은 타당하지 않다는 것이다. 그러나 단기자본은 경제상황이 변하면 쉽게 유출될 우려가 있어 국제결제능력을 확보하는 수단으로 부적합하기 때문에 제외시켜야 한다고 본다.

종합수지로 보는 견해

셋째, 외환의 수요와 공급은 경상거래뿐만 아니라 금융거래에 의해 발생하므로 경상수지와 민간부문의 금융거래를 모두를 합한 종합수지에 의해 국제수지의 균형을 파악하여야 한다는 견해이다. 이러한 견해는 증권투자, 파생금융상품, 기타투자 등 단기적 성격을 갖는 자본의 이동이 안정적 추세를 보이고 있다는 것을 전제로 하고 있다. 그러나 투기로 인해 단기자본의 유출입이 불안정적이거나 경상수지의 지속적 적자를 단기자본의 유입에 의해 지탱하는 것은 타당하지 않다.

6.2 국제수지와 국민경제 간 관계

(1) 국민소득과 국제수지

국민소득의 항등성

일정기간 동안 한 국민경제의 총생산이 의도한 총지출보다 많거나 적으면 재고의 변동을 초래하는데, 국민소득계정에서는 이를 재고투자로 계상하여 처리하기 때문에 총생산과 총지출 간 항등관계가 성립함.

개방경제에서 각국은 자국에서 생산한 상품을 해외에 수출하기도 하고 해외에서 생산된 상품을 수입(輸入)하기도 한다. 일정기간 동안 각국이 국내에서 생산하고 해외에서 수입한 합은 국내 경제주체에 의해 소비되고 해외에 수출된 합과 같아야 하므로 다음과 같은 항등관계가 성립한다.

$$Y + IM \equiv C + I + G + EX \qquad (6\text{-}1)$$

여기서 Y는 국민총생산,[6] C는 소비지출, I는 투자지출, G는 정부지출, EX는 수출, IM은 수입을 나타낸다.

그림 6-1 개방경제에서 국민소득의 순환

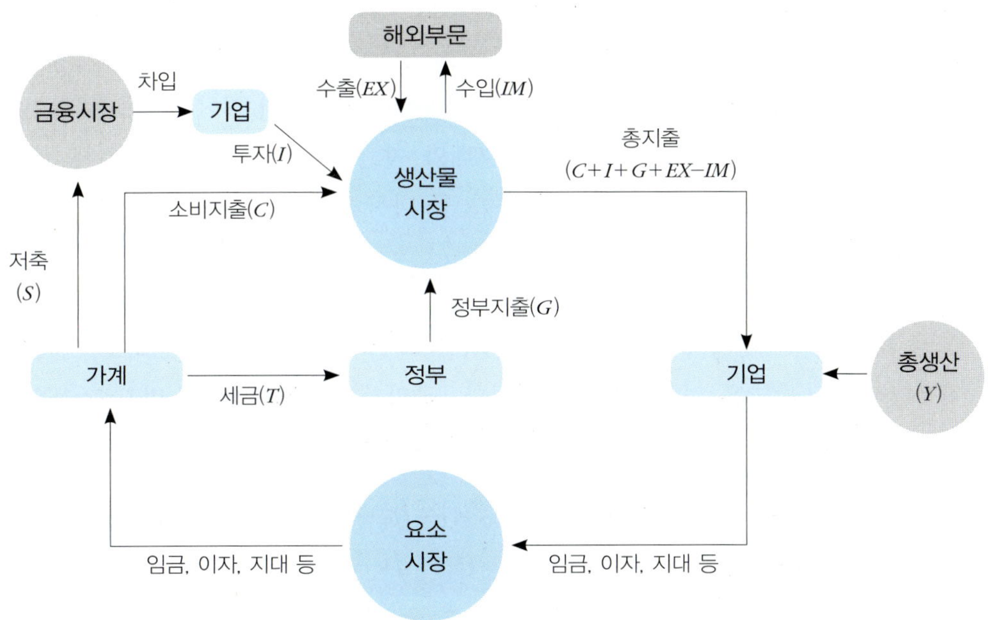

6 GNP는 내국인에 의해 생산된 부가가치의 합을 의미하고, GDP는 거주자에 의해 생산된 부가가치의 합을 의미함. 따라서 GDP에 본원소득수지를 합하면 GNP가 되는데, 여기서는 본원소득수지를 0이라고 가정하였음.

생산과 지출 측면

식 (6-1)을 이용하여 국민소득을 생산과 지출측면에서 파악해 보면 다음과 같은 항등관계가 성립한다.

$$\begin{aligned} Y &\equiv C+I+G+(EX-IM) \\ &\equiv A+(EX-IM) \end{aligned} \quad (6\text{-}2)$$

식 (6-2)에 따르면 국민총생산은 국내부문에 의한 지출($C+I+G$) 중에서 수입(IM)된 것은 공제하고 해외부문에 의한 지출(EX)을 합한 것과 같음을 의미한다. 따라서 국내부문에 의한 지출을 하나로 묶어서 국내총지출(A: absorption)로 보면 국민총생산은 국내총지출에 순수출을 더한 것과 같다.

흡수와 순수출 측면

식 (6-2)에서 국내총지출(A)을 좌변으로 옮기면 국민총생산 및 국내총지출과 순수출 간에 다음과 같은 관계가 성립한다.

$$Y-A\equiv EX-IM \quad (6\text{-}3)$$

국민총생산이 국내총지출보다 크면 남는 것을 해외에 수출하게 되고, 반대로 국민총생산이 국내총지출보다 작으면 모자라는 것을 해외로부터 수입에 의해 충당하게 됨을 의미한다. 바꾸어 생각해 보면 상품 및 서비스수지가 흑자를 달성하기 위해서는 국민총생산이 국내총지출보다 더 커야 함을 의미한다.

분배와 지출 측면

개방경제에서 국민소득을 분배와 지출측면에서 파악하기 위해 식 (6-2)에 조세(T)를 빼고 이전소득수지(TR)를 더하면 다음과 같이 표시된다.

$$Y-T+TR\equiv C+I+(G-T)+(EX-IM+TR) \quad (6\text{-}4)$$

식 (6-4)에서 좌변의 $Y-T+TR$은 국민가처분소득을 의미하고, 우변의 $EX-IM+TR$은 경상수지를 의미한다. 국민가처분소득에서 소비지출(C)을 빼면 저축(S)이 되므로 식 (6-4)를 다음과 같이 바꾸어 쓸 수 있다.

$$Y-T+TR-C\equiv S\equiv I+(G-T)+(EX-IM+TR) \text{ 또는}$$
$$(S-I)+(T-G)\equiv(EX-IM+TR) \quad (6\text{-}5)$$

식 (6-5)에서 경상수지는 민간저축 및 정부저축의 합과 항등관계를 가지고 있음을 알 수 있다.

경상수지 흑자와 해외투자

경상수지가 흑자인 경우 식 (6–5)를 다음과 같이 바꾸어 쓸 수 있다.

$$S+(T-G)\equiv I+(EX-IM+TR) \tag{6-6}$$

이는 민간부문과 정부부문의 저축이 국내투자를 초과하면 경상수지가 흑자를 보인다. 이때 경상수지 흑자는 국내저축 중에서 국내에 투자하고 남는 잉여분을 해외에 투자하고 있음을 함축하고 있다.

경상수지 적자와 해외저축

반면 경상수지가 적자인 경우 식 (6–5)를 다음과 같이 바꾸어 쓸 수 있다.

$$S+(T-G)+(IM-EX-TR)\equiv I \tag{6-7}$$

이는 국내투자가 민간부문과 정부부문의 저축을 초과하면 경상수지가 적자를 보인다. 이때 경상수지 적자는 국내투자를 국내저축에 의해서 메우지 못하므로 부족분을 해외로부터 저축에 의해 충당하고 있음을 함축하고 있다.

사례 연구 국민소득계정과 국제수지

아래 표에서 보는 것과 같이 우리나라 국민소득계정을 통하여 개방경제하에서 총생산과 총지출 간 항등관계뿐만 아니라 국민소득계정이 국제수지와 어떻게 연계되어 있는가를 파악할 수 있다. 우선 국민총지출은 민간최종소비지출, 정부최종소비지출, 투자지출(총고정자본형성과 재고증감) 및 순수출(재화와 서비스 수출－재화와 서비스 수입)로 되어 있다. 이들의 합계는 국내총생산(GDP)과 같다. 국내총생산에서 국제수지표의 본원소득수지에 해당하는 국외순수취요소소득을 더함으로써 국민총소득(GNI)을 얻을 수 있다. 나아가 국민총소득에서 국제수지표에서 이전소득수지에 해당하는 국외순수취경상이전을 더함으로써 국민총처분가능소득(GNDI)을 얻을 수 있다. 재화 및 서비스의 수출에서 수입을 공제한 상품 및 서비스수지에 국외순수취요소소득과 국외순수취경상이전을 더하면 경상수지가 된다.

1990년 이후 우리나라 국민총지출의 구성을 보면, 민간최종소비지출이 국내총생산에서 차지하는 비중은 50%대를 상회하였으나 최근에는 50%를 밑돌고 있다. 정부의 최종소비지출은 1990년 11.8%에서 지속적으로 상승하여 2010년 이후 15%를 웃돌고 있다. 반면 자본축적을 나타내는 총고정자본형성은 1990년 36.2%에서 지속적으로 감소하여 2010년 이후 30% 내외를 차지하고 있다. 그리고 우리나라 순수출(재화와 서비스 수출－재화와 서비스 수입)은 1990년대 들어 1993년 일시적으로 흑자를 보인 것을 제외하면 지속적으로 적자를 나타내었다. 1997년 외환위기를 겪으면서 순수출이 흑자로 돌아섰으며 글로벌 금융위기를 겪은 2008년을 제외하면 1998년부터 지속적으로 흑자를 보이고 있다.

한편 1995년 WTO의 출범 등으로 무역자유화가 크게 진전됨에 따라 우리나라의 대외의존도도 크게 높아지고 있다. 우리나라 국내총생산에서 재화 및 서비스의 수출과 수입의 합이 차지하는 비중이 1990년중 50%대에 머물렀으나, 2000년에는 75% 내외로 높아졌다. 이 비중은 2010년에 100%를 넘어서기도 하였으나 최근에는 80% 내외를 나타내고 있다.

국민소득계정의 구성

(단위: 조원, %)

항 목 명	기호	1990		2000		2010		2015		2016		2017	
국내총생산(GDP)	Y	191.4	(100.0)	603.2	(100.0)	1,173.3	(100.0)	1,564.1	(100.0)	1,641.8	(100.0)	1,730.4	(100.0)
민간최종소비지출	C	96.9	(50.7)	330.4	(54.8)	617.0	(52.6)	771.2	(49.3)	798.7	(48.6)	832.2	(48.1)
정부최종소비지출	G	22.5	(11.8)	72.1	(12.0)	178.4	(15.2)	234.8	(15.0)	249.2	(15.2)	265.3	(15.3)
총고정자본형성	I	69.4	(36.2)	180.7	(30.0)	331.7	(28.3)	458.4	(29.3)	487.3	(29.7)	538.5	(31.1)
재고증감		3.5	(1.8)	3.6	(0.6)	14.7	(1.3)	−6.1	(−0.4)	−7.0	(−0.4)	−0.8	(0.0)
재화와 서비스 수출	EX	52.9	(27.6)	232.6	(38.6)	613.4	(52.3)	709.1	(45.3)	694.2	(42.3)	745.6	(43.1)
(공제)재화와 서비스 수입	IM	54.2	(28.3)	215.4	(35.7)	583.2	(49.7)	600.2	(38.4)	581.7	(35.4)	652.2	(37.7)
통계상불일치		0.3	(0.2)	−0.9	(−0.1)	1.3	(0.1)	−3.1	(−0.2)	1.1	(0.1)	1.6	(0.1)
국외순수취요소소득		−0.1		−3.1		1.5		4.3		4.4		0.1	
국민총소득(GNI)		191.3		600.2		1,174.8		1,568.4		1,646.2		1,730.5	
국외순수취경상이전	TR	0.8		0.6		−3.5		−5.6		−6.6		−8.0	
국민총처분가능소득(GNDI)		192.1		600.8		1,171.2		1,562.7		1,639.6		1,722.5	
(공제)고정자본소모		20.5		83.2		150.9		305.7		315.5		331.7	
국민처분가능소득(NDI)		171.6		517.6		1,020.3		1,257.1		1,324.1		1,390.8	

주: ( ) 내는 국내총생산에서 차지하는 비중.
자료: 한국은행 홈페이지 경제통계시스템(http://ecos.bok.or.kr/).

(2) 통화량과 국제수지

1) 경상수지와 순외화자산의 변동

경상수지와 순외화자산의 변동

일정기간 동안 발생한 일국의 경상수지(Current Account)는 일국이 보유하고 있는 순외화자산(Net Foreign Asset)을 변동시킨다. 외국과 경상거래에서 수취한 외화가 지급한 외화보다 많으면 경상수지가 흑자를 보이게 된다. 앞의 식 (6−5)에서 본 것과 같이 경상수지의 흑자는 민간 및 정부부문에서 순저축이 이루어질 때 발생한다. 이러한 경상수지(*CA*) 흑자는 일국이 보유하는 순외화자산(NFA)의 증가를 가져온다. 이들 간 관계를 다음과 같이 식으로 간단히 표시할 수 있다.

개인의 경우도 소득이 지출보다 많으면 가계수지가 흑자를 보여 저축을 하게 되고, 저축은 예금, 채권, 주식, 부동산 등 순자산의 증가로 나타남.

$$CA \equiv EX - IM + TR \equiv (S - I) + (T - G) \equiv \Delta NFA \qquad (6\text{-}8)$$

여기서 기호 Δ는 변동분을 나타낸다.

순외화자산의 보유주체에 따른 구분

순외화자산의 변동은 보유주체에 따라 중앙은행(Central Bank: *CB*), 예금은행(Depository Bank: *DB*), 정부부문(*G*), 민간부문(*P*)으로 구분하여 볼 수 있다.[7]

$$\Delta NFA \equiv \Delta NFA^{CB} + \Delta NFA^{DB} + \Delta NFA^{G} + \Delta NFA^{P} \qquad (6\text{-}9)$$

민간기업이 수출대금으로 외환을 받게 되면 민간부문의 순외화자산이 늘어나게 된다. 민간기업이 수출대금으로 받은 외환을 예금은행에 매각하면 민간부문의 순외화자산이 감소하고 예금은행의 순외화자산이 증가하게 된다. 중앙은행이 환율안정을 위해 예금은행으로부터 외환을 매입하게 되면 예금은행의 순외화자산이 감소하고 중앙은행의 순외화자산이 증가하게 된다. 중앙은행이 순외화자산을 매입하는 대가로 원화를 지급하는 과정에서 통화량에 영향을 미치게 된다.

2) 중앙은행의 순외화자산의 변동과 통화공급

해외부문을 통한 통화공급경로

국제수지가 어떠한 경로를 통하여 통화공급에 영향을 미치는가는 중앙은행 재무상태표를 통하여 명확히 파악할 수 있다. 〈표 6−3〉 중앙은행 재무상태표

7 통화금융기관은 본원통화를 공급하는 한국은행과 예금통화를 창출하는 예금은행으로 구성됨. 예금은행은 예금을 수취하여 대출하는 업무를 반복적으로 수행하는 과정에서 예금통화를 창출하는데, 현재 일반은행(시중은행, 지방은행 및 외국은행 국내지점)과 특수은행(한국산업은행, 한국수출입은행, 중소기업은행, 농 · 수협중앙회의 신용사업부문)으로 구성되어 있음.

표 6-3 중앙은행 재무상태표(요약)

자 산(차변)	부 채(대변)
국내여신(Domestic Credit) { 대정부 여신(대출) { 대금융기관 여신(대출) 순외화자산(Net Foreign Asset)	본원통화(High-powered Money)

주: 순외화자산 = 외화자산 − 외화부채.

(요약)에서 보는 것과 같이 대변의 주요 항목은 본원통화이고, 차변의 주요 항목은 대정부 여신 및 대민간금융기관 여신으로 구성된 국내 여신과 외화자산에서 외화부채를 뺀 순외화자산이다.

복식부기의 원리에 의해 차변의 합계와 대변의 합계는 항상 같으므로 국내여신(DC: Domestic Credit), 순외화자산(NFACB) 및 본원통화(H: High-powered Money) 간에는 다음과 같은 항등관계가 성립한다.

$$DC + NFA^{CB} \equiv H, \text{ 또는} \quad (6\text{-}10)$$

$$\Delta DC + \Delta NFA^{CB} \equiv \Delta H \quad (6\text{-}11)$$

이는 통화공급경로가 크게 국내부문 및 해외부문으로 나누어지고, 국내부문은 다시 정부부문과 민간부문으로 나누어짐을 나타내고 있다.

본원통화의 변동과 통화량의 변동

일반적으로 통화량의 변동은 크게 두 단계로 나누어진다. 먼저 중앙은행의 국내여신이나 순외화자산의 변동은 본원통화의 변동을 초래한다. 나아가 본원통화의 변동은 예금은행의 신용창조과정을 통해 통화량－즉 통화(M1), 총통화(M2) 등을 변동시키게 된다.

국제수지가 통화공급에 어떻게 영향을 미치는가는 어떠한 환율제도를 채택하고 있는가에 따라 달라진다.

고정환율제도와 통화공급

고정환율제도에서 국제수지의 변동은 직접적으로 통화공급의 변동을 초래한다. 예를 들어 민간과 정부부문에서 경상 및 금융거래의 결과로 국제수지가 흑자를 보이게 되면－즉 수취한 외환이 지급한 외환보다 많게 되면 남는 외환을 외국환은행에 매각하게 된다. 이로 인해 외국환은행은 매입초과포지션 상태에 놓이게 되므로 매입초과 외환을 중앙은행에 매각하게 된다. 중앙은행은 외국환은행에서 외환을 매입하고 그 대가를 자국통화로 지급하는 과정에서 본원통화의 공급이 이루어지고, 예금창조의 과정을 통해 통화승수배만큼 통화량이 늘어나게 된다. 결과적으로 고정환율제도에서 국제수지가 흑자를 보이면 중앙은행이 환율을 고정시키기 위해 초과공급된 외환을 매입하는 과정에서 통화공급이 이루어진다. 반면 국제수지가 적자를 보이면 중앙은행이 초과수요를 메우기 위해 보유한 외환을 매각하는 과정에서 통화의 환수가 이루어진다.

변동환율제도와 통화공급

변동환율제도에서 국제수지 변동은 직접적으로 통화공급에 영향을 미치지 않는다. 예를 들어 민간과 정부부문에서 경상 및 금융거래로 국제수지가 흑자를 보이면 외환시장에서 초과공급이 발생하여 환율이 하락할 뿐이지 통화공급에는 영향을 미치지 않는다. 그러나 중앙은행이 자국통화의 절상으로 인한 부작용을 우려하여 외환시장개입을 통해 외환을 매입하게 되면 중앙은행의 순외화자산이 늘어나는 동시에 이에 상응하는 만큼 본원통화가 증가하고, 궁극적으로 본원통화 증가량의 승수배에 달하는 만큼 통화량이 늘어나게 된다. 만약 중앙은행이 통화량의 증가로 인한 인플레이션을 우려한다면 공개시장조작을 통해 국내채권을 매각함으로써 늘어나는 통화량의 일부 또는 전부를 흡수하는 불태화정책을 구사하게 된다.

사례 연구 우리나라의 국제수지와 통화공급

우리나라에서는 국제수지와 본원통화 간 관계를 한국은행 재무상태표를 통해 파악할 수 있다. 2017년 말 현재 한국은행의 자산측면을 보면 국내자산은 대정부 대출금 1.3조원, 대금융기관 대출금 17.2조원, 유가증권 14.8조원 등 62.9조원에 불과한 반면, 국외자산은 외국증권 326.0조원, 외화예치금 23.8조원 등 407.7조원에 달하고 있다. 부채측면을 보면 국내부채 407.6조원 중 화폐발행액은 107.9조원, 은행금융기관 지준예치금이 대부분인 예금계가 92.3조원이고, 통화안정증권발행은 170.8조원에 달하고 있다.

우리나라 중앙은행의 재무상태표를 보면 자산측면에서는 외화자산이 큰 비중을 차지하고 부채측면에서는 본원통화(화폐발행액+예금계(은행금융기관 지준예치금))과 통화안정증권발행이 큰 비중을 차지하고 있다. 우리나라 정부는 1997년 말 외환위기 이후 해외에서 외국환평형채권 발행, 증권시장개방을 통한 외국인증권투자 확대 등을 통해 외환보유액의 확충을 시도하였으며, 대내외경제여건에 힘입어 경상수지도 지속적으로 흑자를 보였다. 이러한 경상수지 흑자와 자본의 순유입으로 외환공급이 대폭 증가하면서 원화의 절상압력이 커졌다. 한국은행은 원화의 절상으로 인해 우리나라 기업의 대외가격경쟁력이 약화되는 것을 막기 위해 외환을 적극 매입하였기 때문에 외화자산이 크게 늘어났다. 한국은행은 통화

| 한국은행 재무상태표(2017년 말 현재)

(단위: 조원)

자 산		부 채	
국내자산	62.9	국내부채	407.6
대정부 대출금	1.3	화폐발행액	107.9
대금융기관 대출금	17.2	예금계	92.3
유가증권	14.8	중앙정부예금	9.9
국외자산	407.7	통화안정증권발행	170.8
외국증권	326.0	국외부채 및 기타	63.0
외화예치금	23.8	비거주자예금	5.2
국제금융기구출자금	16.9	IMF특별인출권배분	3.7
합 계	470.6	합 계	446.5

자료: 한국은행 홈페이지 경제통계시스템(http://ecos.bok.or.kr/).

량 증발로 인한 인플레이션을 막기 위해 통화안정증권의 발행을 통해 본원통화를 적극 환수하는 정책을 사용해오고 있다. 그러나 통화안정증권 발행에 대한 이자부담이 크게 늘어나면서 국민의 세금으로 수출기업을 지원하는 것이 아니냐는 논란을 불러일으키고 있다.

요약

1. 국제수지표란 일정기간 동안 일국의 거주자와 비거주자 간에 일어난 모든 경제적 거래를 체계적으로 분류·정리한 표이다.
2. 거주자란 경제활동을 영위하는 본거지가 국민경제 영역 내에 있는 경제주체를 말한다. 개인은 경제활동에 있어서 주된 경제적 이익의 중심(center of predominant economic interest)이고, 기업은 거주성에 의해 거주자 여부를 구분한다.
3. 국제수지표는 거래의 특성에 따라 크게 경상수지, 금융계정 및 자본수지로 나누어진다. 경상수지는 상품수지, 서비스수지, 본원소득수지 및 이전소득수지로 나누어지고, 자본수지는 자본이전과 비생산·비금융자산으로 나누어지며, 금융계정은 직접투자, 증권투자, 파생금융상품, 기타투자 및 준비자산증감으로 나누어진다. 오차 및 누락은 통계작성과정에서 발생되는 통계상 불일치를 조정하기 위하여 사후적으로 계상하는 항목이다.
4. 국제수지 균형이란 국제수지표의 사후적 항등성과는 달리 외환의 수요와 공급을 일치시키는 사전적 개념이다. 외환의 수요와 공급은 사전적으로 파악할 수 없으므로 경제적 요인에 의한 자율적 거래로 발생하는 외환의 수급에 의해 국제수지 균형을 파악한다. 국제수지의 균형을 경상수지, 기초수지 또는 종합수지 등으로 보는 견해가 있지만 일반적으로 경상수지 균형으로 파악한다.
5. 개방경제하에서 국민총생산은 국내총지출 및 순수출의 합과 항등관계를 갖는다. 즉 순수출은 국민총생산에서 국내총지출을 뺀 것과 같다. 따라서 국민총생산이 국내총지출보다 크면 경상수지가 흑자를 나타내고, 국내총지출이 국민총생산보다 크면 경상수지가 적자를 나타낸다.
6. 경상수지 흑자는 국민총저축이 국내총투자를 초과하는 경우 발생하므로 국내부문이 잉여저축을 해외에 투자하는 것은 의미하고, 경상수지 적자는 국내총투자가 국민총저축을 초과하는 경우 투자부족분을 해외부문이 국내에 저축하는 것을 의미한다.
7. 국제수지가 통화량에 미치는 영향은 어떠한 환율제도를 채택하고 있는가에 따라 달라진다. 고정환율제도에서는 국제수지 흑자 → 외국환은행 외환매입 → 중앙은행 외환매입 과정에서 본원통화의 공급이 이루어지므로 국제수지의 변동이 통화량에 직접적으로 영향을 미친다. 반면 변동환율제도에서 국제수지 흑자는 외환시장에서 초과공급을 초래하여 환율을 하락시킬 뿐이지 통화량에 직접적으로 영향을 미치지 않는다. 그러나 중앙은행이 자국통화의 절상으로 인한 부작용을 우려하여 외환시장개입을 통해 외환을 매입하면 이 과정에서 본원통화의 공급이 이루어진다.

연습문제

1. 다음 용어를 간략히 설명하시오.

(1) 거주자와 내국인

(2) 가공무역

(3) 외환보유액과 준비자산증감

(4) 국제수지의 항등성과 국제수지 균형

(5) 경상수지 흑자와 해외투자

(6) 중앙은행의 통화공급경로

2. 1980년대 이후 우리나라의 국제수지의 변동추이를 시기별로 구분하여 보고, 시기별로 그 특징에 관하여 조사하여 보시오.

3. 국제수지표는 일정기간 동안 외국과 경제거래를 기록한 것이고, 국제투자대조표는 일정시점에서 대외국금융자산과 부채를 기록한 것이다. 국제수지표와 국제투자대조표 간 관계에 대하여 설명하시오.

4. 다음과 같은 국제경제거래를 국제수지표의 작성원리에 따라 기록하여 보시오.

(1) P제철이 브라질로부터 철광석 100만달러어치를 3개월 후에 갚기로 하고 수입하였다.

(2) 대한적십자사가 필리핀의 태풍으로 인한 피해를 돕기 위해 20만달러어치의 식량, 의복 등을 무상으로 제공하였다.

(3) 우리나라 기업이 120만달러에 상당하는 국내 공장설비를 베트남으로 이전하는 동시에 현금 80만달러를 출자하여 현지에 공장을 설립하였다.

(4) 퀀텀펀드가 우리나라 증권시장에서 1억달러어치의 S전자 주식을 매입하고 Bank of America가 발행한 송금수표를 매입대금으로 지급하였다.

(5) L전자가 퀄컴사에게 코드분할다중접속(CDMA) 원천기술 사용료로 10만달러를 지급하였다.

(6) 한국투자공사는 외환보유고 확충을 위해 발행하였던 외국환평형채권의 만기가 도래함에 따라 10억달러를 상환하였다.

(7) 한국은행이 IMF의 SDR 증자에 3억달러를 출연하였다.

(8) 중국의 단체여행객이 제주도에서 식대 및 숙박료, 기념품 구입 등 여행경비로 10만달러를 지출하였다.

5. 1980년대와 최근 미국의 쌍둥이 적자(Twin Deficit) — 즉 재정수지 적자와 경상수지 적자가 국제사회에서 현안문제로 대두되고 있다.

(1) 1980년대에는 미국의 경상수지 적자의 해결방안을 놓고 미·일 간에 통상마찰이 발생하였다. 미국의 쌍둥이 적자를 본문의 식 (6-5)를 이용하여 설명하고, 미국 경상수지 적자의 원인과 해결방안에 대한 미·일 간 시각 차이를 조사·설명하시오.

(2) 최근에는 미국의 경상수지 적자의 해결방안을 놓고 미·중 간 통상마찰이 일어나고 있다. 미국 경상수지 적자의 원인과 해결방안에 대한 미·중 간 시각 차이를 조사·설명하시오.

6. 1980년대 이후 현재까지 우리나라 경상수지와 금융계정(준비자산증감 제외)의 변동추이를 그래프를 그려 구분하여 살펴보시오. 특히 1990년대 중반을 전후로 경상수지와 금융계정(준비자산증감 제외) 간 대칭적 관계가 무너지고 있는데 그 이유를 찾아보시오.

7. 최근 우리나라의 경상수지가 지속적으로 큰 폭의 흑자를 보이는 것은 급속한 고령화가 주요한 원인의 하나로 지적되고 있다. 그 이유를 국민소득계정과 국제수지 간 관계를 이용하여 설명하여 보시오.

8. 일반적으로 한 나라의 통화량은 종합수지와 밀접하게 연관되어 있다. 우리나라는 1997년 외환위기 이후 2008년을 제외하면 매년 종합수지[경상수지+금융계정(준비자산증감 제외)]가 흑자를 보이고 있는데 이와 관련시켜 다음 물음에 답하시오.

(1) 한 국가의 통화량이 종합수지와 밀접하게 연관되어 있는 이유를 설명하여 보시오.

(2) 지난 20여 년 동안 우리나라 중앙은행은 해외부문을 통한 통화증발로 인해 우리경제가 부딪치게 될 문제점을 어떻게 파악하고 있었는가에 대하여 설명하시오.

(3) 또한 우리나라 중앙은행이 이러한 문제점을 사전에 대응하기 위하여 어떻게 정책을 펴왔는가에 대하여 설명하여 보시오.(2005년 행정고시 국제경제학 기출문제 일부 변형)

CHAPTER 07

외환시장과 환율

국가마다 결제수단으로 사용하는 법정통화가 다르기 때문에 국제경제거래에서는 일반적으로 외(국)환이 결제수단으로 사용된다. 따라서 자국통화와 외국통화의 매매를 중개하는 외환시장이 잘 발달되어 있어야 국제경제거래도 원활하게 이루어지게 된다. 환율은 두 통화 간 교환비율로서 외환의 수요와 공급에 의하여 결정되는데, 그 결정메커니즘은 변동환율제도냐 또는 고정환율제도냐에 따라 크게 달라진다. 외환거래의 형태는 전통적으로 현물환거래와 선물환거래로 구분된다. 환율이 시시각각 변동하므로 외환거래자는 환위험을 회피하거나 환차익을 얻고자 외환거래를 통하여 외환포지션을 조정한다.

7.1 외환시장의 의의와 구조

(1) 외환시장의 의의와 기능

1) 외환시장의 의의

외환의 개념

우리나라 외국환거래법에서는 외환을 대외지급수단(對外支給手段), 외화증권(外貨證券) 및 외화채권(外貨債權)이라고 정의하고 있음.

외(국)환(foreign exchange)은 국가 간 대차의 결제수단으로서 구체적 의미뿐만 아니라 대차의 결제방법으로서 추상적 의미도 있다. 대차결제수단으로서 외환은 외국화폐 또는 외국화폐의 청구권을 나타내는 외화표시예금, 수표, 주식 및 채권 등 국제결제수단을 말한다. 반면에 대차결제방법으로서 외환은 국가 간 현금을 보내는 불편과 위험을 피하기 위해 제3자인 은행을 통하여 어음·수표 등 신용수단을 이용하여 대차를 결제하는 제도를 말한다. 여기서 외환이란 대차결제수단으로서 외환을 의미한다.

외환시장의 의의

시장이란 원래 재화의 거래가 집단적으로 이루어지는 구체적인 장소를 나타냈으나 경제발전으로 거래규모가 커지고 거래내용 및 방법이 다양해짐에 따라 수요자와 공급자가 접촉할 수 있는 영역을 모두 포괄하는 추상적 개념으로 바뀌었음.

외환시장(foreign exchange market)이란 외환의 매매가 이루어지는 구체적인 장소뿐만 아니라 정기적 또는 지속적으로 이루어지는 총괄적인 거래메커니즘 또는 거래양태를 포괄하는 개념이다. 외환시장이라고 하면 흔히 외환수요자와 외환공급자가 서로 만나서 외환을 사고파는 구체적인 장소를 연상하게 된다. 그러나 정보통신기술의 발달에 힘입어 전화, 컴퓨터 등 다양한 통신수단을 이용하여 국내에서 또는 국가 간에 외환거래가 이루어지면서 외환시장은 추상적 개념으로서 성격이 더욱 강해지게 되었다.

외환시장의 성격

외환시장은 국제금융시장의 일부로 인식되고 있지만 외환으로 자금의 대차가 이루어지는 국제금융시장과는 구별된다. 엄밀한 의미에서 국제금융시장은 자금의 융통이 이루어지는 **신용시장**(credit market)인 반면에, 외환시장은 기본적으로 서로 다른 통화가 거래되는 **매매시장**으로서 성격을 가지고 있다.

2) 외환시장의 기능

청산

외환시장은 일차적으로 외환의 수요와 공급을 연결시키는 **청산**(clearing) 기능을 수행함으로써 대외거래를 원활하게 한다. 해외에 수출을 하거나 해외에서 차입하여 외환을 획득하게 되면 이를 국내에서 사용하기 위해서는 자국통화로 바꾸어야 한다. 반면 해외로부터 수입을 하거나 해외에 투자를 하고자 하면 자국통화를 외환으로 바꾸어야 한다. 이와 같이 외환시장은 외환을 사고자 하는 자와 외환을 팔고자 하는 자를 연결시켜 주는 역할을 담당함으로써 대외거래가 원활하게 이루어지도록 한다.

국제수지 조정

변동환율제도에서 환율은 외환의 수요와 공급에 따라 변동하므로 **국제수지 조정기능**을 수행한다. 예를 들어 한 나라의 국제수지가 적자를 보이면 외환의 초과수요가 발생함으로써 환율이 상승 – 즉 자국통화의 대외가치가 하락하게 된다. 이러한 환율의 상승은 자국 상품의 대외경쟁력을 강화시켜 국제수지를 개선시킴으로써 국제수지 적자를 해소시킨다.

재정

외환시장은 **재정**(裁定: arbitrage)**기능**을 수행한다. 지역적으로 떨어져 있는 외환시장 간 환율의 차이가 발생하면 외환의 가격이 싼 시장에서 매입하여 비싼 시장에 매도함으로써 매매차익을 얻고자 하는 재정거래가 발생한다. 이러한 재정거래로 인해 외환시장이 지역적으로 떨어져 있더라도 환율이 같아지게 된다.

헤지와 투기

이외에도 외환시장은 **헤지**(hedge)나 **투기**(speculation)할 수 있는 장소를 제공한다. 환율이 변동하게 되면 외환거래자가 보유한 외화자산이나 외화부채의 자국통화로 환산한 가치도 변하게 된다. 환율이 변동할 것으로 예상되는 경우 외환거래자는 미리 외환거래를 통하여 자기가 보유하고 있는 외화자산이나 외화부채의 크기를 조정함으로써 환위험을 회피할 수 있다. 반면 외환거래자는 환차익을 얻기 위하여 외환거래에 참여하기도 한다. 즉 외환거래자는 환율이 오를 것으로 예상되면 외환을 사두고, 환율이 떨어질 것으로 예상되면 가지고 있는 외환을 판다.

(2) 외환시장의 구조와 참가자

1) 외환시장의 구조

외환시장은 외환거래의 성격에 따라 대고객시장과 은행간시장으로 구분된다.[1]

대고객시장

대고객시장은 개인, 기업 및 정부가 상품과 서비스의 수출입, 해외차입 및 투자, 해외송금 등을 위해 은행과 외환을 매매할 때 형성되는 시장이다. 대고객시장은 거래당 규모단위가 작기 때문에 **소매시장**으로서 성격을 가지고 있다.

은행간시장

은행간시장은 외(국)환을 취급하는 은행들이 일반고객과 거래로 발생한 외환포지션의 변동을 조정하고자 하는 과정에서 은행 간에 외환의 매매가 이루어지는 시장이다. 은행은 일반고객과 거래과정에서 외환을 더 매입하거나 매도

1 외환시장은 거래형태에 따라 장내시장과 장외시장, 참여범위에 따라 국내외환시장과 국제외환시장, 외환상품에 따라 전통적 외환시장과 파생적 외환시장으로도 구분해 볼 수 있음.

그림 7-1 우리나라 외환시장의 구조

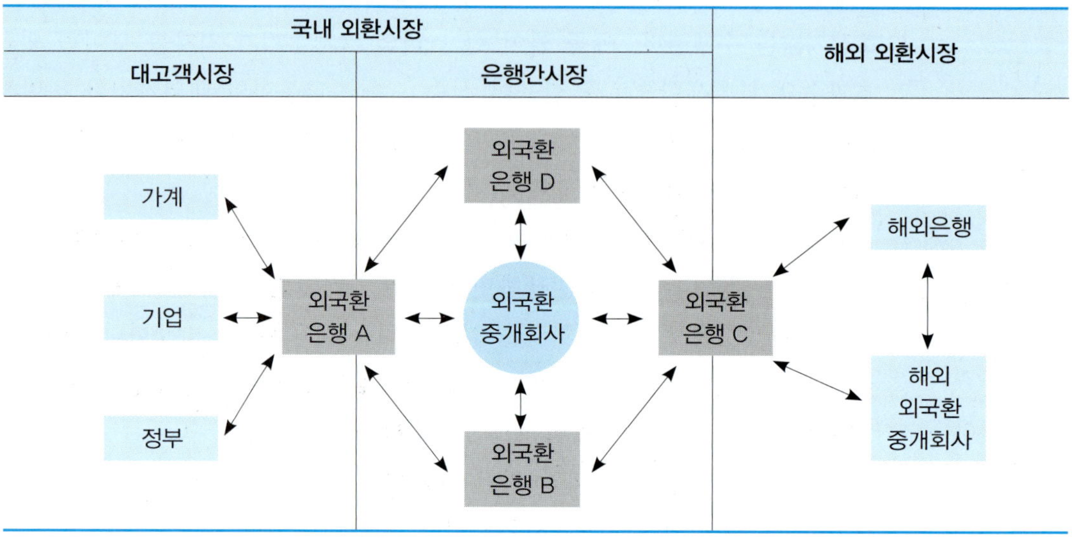

하게 되는 경우 환율변동에 따른 위험을 부담하게 된다. 은행은 환위험을 회피하기 위해 다른 은행에게 외환을 매도하거나 매입하는 **포지션 조정거래**를 하게 된다. 은행간거래는 은행 간에 직접 거래가 이루어지기도 하지만 대부분 전문화된 외환중개인을 통하여 이루어진다. 은행간시장은 거래당 규모단위가 크기 때문에 **도매시장**으로서 성격을 가지고 있다.

사례 연구 우리나라 외환시장에서 은행간거래

우리나라에서 은행 간 외환거래는 외국환중개회사-즉 브로커를 통한 장내거래(trading through broker)와 은행 간 직접거래(direct dealing)로 구분된다. 2018년 말 현재 우리나라에는 10개의 외국환중개회사가 기획재정부장관으로부터 인가를 받아 영업중에 있다. 이 중 서울외국환중개(주)와 한국자금중개(주)는 은행간시장의 외환거래를 전부 중개할 수 있고, ICAP(주), Tullet-Prebon(주) 등 8개사는 현물환거래를 제외한 다른 외환거래만 중개할 수 있다.

현재 우리나라에서 은행 간 장내거래는 대부분 서울외국환중개(주)를 통하여 이루어지고 있으며, 여기에 국내은행, 외국은행 국내지점 등 약 60개 금융기관이 참여하고 있다. 서울외국환중개(주)의 은행 간 장내거래에서는 원-미달러화 및 원-위안화 매매와 이종통화매매, 외환스왑이 취급되고 있으며 거래조건이 정형화되어 있다.

원-미달러화의 매매는 상품의 거래성격에 따라 현물환 및 선물환으로 구분되어 거래되고 있으며, 거래금액은 최소 100만달러이며, 거래단위는 100만달러의 배수이고, 거래주문가격의 단위금액은 10전 단위이며, 결제일은 익익일물결제(value spot)로 되어 있다.

한편 한국과 중국 간 교역이 크게 늘어남에 따라 원-위안화 거래의 활성화를 위해 2014년 12월 원-위안화 직거래시장이 개설되었다. 현재 시장조성자은행이 원-위안화 직거래시장의 성공적 정착을 위해 참여하고 있다.

또한 원-미달러화와 원-위안화의 외환스왑거래도 이루어지고 있다.

이종통화 간 외환거래로는 미달러화/일본엔화, 유로화/미달러화, 영국파운드화/미달러화, 미달러화/캐나다달러화 등 15개 종류가 있다. 이들 외환거래는 원-미달러화와 같이 거래조건이 정형화되어 있으며, 거래절차 및 자금결제 방법은 원-미달러화의 현물환거래와 같다.

한편 외국환중개회사를 경유하지 않는 장외거래는 주로 로이터 단말기의 딜링머신을 통해 딜러간 가격 및 거래조건이 결정된다. 우리나라는 이러한 장외거래 형태의 거래비중이 상대적으로 낮은 편이다. 이는 국내의 현물환거래 비중이 높고, 선진국 외환시장과는 달리 대형은행들이 시장조성자로서 기능을 활발히 수행하지 못하고 있기 때문이다.

서울외국환중개(주)의 장내 외환거래 조건

원-달러(USD/KRW)매매	구분	원-위안(CNH/KRW)매매
은행, 외국은행 국내지점 등 약 60개	참가기관	시장조성자 은행을 포함한 외국환거래기관
• 현물환 • 선물환 • 외환스왑거래	거래종류	• 현물환 • 선물환 • 외환스왑거래
100만달러/100만달러의 배수	최소거래금액/거래단위	100만위안/100만위안의 배수
달러당 10전 단위로 호가	호가방법	위안당 1전 단위로 호가
전화 및 전자주문방식에 의한 매매주문을 전산으로 자동체결	체결방법	원-달러 매매와 같음
은행영업일의 9:00~15:30	거래시간	원-달러 매매와 같음
-	비고	2014.12 직거래시장 개설

주: 서울외국환중개(주)에서 거래되는 위안화는 중국 본토에서 거래되는 위안화(CNY)가 아니라 역외시장인 홍콩에서 거래되는 위안화(CNH)임.

자료: 서울외국환중개(주) 홈페이지(http://www.smbs.biz).

2) 외환시장의 참가자

외환시장에는 개인이나 기업 등의 일반고객, 외국환은행, 외환중개인 및 중앙은행 등이 다양한 목적을 위해 참가하고 있다.

일반고객

외환시장 참가자는 거래동기에 따라 실수요자, 재정거래자, 헤저, 투기자 등으로 구분할 수도 있음.

일반고객은 상품이나 서비스의 수출입, 포트폴리오 조정을 위한 해외금융거래를 하는 과정에서 외환시장에 참가한다. 수출입기업은 상품이나 서비스의 수출입에 따른 대금을 결제하는 과정에서 외국환은행과 외환거래를 한다. 해외여행객은 자국통화를 외국환은행에서 여행국통화로 환전한다. 개인이나 기업 등은 해외투자나 해외차입의 과정에서도 외환거래를 하게 된다. 정부도 외환정책을 담당하는 외환당국을 제외하고는 대외거래를 위하여 일반고객으로서 외환시장에 참가한다. 이와 같이 수출입거래, 여행, 해외송금 등 외국과 경제거래를 위해 외환을 매매하는 자를 실수요자라고 한다.

외국환은행

우리나라 외환거래법에 따르면 외국환을 취급하는 은행(외국환은행)은 「은행법」 등에 의해 설립되고 외국환업무취급기관으로 등록한 금융기관의 국내영업소를 말함.

외국환을 취급하는 은행 – 즉 외국환은행은 외환거래에서 중추적인 역할을 담당하고 있다. 우선 외국환은행은 일반고객의 요구에 따라 외환거래를 하거나 해외송금 등을 통하여 국내고객과 해외은행 간 자금결제의 중개기능을 수행한다. 한편 외국환은행은 고객과 외환거래에서 외환을 더 많이 사거나 판 경우 환위험을 회피하기 위하여 다른 외국환은행과 이와 반대되는 외환거래를 한다. 외환시장 전망에 따라 외국환은행은 거래차익 또는 환투기 등을 목적으로 외환거래를 하기도 한다.

외환중개인

외환중개인은 외국환은행들 간에 또는 일반고객과 외국환은행 간에 외환거래를 중개하고 수수료를 받는다. 외환중개인은 자기 포지션을 보유하느냐 또는 하지 않느냐에 따라 외환브로커와 외환딜러로 구분된다. 외환브로커(broker)는 외환을 자기계정으로 직접 보유하지 않고 매매자 간 외환거래를 중개해 준다. 따라서 외환브로커는 환율변동에 따른 위험을 부담하지 않는다. 반면에 외환딜러(dealer)는 외환을 자기계정으로 직접 보유하고 고객의 요구에 따라 외환을 매입하거나 매도한다. 따라서 환율이 변동하면 외환딜러가 자기계정으로 보유하고 있는 외환의 가치도 변동하므로 외환딜러는 환위험을 부담하게 된다.

중앙은행

중앙은행은 환율을 안정시키거나 적정수준에서 유지하기 위하여 외환시장에 개입한다. 중앙은행은 외환수급의 일시적 불균형으로 인해 환율이 불안하게 움직임으로써 경제를 교란시키거나 환율이 적정수준에서 크게 벗어남으로써 경상수지에 악영향을 미친다고 판단되는 경우 외환시장에 개입하게 된다.

중앙은행은 외환시장개입을 위하여 외국환평형계정이나 외국환평형기금을 설치하여 운영하고 있다.

(3) 외환시장의 특징

무역자유화에 따라 경상거래가 확대되고 자본시장개방에 힘입어 국제적 자본이동이 활발해지면서 외환거래도 급격히 증가하여 왔다. 또한 정보통신기술이 발달하면서 외환거래범위가 확대되고 외환거래방식도 크게 바뀌었다.

첫째, 오늘날 외환시장은 제도적 측면에서 외환규제의 완화 내지는 철폐와 기술적 측면에서 컴퓨터에 의한 정보처리 및 정보통신기술의 발달로 시장정보의 신속한 확산 및 거래범위의 광역화가 이루어지면서 **범세계시장**으로서 기능을 수행하고 있다. 특히 1980년대 들어 선진국을 중심으로 외환 및 자본거래에 대한 규제가 완화되면서 국가 간 자본이동이 활발해지고 정보통신기술의 발달로 모든 시장정보가 신속히 확산되면서 금융자산의 가격결정메커니즘이 동조화(synchronization)되어 가는 모습을 보이고 있다.

둘째, 외환시장은 하루 **24시간 거래**가 이루어지는 시장이다. 런던, 뉴욕, 로스앤젤레스, 동경, 홍콩, 싱가포르, 프랑크푸르트 등 주요 국제외환시장의 거래시간이 부분적으로 중복·연결되어 있어 외환거래자는 필요에 따라 24시간 연속적으로 외환거래가 가능하다.

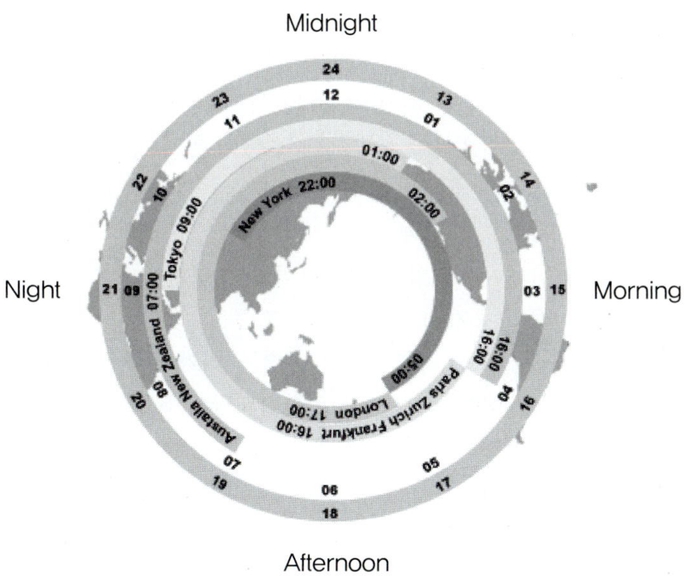

[주요 외환시장의 거래시간]

셋째, 외환거래는 대부분이 장내시장보다 **장외시장**(over the counter market; OTC market)에서 이루어지고 있다. 오늘날 주요 국제금융시장에서 외환거래는 외환거래소를 통하지 않고 전화, 컴퓨터 단말기 등 다양한 통신망을 이용하여 외환거래자 간에 직접 이루어지고 있다.

넷째, 외환시장은 **은행간시장**이 대종을 차지하며 도매거래의 성격이 강하다. 런던, 뉴욕, 동경 등 주요 국제외환시장에서 은행 및 딜러 간 거래가 전체 외환거래규모의 80% 이상을 차지하고 있다.

국제결제은행(BIS)에 따르면 2016년 총외환거래에서 미달러화의 비중이 87.6%인 것으로 조사되었음.

다섯째, 외환시장은 미달러화를 중심으로 거래가 이루어지는 **대달러거래시장**이다. 제2차 세계대전 후 미달러화가 기축통화의 역할을 맡게 되면서 제3국 통화 간 외환거래는 직접 교환하는 것보다 미달러화를 매개로 하여 교환하는 것이 용이하고 거래수수료도 저렴하다.

주식시장에서 주가가 지속적으로 상승하면 매입자나 매도자가 모두 이익을 얻으므로 플러스섬 게임(plus-sum game)이 됨.

여섯째, 외환시장은 기본적으로 **제로섬 게임**(zero-sum game)**시장**의 성격을 갖고 있다. 즉 어느 외환거래자가 외환의 매매를 통해 이익을 얻었다면 거래상대방은 반드시 이에 상응하는 손실을 입게 된다.

사례 연구 주요 국제외환시장

국제금융거래는 대부분 외환거래를 수반하기 때문에 주요 국제외환시장은 국제금융시장과 같은 장소에 위치하고 있다. 유럽지역에서는 런던, 프랑크푸르트, 취리히, 북미지역에서는 뉴욕, 시카고, 로스앤젤레스, 샌프란시스코, 동아시아지역에서는 동경, 홍콩, 싱가포르 등이 주요 국제외환시장으로서 역할을 담당하고 있다. 이 중에서 런던, 뉴욕, 동경, 싱가포르, 홍콩 등이 국제외환시장에서 절대적 지위를 차지하고 있다.

런던외환시장은 산업혁명 이후 세계무역 및 금융의 중심지로 부상하였으며, 그 후광에 힘입어 국제외환시장으로서 절대적 지위를 유지하고 있다. 런던외환시장은 미달러화 자금이 미국 내 금융규제를 회피하여 대거 유입되면서 크게 발전하였고, 오전에는 동경과 오후에는 뉴욕과 영업시간대가 겹쳐서 전 세계 금융시장과 당일 거래가 가능하다는 장점이 있다. 국제결제은행의 조사결과에 따르면 2016년중 런던외환시장의 일평균 외환거래규모는 2조 4,260억달러로서 총외환거래량의 37.1%를 차지하였다.

뉴욕외환시장은 양차 세계대전을 통해 미국이 세계최대의 채권국으로 전환되고 뉴욕이 새로운 국제금융의 중심지로 부상하면서 국제외환시장으로서 지위를 갖게 되었다. 특히 뉴욕외환시장은 제2차 세계대전 이후 미달러화가 기축통화로서 역할을 담당하게 되면서 세계 제2위의 국제외환시장으로서 위상을 갖게 되었다. 2016년중 뉴욕외환시장의 일평균 외환거래규모는 1조 2,720억달러로서 총외환거래량의 19.4%를 차지하였다.

동경외환시장은 1980년대 초 외환거래의 자유화조치와 1980년대 후반 대폭적 경상수지 흑자를 바탕으로 한때 세계 제3위의 국제외환시장으로 급부상하기도 하였다. 그러나 1990년대 들어 일본의 불황이 지속되면서 외환거래의 증가세도 위축되는 모습을 보였다. 2016년중 동경외환시장의 일평균 외환거래규모는 3,990억달러로서 총외환거래량의 6.1%를 차지하였으나 그 비중은 계속 줄어드는 추세를 보이고 있다.

한편 최근에는 싱가포르, 홍콩, 취리히 및 프랑크푸르트 외환시장 등에서 외환거래가 급

| 세계 외환시장의 국가별 거래규모 및 비중 변동추이[1](4월중 일평균 기준) (단위: 10억달러, %)

순위[2]	국 가	2001		2004		2007		2010		2013		2016	
1	영 국	542	(31.8)	835	(32.0)	1,483	(34.6)	1,854	(36.8)	2,726	(40.8)	2,426	(37.1)
2	미 국	273	(16.0)	499	(19.1)	745	(17.4)	904	(17.9)	1,263	(18.9)	1,272	(19.4)
3	싱가포르	104	(6.1)	134	(5.1)	242	(5.6)	266	(5.3)	383	(5.7)	517	(7.9)
4	홍 콩	68	(4.0)	106	(4.1)	181	(4.2)	238	(4.7)	275	(4.1)	437	(6.7)
5	일 본	153	(9.0)	207	(8.0)	250	(5.8)	312	(6.2)	374	(5.6)	399	(6.1)
6	프랑스	50	(2.9)	67	(2.6)	127	(3.0)	152	(3.0)	190	(2.8)	181	(2.8)
7	스위스	76	(4.5)	85	(3.3)	254	(5.9)	249	(4.9)	216	(3.2)	156	(2.4)
8	호 주	54	(3.2)	107	(4.1)	176	(4.1)	192	(3.8)	182	(2.7)	135	(2.1)
9	독 일	91	(5.4)	120	(4.6)	101	(2.4)	109	(2.2)	111	(1.7)	116	(1.8)
10	덴마크	24	(1.4)	42	(1.6)	88	(2.1)	120	(2.4)	117	(1.8)	101	(1.5)
11	캐나다	44	(2.6)	59	(2.3)	64	(1.5)	62	(1.2)	65	(1.0)	86	(1.3)
12	네덜란드	31	(1.8)	52	(2.0)	25	(0.6)	18	(0.4)	112	(1.7)	85	(1.3)
13	중 국	.	(0.0)	1	(0.0)	9	(0.2)	20	(0.4)	44	(0.7)	73	(1.1)
14	한 국	10	(0.6)	21	(0.8)	35	(0.8)	44	(0.9)	48	(0.7)	48	(0.7)
15	러시아	10	(0.6)	30	(1.1)	50	(1.2)	42	(0.8)	61	(0.9)	45	(0.7)
	기 타	175	(10.3)	243	(9.3)	451	(10.5)	461	(9.1)	517	(7.7)	469	(7.2)
합 계		1,705	(100)	2,608	(100)	4,281	(100)	5,043	(100)	6,684	(100)	6,546	(100)

주: 1) 국내 조사대상 금융기관간 중복거래(double-counting) 제외.
2) 2016년 거래비중 기준.
3) ( )내는 전체거래 대비 비중(%).
자료: Bank for International Settlement, Central Bank Survey of Foreign Exchange and Derivatives Market Activity, 각호.

격히 증가하는 추세를 보이고 있다. 이는 EU가 단일통화로서 유로화를 도입하고 정보통신 기술의 발달로 24시간 외환거래가 가능해지면서 이들 지역을 중심으로 새로운 국제금융센터가 형성되고 있기 때문이다.

7.2 환율의 개념과 결정

(1) 환율의 개념과 표시방법

1) 환율의 개념

환율의 정의

일반적으로 환율(exchange rate)은 외국통화 한 단위와 교환되는 자국통화의 양으로 정의된다. 우리나라의 입장에서 원-달러 환율은 미화 1달러가 우리나라 원화 얼마만큼과 교환되는가를 나타낸다. 예를 들어 원-달러 환율이 1,000원이라고 하면 미화 1달러가 1,000원과 교환됨을 의미한다.

그림 7-2 환율의 정의

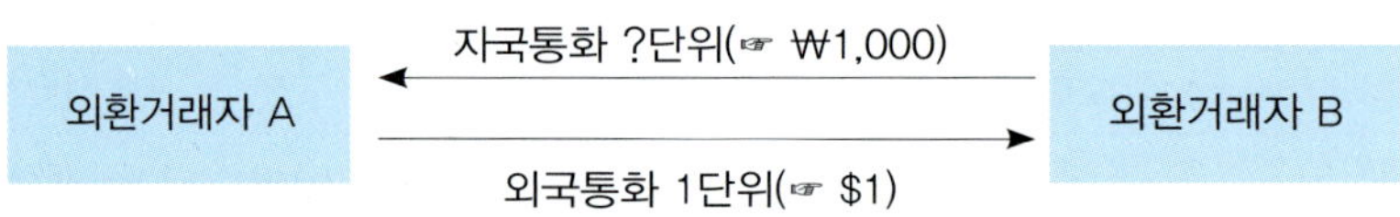

환율의 의미

환율은 외환의 가격으로서 의미를 갖는다. 일반적으로 가격이란 거래대상상품 한 단위가 (자국)통화 몇 단위와 교환되는가를 나타낸다. 따라서 환율은 거래대상상품인 외환 – 즉 외국통화 한 단위가 자국통화와 몇 단위와 교환되는가로 정의하므로 외환의 가격으로서 의미를 갖는다.

환율의 상승

변동환율제도	고정환율제도
환율 상승	평가절하
환율 하락	평가절상

환율 상승(depreciation)은 외국통화 한 단위와 교환되는 자국통화의 양이 많아지기 때문에 외국통화의 가격 – 즉 가치가 상승하는 것을 의미한다. 이는 자국통화 입장에서 보면 자국통화 한 단위와 교환되는 외국통화의 양이 적어지므로 자국통화의 가치가 하락 – 즉 자국통화가 평가절하(devaluation)되는(또는 약세를 보이는) 것을 의미한다.

환율의 하락

반면에 환율 하락(appreciation)은 외국통화 한 단위와 교환되는 자국통화의 양이 적어지기 때문에 외국통화의 가격 – 즉 가치가 하락하는 것을 의미한다. 이는 자국통화 입장에서 보면 자국통화 한 단위로 살 수 있는 외국통화의 양이 늘어나므로 자국통화의 가치가 상승 – 즉 자국통화가 평가절상(revaluation)되는(또는 강세를 보이는) 것을 의미한다.

보충학습 환율의 표기방법

최근에는 환율을 표시할 때 통화기호보다 국제표준기구(ISO: International Organization for Standardization)가 정한 ticker를 널리 사용한다. 통화기호를 사용하여 환율을 표기할 때는 '/'가 분수(per)의 의미를 갖기 때문에 분모에 표시된 통화 1단위가 분자의 표시된 통화 몇 단위와 교환되는가를 나타낸다. 그러나 ISO ticker로 표기할 때는 '/'가 분수의 의미를 갖지 않고 '/'의 앞에 위치한 통화 1단위가 뒤에 표시한 통화 몇 단위와 교환되는가를 나타낸다. 예를 들어, 미화 1달러가 일본 통화 112.36엔과 교환되는 경우 통화기호를 사용하여 표기하면 ¥/U$=112.36이 되고, ISO ticker를 사용하여 표기하면 USD/JPY=112.36이 된다.

각국 통화의 ISO Ticker 예

약어	통 화	약어	통 화	약어	통 화	약어	통 화
USD	U.S. Dollar	KRW	Korea Won	HKD	Hong Kong Dollar	CAD	Canada Dollar
JPY	Japan Yen	AUD	Australia Dollar	TWD	Taiwan Dollar	CHF	Swiss Franc
EUR	Euro	GBP	(Great) British Pound	CNY	China Yuan	MXN	Mexico Peso

2) 환율의 표시방법

직접/간접표시환율

환율은 두 통화 간 교환비율이므로 외국통화 한 단위와 교환되는 자국통화의 양으로 표시할 수 있고 자국통화 한 단위와 교환되는 외국통화의 양으로도 표시할 수 있다. 이 경우 앞에서 정의한 것과 같이 외국통화를 기준으로 표시한 환율을 직접표시환율(또는 자국통화표시환율, 지급환율)이라 하고, 후자와 같이 자국통화를 기준으로 표시한 환율을 간접표시환율(또는 외국통화표시환율, 수취환율)이라 한다.

매입(환)율과 매도(환)율

외환시장에서 외환딜러는 자기 입장에서 **매입**(환)**률**(bid rate 또는 buying rate)과 **매도**(환)**율**(offered rate 또는 asked rate)의 두 가지 환율(two way price)을 동시에 고시한다. 따라서 **매입**(환)**율**은 외환딜러가 고객으로부터 외환을 매입할 때 적용하는 환율이고, **매도**(환)**율**은 외환딜러가 고객에게 외환을 매도할 때 적용하는 환율을 말한다. 따라서 고객의 입장에서는 외환딜러의 매입환율로 외환을 팔게 되고, 매도환율로 외환을 매입하게 된다. 예를 들어 어느 외환딜러가 유로화에 대한 미달러화환율 EUR/USD를 1.1851−1.1854로 고시하였다면, 이

사례 연구

The Wall Street Journal의 환율고시표 : 직접표시환율과 간접표시환율

미국의 유명한 경제일간지인 The Wall Street Journal은 Money & Investing란에 New York 외환시장에서 형성된 종가를 직접표시환율과 간접표시환율로 동시에 게재하고 있다.

아래 환율고시표는 The Wall Street Journal의 website에서 발췌한 것으로 IN US$의 열은 미국의 입장에서 직접표시환율을 나타내고, PER US$의 열은 간접표시환율을 나타내고 있다. 예를 들어 2018년 9월 18일에 미국의 입장에서 우리나라 원화의 직접표시환율은 1원과 교환되는 달러의 양으로서 0.0008906달러이고, 간접표시환율은 1달러와 교환되는 원화의 양으로서 1,122.82원이다.

| Exchange Rates: New York Closing Snapshot
U.S.-dollar foreign-exchange rates in late New York trading (Tuesday, September 18, 2018)

	IN US$		US$ vs. % CHG		PER US$	
Country/currency	Tues	Mon	1-Day	YTD	Tues	Mon
Americas						
Argentina peso	0.0251	0.0253	0.57	113.70	39.7633	39.538
Brazil real	0.2403	0.2419	0.69	25.70	4.1621	4.1335
Canada dollar	0.7708	0.7667	-0.53	3.20	1.2974	1.3043
Chile peso	0.001462	0.001457	-0.35	11.10	683.9	686.3
Mexico peso	0.0532	0.0531	-0.17	-4.40	18.8079	18.8397
Asia-Pacific						
Australian dollar	0.7218	0.7177	-0.57	8.20	1.3854	1.3933
China yuan	0.1457	0.1458	0.06	5.50	6.8615	6.8572
Hong Kong dollar	0.1275	0.1275	...	0.40	7.8427	7.8425
India rupee	0.01375	0.01379	0.23	13.80	72.7076	72.54
Indonesia rupiah	0.0000672	0.000067	-0.25	10.40	14882	14920
Japan yen	0.0089	0.00894	0.47	-0.30	112.36	111.84
Malaysia ringgit	0.2417	0.2416	-0.02	1.90	4.1376	4.1385
New Zealand dollar	0.6584	0.6579	-0.08	7.70	1.5188	1.52
Philippines peso	0.0185	0.0185	-0.14	8.30	54.099	54.174
Singapore dollar	0.7295	0.7289	-0.09	2.50	1.3708	1.372
South Korea won	0.0008906	0.0008878	-0.31	5.20	1122.82	1126.33

Taiwan dollar	0.03247	0.03246	−0.05	3.80	30.79	30.81
Thailand baht	0.0307	0.03069	−0.03	−0.10	32.57	32.58
Vietnam dong	0.00004295	0.00004293	−0.04	2.50	23282	23292
Europe						
Denmark krone	0.1564	0.1566	0.13	3.00	6.3942	6.3857
Euro area euro	1.167	1.1685	0.13	2.90	0.8569	0.8558
Russia ruble	0.01485	0.01469	−1.08	16.80	67.35	68.087
Sweden krona	0.1123	0.1122	−0.04	8.80	8.9084	8.9119
Switzerland franc	1.0369	1.0387	0.18	−1.00	0.9644	0.9627
Turkey lira	0.1566	0.1584	1.12	68.30	6.385	6.3144
U.K. pound	1.3147	1.3156	0.07	2.80	0.7606	0.7601
Middle East/Africa						
Kuwait dinar	3.303	3.3026	−0.01	0.40	0.3028	0.3028
Saudia Arabia riyal	0.2666	0.2666	0.01	0.01	3.7506	3.7503

Note: Based on trading among banks of $1 million and more, as quoted at 4 p.m. ET by Reuters.
자료: The Wall Street Journal 홈페이지(http://online.wsj.com).

외환딜러는 1유로를 1.1851달러로 매입하고 1.1854달러로 매도하겠다는 것을 나타낸다. 따라서 고객은 외환딜러로부터 1유로를 1.1851달러로 팔고 1.1854달러로 사게 된다.

매매율차

매입환율과 매도환율의 차이를 **매매율차**(bid-asked spread)라고 한다. 매매율차는 외환 브로커나 딜러의 입장에서는 외환거래 중개서비스의 대가로 고객에게 받는 수수료로서 매매이익의 원천이다. 반면에 고객의 입장에서는 외환거래 중개서비스에 대하여 외환중개인에게 지불하는 수수료로서 거래비용의 성격을 갖는다.

사례 연구

우리나라 외환시장에서 형성되는 환율은 외환거래의 당사자에 따라 은행간환율과 대고객환율로 나누어진다.

은행간환율은 은행 간 외환시장에서 결정되는 환율을 말한다. 은행간환율은 대고객환율보다 매매율차가 작은데 이는 은행 간 외환거래가 대규모로 이루어짐으로써 단위당 거래비용이 적기 때문이다.

대고객환율은 은행간환율을 매매기준환율로 하여 각 은행이 자율적으로 결정·고시하고 있다. 대고객환율은 외환의 결제방법에 따라 전신환매매율, 여행자수표매매율, 현찰매매율

외국환은행의 대고객환율(USD/KRW)

현찰매도율	1,142.34
여행자수표매도율	1,136.17
전신환매도율	1,133.70
매매기준율	1,122.70
전신환매입률	1,111.70
외화수표매입률	1,110.45
현찰매입률	1,103.06

〈기준일: 2018. 9. 19.〉

하나외환은행의 주요 환율고시표

〈기준일: 2018. 9. 19〉〈12:58(274회차)〉

통화명	현 찰		송금(전신환)		T/C	외화수표	매매	환가	미화
	사실 때	파실 때	보낼 때	받을 때	사실 때	파실 때	기준율	요율	환산율
미국 USD	1,142.34	1,103.06	1,133.70	1,111.70	1,136.17	1,110.45	1,122.70	4.0152	1.0000
일본 JPY(100)	1,016.55	981.59	1,008.86	989.28	1,009.06	988.82	999.07	1.8750	0.8899
유로 EUR	1,336.78	1,284.62	1,323.80	1,297.60	1,330.36	1,297.03	1,310.70	1.5682	1.1675
중국 CNY	171.97	155.61	165.42	162.16	–	–	163.79	6.5323	0.1459
홍콩 HKD	145.89	140.27	144.51	141.65	–	141.52	143.08	3.7750	0.1274
대만 TWD	40.84	33.92	–	–	–	–	36.47	2.5050	0.0325
호주 AUD	828.9	796.88	821.01	804.77	825.08	803.8	812.89	4.3750	0.7240
베트남 VND(100)	5.38	4.26	4.86	4.78	–	–	4.82	5.5750	0.0043
영국 GBP	1,505.60	1,447.44	1,491.28	1,461.76	1,498.66	1,460.67	1,476.52	2.7013	1.3152
캐나다 CAD	882.86	848.76	874.46	857.16	878.79	856.27	865.81	3.7250	0.7712
러시아 RUB	17.83	14.84	16.83	16.51	–	–	16.67	9.8250	0.0148
노르웨이 NOK	141.02	134.28	139.02	136.28	–	136.17	137.65	3.0150	0.1226
뉴질랜드 NZD	755.11	725.95	747.93	733.13	–	732.26	740.53	4.3250	0.6596
멕시코 MXN	62.1	53.16	60.31	59.13	–	–	59.72	10.0310	0.0532
	⋮								

주: 미화환산율은 해당통화 1단위의 가치를 미달러화로 나타낸 것임.
자료: KEB하나은행 홈페이지(http://fx.kebhana.com).

로 고시하고 있다. 전신환매매율은 전신에 의해 1일 이내에 자금이 결제될 때 적용되는 환율이며, 수출입거래 등 대금결제시 적용되는 일람출급환어음매입률, 수입어음결제율, 기한부어음매매율 등은 전신환매매율에 은행의 자금부담비용 – 즉 환어음의 결제 또는 자금화에 소요되는 기간에 해당하는 금리(환가료)를 빼거나 더하여 결정된다. 해외여행에 필요한 외국통화를 현찰로 바꾸는 경우 현찰매매율이 적용되고, 여행자수표로 바꾸는 경우 여행자수표매매율이 적용된다. 이 중 현찰매매율차가 가장 큰 것은 여행자수표나 전신에 비해 현찰의 보관 및 관리에 더 많은 비용이 들기 때문이다.

(2) 환율의 결정과 환율제도

1) 환율의 결정

외환의 수급과 환율

일반적으로 상품의 가격이 해당 상품의 수요와 공급에 의해 결정되는 것과 같이 환율도 외환의 가격으로서 외환의 수요와 공급에 의하여 결정된다. 즉 외환의 수요량과 공급량이 같아질 때 환율과 외환거래량이 결정된다. [그림 7-3]에서 보는 바와 같이 외환수요곡선 D_0D_0와 외환공급곡선 S_0S_0가 서로 교차하는 점 E_0에서 균형환율 S_0와 외환거래량 FX_0가 결정된다.

모든 조건이 변하지 않았는데 환율이 균형으로부터 벗어나면 시장의 힘에 의해 다시 균형으로 되돌아온다. [그림 7-3]에서 보는 바와 같이 외환의 수요

그림 7-3 외환의 수급과 환율

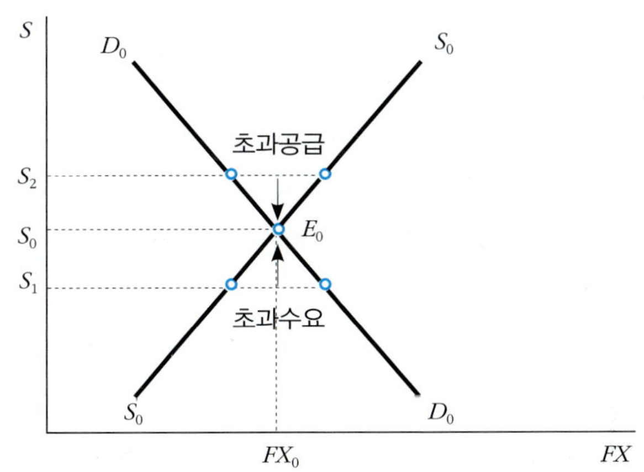

표 7-1 국제수지표와 외환의 수요 및 공급

외환의 수요	외환의 공급
상품 · 서비스 수입	상품 · 서비스 수출
자본유출 (해외직접투자) (해외증권투자) (해외대출)	자본유입 (외국인직접투자) (외국인증권투자) (해외차입)

와 공급은 변함이 없는데 일시적으로 환율이 S_1으로 떨어졌다고 하자. 이러한 경우에는 외환시장에서 초과수요가 발생하기 때문에 환율이 다시 상승하면서 균형을 찾아간다. 반대로 환율이 일시적으로 S_2로 올라가는 경우 외환시장에서 초과공급이 발생하므로 환율은 다시 하락하면서 균형을 찾아간다.

외환수급의 발생원인

외환의 수요와 공급이 어디서 발생하는가는 대외경제거래를 기록한 국제수지표에서 쉽게 찾아볼 수 있다. 상품 및 서비스의 수입은 수입대금결제를 위해 외환을 매입하는 과정에서 외환의 수요를 발생시킨다. 반면 상품 및 서비스의 수출은 수출결제대금으로 받은 외환을 매각하는 과정에서 외환의 공급을 가져온다. 따라서 상품 및 서비스의 수출입에 영향을 미치는 물가, 소득, 기호, 무역장벽 등이 외환의 수요와 공급에 영향을 미치게 된다.

또한 내국인의 해외현지법인 설립 등 해외직접투자나 해외금융자산(주식, 채권 등)의 매입 등 해외증권투자와 해외대출은 외환을 해외로 유출시키므로 외환의 수요를 발생시킨다. 반면 외국인의 국내법인 설립 등 외국인직접투자나 국내금융자산 매입 등 외국인증권투자와 해외로부터 차입은 외환을 국내로 유입시키므로 외환의 공급을 가져온다. 이와 같이 국내외 직접투자와 증권투자 등에 영향을 미치는 국내외금리, 주식시장의 전망, 외환 및 자본규제 등은 외환의 수요와 공급의 결정하는 중요한 요인으로 작용한다.

환율의 결정요인

환율은 기본적으로 외환의 수요와 공급에 의해 결정되지만 이에 영향을 미치는 요인은 다양하다. 현실적으로 환율은 이러한 요인들이 복합적으로 작용하여 결정되기 때문에 각 요인의 변화가 환율의 강도, 경로, 시간 등에 파악하기가 쉽지 않다. 일반적으로 환율의 결정에 영향을 미치는 장기적 요인으로는 물가, 생산성, 교역조건의 변동을 들 수 있다. 중기적 결정요인으로는 거시경제정책에 크게 영향을 경상수지나 자본유출입의 변동을 들 수 있다. 그리고 단

그림 7-4 장 · 단기 환율의 결정요인

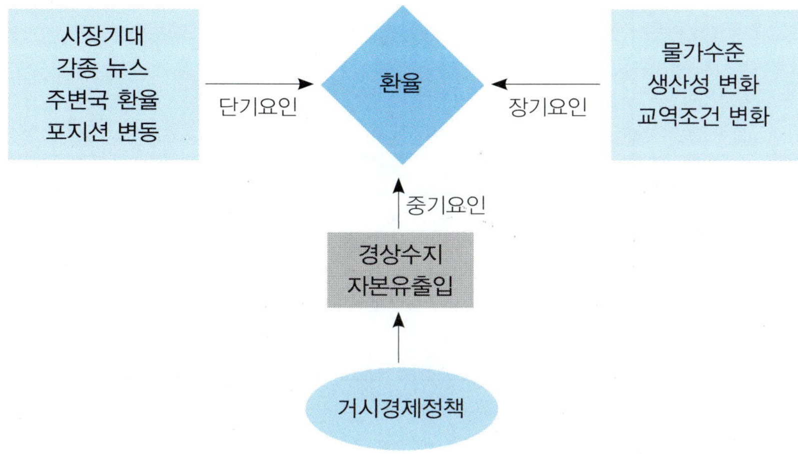

자료: 한국은행(2007), 「우리나라의 외환제도와 외환시장」, p.124.

기적 결정요인으로는 시장기대의 변화, 각종 뉴스, 주변국 환율의 변동, 금융기관의 외환포지션 변동 등을 들 수 있다.

2) 환율제도의 유형[2]

변동환율제도

변동환율제도(Flexible Exchange Rate System)란 외환당국의 개입없이 민간부문의 외환에 대한 수요와 공급에 의하여 환율이 자유로이 결정되는 메커니즘을 말한다. 외환시장은 [그림 7-5]에서 보는 바와 같이 외환의 수요곡선($D^0_{FX}D^0_{FX}$)과 공급곡선($S^0_{FX}S^0_{FX}$)이 교차하는 점 E_0에서 균형을 이루게 되며, 이때 균형환율과 거래량이 각각 S_0와 FX_0에서 결정된다. 만약 외환수요의 증가로 외환수요곡선이 $D^0_{FX}D^0_{FX}$에서 $D^1_{FX}D^1_{FX}$로 이동하는 경우 환율 S_0에서 ΔFX만큼 초과수요가 발생함에 따라 환율이 S_1으로 상승하면서 외환시장은 다시 균형을 찾아가게 된다.

고정환율제도

고정환율제도(Fixed Exchange Rate System)란 외환당국이 외환시장에 개입하여 환율을 일정수준에서 고정시키는 메커니즘을 말한다. 외환수요의 증가로 외환수요곡선이 $D^0_{FX}D^0_{FX}$에서 $D^1_{FX}D^1_{FX}$로 이동하는 경우 ΔFX만큼 초과수요가 발

2 환율제도는 극단적으로 변동환율제도와 변동환율제도로 나누어 볼 수 있지만 현실적으로 자국의 대내외 경제여건을 고려하여 절충한 환율제도를 사용하는 국가도 많음. 환율제도에 관한 자세한 내용은 제11장 제1절 국제통화제도의 의의와 유형 참조.

그림 7–5 환율제도와 환율의 결정

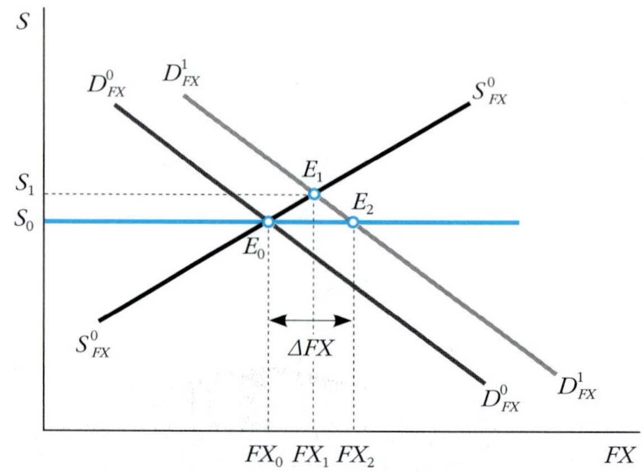

생한다. 따라서 통화당국은 자기가 보유하고 있는 외환을 매각하여 ΔFX에 상당하는 초과수요를 해소함으로써 환율을 S_0에서 그대로 유지시킨다.

(3) 재정거래와 환율

환재정 외환시장에서 재정거래는 지역적으로 떨어져 있는 외환시장 간 환율의 결정과 제3국 통화에 대한 환율을 결정하는데 중요한 역할을 한다. 이러한 환재정(exchange arbitrage)을 장소적 재정과 삼각재정으로 나누어 살펴본다.

장소적 재정 환율은 각 외환시장에서 외환의 수요와 공급에 의하여 결정된다. 그러나 외환시장은 지역적으로 떨어져 있어도 외환거래자의 재정거래에 의하여 외환시장 간 환율이 같아지게 된다. 예를 들어, 어느 특정 시점에서 런던과 뉴욕 외환시장에서 EUR/USD환율이 일시적으로 다음과 같이 형성되었다고 하자.

- 런던 외환시장: EUR/USD 1.1650
- 뉴욕 외환시장: EUR/USD 1.1635

이 경우 EUR/USD환율이 – 즉 유로화의 미달러화표시 가격이 런던시장에 비해 뉴욕시장이 낮다. 외환거래자는 뉴욕시장에서 1유로화를 1.1635달러에 매입하는 동시에 런던시장에서 1.1650달러에 매각함으로써 유로화당 0.0015달러만큼 차익을 얻게 된다. 이러한 재정거래가 계속되면 뉴욕시장에서는 유로화에 대한 수요가 늘어나 EUR/USD환율이 상승하는 반면에 런던시장에서는

사례 연구 우리나라 환율제도의 변천과정

우리나라의 환율제도는 경제발전과 국제경제환경의 변화에 맞추어 해방 이후 크게 다섯 차례에 걸쳐 바뀌었다.

1964년까지 시행된 고정환율제도와 이후 단일변동환율제도 기간 중에는 한국은행에서 고시하는 집중기준율을 중심으로 외환을 집중·관리하면서 환율이 사실상 고정된 형태로 운용되었다. 그러나 1980년 2월 환율의 일시에 대폭적 조정에 따른 부작용을 줄이고 국제수지 조정기능을 제고하기 위하여 복수통화바스켓제도를 도입하였다. 1990년 3월에는 환율의 시장기능을 제고하여 외국과 통상마찰을 줄일 필요성이 높아짐에 따라 시장평균환율제도로 이행하였으며, 이후 일일 환율변동제한폭을 지속적으로 확대하여 왔다. 1997년 11월 외환위기를 계기로 변동제한폭을 상하 10%로 확대하였다가 같은 해 12월 완전히 철폐함으로써 자유변동환율제도로 이행하였다.

우리나라 환율제도의 변천추이

연월일	내 용	비 고
1945. 10. 1	고정환율제도 시행 • 1달러당 15원(圓)의 공정환율 결정	고정환율제도 (1945. 10～ 1964. 5)
1949. 6. 13	복수환율제도 실시 • 정부보유외환에 적용되는 공정환율과 외환의 환금에 적용되는 일반환율로 구분	
1949. 11. 12	공정환율의 실세화를 위해 외환경매제 시행	
1955. 8. 8	외환경매제 폐지, 단일공정환율제도로 통합	
1964. 5. 3	단일변동환율제도로 변경 • 외환시장에서 형성되는 외환증서율을 그대로 환율에 반영하는 단일변동환율제도로 변경(실제로는 1달러당 255원으로 고정 운영)	단일변동환율제도 (1964. 5～ 1980. 2)
1965. 3. 22	• 외국환 및 외환증서의 수급에 따라 외환시장에서 형성되는 시장률을 감안하여 한국은행이 한국은행집중고시율을 고시하는 변동환율제도 시행	
1980. 2. 27	복수통화바스켓제도 실시 • 미달러화뿐만 아니라 주요 교역상대국 통화의 국제시세에 연동하는 복수통화바스켓환율제도 채택	복수통화바스켓제도 (1980. 2～ 1990. 3)
1990. 3. 22	시장평균환율제도 시행 • 일일 환율변동제한폭: ±0.4%(90.3) → ±0.6%(91.9) → ±0.8%(92.7) → ±1.0%(93.10) → ±1.5%(94.11) → ±2.25%(95.12) → ±10.0%(97.11)	시장평균환율제도 (1990. 3～ 1997.12)
1997. 12. 16	기준환율의 일일변동제한폭 완전 폐지	자유변동환율제도 (1997. 12～)

자료: 한국은행(2006), 「알기 쉬운 경제지표해설」.

그림 7-6 삼각재정거래

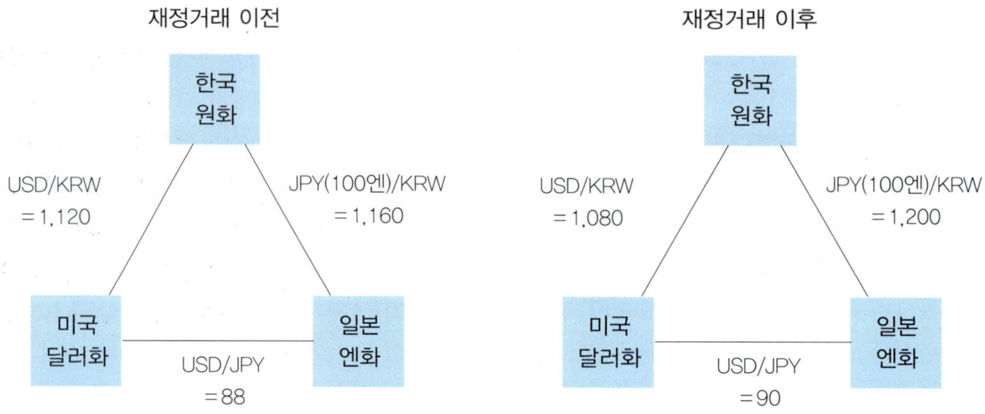

유로화의 공급이 늘어나 EUR/USD환율이 하락하게 된다. 외환거래는 거래규모에 비해 거래비용은 무시할 정도로 작으므로 뉴욕시장과 런던시장 간 EUR/USD환율은 재정거래로 인해 거의 같아진다.

삼각재정 세 통화 간 환율은 **삼각재정**(triangular arbitrage)거래에 의해 일정한 균형환율체계를 유지한다. 예를 들어 [그림 7-6]과 같이 외환시장에서 일시적으로 일본 100엔이 1,160원에, 미화 1달러가 88엔에, 그리고 미화 1달러가 1,120원에 형성되고 있다고 가정하자. 이러한 경우 세 통화 환율 간 균형관계가 성립하지 않기 때문에 재정거래가 발생하게 된다. 왼쪽 그림에서 시계방향으로 돌아가면서 (i) 원화 1,160원을 일본화 100엔과 바꾸고, (ii) 일본화 100엔을 미화 1.1364달러와 바꾼 다음 (iii) 미화 1.1364달러를 다시 원화로 바꾸면 1,272.8원이 되므로 달러당 112.8원의 매매차익을 얻게 된다.

삼각재정거래가 발생하면 원-엔 외환시장에서는 엔화의 수요가 늘어 원-엔환율이 상승하고, 엔-달러 외환시장에서도 달러화에 대한 수요가 늘어 엔-달러환율이 상승하지만, 원-달러 외환시장에서는 달러화의 공급이 늘어 원-달러환율이 하락한다. 만약 [그림 7-6] 오른쪽 그림에서와 같이 원-엔환율이 1,200원, 엔-달러환율이 90원, 원-달러환율이 1,080원에서 형성되게 되면 재정거래에 의한 매매차익은 더 이상 발생하지 않게 된다.

이러한 삼각재정거래로 세 통화 간 환율은 다음과 같은 관계가 성립함으로써 균형을 유지한다.

$$\frac{\text{₩}}{\$}\cdot\frac{\$}{\text{¥}}\cdot\frac{\text{¥}}{\text{₩}}\cdot=1 \qquad (7\text{–}1)$$

뒤집어 말하면 만약 세 통화 간 환율이 위와 같은 관계가 성립하지 않으면 삼각재정거래에 의해 매매차익을 얻을 수 있다.

재정환율

제3국 통화에 원화환율은 삼각재정거래에 의한 세 통화 간 환율의 균형관계에서 산출되므로 **재정환율**(arbitrage rate)이라고 한다. 즉 제3국 통화에 대한 원화의 재정환율은 우리나라 외환시장에서 결정되는 원-달러환율(기준환율)에 국제외환시장에서 결정되는 제3국 통화에 대한 달러화 환율(교차환율(cross rate))을 적용하여 산출된다. 예를 들어 엔화에 대한 원화환율(₩/¥)은 원-달러환율(₩/$)에 엔화에 대한 달러화 환율($/¥)을 곱하여 산출된다.

$$\frac{\text{₩}}{\text{¥}}=\frac{\text{₩}}{\$}\cdot\frac{\$}{\text{¥}}=\frac{\text{₩}}{\$}\cdot\frac{1}{\text{¥}/\$} \qquad (7\text{–}2)$$

사례 연구 우리나라 원화의 재정환율

우리나라 은행 간 외환시장에서는 미달러화의 수급에 의해 원-달러환율만 결정된다. 따라서 우리나라 은행들은 원-달러환율(기준환율)에 국제외환시장에서 결정되는 제3국 통화-달러 환율(교차환율)을 적용하여 제3국 통화에 대한 재정환율을 산출·고시하고 있다.

이 장의 172쪽에는 2018. 9.19 하나외환은행이 274번째 고시한 각 통화에 대한 원화환율을 보여주고 있다. 유로화에 대한 원화의 재정환율(매매기준율)은 원-달러 기준환율 1,122.70에 마지막 열의 미화환산율 1.1675을 곱하여 유로당 1,310.70원으로 산출된다. 여기서 미화환산율은 유로화에 대한 미달러화 환율을 나타낸다.

$$\begin{aligned}\frac{\text{₩}}{\text{€}}&=\frac{\text{₩}}{\$}\cdot\frac{\$}{\text{€}}\\&=(\text{₩})1,122.70(/\$)\times(\$)1.1675(/\text{€})\\&=(\text{₩})1,310.70(/\text{€})\end{aligned}$$

한편 엔화에 대한 원화의 재정환율은 원-달러 기준환율 1,122.70에 100엔당 미화환산율 0.8899를 곱하여 100엔당 999.07원으로 산출된다.

$$\begin{aligned}\frac{\text{₩}}{\text{¥}}&=(\text{₩})1,122.70(/\$)\\&\quad\times(\$)0.8899(/\text{¥}(100))\\&=(\text{₩})999.07(/\text{¥}(100))\end{aligned}$$

여기서 미화환산율은 엔화에 대한 미달러화 환율이다. 미달러화에 대한 엔화 환율은 역수를 취하여 산출하면 된다.

$$\begin{aligned}\frac{\text{¥}}{\$}&=\frac{1}{(\$)0.8899(/\text{¥}100)}\\&=(\text{¥})112.37(\$)\end{aligned}$$

7.3 외환거래의 형태

전통적으로 외환거래는 매매계약 후 외환의 인수도와 결제가 언제 실행되느냐에 따라 현물환거래와 선물환거래로 구분된다. **계약일**(transaction date 또는 contract date)은 거래당사자 간 거래금액, 만기, 계약통화 등 거래조건이 약정되는 날짜를 말하고, **결제일**(value date 또는 settlement date)은 실제로 외환의 인수도와 결제가 이루어지는 날짜를 말한다.

(1) 현물환거래

현물환거래의 개념

현물환거래(spot exchange transaction)는 계약일로부터 통상 2영업일 이내에 외환의 인수도와 결제가 이루어지는 외환거래를 말한다. 현물환거래는 개념적으로 계약과 동시에 외환의 인수도와 대금의 결제가 이루어져야 하지만 통상 지급지시와 자금이체 처리에 필요한 시간 및 거래통화 소재지역 간 시차 등으로 계약 후 2영업일 이내에 결제가 이루어진다. 예를 들어 서울소재 S은행이 미화 1억달러를 H은행으로부터 USD/KRW 950에 매입하기로 한 경우, 결제일인 2영업일에 S은행은 H은행에 원화 950억원을 이체시키고, H은행은 S은행에 미화 1억달러를 이체시킴으로써 현물환거래가 종료된다.

그림 7-7 현물환거래의 종류

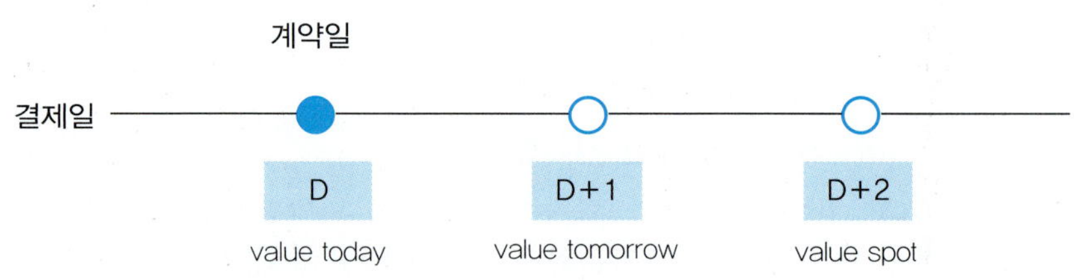

현물환거래의 종류

현물환거래는 계약일에 결제가 되는 **당일결제**(value today), 계약 후 1영업일에 결제가 되는 **익영업일결제**(value tomorrow)와 계약 후 2영업일에 결제가 되는 **익익영업일결제**(value spot)가 있다. 현재 외국환중개회사를 통한 은행 간 현물환거래는 익익영업일결제방식으로 이루어지고 있다. 반면에 중개회사를 통하지 않은 은행 간 직접거래 또는 은행과 고객 간 거래는 거래당사자의 계약에 따라 당일결제 또는 익영업일결제방식으로 거래되기도 한다.

(2) 선물환거래

선물환거래의 개념

외상거래는 먼저 현물이 인수도되고 결제는 나중에 이루어지며, 입도선매(立稻先賣)는 결제가 먼저 이루어지고 현물은 나중에 인수도됨.

선물환거래(forward exchange transaction)는 계약일로부터 일정기간 – 통상 2영업일이 경과한 후 장래의 특정일에 외환의 인수도와 결제가 이루어지는 거래를 말한다. 선물환거래는 현재시점에서 환율과 거래량을 약정하고 미래의 결제일까지 외환의 인수도와 결제가 유보된다는 점에서 현물환거래와 구별된다. 즉 외환거래 당사자는 계약일에 약정한 환율로 결제일에 외환을 인수도하고 대금을 결제하게 되므로 결제일까지 환율변동으로 인한 위험을 회피할 수 있다.

선물환거래의 동기

선물환거래는 환위험의 헤지, 환투기, 금리차익 등을 목적으로 이루어진다. 외환거래 당사자는 미래에 주고받을 외환이 있다면 이에 상응하는 선물환거래를 통하여 환율을 미리 확정시켜 둠으로써 환위험을 헤지할 수 있다. 반면 외환거래 당사자는 선물환율이 자신이 예측하는 환율과 차이가 있는 경우에 선물환을 매입하거나 매도하여 환투기를 함으로써 이득을 얻을 수도 있다.

선물환거래의 종류

실무적으로 선물환거래에서 결제일의 결정은 선물환 계약조건에 따르지만 일반적으로 현물환거래의 결제일 – 즉 계약일로부터 제2영업일째부터 날짜를 기산한다. 선물환거래는 보편적으로 1주일물, 2주일물, 1개월물, 2개월물, 3개월물, 6개월물, 9개월물, 1년물 등이 있으나 1개월물, 2개월물, 3개월물이 주종을 이룬다.

선물환율의 표시방법

선물환율을 표시하는 방법은 완전호가, 스왑률(또는 포인트)호가 및 연율호가 등 세 가지가 있다. 첫째, **완전호가**(outright rate quotation)란 현물환율과 같은 방식으로 선물환율을 표시하는 방법이다. 둘째, **스왑률호가**(swap rate quotation)는 현물환율과 차이로 선물환율을 고시하는 방법이다. 셋째, **연율호가**(per

그림 7-8 선물환거래(1개월물)

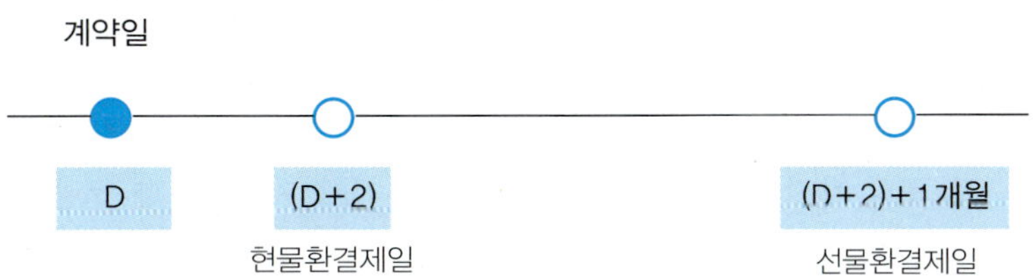

annum rate quotation)는 선물환 할증 또는 선물환 할인을 연간변화율로 표시하는 방법이다. 이 표시방법은 해외투자수익률 등을 산출할 때 많이 이용된다.

$$\text{선물환 할증률(또는 할인율)} = \frac{F_t^{t+N} - S_t}{S_t} \times \frac{360}{\text{만기일수}(N)} \times 100 \qquad (7\text{-}3)$$

7.4 외환포지션과 환위험

1970년대 초 국제통화제도가 고정환율제도에서 변동환율제도로 이행함에 따라 환위험에 대하여 큰 관심을 가지게 되었다. 환위험은 외환거래 당사자의 외환포지션뿐만 아니라 환율의 변동방향과 크기에 의하여 결정된다.

(1) 외환포지션

외환포지션의 개념

외환포지션(foreign exchange position)이란 일정시점에서 일반고객, 은행, 외환딜러, 통화당국 등 외환거래 당사자가 보유하고 있는 외화표시 자산(asset)과 외화표시 부채(liability)의 차액을 말한다. 원래 포지션(position)이란 '상태'(또는 '위치')를 의미하지만 금융거래에서 '상태'란 금융자산에서 금융부채를 뺀 것 – 즉 순금융자산을 의미한다. 따라서 거래대상이 외환인 경우 거래당사자의 외화표시 자산에서 외화표시 부채를 뺀 순외화자산을 외환포지션이라고 한다.

$$\text{외환포지션}(N) = \text{외화표시 자산}(A) - \text{외화표시 부채}(L) \qquad (7\text{-}4)$$

외환포지션의 종류

외환포지션은 크게 스퀘어 포지션과 오픈 포지션으로 나누어진다. 우선 스퀘어 포지션(square position)이란 외화표시 자산과 외화표시 부채가 같은 경우를 말한다. 스퀘어 포지션이란 외화표시 자산과 부채를 나타내는 네 변의 길이가 같다는 스퀘어 – 즉 정사각형을 의미하는 데서 나온 용어이다. 반면 오픈 포지션(open position)이란 외화표시 자산과 부채가 같지 않은 경우를 말한다. 즉 정사각형에서 변의 길이가 같지 않으면 정사각형이 오픈 – 즉 열리므로 외화표시 자산과 외화표시 부채의 크기가 같지 않은 때 오픈 포지션이라고 한다.

오픈 포지션은 다시 롱 포지션과 숏 포지션으로 구분된다. 롱 포지션(long position) 또는 매입초과포지션(overbought position)은 외화표시 자산이 외화표

그림 7-9 외환포지션의 종류

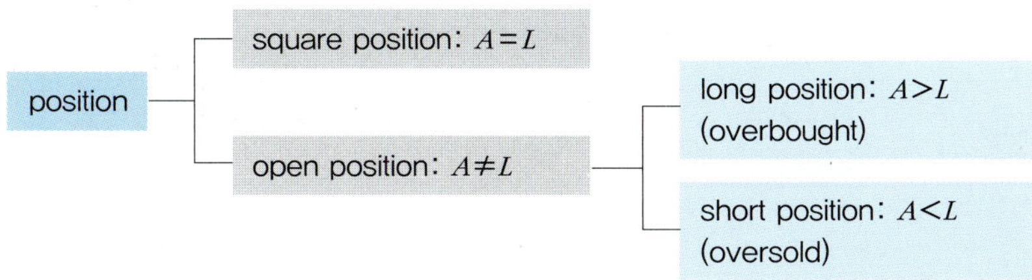

단, A: 외화표시 자산(Asset), L: 외화표시 부채(Liability)

시 부채보다 큰 경우로서 외환거래 당사자가 가진 외화표시 자산이 갚아야 할 외화표시 부채보다 길기(long) 때문에 붙여진 용어이다. 반면에 숏 포지션(short position) 또는 매도초과포지션(oversold position)은 외화표시 자산이 외화표시 부채보다 작은 경우로서 외환거래 당사자가 가진 외화표시 자산이 갚아야 할 외화표시 부채보다 짧기(short) 때문에 붙여진 용어이다.

(2) 환위험

환위험의 개념

일반적으로 위험이란 예상하지 못한 변화로 인해 기대와 다른 – 즉 좋거나 나쁜 결과를 초래하는 중립적 개념임.

환위험(exchange risk)이란 예상하지 못한 환율변동(ΔS)으로 인해 순외화자산을 자국통화로 평가할 때 그 가치가 변동(ΔN)하는 것을 말한다. 환위험은 예상하지 못한 환율변동으로 인한 이익과 손실 – 즉 환차익(exchange gain)과 환차손(exchange loss)의 발생 가능성을 모두 포괄한다.

$$\Delta N=(A-L)\cdot \Delta S \tag{7-5}$$

외환포지션과 환위험

외환거래 당사자가 직면하는 환위험의 크기는 식 (7–5)에서 알 수 있듯이 외환포지션의 종류 및 규모와 장래 환율의 변동방향 및 크기에 따라 결정된다. 우선 외환거래 당사자가 스퀘어 포지션을 취하고 있다면 – 즉 외화표시 자산과 부채가 같다면 환율이 상승하건 하락하건 관계없이 환위험이 발생하지 않는다.

환위험은 오픈 포지션인 경우 – 즉 외화표시 자산과 부채가 같지 않은 경우에 발생한다. 외환거래 당사자가 롱 포지션을 취하고 있는 경우 – 즉 외화표시 자산이 부채보다 큰 경우 환율이 상승하면 환차익을 얻는 반면에 환율이 하락하면 환차손을 입게 된다. 반대로 외환거래 당사자가 숏 포지션을 취하고 있는

표 7-2 외환포지션 및 환율변동과 환위험

	square position	open position	
		long position	short position
환율상승	중립	이득	손실
환율하락	중립	손실	이득

경우 — 즉 외화표시 부채가 자산보다 큰 경우 환율이 상승하면 환차손을 입는 반면에 환율이 하락하면 환차익을 얻게 된다.

환헤지와 환투기

외환거래자는 환율을 통제할 수 없으므로 외환포지션의 변동을 통하여 환위험을 헤지나 환투기를 한다. **환헤지**란 오픈 포지션이 발생하는 경우 환위험을 회피하기 위하여 반대거래를 통하여 종합 포지션을 스퀘어 포지션으로 만드는 것을 말한다. 예를 들어 어느 기업이 수출계약을 체결하여 롱 포지션이 발생하는 경우 수출금액에 상당하는 선물환을 매도하여 숏 포지션을 취하면 종합 포지션이 스퀘어 포지션이 되므로 환위험에서 벗어날 수 있다. 반면 **환투기**란 환차익을 얻기 위하여 오픈 포지션을 취하는 것을 말한다. 즉 환율이 오를 것으로 예상되면 외환을 매입하여 롱 포지션을 취하고, 환율이 떨어질 것 같으면 외환을 매도하여 숏 포지션을 취하여야 한다.

사례 연구 수출입계약과 선물환거래를 이용한 환위험 헤지

일반적으로 수출입거래는 거래의 특성상 수출입계약을 체결하고 일정기간 후에 화물의 인수도와 대금결제가 이루어지기 때문에 수출입기업은 환위험에 직면하게 된다. 수출입기업은 수출입계약을 할 때 결제일의 환율을 예상하여 수출입금액을 결정하지만 결제일에 외환시장에서 형성되는 환율이 계약일에 예상했던 것보다 높을 수도 있고 낮을 수도 있다. 이러한 환위험을 헤지하기 위하여 전통적으로 선물환거래가 널리 활용되어 오고 있다.

우리나라 기업이 3개월 후에 수출대금을 받는 조건으로 미국기업과 수출계약을 체결할 것을 검토하고 있다고 하자. 우리나라 기업은 3개월 후에 미달러화로 수출대금을 받으므로 현재의 현물환율이 아니라 3개월 후 결제일의 현물환율에 의해 수익이 영향을 받게 된다. 그러나 개별 수출입기업이 미래 환율을 정확히 예측하기 어려우므로 선물환시장에서 형성되는 선물환율을 널리 활용한다.

예를 들어 외국환은행이 고시한 3개월물 원-달러 선물환율이 달러당 1,100원이어서 우리나라 기업이 3개월 후 환율이 1,100원이

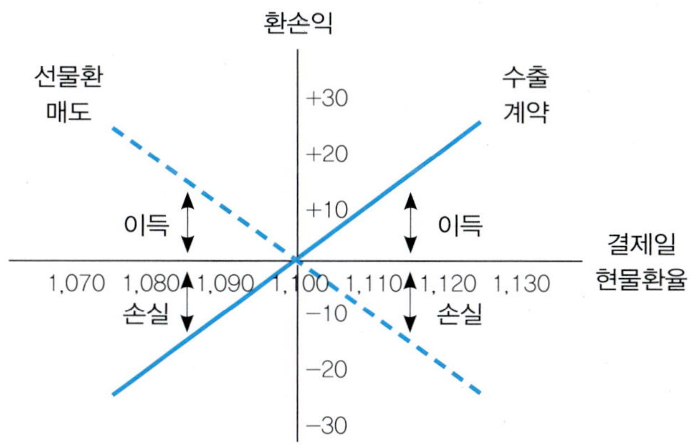

될 것으로 예상하고 수출계약을 체결하였다고 하자. 우리나라 기업은 3개월 후 미달러화를 받아 팔게 되므로 결제일에 현물환율이 1,100원보다 높으면 높은 만큼 환차익을 얻게 된다. 만약 현물환율이 1,110원이면 달러당 10원, 1,120원이면 20원, 1,130원이면 30원만큼 환차익을 얻게 된다. 반면 결제일에 현물환율이 1,100원보다 낮으면 낮은 만큼 환차손을 입게 된다. 만약 현물환율이 1,090원이면 달러당 10원, 1,080원이면 20원, 1,070원이면 30원만큼 환차손을 보게 된다. 이러한 우리나라 기업의 수출계약에 따른 환손익선을 우상향하는 45°의 실선으로 나타내어 볼 수 있다.

우리나라 기업이 환위험을 회피하고자 한다면 3개월 후에 미달러화를 달러당 1,100원에 팔기로 선물환거래를 해야 한다. 우리나라 기업은 3개월 후 결제일에 현물환율이 1,100원보다 높아도 이미 계약한 선물환율 1,100원에 팔아야 하므로 높은 만큼 손해를 보게 된다. 만약 현물환율이 1,110원, 1,120원, 1,130원이라도 1,100원에 팔아야 하므로 달러당 10원, 20원, 30원만큼 손해를 보게 된다. 반면 3개월 후 결제일에 현물환율이 1,100원보다 낮아도 1,100원에 팔으므로 낮은 만큼 이득을 얻게 된다. 만약 현물환율이 1,090원, 1,080원, 1,070원이라도 1,100원에 팔으므로 달러당 10원, 20원, 30원만큼 이득을 보게 된다. 이러한 우리나라 기업의 선물환거래에 따른 환손익선은 우하향하는 45°의 점선으로 나타난다.

따라서 우리나라 기업은 수출계약의 이행에 의해 외환을 결제일에 받게 되므로(롱 포지션) 이를 선물환거래를 통해 미리 매각하여(숏 포지션) 스퀘어 포지션을 취함으로써 환위험을 회피할 수 있다. 만약 3개월 후 결제일에 현물환율이 예상했던 1,100원보다 높으면 높은 만큼 수출거래에서 환차익이 발생하지만 선물환거래에 의한 환차손에 의해 상쇄된다. 반면 결제일에 현물환율이 예상했던 1,100원보다 낮으면 낮은 만큼 수출거래에서 환차손이 발생하지만 선물환거래에 의한 환차익에 의해 상쇄된다. 이와 같이 우리나라 기업에 수출거래에 따른 환위험을 선물환거래에 의해 헤지하면 결제일의 현물환율과는 관계없이 환손익은 0이 되므로 그림에서 환손익선은 수평의 겹선으로 나타난다.

요약

1. 외환시장은 외환의 매매가 이루어지는 구체적인 장소뿐만 아니라 외환의 거래가 정기적 또는 지속적으로 이루어지는 총괄적인 거래메커니즘 또는 거래양태를 말하며, 이종통화의 매매시장으로서 성격을 가지고 있다. 외환시장은 외환의 수요와 공급을 연결시켜 주는 청산 기능 외에도 국제수지 조절, 재정, 헤지 및 투기기능을 수행한다.

2. 외환시장은 대고객시장과 은행간시장으로 구분되며, 외환시장 참가자는 거래주체에 따라 일반고객, 은행, 외환중개인(외환브로커와 외환딜러) 및 중앙은행으로 구분할 수 있다.

3. 외환시장은 범세계시장, 24시간 시장, 장외시장, 은행간시장, 대달러거래시장, 제로섬게임시장 등의 특징을 가지고 있다.

4. 환율이란 외국통화 한 단위와 교환되는 자국통화의 양으로서 정의하며 외국통화의 국내통화표시 가격을 의미한다. 환율의 상승은 외국통화가 가치가 높아지는 것 – 즉 자국통화의 대외가치가 하락하는(평가절하되는) 것을 의미한다. 환율의 하락은 외국통화가 가치가 떨어지는 것 – 즉 자국통화의 대외가치가 상승하는(평가절상되는) 것을 의미한다.

5. 직접표시환율(또는 자국통화표시환율, 지급환율)은 외국통화 한 단위와 교환되는 자국통화의 양을 말하고, 간접표시환율(또는 외국통화표시환율, 수취환율)은 자국통화 한 단위와 교환되는 외국통화의 양을 말한다. 유럽형 표시환율은 미화 1달러와 교환되는 해당국 통화의 양을 말하고, 미국형 표시환율은 해당국 통화 1단위와 교환되는 미달러화의 양을 말한다.

6. 환율제도는 환율의 결정메커니즘에 따라 기본적으로 변동환율제도와 고정환율제도로 구분된다. 변동환율제도란 외환당국의 개입없이 민간부문에서 외환의 수요와 공급에 의하여 환율이 자유로이 결정되는 메커니즘이고, 고정환율제도란 외환당국이 외환시장에 개입하여 환율을 일정수준에서 고정시키는 메커니즘이다.

7. 환재정은 장소적 재정과 삼각재정으로 구분된다. 장소적 재정거래는 지역적으로 떨어져 있는 외환시장간 환율을 같아지게 한다. 삼각재정거래는 세 통화 간 균형환율체계를 유지하도록 한다. 제3국 통화에 대한 재정환율은 국내외환시장에서 결정되는 기준환율에 국제외환시장에서 결정되는 교차환율을 적용하여 산출된다.

8. 전통적으로 외환거래는 거래성격에 따라 현물환거래와 선물환거래로 구분된다. 현물환거래는 계약일로부터 통상 2영업일 이내에 외환의 인수도와 대금의 결제가 이루어지는 거래를 말한다. 선물환거래는 약정일로부터 2영업일을 경과한 장래의 특정일에 외환의 인수도와 결제가 이루어지는 거래를 말한다.

9. 외환포지션이란 일정시점에서 외환거래자가 보유하고 있는 외화표시 자산과 외화표시 부채의 차액을 말한다. 외환포지션은 크게 스퀘어 포지션(외환표시 자산 = 외화표시 부채)과 오픈 포지션(외화표시 자산 ≠ 외화표시 부채)으로 구분되고, 오픈 포지션은 다시

롱 포지션(매입초과포지션 : 외화표시 자산>외화표시 부채)과 숏 포지션(매도초과포지션 : 외화표시 자산<외화표시 부채)으로 구분된다.

10. 환위험이란 외환거래자의 외화표시 순자산 – 즉 외환포지션은 변동이 없음에도 불구하고 예상하지 못한 환율변동으로 인해 자국통화로 표시한 외화표시 순자산의 가치가 변동하는 것을 말한다.

11. 환헤지란 오픈 포지션으로 환위험이 발생하는 경우 이를 회피하기 위하여 반대거래를 통하여 스퀘어 포지션을 취하는 행위를 말하며, 환투기란 장래의 현물환율의 변화를 예상하여 환차익을 얻고자 오픈 포지션을 취하는 행위를 말한다.

연습문제

1. 다음 용어를 간략히 설명하시오.

(1) 외환중개인

(2) 환율의 상승과 하락

(3) 직접표시환율과 간접표시환율

(4) 매입환율과 매도환율

(5) 재정환율

(6) 현물환거래와 선물환거래

(7) 환위험

(8) 환헤지와 환투기

2. 우리나라 은행 간 외환시장의 구조 및 거래메커니즘, 최근 외환거래의 동향 및 특징 등에 대하여 조사해 보시오. 국제외환시장과 비교하여 볼 때 우리나라 외환시장의 문제점을 파악하여 보고 발전방향을 제시해 보시오.

3. 우리는 종종 신문, 방송 등 매스컴에서 '환율절하' 또는 '환율절상'이라는 용어를 보거나 듣고는 한다. 이러한 표현이 환율의 정의에 비추어 볼 때 옳은지에 대하여 설명하시오.

4. 우리나라의 외환거래자가 프랑크푸르트 외환시장과 뉴욕 외환시장에서 외환딜러가 고시한 현물환율을 각각 조사하여 보니 다음과 같았다고 하자.

- 프랑크푸르트 외환시장 USD/EUR 0.7550－0.7560
- 뉴욕 외환시장 EUR/USD 1.3200－1.3210

(1) 프랑크푸르트 외환시장에서 고시된 미달러화 환율의 의미에 대하여 설명하시오. 이 미달러화 환율을 간접표시방법에 의하여 표시하면 어떻게 되는가? (소수점이하 넷째 자리까지 구할 것)

(2) 우리나라 외환딜러는 프랑크푸르트와 뉴욕 외환시장 간 외환거래를 통하여 이득을 취할 수 있는지 없는지에 대하여 설명하시오. 만약 이득을 얻을 수 있다면 그 이유를 밝히고 1유로당 얼마의 이익을 얻을 수 있는지를 계산하시오. 만약 이득을 얻을 수 없다면 그 이유를 밝히시오.

5. 국내외 외환시장에서 우리나라 원화, 미달러화, 일본 엔화 간에 환율이 일시적으로 다음과 같이 형성되었다고 하자.

- JPY(100)/KRW 1,160.00
- USD/JPY 92.00
- USD/KRW 1,100.00

(1) 우리나라 외환딜러가 10억원을 가지고 있다면 삼각거래를 통하여 얼마만큼 이익을 얻을 수 있는지 밝히시오.

(2) 이와 같이 삼각거래를 통하여 재정이익을 얻고자 하는 외환거래가 각 원–달러환율, 엔–달러환율, 원–엔환율을 어떠한 방향으로 움직이게 하는가?

(3) 삼각재정거래로 세 통화 간 외화시장이 균형을 이루면서 원–달러 환율이 1,090.00원, 엔–달러 환율이 93.00엔이 되었다면 원–엔 환율(100엔당)은 얼마가 되어야 하는가?

6. 우리나라 은행이 고시한 주요 통화에 대한 원화환율을 해당 은행 웹사이트를 통해 조사해 보고, 매매기순율을 이용하여 다음 물음에 답하시오.

(1) 원–엔(JPY(100)/KRW)환율에 적용된 엔–달러(USD/JPY) 교차환율을 구하시오. 이 교차환율과 미화환산율은 어떠한 관계가 있는지 설명하시오.

(2) 원–유로(EUR/KRW)환율에 적용된 달러–유로(EUR/USD) 교차환율을 구하시오. 이 교차환율과 미화환산율은 어떠한 관계가 있는지 설명하시오.

7. 현물환거래와 선물환거래에 관한 다음 물음에 대하여 생각해 보시오.

(1) 현물환거래와 선물환거래의 차이점에 관하여 설명하시오.

(2) 우리가 일상생활에서 접하는 외상거래와 입도선매는 선물환거래와 어떠한 차이가 있는지 설명하시오.

8. 2018년 9월 19일 어느 외환중개회사 사이트가 미달러화에 대한 일본 엔화의 현물환율과 선물환율을 다음과 같이 고시하고 있다.

- 현물환율 112.376 – 112.390
- 선물환율(3개월물) −0.737 – −0.733

(1) 미달러화 선물환은 일본 엔화에 대하여 할증상태에 있는가 아니면 할인상태에 있는가? 그 이유를 밝히시오.

(2) 3개월물 엔화의 선물환율을 완전호가방식에 의해 나타내 보시오.

(3) 엔화의 선물환율의 매입율과 매도율을 각각 연율로 표시하여 보시오.

9. 우리는 주식, 외환 등을 거래하면서 헤지나 투기라는 말을 많이 듣는다. 이러한 헤지나 투기라는 말은 어떠한 상황에서 많이 듣는가 생각해 보시오. 또한 헤지와 투기의 개념에 대하여 설명하여 보시오.

10. 우리나라 수입업자가 환율동향을 조사하여 보았더니 3개월물 선물환율 1,050원/$이었다. 따라서 우리나라 수입업자는 3개월 후 현물환율이 1,050원/$가 될 것으로 예상하고 수입계약을 체결하였다.

(1) 우리나라 수입업자가 직면하는 환위험에 대하여 설명하고 이를 그림으로 나타내시오.

(2) 우리나라 수입업자가 환위험을 헤지하고자 한다면 어떻게 선물환거래를 하여야 하는가를 밝히시오. 이러한 선물환거래로 인해 우리나라 수입업자가 직면하게 되는 손익에 대하여 설명하고, (1)번 그림에 같이 나타내시오.

(3) 우리나라 수입업자가 수입계약을 선물환거래를 이용하여 헤지한 결과에 대하여 설명하고, 이를 (1)번 그림에 같이 나타내시오.

CHAPTER 08

국제금융의 시장구조와 기본원리

종래 국제금융은 주로 무역거래에 따른 국가 간 자금의 과부족을 조정하는 역할을 담당하였으나, 1980년대 들어 금융시장이 개방되면서 국제적 차원에서 유리한 조건으로 자금을 조달하거나 운용하는 과정에서 활발히 이루어지고 있다. 이러한 금융시장의 개방과 더불어 정보처리 및 정보통신기술의 발달로 국가 간 자본이동이 자유로워지면서 내외금융시장 간에 연계성이 높아짐에 따라 주가, 금리, 환율 등 주요 금융변수가 일정한 관계를 유지하고 동조화되면서 움직이는 모습을 보이고 있다. 일반적으로 국제금융은 자금의 융통과정에서 외환이 개입되기 때문에 넓은 의미에서 국제금융은 외환거래를 포괄하는 것으로 이해되기도 한다.

8.1 국제금융의 의의와 특징

(1) 국제금융의 의의

국제금융의 의의

국제금융(international finance)이란 국제무역, 해외직접·증권(또는 포트폴리오) 투자 등과 수반하여 국가 간에 자금의 융통(대차) 또는 이동이 이루어지는 현상을 말한다. 국제금융에서 '국제'란 국가 사이란 의미도 있지만, 국제금융거래의 주체는 한쪽이 반드시 비거주자이기 때문에 거주자와 비거주자 간 또는 비거주자 간이라는 의미를 갖는다.

국제금융의 동기변화

최근 국제금융환경이 크게 바뀌면서 국제금융은 본원적 동기보다 파생적 동기에서 이루어지는 비중이 크게 높아지고 있다. 종래에 국제금융은 국가 간 상품이나 서비스의 수출입, 직접투자, 상업 및 공공차관 공여 등 실물거래에 따른 자금의 과부족을 보정하는 **본원적 동기**에서 주로 이루어졌다. 최근에 국제금융은 해외에서 유리한 조건으로 자금을 조달·운용하거나 환위험의 회피 또는 환·금리차익의 획득을 목적으로 하는 **파생적 동기**에서 많이 발생하고 있다.

(2) 국제금융의 특징

국제금융은 국경을 넘어 자금이 이동하기 때문에 국내금융과 비교하여 볼 때 다음과 같은 특징을 가지고 있다.

환위험

첫째, 국제금융은 거래당사자 간 서로 다른 통화를 사용하기 때문에 **환위험**에 노출된다는 점이다. 투자기간 중 환율이 변동하면 외국통화표시 자산이나 부채를 자국통화로 환산할 때 그 가치가 변동하기 때문에 환차손 또는 환차익이 발생하게 된다.

정치적 위험

둘째, 국제금융은 **정치적**(지정학적 또는 국가) **위험**에도 노출된다는 점이다. 해외에 보유하고 있는 금융자산이 외국정부에 의해 동결, 몰수, 원리금의 송금 제한 등이 발생할 수 있다.

해당통화국의 규제와 통제로부터 분리

셋째, 유로시장에서 금융거래는 특정 통화로 표시된 금융거래가 해당 통화를 발행한 국가로부터 규제나 통제를 받지 않는 경우가 많다. 예를 들어 영국 런던시장에서 이루어지는 미달러화 예금에 대하여 미국 연방준비은행이 지급준비금을 부과하거나 미국 연방예금보험공사가 예금보험료의 납부를 강제할 수 없다.

풍부한 재정거래

넷째, 국제금융은 재정거래의 기회가 상대적으로 풍부하다. 각국의 금융시장과 외환시장이 제도적 또는 구조적으로 불완전하게 연계되어 있으면 그만큼 환차익이나 금리차익을 얻을 수 있는 기회가 많다.

혁신적 성향

다섯째, 국제금융은 다른 어느 분야보다도 끊임없이 혁신을 추구하는 성향을 보이고 있다. 국제금융시장에 소재한 금융기관들은 치열한 경쟁에서 우위를 점하기 위해 고객의 요구에 맞추어 새로운 금융상품이나 금융기법을 개발하는 과정에서 혁신의 창출과 소멸이 반복되는 진화적 특성을 나타내고 있다.

사례 연구 유로시장의 역사적 발전과 특징

유로시장(Euromarket)이란 어떤 특정 통화로 표시된 금융자산이 해당통화 발행국 이외의 국가에서 거래되는 시장을 말한다. 예를 들면 미달러화로 표시된 예금이나 채권이 미국이 아닌 영국, 독일, 일본, 홍콩, 싱가포르 등에서 거래되는 시장을 말한다.

유로시장은 제2차 세계대전 직후 생성된 유로달러시장에서 시작되었다. 즉 소련과 동유럽국들은 미국에 소재한 은행에 예치한 미달러화 금융자산이 동서냉전으로 동결될 것으로 우려하여 이를 런던 등 유럽에 소재한 은행으로 옮기면서 유로달러시장이 생성되었다. 이후 유로달러시장은 1950년대 말에는 영국의 국제수지 악화에 따른 파운드화의 대외유출 억제, 1960대에는 미국의 금리상한규제 및 대외자본유출 규제조치 그리고 1970년대에는 석유파동(oil shock)을 겪으면서 급격히 성장하였다.

한편 1950년대 말 영국, 독일, 프랑스 등 주요 선진국의 통화가 국제교환성을 회복하면서 유로시장은 유로파운드, 유로마르크, 유로엔 등을 포괄하는 개념으로 확대되었다. 1980년대 초 미국이 역외금융을 전담하는 IBF(International Banking Facility)를 설립하고, IBF와 미달러화로 이루어지는 금융거래에 대하여 유로시장과 동일한 혜택을 부여하였다. 이에 따라 유로시장은 비거주자 간 역외거래 전문계정 – 미국의 IBF, 일본의 JOM(Japan Offshore Market), 싱가포르 ACU(Asian Currency Unit), 바레인의 OBU(Offshore Banking Unit) 등을 포함하는 개념으로 확대되었다.

유로시장은 국내금융시장과 비교할 때 다음과 같은 특징을 가지고 있다.

첫째, 유로시장은 다양한 금융자산이 각국의 금융규제에서 벗어나 자유롭고 효율적으로 거래되는 초국적 금융시장이다. 유로은행은 국내은행과 달리 지급준비금 예치, 예금보험료 납부 등의 의무를 부담하지 않기 때문에 자금조달비용면에서 유리하다. 또한 유로은행의 소재국 입장에서도 자금의 융통이 대부분 비거주자 간에 이루어지기 때문에 자국의 금융정책 수행에 직접적으로 제약을 주지 않는 반면에 금융기법의 축적, 고용기회의 창출 등 직·간접적 혜택을 얻을 수 있다. 이와 같이 유로시장은 각국의 금융규제나 통제를 받지 않기 때문에 국내금융시장보다 효율적이고 경쟁적으로 거래되며, 이에 따라 예대금리 격차도 국내금융거래보다 작다.

둘째, 유로시장은 기능수행면에서 공간적으로나 시간적으로 제약을 받지 않는 범세계적 국제금융시장이다. 유로시장은 일정한 장소에 국한되는 시장이 아니라 인터넷 등 통신망을 통해 24시간 내내 시장정보가 모든 금융시장에 제공되고 거래가 이루어지는 시장이다. 유로시장은 범세계적 차원에서 금융자산을 효율적으로 배분함으로써 투자가나 차입자에게 모두 높은 유용성을 제공하고 있다.

셋째, 유로시장은 금리나 자금의 상대적 어베일러빌러티(availability) 면에서 각국의 금융시장과 밀접하게 연계되어 있다. 따라서 각국의 지준정책이나 금리정책은 유로시장의 예대금리에 직접적으로 영향을 미치고 나아가 유로은행의 포트폴리오 구성에도 상당한 영향을 준다.

넷째, 유로시장에는 정치적 위험, 자금의 최종대부자(lender of last resort) 부재에 따른 위험프리미엄 등이 있음에도 불구하고 실질적으로 거래위험은 크지 않다. 즉 유로은행은 지급준비금예치 등 각국 통화당국의 규제에서 벗어나 자유롭게 영업을 수행할 수 있지만 자금의 최종대부자로서 중앙은행의 역할을 기대할 수 없기 때문에 위험프리미엄을 부담하여야 한다. 이러한 위험 가능성에도 불구하고 지금까지 유로시장에서 실질적 거래위험이 없었는데, 이는 기본적으로 유로은행이 자산과 부채의 운용에서 만기구조를 대체로 일치시키는 거래(matched dealing)원칙을 지키고 있기 때문이다.

8.2 국제금융시장의 의의와 구조

(1) 국제금융시장의 의의와 기능

1) 국제금융시장의 의의

국제금융시장의 의의

국제금융시장이란 국제무역, 해외직접·증권(또는 포트폴리오)투자 등과 수반하여 국가 간에 자금의 융통이 지속적으로 이루어지는 장소 또는 거래메커니즘을 말한다. 구체적 장소의 개념으로서 국제금융시장은 런던, 뉴욕 등 주요 국제금융중심지나 이 지역에서 운영되고 있는 증권거래소, 선물옵션거래소 등을 의미한다. 반면 추상적 개념으로서 국제금융시장은 국제자금의 수요와 공급을 지속적으로 연결시켜 주는 거래메커니즘 – 즉 기구, 기능, 거래내용 등을 포괄한다.

범세계적 금융시장

전통적으로 국제금융시장은 국내거주자 간에 자금의 융통이 이루어지는 **국내금융시장**과 대칭되는 개념으로 사용되어 왔다. 그러나 최근에는 각국의 금융·외환시장에서 규제가 크게 완화 또는 철폐되고 정보통신기술이 급속히 발달하면서 금융시장이 글로벌화·통합화됨에 따라 국제금융시장은 거주성이나 장소적 구분을 초월하여 각국의 금융시장, 유로시장 및 외환시장을 포괄하는 총체적 거래메커니즘으로 이해되고 있다.

2) 국제금융시장의 기능

국제금융시장은 세계적 차원에서 자금을 효율적으로 배분시킴으로써 자본의 생산성 제고, 무역 및 투자의 확대, 국제유동성의 조절을 통해 세계경제성장을 촉진하고 있다.

국가나 원활한 대금결제

첫째, 국제금융시장은 국제무역이나 자본거래에 수반되는 국가 간 대금의 결제를 원활하게 해준다. 국내은행과 외국은행 간 환거래계약이 체결되어 있는 경우에는 직접 계좌이체에 의해 대금결제가 이루어지고, 환거래계약이 체결되어 있지 않은 경우에는 세계 일류은행의 중개를 통한 계좌이체에 의해 대금결제가 이루어진다.

국제교역의 촉진

둘째, 국제금융시장은 상품 및 서비스의 수출입대금을 국가 간 융통하여 줌으로써 국제교역을 촉진한다. 수출입업자는 수출입화물을 담보로 국내외은행으로부터 자금을 융통받을 수 있다. 특히 수출입대금의 결제과정에서 환어음이 널리 사용되는데 수출업자는 외국환은행에 환어음을 할인·매각함으로써 수출대금을 조기에 회수할 수 있는 반면에 수입업자는 환어음의 만기까지 대금결제를 늦출 수 있다.

국제유동성의 편재 시정

셋째, 국제금융시장은 국제자금의 수급을 조절함으로써 국제유동성의 편재현상을 시정한다. 국제수지 흑자국은 남는 외화자금을 국제금융시장에서 안정성·수익성을 고려하여 효율적으로 운용할 수 있다. 반면에 국제수지 적자국은 모자라는 외화자금을 국제금융시장에서 차입하여 보전할 수 있다.

원활한 국제자금관리

넷째, 국제금융시장은 다양한 금융상품 및 금융기법의 개발 등을 통해 국제금융의 발전시킴으로써 국제자금관리를 더욱 원활하게 한다. 국제금융시장에서는 금융기관 간 경쟁이 치열하기 때문에 금액, 만기, 금리, 위험성, 표시통화 등에서 새롭고 다양한 금융상품이나 금융기법이 개발·유통되어 오고 있다. 이러한 국제금융의 발전은 국제적으로 자금을 더 효율적으로 조달하고 운용할 수 있게 한다.

금융시장의 국제화 · 개방화 촉진

다섯째, 국제금융시장은 각국 금융시장의 연계성을 높임으로써 금융시장의 국제화 및 개방화를 촉진시킨다. 국가 간 금리차익을 얻기 위한 재정거래는 내외금융 간 연계성을 높이고 가격결정 메커니즘을 동조화시킨다. 이는 각국 금융시장의 개방화 및 국제화를 촉진시킴으로써 각국 금융시장을 범세계적으로 통합시킨다.

(2) 국제금융시장의 구성과 참가자

1) 국제금융시장의 구성

국제금융시장은 [그림 8-1]에서 보는 것과 같이 각국의 금융시장, 유로시장

그림 8-1 국제금융시장의 구성과 참가자

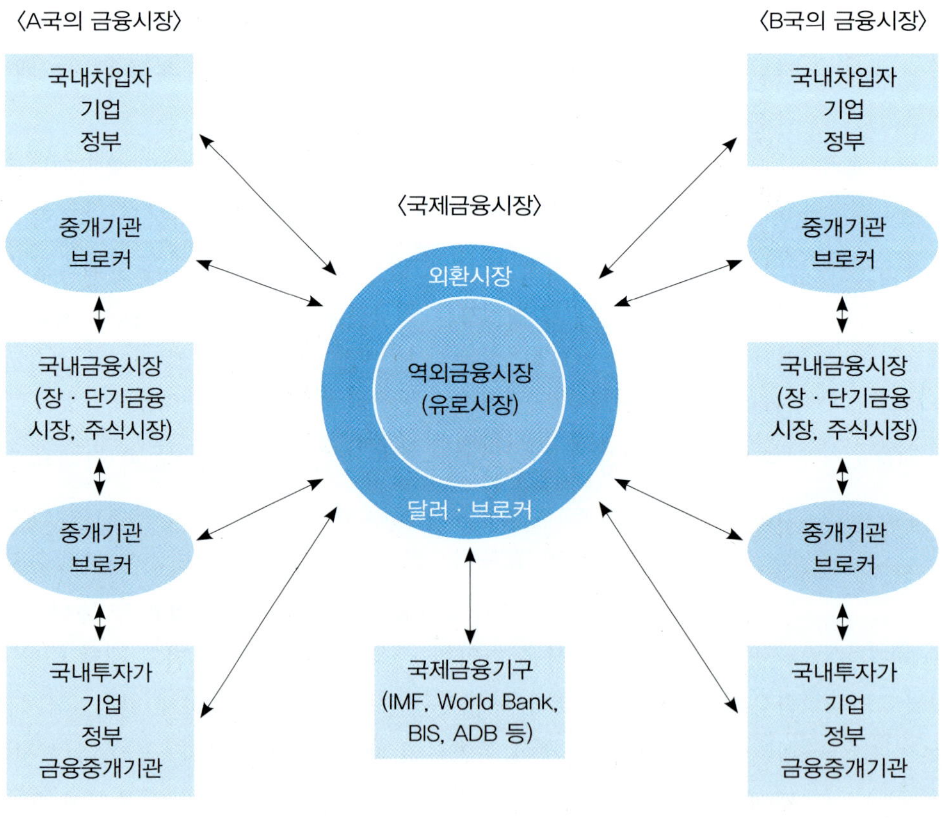

자료 : Chritine R. Hekman, "The International Financial System," in Abraham M. George and Ian H. Giddy(eds.), *International Finance Handbook*, Volume 1(New York; John Wiley, 1983).

및 외환시장으로 구성되어 있다. 각국의 금융시장은 비거주자가 참여하여 자금을 조달하거나 운용하는 과정에서 국제금융시장으로서 역할을 담당한다. 또한 비거주자가 자금을 융통하는 과정에서 외환거래를 수반하게 된다.

사례 연구 국제금융센터의 의의와 유형

국제금융센터(international financial center)란 많은 세계적 금융기관들이 현지법인 또는 지점의 형태로 상설 영업망을 형성하고 국제금융거래를 지속적으로 수행하는 지역을 말한다. 국제금융센터는 기능적 측면에서 전통적 금융센터와 역외금융센터로 구분하여 볼 수 있다.

전통적 **국제금융센터**(traditional financial center)는 상대적으로 우월한 경제규모, 자국통화의 국제적 통용력, 고도로 발달된 국내금융시장 등을 바탕으로 자연발생적으로 형성된 국제금융활동의 중심지이다. 대표적인 예로는 런던, 뉴욕, 동경 등이 있다.

역외금융센터(offshore financial center)는 비거주자 간 자금중개를 위해 조세 및 금융상 특혜를 부여하면서 인위적으로 창설한 국제금융센터이다. 역외금융센터는 국내금융시장과 연관성에 따라 내외일체형 역외금융센터, 내외분리형 역외금융센터와 기장역외금융센터로 다시 구분하여 볼 수 있다.

내외일체형 역외금융센터는 국내금융시장과 역외금융시장이 구분되지 않고 양 시장 간 자금이 자유롭게 이동하는 유형의 시장이다. 내외일체형 역외금융센터의 대표적 예로는 런던과 홍콩을 들 수 있다.

내외분리형 역외금융센터는 역외금융거래를 국내금융거래와 분리하면서 자국시장에서 국제금융거래를 활성화시켜 금융산업을 발전시키고 외국금융기관을 국내에 유치하여 국제금융센터로서 기능을 확대하기 위하여 설립되었다. 경제자립도가 낮은 싱가포르는 해외금융기관을 유치하여 금융서비스에 특화함으로써 경제활동의 다양화와 고용촉진을 도모하고자 1968년 ACU(Asian Currency Unit)를 설치하여 비거주자 간 자금중개를 하는 역외금융시장을 창설하였다. 미국은 미달러화의 과도한 역외유출을 방지하고 금융산업의 경쟁력을 강화하기 위하여 1981년 IBF(International Banking Facility)계정을 설치하여 뉴욕 역외금융시장을 개설하였다. 이에 대응하여 일본은 1986년 JOM(Japan Offshore Market) Special Account를 설치함으로써 동경 역외금융시장을 설립하였다.

기장역외금융센터(booking offshore financial center)는 각종 금융규제 및 세금의 회피나 거래비밀의 보장을 위해 단순히 거래내역의 기장처리(booking)만 전담하는 금융센터이다. 대표적 예로는 네덜란드 엔틸리스, 카리브해의 바하마, 버뮤다, 케이만군도, 버진아일랜드 등이 있다.

2) 국제금융시장의 참가자

국제금융시장의 참가자는 참여 동기에 따라 투자자, 차입자 및 국제중개기관의 세 그룹으로 구분해 볼 수 있다.

투자자 그룹

투자자 그룹은 투자자산의 수익률을 높이고 위험을 낮추기 위해 국제적으로 포트폴리오를 구성하는 과정에서 국제금융시장에 참여한다. 투자자 그룹은 각국의 은행, 연금기금(pension fund), 보험회사, 상호기금(mutual fund) 등 기관투자자가 주종을 이루고 있다. 개인투자자도 투자자로서 중요한 역할을 하지만 개인이 직접투자하기보다는 기관투자가를 통해 간접투자를 하고 있다.

전통적으로 국제금융시장에서는 연금기금, 뮤추얼펀드, 보험회사 등이 **기관투자자**로서 중요한 역할을 하여왔다. 그러나 1990년대에 들어오면서 헤지펀드(hedge fund), 사모주식투자펀드(private equity fund), 국부펀드(sovereign wealth fund) 등의 기관투자자의 역할이 높아졌다. 1990년대 말 동아시아 외환위기 이후 각국 중앙은행이 보유하는 외화자산이 급격히 늘어나면서 국제금융시장에서 주요 기관투자자로 새롭게 등장하였다.

차입자 그룹

차입자 그룹은 자신의 경제활동에 필요한 자금을 보다 저렴하고 안정적이고 다양하게 조달하기 위하여 국제금융시장에 참여하고 있다. 대표적 차입자로는 세계 각국의 중앙 및 지방정부, 다국적기업 및 각국의 대기업, 국제금융기구(IMF, World Bank, ADB 등) 등을 들 수 있다. 특히 각국의 중앙 및 지방정부는 재정적자를 보전하기 위해 국제금융시장을 많이 이용하고 있다.

국제금융중개기관

투자자 그룹과 차입자 그룹 간 자금의 중개는 금융기관을 통하여 이루어지는데 국제상업은행, 국제투자은행 등과 같은 금융중개기관과 유통시장에서 딜러나 브로커와 같은 순수중개기관으로 구분하여 볼 수 있다. 국제상업은행은 주로 예금·대출을 통해 자금중개기능을 수행하며, 국제투자은행은 주식·채권

표 8-1 국제금융시장의 참가자

참가자	투자자	국제금융중개기관	차입자
참가기관	· 연금기금 · 상호기금 · 보험회사 · 각국 중앙은행 등	· 국제투자은행 · 국제상업은행 · 국제딜러, 브로커 등	· 기업 · 정부 · 국제금융기구(World Bank, ADB, EBRD 등) 등
주요 역할	국제적 포트폴리오의 구성	국제자금의 중개	국제적 자금조달

의 발행시장에서는 주간사 역할을 담당하고 유통시장에서는 증권매매를 취급한다. 국제 딜러 및 브로커는 특유의 전용 통신망을 통해 다수의 금융기관과 접촉함으로써 신속하고 저렴한 비용으로 거래를 원활히 성립시키는 역할을 담당하고 있다.

사례 연구 투자펀드의 종류 및 특징

일반적으로 펀드(기금)란 투자자로부터 자금을 모아 전문투자가가 투자하고 그 수익을 투자자에게 나누어주는 투자신탁을 말한다. 펀드는 모집방법, 운용방식, 투자대상 등에 따라 다양하게 분류하여 볼 수 있다.

뮤추얼펀드(Mutual Fund)는 다수의 투자자로부터 공개적으로 자금을 모집하여 주식, 채권 등에 투자하고 그 수익을 투자자에게 배당하는 개방형 투자기금을 말한다. 뮤추얼펀드는 다수의 투자자를 보호하기 위하여 엄격히 규제를 받으며, 주기적으로 투자자에게 자산운용의 내용과 성과를 공시하여야 한다. 뮤추얼펀드는 투자대상에 따라 주식형펀드, 채권형펀드, 혼합형펀드, 머니마켓펀드 등으로 구분하여 볼 수 있다. 뮤추얼펀드는 Fidelity, Vanguard Group, Capital Group과 같은 전문적인 자산운용사에 의해 운용되고 있다. TheCityUK는 전 세계 뮤추얼펀드 규모가 2016년 말 현재 40.6조달러에 달하는 것으로 추정하고 있다.

헤지펀드(Hedge Fund)는 원래 상품 또는 금융시장에서 투자위험을 회피하고자 하는 거액 투자자를 대상으로 한 사모형식의 투자신탁에서 출발하였다. 그러나 오늘날에는 외환, 채권, 주식, 부동산, 상품, 파생금융상품시장에서 단기에 높은 수익을 얻기 위해 투기적 포지션을 취하는 공격적 투자형의 사모형식 투자신탁을 말한다. 헤지펀드는 소수(50인 또는 100명 미만)의 투자자로부터 사모로 자금을 모집하며, 자산운용에 있어 감독당국의 규제를 받지 않는다. 헤지펀드는 1949년 Alfred Jones에 의해 처음 설립되었으며, 1980년대 말부터 급성장하기 시작하여 2016년 말 현재 그 규모가 약 3.0조달러에 달하는 것으로 알려져 있다. 대표적 헤지펀드로는 Bridgewater Associate, JP Morgan Asset Management, Soros Fund Management 등을 들 수 있다.

사모주식투자펀드(Private Equity Fund)란 소수의 투자자로부터 사모로 모집한 자금을 비상장주식에 3~12년간 중장기로 투자하는 펀드를 말한다. 원래 사모주식투자펀드는 1930년대 미국의 벤처캐피탈에서 시작하였으나, 최근에는 부실기업을 인수한 후 구조조정을 통해 가치를 높여 매각하는 기업매수펀드가 높은 비중을 차지하고 있다. 대표적 사모주식투자펀드로는 KKR(Kohlberg Kravis Roberts), TPG(Texas Pacific Group), Blackstone Group, The Carlyle Group 등을 들 수 있으며, 2016년 말 현재 2.6조달러에 달하는 것으로 추정된다.

국부펀드(Sovereign Wealth Fund)란 정부가 소유하거나 통제하고 있으며, 주로 외화로 표시된 다양한 자산에 투자하고 있는 국가투자기금을 말한다. 국부펀드는 1950년대 일부 산유국을 중심으로 설립되었는데, 지난 10여 년간 원유가격의 상승, 금융의 국제화, 글로벌 국제수지 불균형 등으로 인해 그 숫자와 자산운용규모가 크게 늘어났다. 2016년 말 현재 약 40여 개국이 국부펀드를 운용하고 있으며, 그 규모는 약 7.4조달러에 달하는 것으로 추정된다.

| 각종 펀드의 비교

	연금기금 (민간/공적)	뮤추얼펀드	헤지펀드	사모주식투자 펀드	국부펀드
모집방식	자율/의무	공모	사모	사모	−
투자기간	장기	중장기	단기	단기/중장기	단기/중기
주요 투자대상	주식, 채권	주식, 채권, MMF	주식, 채권, 파생상품, 1차 상품	구조조정기업, 벤처기업	주식, 채권, 기업
공시	−	공시	비공시	비공시	비공시/공시
차입	차입불가	차입불가	원금의 2~5배	원금의 2~5배	차입불가
통제	정부	감독기관	자율규제	자율규제	자율규제
해외대표 기관	GPIF, GPF, ABP, CalPERS	Fidelity, Vanguard Group, Franklin Templeton Investment	Bridgewater Associate, JP Morgan A.M.	KKR, TPG, Blackstone Group, The Carlyle Group	ADIA(UAE) KIA, CIC
국내대표 기관	국민연금기금 공무원연금기금	미래에셋대우 삼성자산운용	미래에셋대우 삼성자산운용	MBK파트너스 산업은행 PE 보고펀드 맥쿼리PE	KIC

(3) 국제금융시장의 구조

국제금융시장은 기능적 측면에서 단기금융상품이 주로 거래되는 국제단기금융시장, 중장기상품이 주로 거래되는 국제자본시장으로 구분된다. 또한 파생금융상품이 거래되는 파생금융상품시장과 국제금융거래에 수반되어 외환의 매매가 이루어지는 외환시장 등이 있다.

표 8-2 국제금융시장의 기능적 분류

구 분			주요 상품
국제금융시장	국제단기금융시장	유로통화시장	유로CD, 유로CP
		각국 단기금융시장	T-Bill, BA
	국제자본시장	국제대출시장	신디케이트대출 NIF 등 퍼실리티
		국제채권시장	유로채, 외국채 고정금리채, 변동금리채
		국제주식시장	DR, 폐쇄형 국가펀드
		주식연계채권시장	CB, BW
	파생금융상품시장		선물, 옵션, 스왑
	외환시장		현물환, 선물환

1) 국제단기금융시장

국제단기금융시장은 유로통화(또는 유로단기금융)시장과 비거주자가 참여하여 이루어지는 미국, 영국, 일본, 독일 등 주요국의 단기금융시장으로 구분하여 볼 수 있다. 특히 금융의 범세계화가 진전되면서 각국의 단기금융시장이 국제금융시장의 부분집합으로서 그 역할이 커지고 있다.

유로통화시장

유로통화시장(Euromoney market)은 유로통화에 의해 1년 미만의 유로예금과 대출이 이루어지는 단기금융시장이다. 유로통화에 의한 예금이나 대출은 해당 통화표시국의 영토 밖에서 이루어지기 때문에 해당 통화표시국으로부터 지급준비금 예치, 예금보험료 부과, 금리제한 등과 같은 규제나 통제를 받지 않는다.

유로통화시장은 은행간거래를 중개하는 도매금융시장이며, 대고객거래는 대부분 다국적기업, 정부기관, 외국환거래은행 등과 단기자금거래이다. 유로통화시장에서는 유로정기예금, 유로CD, 유로CP 등이 큰 비중을 차지하고 있다.

각국 단기금융시장

각국의 단기금융시장은 경제주체 간 단기자금의 과부족을 조절하기 위하여 보통 만기 1년 미만의 단기금융상품 – 즉 예금을 비롯하여 CP, BA, CD, RP, MMF, 단기재정증권(T-Bill) 등이 거래되는 시장이다. 이러한 각국의 단기금융시장에는 비거주자가 국제무역거래, 국가 간 금리차익거래, 현물 및 선물환율 변동에 따른 환투기나 헤지거래 과정에서 단기적으로 자금을 조달하거나 운용하기 위하여 참여하고 있다.

사례 연구 미국의 단기금융시장

페더럴펀드(Federal Fund)란 은행들에 의해 연방준비은행에 예치되어 있는 지급준비금을 말한다. 페더럴펀드시장이란 연방준비은행에 예치된 지급준비금중에서 초과지급준비금을 활용하여 은행 간 자금의 대차가 이루어지는 단기금융시장을 말한다.

환매조건부증권매각(RP: Repurchase Agreement)이란 딜러 등 자금수요자가 일시적 자금조달을 위해 자신이 보유하고 있는 특정 유가증권을 일정기간 후에 약정한 가격으로 다시 매입하는 조건으로 자금공급자에게 매각하는 것을 말한다. 매매되는 유가증권은 담보로서 성격이 짙으며, 유가증권의 재매입가격은 재매입시점까지 이자상당액을 더한 금액이다.

단기재정증권(TB: Treasury Bill)이란 미국 재무성이 할인형식으로 발행하는 단기 국채로서 만기시 액면금액을 지급한다는 일종의 약속증서이다. 단기재정증권의 최장 만기는 1년이며, 대부분의 증권만기는 91일(13주)과 182일(26주) 및 364일(52주)이다.

양도성 정기예금증서(CD: Negotiable Certificate of Deposit)란 정기예금 예탁자에게 은행이 발행하는 예금증서로서 일반정기예금과는 달리 만기 전에 유통시장에서 양도가 가능하다.

은행인수어음(BA: Banker's Acceptance)이란 수출입과 관련하여 고객이 발행한 기한부환어음을 은행이 인수한 어음이다. 인수은행은 고객의 신용과 관계없이 특정일에 어음금액을 어음소지인에게 지급한다.

상업어음(CP: Commercial Paper)이란 일반기업, 금융회사, 은행지주회사 등이 단기자금의 조달을 위해 발행하는 무담보 약속어음(unsecured promissory note)으로서 할인형식으로 발행된다.

2) 국제자본시장

국제자본시장은 장기대출, 채권, 주식 등 장기금융자산이 거래되는 시장이다. 국제자본시장은 국제상업은행의 금융중개에 의해 예금과 대출이 이루어지는 국제대출시장, 국제투자은행을 주간사로 채권의 발행이 이루어지고 시장조성자를 통해 매매가 이루어지는 국제채권시장, 그리고 주식의 발행과 매매를 통해 자금의 투자와 조달이 이루어지는 국제주식시장으로 구분하여 볼 수 있다.

국제대출시장

국제금융시장에서 대규모 중장기자본의 조달은 주로 **신디케이트론**(syndicated loan)에 의해 이루어지고 있다. 신디케이트론은 몇몇 금융기관이 차관단을 형성하여 특정 차입자 – 즉 정부, 공공기관 등에게 일정조건으로 대규모의 중장기자금을 융자하는 것을 말한다. 신디케이트대출은 국제적 무담보신용대출로서 전통적인 은행대출업무와 투자은행은 인수업무기능이 혼합되어 있다. 이러한 협조융자형식은 유로시장에서뿐만 아니라 각국 국내금융시장에서도 이루어지고 있으나, 유로시장에서 신디케이트론이 보다 일반적이다.

국제채권시장

국제채권시장은 비거주자가 참여하여 채권의 발행 및 매매가 이루어지는 채권시장(bond market)이다. 국제채권시장에서 거래되는 채권을 국제채(international bond)라고 하며, 외국차입자(비거주자)가 채권을 발행할 때 표시통화가 발행소재국 통화와 같고 다름에 따라 외국채와 유로채로 구분된다.

외국채(foreign bond)는 외국차입자가 채권발행소재국의 통화와 같은 통화표시로 발행하는 채권으로서 발행소재국의 국내채권 발행절차와 유사하다. 일반적으로 기명식으로 발행되어 익명성이 보장되지 않으며, 발행소재국은 비거주투자자들의 이자소득에 대하여 원천세를 면제하고 있다. 외국채는 발행지역에 따라 미국의 양키본드(Yankee bond), 영국의 불독본드(Bulldog bond), 일본의 사무라이본드(Samurai bond), 홍콩의 드래곤본드(Dragon bond), 우리나라의 아리랑본드(Arirang bond), 중국의 판다본드(Panda Bond) 등으로 불린다.

유로채(Euro bond)는 외국차입자가 채권발행소재국의 통화와 다른 국가의 통화표시로 발행하는 채권으로서 국제채권시장에서는 대부분 미달러화나 유로화로 발행되고 있다. 유로채는 일반적으로 수개국의 국제은행 및 증권회사로 구성된 채권인수단(underwriting syndicate) 및 판매단(selling group)을 통하여 판매되며, 무기명식으로 발행되어 익명성이 보장되고, 이자소득에 대하여 원천소득세가 면제된다. 유로채는 발행소재국에 따라 우리나라의 김치본드(Kimchi bond), 일본의 쇼군본드(Shogun bond), 홍콩의 딤섬본드(Dimsum bond) 등으로 불린다.

유로본드는 일반적으로 채권발행국의 표시통화와 다른 통화표시로 발행되는 채권을 말하지만, 유럽 재정위기를 계기로 유로화를 사용하고 있는 국가들이 연대보증하여 공동명의로 발행한 채권으로서도 의미를 갖게 되었음.

국제주식시장

국제주식시장은 주식이 국제주식화되어 국제적으로 거래되는 시장을 말한다. 국제주식시장은 **예탁증서**(DR: Depositary Receipts), 폐쇄형 국가펀드 등이 있으며, 발행기업이 자국이 아닌 제3국의 주식시장에서 발행하거나 또는 런던의 국제증권거래소에 상장하는 주식도 있다. 기타 증권으로서는 주식연계채권 또는 주식 및 채권의 성격을 동시에 갖는 **전환사채**(CB: Convertible Bond), 신주인수권부 사채(BW: Bond with Warrant) 등이 있다.

사례 연구 주식예탁증서

주식예탁증서(DR: Depositary Receipt)란 다국적기업이 해외의 증권거래소에 주식(원주)을 상장하는 경우에 예상되는 발행 및 유통상 여러 가지 문제점을 고려하여 원주는 본국에 소재한 금융기관에 보관하고, 해외의 투자자에게는 원주에 대한 소유권을 인정하는 표시로서 발행하여 주는 증서를 말한다.

DR은 발행지역 및 특성에 따라 여러 종류가 발행되고 있는데, 대표적인 것으로 ADR과 GDR을 들 수 있다. ADR(American Depositary Receipt)은 뉴욕에서 발행, 유통되는 미달러화표시의 기명식 주식예탁증서로 미국 증권거래위원회의 규제와 감독을 받는다. GDR(Global Depositary Receipt)은 뉴욕, 런던 또는 룩셈부르크에서 동시에 발행되는 미달러화표시 DR을 말한다.

우리나라 기업으로서는 삼성전자가 1991년 룩셈부르크 증권거래소에 처음으로 GDR을 상장하였고, 미국에는 1994년 4월 삼성전자가 사모의 형태로 발행되었지만 뉴욕거래소에 정식으로 상장된 것은 1994년 포항제철이 처음이다. 현재는 KB금융, 한국전력, KT, LG디스플레이, 포스코 등이 ADR을 발행하고 있고, SK하이닉스, 현대자동차, KT&G, KT, LG전자, 삼성전자, 삼성SDI 등이 GDR을 발행하고 있다.

3) 파생금융상품시장

파생금융상품시장의 의의

파생금융상품시장(derivatives market)은 외환, 채권, 주식 등 기초자산의 가치변동으로부터 파생되어 가격이 결정되는 파생금융상품을 거래하는 시장이다. 파생금융상품은 환율, 금리, 주가의 움직임에 따라 변동하게 되어 있는 금융자산의 미래가치를 미리 결정하여 사고팔기로 약정하고, 일정기간이 경과한 후에 계약조건에 따라 실제로 결제가 일어나는 모든 금융계약을 말한다.

파생금융상품시장의 구분

파생금융상품시장은 〈표 8-3〉에서 보는 것과 같이 기초자산의 유형에 따라 통화, 금리, 주식, 신용관련 상품 등으로 구분하고, 거래방법에 따라 장내 및 장외거래로 구분하여 볼 수 있다. 또한 계약유형에 따라 **선물시장**(futures market), **옵션시장**(option market) 및 **스왑시장**(swap market) 등으로 구분하여 볼 수 있다.

표 8-3 주요 파생금융상품의 종류

	장내거래	장외거래
환율(통화) 관련	통화선물(currency futures) 통화선물옵션(currency futures options)	선물환(forward exchange) 통화스왑(currency swaps) 통화옵션(currency options)
금리(채권) 관련	금리선물(interest rate futures) 금리선물옵션(interest rate futures options)	선도금리계약(forward rate agreements) 금리스왑(interest rate swaps) 금리옵션(interest rate options) – caps, floors, collars 스왑션(swaptions)
주식 관련	주식옵션(options on stocks) 주가지수선물(index futures) 주가지수옵션(index options) 주가지수선물옵션(index futures options)	주식옵션(options on stocks) 지분스왑(equity swaps)
신용 관련		신용파산스왑(credit default swaps) 총수익스왑(total return swaps) 신용연계증권(credit linked notes) 합성부채담보부증권(synthetics collateral debt obligation)

4) 외환시장

외환시장은 외환의 매매가 지속적으로 이루어지는 장소나 총괄적 거래메커니즘을 말한다. 외환시장은 기본적으로 외환의 수요와 공급을 연결시키는 청산기능을 수행한다. 이외에도 외환시장은 환 및 이자재정, 헤지 및 투기의 기회를 제공하고 있다.

외환시장은 서로 다른 통화가 교환되는 시장으로서 자금의 융통이 이루어지는 외화자금시장과는 성격이 다르다. 그러나 외환시장에서 이루어지는 서로 다른 통화간 교환은 기본적으로 국제무역이나 국제금융에 수반하여 일어나기 때문에 외환거래는 지급메커니즘의 한 과정으로서 역할을 담당한다. 따라서 각국간 금융시장이나 유로시장에서 서로 다른 통화의 금융거래는 외환시장에서 외환거래와 연계됨으로써 원활히 이루어질 수 있다.

(4) 국제금융결제제도

SWIFT 국제금융시장을 구성하는 각국의 금융시장, 유로시장 및 외환시장 간 거래가 이루어지기 위해서는 이를 연결시키는 국제적 네트워크가 필요하다. 이러한 대표적 국제통신기구로서 **SWIFT**(Society for Worldwide Interbank Financial Telecommunication)가 있다. SWIFT는 외국환은행의 국제 간 자금결제업무를 신속·정확하게 수행하기 위해 1973년 5월 벨기에 브뤼셀에 비영리기구로 설립된 국제은행 간 데이터 통신시스템이다.[1] SWIFT는 1977년부터 국제금융거래 메시지를 표준화된 양식으로 전달함으로써 국제은행 간 자금거래를 신속·정확·안전하게 처리하며 거래내역을 쉽게 확인할 수 있다. 또한 SWIFT는 여러 국제금융결제기구들과 연계되어 국제적 자금결제를 신속하게 처리하고 있다. 우리나라는 1992년 52개 금융기관(국내은행 27개, 외국은행 국내지점 25개)이 SWIFT에 참가하여 업무를 시작하였으며, 2017년 말 현재 115개 금융기관이 이용하고 있다.

그림 8-2 국제금융결제제도의 구조

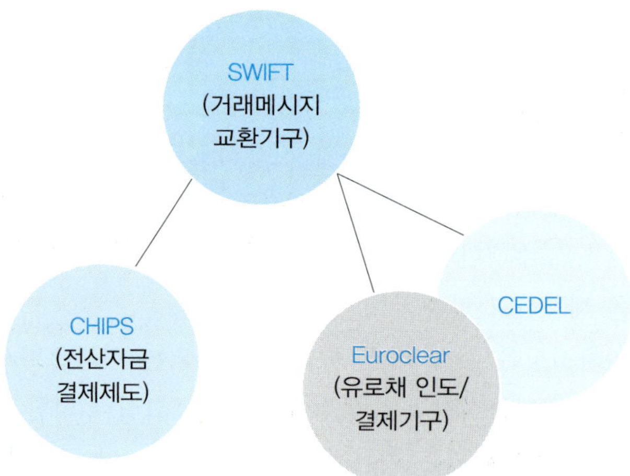

1 최근 정보통신기술의 발달로 국제금융시장 참가자들은 거래에 필요한 다양한 정보를 신속·정확하게 이용할 수 있게 되었음. 오늘날 국제금융시장에 대한 정보는 주로 Reuters, Associated Press-Dow Jones, Telerate, Bloomberg사 등에 의해 처리·제공되고 있음.

CHIPS 국제금융결제를 위한 대표적 기구로서는 뉴욕에 소재한 **CHIPS**(Clearing House Interbank Payment System)가 있다. CHIPS는 1981년 10월부터 참가은행들의 미달러화 및 이와 거래된 외환에 대한 이체 및 결제를 수행하고 있다. 이에 따라 미국에 있는 은행과 유로은행 간 자금결제가 당일로 이루어지고 있다.

Euroclear/CEDEL 또한 유로채권과 관련된 국제금융결제기구로서는 **Euroclear**(Euroclear Clearance System Limited)와 **CEDEL**(Center for the Delivery of Securities)을 들 수 있다. Euroclear는 1968년 12월 Morgan Guaranty사에 의해 벨기에 브뤼셀에 설립된 기관으로서 국제증권매매 등의 거래에 따른 결제 및 증권보관업무를 수행하고 있다. 한편 CEDEL은 Euroclear에 대응하여 1970년 9월 유럽 주요은행에 의해 룩셈부르크에 설립된 기관으로서 유로채권의 경제적·효율적인 결제 및 보관업무를 수행하고 있다. 우리나라는 한국은행이 1990년에 두 기구에 모두 가입하였다.

8.3 국제금융의 기본원리

(1) 국제금리평가의 의의와 내용

국가 간 자금의 융통은 자본이 더 높은 수익률을 얻기 위하여 국가 간 이동하는 과정에서 이루어진다. 국가 간 자본이동이 자유롭다면 국내금융자산에 투자하여 얻는 수익률과 해외금융자산에 투자하여 얻는 수익률은 같아진다. 이 때 환율의 예상변동율(또는 선물환 프리미엄)은 양국의 금리차이와 같아지는데 이를 유위험(또는 무위험) 국제금리평가(International Interest Rate Parity)라고 한다. 국제금리평가의 정리는 국제금융시장을 지배하는 기본원리이다.

유위험 국제금리평가 유위험 국제금리평가는 국제피셔효과라고도 하는데 환율의 예상변동률은 양국간 금리격차와 평가관계를 이룬다는 것이다.

$$\frac{E_t S_{t+1} - S_t}{S_t} = R_t - R_t^* \qquad (8\text{-}1)$$

예를 들어 우리나라 원화표시 채권금리가 연 6.00%이고 미달러화표시 채권금리가 연 4.50%인 경우 유위험 국제금리평가에 따르면 원화환율은 향후 1년간

1.50% 상승할 것으로 예상된다. 이는 미국투자자가 우리나라 원화표시 채권에 투자하면 1.50%만큼 더 많은 이자를 받지만 원화가치가 1.50% 하락할 것으로 예상되기 때문에 어느 곳에 투자하건 예상수익률은 같아지게 됨을 의미한다.

유위험 국제금리평가는 국내투자 수익률과 해외투자 수익률간 관계로 파악할 수도 있다. 즉 본국통화표시 금융자산에 투자하는 경우는 국내금리만 고려하면 된다. 그러나 외국통화표시 금융자산에 투자하는 경우에는 외국금리뿐만 아니라 환율의 예상변동율까지 고려하여야 한다. 국내투자 수익률과 해외투자 예상수익율 간 관계는 앞의 식에서 외국금리(R_t^*)를 우변으로 옮김으로써 쉽게 도출될 수 있다.

$$R_t = R_t^* + \frac{E_t S_{t+1} - S_t}{S_t} \qquad (8\text{-}2)$$

그러나 예상과 달리 환율이 변동한다면 투자자는 환위험을 감수하여야 하므로 이를 (환위험이) 커버되지 않은 또는 **유위험 국제금리평가**(Uncovered Interest Rate Parity)라고 부른다.

무위험 국제금리평가

한편 투자자는 예상하지 못한 환율변동에서 오는 환위험을 선물환거래를 통하여 회피할 수 있다. 즉 투자자는 회수시점에 맞추어 선물환거래를 함으로써 외국통화표시 금융자산의 투자수익율을 확정시킬 수 있다. 즉 국내금리는 해외금리에 선물환 프리미엄을 합한 것과 같아지게 되는데, 이를 식으로 표시하면 다음과 같다.

$$\frac{F_t^{t+1} - S_t}{S_t} = R_t - R_t^* \quad \left(\text{또는 } R_t = R_t^* + \frac{F_t^{t+1} - S_t}{S_t}\right) \qquad (8\text{-}3)$$

단, F_t^{t+1}: t기에서 형성된 $t+1$기의 선물환율

이와 같이 환위험을 선물환거래를 통해 회피하면 이를 (환위험이) 커버된 또는 **무위험 국제금리평가**(Covered Interest Rate Parity)라고 부른다. 무위험 국제금리평가는 국내금리, 해외금리, 현물환율 및 선물환율 간 균형체계를 성립하게 한다.

보충학습 무위험 국제금리평가의 정리 도출

국가 간 자본이동에 대한 규제, 거래비용 등이 없어 금융시장이 완전하고, 통화표시가 다른 것을 제외하면 금융자산의 특성도 같다고 하자. 이 경우 투자자는 국내외통화표시 금융자산 중 수익률이 높은 금융자산을 선택하여 투자할 것이다. 또한 수익률이 낮은 곳에서 차입하여 수익률이 높은 곳에 투자함으로써 금리차익을 노리는 재정거래도 발생하게 된다.

어느 투자자가 ₩1.00을 가지고 원화표시 채권(1년만기)에 투자할 것인가 아니면 달러화표시 채권에 투자할 것인가를 고려하고 있다고 하자. 원화표시 채권금리가 R_t인 경우 ① 투자자가 원화표시 채권을 매입하여 1년간 보유하게 되면 1년 후 원금과 이자가 ₩$(1+R_t)$가 된다.

이제 달러화표시 채권에 투자하는 경우를 고려해 보자. 우선 원화를 현물환시장에서 달러화로 바꾸어야 한다. 만약 현물환율이 S_t인 경우 ❶ ₩1.00을 달러화로 바꾸게 되면 $\$(\frac{1}{S_t})$가 된다. ❷ 달러화표시 채권을 구입하여 1년간 보유하게 되면 1년 후 원리금은 $\$\frac{1}{S_t}(1+R_t^*)$가 되며, 이를 다시 원화로 바꾸어야 한다. 그러나 1년 후 원-달러환율이 얼마가 될지 모르기 때문에 ❸ 투자자는 예상환율에 의존하게 된다. 1년 후 시장에서 형성되는 현물환율이 지금 예상하였던 환율보다 높으면 환차익이 발생하지만, 낮으면 환차손이 발생한다.

투자자는 달러화표시 채권투자에 따른 환위험을 선물환거래를 통해 헤지할 수 있다. ❹ 즉 투자자는 1년 후 달러화표시 원리금(long position)을 투자시점에서 선물환시장을 통해 매각(short position)하여 원화표시로 원리금을 확정시킴으로써 환위험에서 벗어날 수 있다.

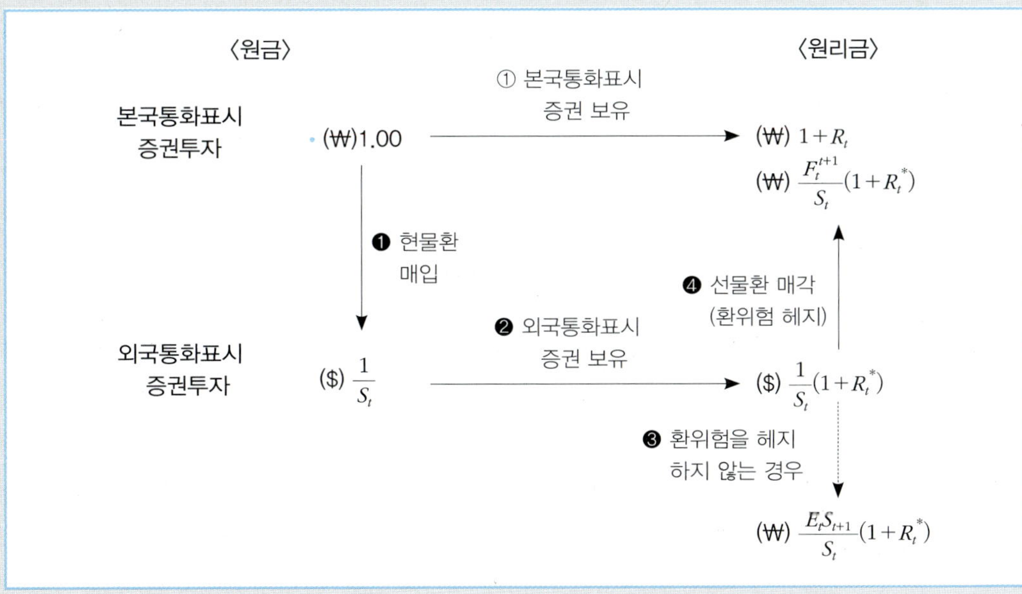

투자자가 원화통화표시 채권이나 달러화통화표시 채권중 유리한 것을 선택하여 투자하는 과정에서 원화표시 채권의 원리금과 원화로 환산한 달러화표시 채권의 원리금이 같아져 균형을 이루게 된다.

$$\frac{F_t^{t+1}}{S_t}\cdot(1+R_t^*)=1+R_t$$

앞 식에서 양변을 $1+R_t^*$로 나누고, 1을 빼어 다음과 같이 정리할 수 있다.

$$\frac{F_t^{t+1}}{S_t}=\frac{1+R_t}{1+R_t^*}$$

$$\frac{F_t^{t+1}}{S_t}-1=\frac{1+R_t}{1+R_t^*}-1$$

$$\frac{F_t^{t+1}-S_t}{S_t}=\frac{R_t-R_t^*}{1+R_t^*}$$

만약 R_t^*가 0에 가까워 무시할 정도로 작다면, 앞 식을 다음과 같이 간략하게 나타낼 수 있다.

$$\frac{F_t^{t+1}-S_t}{S_t}\fallingdotseq R_t-R_t^*$$

즉 선물환 프리미엄(또는 디스카운트)은 양국간 금리차이와 평가관계를 이룬다.

사례 연구 국제금리평가의 정리를 이용한 선물환율의 산출

선물환의 다양한 만기를 고려하여 국제금리평가의 정리를 다음과 같이 바꾸어 쓸 수 있다.

$$F_t^{t+T}=S_t\cdot\frac{1+R_t(T/365)}{1+R_t^*(T/365)}$$

예를 들어 우리나라에서는 CD금리가 연 3.00%, 미국에서는 CD금리가 연 2.00%이고, 현재 원-달러환율이 1,200.00원이라고 하자. 이 경우 국제금리평가의 정리를 이용하여 3개월물 원-달러 선물환율을 구하면 1,202.94원이 된다.

$$F_t^{t+90}=1,200.00\times\frac{1+0.0300(90/365)}{1+0.0200(90/365)}$$
$$=(₩)1,202.94(/\$)$$

(2) 국제금리평가의 제약요인

국제금리평가의 정리는 금융시장의 완전성을 전제로 하고 있지만 현실적으로 이를 제약하는 요인이 많다.

거래비용 첫째, 증권이나 외환의 매매에 따른 거래비용을 들 수 있다. 예를 들어 본국통화표시 증권거래에는 매매수수료만 들지만 외국통화표시 증권거래에는 매매수수료 외에 현물환 및 선물환의 매입율과 매도율 차이로 인한 거래비용이 발생한다. 정보처리 및 통신기술의 발달 등으로 거래비용이 줄어든다면 국제금

리평가의 밴드폭은 좁아지게 된다.

정부의 규제 둘째, 정부의 이자 및 자본소득세, 외환통제, 금리규제 등도 국제금리평가의 정리를 제약한다. 투자자는 세전 수익률이 아니라 세후 수익률에 맞추어 투자를 한다. 그러나 양국 간 이자 및 자본소득세율이 상이하다면 세전 수익률에 의한 국제금리평가의 정리는 그만큼 성립되기 어렵다.

금융자산의 이질성 셋째, 엄밀한 의미에서 양국 간 동질적인 금융자산을 찾기가 어렵다. 명목상 같은 증권이라도 국가마다 금융시장의 발달정도가 다르기 때문에 유동성의 크기, 만기위험 등도 다르다. 이러한 요인들도 금리결정에 영향을 미치기 때문에 국제금리평가 정리의 성립을 제약한다.

정치적 위험 넷째, 정치적 위험도 국제금리평가의 정리를 제약하는 요인으로 작용한다. 해외증권투자는 외국정부의 금융자산 동결 및 몰수, 송금제한 등과 같은 위험이 뒤따른다.

이외에도 정보수집과 분석에 소요되는 비용, 금융시장과 자본시장의 불완전성 등도 국제금리평가의 정리가 성립하는 것을 어렵게 한다.

사례 연구

우리나라 외환위기 이후 내외금리차와 스왑레이트의 변동추이

아래 그림은 1997년 12월 우리나라가 외환위기를 맞은 후 내외금리차와 스왑레이트의 변동추이를 보여주고 있다. 내외금리차는 원화 CD의 유통수익률(91일물)과 달러화 LIBOR(3개월물)의 차이를 나타내고, 3개월 스왑레이트는 원-달러의 3개월물 선물환율과 현물환율과 차이를 연율로 계산한 것이다.

1997년 12월 외환위기 직후 국내금융 및 외환시장의 불안으로 내외금리차와 스왑레이트가 크게 괴리되어 움직였다. 1997년 12월 31일에는 국내금리가 급등하여 해외금리보다 약 18% 정도 높았으므로 이론적으로 보면 3개월물 선물환율도 현물환율 1,695.8원보다 약 4.5%(=18%/4) 높은 1,772.00원 정도에서 결정되어야 한다. 그러나 당시 선물환율은 오히려 현물환율보다 75원이나 낮은 1,620.00원에서 형성되었다. 이는 우리나라 금융기관들이 부족한 외환을 현물환시장에서 높은 가격으로 매입하고 선물환시장에서 낮은 가격으로 손해를 보면서 매각하지 않을 수 없었기 때문이다. 물론 달러화를 조달하는 데 어려움이 없었던 외국은행들은 재정거래를 통해 엄청난 금리차익을 얻을 수 있었다.

그러나 1998년 2/4분기를 지나면서 국내금융 및 외환시장이 외환위기의 충격에서 벗어나 안정됨에 따라 내외금리차와 스왑레이트의 격차가 줄어들고 점차 거의 같이 움직이는 모습을 보여주고 있다. 이와 같이 국제금리평가의 정리는 금융 및 외환시장의 주요 변수인 국내금리, 해외금리, 현물환율 및 선물환율 간 균형체계를 유지하게 하는 기본틀을 제공하고 있다.

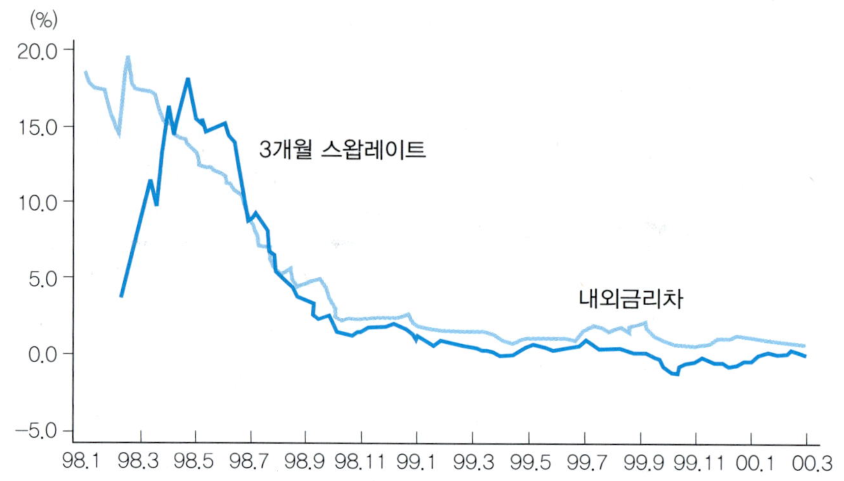

요약

1. 국제금융이란 국가 간 – 엄밀한 의미에서 거주자와 비거주자 간에 또는 비거주자 간에 이루어지는 자금의 융통으로서, 국내금융과 비교할 때 환위험, 정치적 위험, 해당통화국의 규제와 통제로부터 분리, 풍부한 재정거래의 기회, 혁신적 성향 등의 특징을 지니고 있다.

2 국제금융시장이란 국제무역, 해외직접·증권(또는 포트폴리오)투자 등과 수반하여 국가 간에 자금의 융통이 지속적으로 이루어지는 장소 또는 거래메커니즘을 말한다. 국제금융시장은 세계적 차원에서 자금을 효율적으로 배분시켜 자본의 생산성을 제고하고, 무역 및 투자를 확대하고, 국제유동성을 조절함으로써 세계경제성장을 촉진하고 있다.

3. 국제금융시장은 각국의 금융시장, 유로시장으로 대표되는 역외시장, 그리고 이들 시장 간 거래를 연결시키는 외환시장으로 구성되어 있다. 국제금융시장에서는 연금기금, 상호기금, 생명보험회사 등이 투자자로서, 세계 각국의 정부, 다국적기업 및 국제금융기구 등이 차입자로서 참여하고 있으며, 국제상업은행, 국제투자은행, 딜러나 브로커 등이 중개역할을 담당하고 있다.

4. 유로시장(Euromarket)이란 어떤 특정 통화로 표시된 금융지산 – 즉 예금과 대출, 채권 등이 해당통화 발행국 이외의 국가에서 거래되는 시장을 말한다. 유로시장은 각국의 규제를 받지 않는 초국적 금융시장이며, 공간적·시간적 제약에서 벗어난 범세계적 금융시장의 성격을 갖고 있다. 그러나 유로시장은 금리와 자금의 어베일러빌리티면에서 각국의 금융시장과 연계되어 있으며, 자금의 최종대부자의 부재 등으로 인한 위험이 있다.

5. 국제금융시장은 기능적 측면에서 국제단기금융시장, 국제자본시장, 파생금융상품시장 및 외환시장 등으로 구분할 수 있다. 국제단기금융시장은 CD, CP, BA, T-Bill 등 만기 1년 미만의 금융상품이 거래되는 시장이고, 국제자본시장은 신디케이트론, 채권, 주식 등 만기 1년 이상의 장기금융자산이 거래되는 시장이다. 파생금융상품시장은 외환, 채권, 주식 등 기초자산의 가치변동으로부터 파생되어 가격이 결정되는 파생금융상품이 거래되는 시장이다.

6. 국제채는 외국의 비거주차입자가 발행하는 채권으로서 채권발행국에서 어느 국가의 통화표시로 채권을 발행하느냐에 따라 외국채와 유로채로 구분된다. 외국채는 채권 발행국의 통화표시로 발행되는 채권을 말하고, 유로채는 채권발행국의 통화와 다른 국가의 통화표시로 발행되는 채권을 말한다.

7. 국제금융시장을 구성하는 각국의 금융시장, 유로시장 및 외환시장 간에 거래를 연결시키기 위해서는 국제적 네트워크가 필요하다. SWIFT는 국제적 네트워크를 갖추고 외국환은행의 국제 간 자금결제업무를 신속·정확하게 수행하고 있다. CHIPS는 미달러화 및 이와 거래된 외환에 대한 이체 및 결제를, Euroclear는 국제증권매매 등의 거래에 따른 결제 및 증권보관업무를, CEDEL은 유로채권의 경제적·효율적 결제 및 보관업무를 수행하고 있다.

8. 유위험(무위험)국제금리평가의 정리에 따르면 국가 간 자본이동에 대한 규제, 거래비용 등이 없다면 환율의 예상변동율(선물환 프리미엄)은 양국 간 금리차이와 평가관계를 이룬다. 국제금리평가의 정리는 국내금리, 해외금리, 현물환율 및 선물환율간 균형체계를 유지하게 한다. 그러나 금융 및 외환거래 비용, 정부의 규제, 양국 금융자산 간 이질성, 정치적 위험 등은 국제금리평가정리의 성립을 제약하는 요인으로 작용한다.

연습문제

1. 다음 용어를 간략히 설명하시오.
   (1) 유로시장
   (2) 국제금융센터
   (3) 뮤추얼펀드, 헤지펀드, 사모주식투자펀드
   (4) 외국채와 유로채
   (5) 주식예탁증서
   (6) CB와 BW
   (7) 파생금융상품
   (8) SWIFT
   (9) 무위험(유위험) 국제금리평가

2. 우리나라 금융시장도 국제금융시장의 한 부분을 차지하고 있다. 우리나라 단기금융시장에 관하여 조사하고, 주요 선진국의 단기금융시장과 비교하여 보시오. 우리나라 각 단기금융시장의 특징 및 성격, 참가기관, 거래금융상품의 만기, 최저발행금액, 이자지급방식, 중도 환매 여부 등에 관하여 살펴보시오.

3. 우리나라 자본시장의 구조에 관하여 조사하고, 주요 선진국의 자본시장과 비교하여 보시오. 우리나라 자본시장을 채권시장, 통화안정증권시장, 자산유동화시장, 주식시장 등으로 구분하여 각 시장의 의의와 특징, 거래메커니즘, 동향 등에 대하여 살펴보시오.

4. 유로은행은 국내은행과 달리 지급준비금 예치, 예금보험료 납부 등의 의무를 부담하지 않기 때문에 자금조달 면에서 유리하다고 한다. 예를 들어 우리나라 국내은행이 1년만기 정기예금에 대하여 고객에게 5.0%의 예금을 지급하지만, 한국은행에 예금액의 10%를 지급준비금으로 예치하고 예금보험공사에 예금액의 0.5%를 보험료로 납부하는 경우 실효자금조달금리는 얼마인가 계산하여 보시오.

5. 현재 엔화표시 국채금리가 연 1.50%, 미국의 Treasury Bond금리가 연 4.50%이고 엔-달러환율은 112.00엔이다. 유위험 국제금리평가의 정리에 의하면 3개월 후 엔-달러환율은 얼마가 될 것으로 예상되는가?

6. 우리나라의 정기예금금리가 연 3.00%, 일본의 정기예금금리가 1.00%이고, 현재 엔화에 대한 원화환율이 100엔당 1,020.00원이라고 하자. 이 경우 엔화

선물환은 원화에 대하여 프리미엄상태에 있는가 또는 디스카운트상태에 있는가를 밝히고, 국제금리평가의 정리를 이용하여 3개월물 원-엔(100엔당) 선물환율을 구하시오.

7. 어느 펀드매니저가 펀드를 운용하기 위하여 국내외 외환 및 금융시장 동향을 다음과 같았다고 가정하자.

- 원-달러 현물환율: 1,000.00원
- 3개월물 선물환율: 995.00원
- 원화표시 채권금리: 3.00%/년
- 달러화표시 채권금리: 4.50%/년

(1) 달러 선물환은 원화에 대하여 할증(또는 할인)상태에 있는가를 밝히고, 이를 연율로 표시하시오.

(2) 달러하표시 채권에 대한 투자수익률은 연율로 표시하면 일마인가? 또한 이러한 상황에서 어느 통화표시 채권에 투자하는 것이 얼마나 유리한가를 밝히시오.

(3) 이와 같이 국내외 채권투자 수익률에 차이가 발생하면 펀드매니저는 포트폴리오를 어떻게 조정하겠는가? 이러한 포트폴리오 조정과정에서 원-달러 현물환율, 선물환율, 국내금리 및 해외금리가 어떠한 방향으로 움직이는가를 밝히시오.

(4) (3)번과 같이 국내외 채권투자 수익률에 차이가 있음에도 불구하고 펀드매니저가 포트폴리오를 조정하지 않는다면 그 이유를 설명하시오.

8. 외환거래에서 발생하는 환위험을 선물환거래를 통해 제거하는 무위험(또는 환위험 제거) 금리차익거래에 관한 다음 물음에 답하시오.

(1) 무위험 금리차익거래의 개념에 관하여 설명하시오.

(2) 예를 들어 한국의 금리가 6.00%/년이고, 미국의 금리가 3.00%/년이다. 그리고 외환시장에서 원-달러 현물환율이 1,100원이고, 3개월물 선물환율은 1,111원이라고 하자. 만약 한국과 미국 간 자본이동을 제약하는 요인 - 예를 들면 환전수수료, 세금 등이 없다면, 투자자는 원화표시 증권과 달러표시 증권 중 어느 증권을 매입하는 것이 얼마나 유리한가를 밝히시오.

(3) 단기적 환율결정이론으로서 무위험 금리평가이론(covered interest rate parity)과 유위험 금리평가이론(uncovered interest rate parity)을 비교·설명하시오. 〈2007년 행정고시 국제경제학 기출문제 일부 변형〉

PART

05

국제통상질서

현재의 국제통상질서는 국가들 간의 역학관계가 변화하며 형성된 역사적 산물이다. 16세기 유럽인들에 의해 인도양으로 가는 항로와 아메리카 대륙이 발견된 후 세계화는 급속하게 진전되어 국제통상질서는 자유주의 무역기조와 보호주의 무역기조가 바뀌어 나타났다. 이러한 통상질서는 최근 미국이 주도하고 중국이 가입한 WTO 다자간 국제통상규범이 성립하며 세계적 규모로 정착되었다. 또한 미국이 IMF를 내세워 주도하는 달러중심의 국제통화제도도 현재의 국제통상질서의 중요한 부분을 차지하고 있다.

CHAPTER 09

국제통상환경의 역사적 변천 추이

사람들은 수천 년 전부터 조개껍데기와 화살촉을 비롯해서 은과 향신료까지 많은 물건들을 멀리 떨어진 사람들 혹은 집단과 교역해 왔다. 이러한 활동은 해상교역로를 개척한 16세기 유럽인들에 의해 큰 전기를 맞게 된다. 기존의 육상교역을 대체한 해상교역은 새로운 세계적 규모의 국제무역체제의 형성을 가져왔으며 진정한 의미의 세계화가 시작되었다. 이 시기 이후의 국제무역체제는 강대국들의 패권경쟁과 무역정책기조에 따라 자유무역기조와 보호무역기조가 교차하며 역사적 변천을 거쳤다. 이 장에서는 이러한 무역기조의 흐름을 조망한다. 최근에는 미국이 세계 패권을 유지하며 중국을 WTO에 가입시켜 새로운 자유무역의 진전을 이뤘으나 다시 미국우선주의와 일방주의에 근거한 보호무역주의가 대두되고 있다.

9.1 제2차 세계대전 이전의 국제통상환경

(1) 중상주의적 보호무역

1) 중상주의

중상주의 **중상주의**(Mercantilism)는 15세기 말에서 18세기 중엽까지 도시국가 혹은 왕정국가에서 채택되었던 국가개입을 근간으로 하는 경제정책 및 이를 기초로 하는 경제사상을 의미한다. 이 시기 절대왕정 국가들은 봉건제를 넘어서 왕권의 집중을 도모했는데 대외적으로는 중상주의 정책이 이를 뒷받침했다. 중상주의는 세계의 화폐, 공업생산, 선박, 무역거래의 총량이 일정하다고 보았고 다른 무역로 독점을 통해 다른 국가를 교역에서 배제하고 자국의 상공인들을 지원해서 자국의 몫을 가능한 많이 확보하는 것을 가장 큰 목표로 삼았는데 이것이 중상주의의 요체이다. 국내교역에서는 장벽을 철폐하여 시장통합과 상업발달을 투구하고 대외적으로는 외국상품에 대한 보호관세부과, 수출장려, 상선보호를 위한 해군력 강화를 추구했다. 왕 직속의 공업을 지원하고 숙련기술자를 확보하며 외국의 제조업자들과 기술자들의 국내이민을 장려함으로써 국내공업을 보호했다.

중금주의 중상주의는 귀금속을 국부와 동일시함으로써 금의 유출을 억제하고 유입을 장려하는 중금주의의 관점을 가졌다. 이를 위해 수출을 장려하고 수입을 최대한 억제해야 했다. 귀금속을 확보해야 중앙집권적인 절대왕정을 유지할 관료제와 상비군에게 급료를 지불하고 다른 나라와 전쟁이 가능했다. 다른 국가와 전쟁에서 승리하면 식민지와 무역로를 확장할 수 있었고 원자재, 식량의 조달지와 판매시장을 얻을 수 있었다. 식민지를 얻으면 아프리카 등지에서 노예를 조달해서 담배, 사탕수수 등의 상품작물을 재배하고 이를 교역을 통해 단위 면적당 높은 가격을 받을 수 있는 향신료와 귀금속으로 만들어 본국으로 가져와 높은 수익을 올렸다. 교역선단은 이러한 귀중한 상품을 해적으로부터 지키기 위해 무장을 했으며 교역선단이 교역보다 다른 국가 선박에 대한 해적행위를 주로 하기도 했다(포메란츠·토픽, 박광식 역, 2003).

2) 해상권과 세계패권

포르투갈과 스페인 중상주의적 보호무역의 발전은 어떤 국가가 해상권을 제어하는지에 따라 다른 양상으로 전개되었다. 세계의 해상권은 엔리케 왕자(Infante Dom Henrique; 1394~1460) 주도로 지중해 무역에서 소외되어 처음 대양해양술을 개척한 포르투갈이 먼저 가졌다. 포르투갈은 15세기 초부터 아프리카 서해안에 탐험선을 보내고 항해가와 지도업자를 지원해서 새로운 항해로를 개척했다. 바르톨로뮤 디아즈(Bartolomeu Diaz)가 이디오피아로 가는 과정에서 희망봉을 발견하고 이를 돌아 인도로 가는 교역로를 확보했다. 이후 스페인도 무역로 개척에 적극 뛰어들었다. 카스티야 여왕 이사벨 1세의 후원을 받은 크리스토퍼 콜럼버스(Christopher Columbus)가 1492년 아메리카 대륙을 발견했다. 이후 항해로와 식민지 개척 경쟁이 심해지면서 스페인이 로마 교황을 통해 포르투갈에 무역로 분할을 제안하고 토르데시야스 조약으로 두 국가는 세계를 반으로 갈라 무역로를 과점한다. 16세기에는 스페인이 포르투갈을 병합하고 해상권을 장악하게 되며 펠리페 2세는 스페인 영토 외에도 포르투갈, 이딜리아 남부, 시칠리아, 독일, 벨기에, 네덜란드, 중남미, 멕시코, 미국 남서부, 필리핀을 그 영토로 보유하게 된다. 스페인의 갤리온 선박을 중심으로 무적함대라는 선단을 보유했다.

네덜란드

이러한 스페인의 해상권은 17세기 네덜란드의 독립전쟁을 거치며 크게 약화된다. 네덜란드는 적은 일손으로 운용할 수 있는 연안무역용 선박을 발명하고 가볍고 날랜 플라이칩이라는 전투선을 따로 만들어 운영하며 해상권을 장악했다. 이 전투선은 맞바람에도 항해가 가능했으며 대포도 많이 탑재할 수 있었다. 또한 동인도회사라는 무역조직의 혁신도 이뤄냈다. 네덜란드는 종교의 자유를 찾아 모인 이들을 중심으로 스페인의 압재에 저항하며 1568년부터 독립전쟁을 전개했다. 이 때 펠리페 2세가 제안한 결혼을 거절한 엘리자베스 1세 여왕 치하의 영국도 합세해서 1588년 스페인의 무적함대를 굴복시킨다. 이 때 주역인 프랜시스 드레이크는 해적으로 전쟁 후 귀족이 되었다. 네덜란드와 영국은 세계 무역질서를 재편할 수 있었다.

올리버 크롬웰과 항해조례

하지만 궁극적으로 이후 해상 패권은 영국으로 넘어갔다. 영국은 올리버 크롬웰(Oliver Cromwell; 1599~1658)이 항해조례를 발표해서 네덜란드 선박을 해상무역에서 배제하고 서섹스 지방의 풍부한 철과 석탄을 활용해서 네덜란드에 군사적 우위를 점할 수 있었다. 프랑스도 16세기 후반 이후 재상 콜베르를 중심으로 중상주의 정책을 추진해서 전성기를 맞이했으나 국내 농업기반을 소홀히 하고 영국과의 상업경쟁에서 도태되고 식민지쟁탈전에서 패배함으로써 쇠퇴했다. 일차적으로 1688년에서 1697년 전개된 9년 전쟁에서 영국, 네덜란드,

신성로마제국, 스페인 등으로부터 공격을 당했고 스페인 왕위계승전쟁과 오스트리아 왕위계승전쟁에서 패하고 마지막으로 나폴레옹의 프랑스 혁명전쟁(1792~1815)에서 영국에 패했다. 영국은 17세기 후반부터 모든 해상권을 장악함으로써 세계 패권국으로 부상할 수 있었다.

(2) 고전적 자유무역

대영제국 이러한 배경에서 **고전적 자유무역체제**가 성립하고 시작되었다. 세계의 해상권을 장악함으로써 영국은 빅토리아 여왕 시기에 해가 지지 않는 대영제국을 건설했다. 그만큼 세계 전체에 영국의 식민지가 넓게 분포되어 있었다. 이 시

사례 연구 80일간의 세계일주

〈80일간의 세계일주〉는 1873년 발행된 프랑스 소설가 쥘베른의 장편소설이다. 잡지에 연재되어 많은 인기를 끌었다. 영국 신사 필리어스 포그가 프랑스 출신의 하인 장 파스파르투를 데리고, 80일 동안의 세계일주에 도전한다는 내용이다. 대략적인 줄거리는 다음과 같다.

리폼 클럽에 다니는 자산가인 포그는 숫자와 시간관념이 굉장히 철저한 사람이다. 이 사람은 80일로 세계를 일주할 수 있다는 계산을 하고 이것이 실현가능한 이야기인지 클럽의 친구들과 전 재산을 건 내기를 하게 된다. 포그는 하인 파스파르투와 여행을 떠나 열차와 증기선을 이용해서 프랑스, 이탈리아를 경유한 다음 이집트로 가서 몽골리아호를 타고 인도의 뭄바이에 도착한다. 뭄바이에서 캘커타행 철도를 타지만 대륙횡단노선 중 완공되지 않은 구간을 코끼리를 타고 이동하던 중 화형당할 위기에 처한 인도 여인 아우다를 구하게 된다. 이들 일행은 포그를 은행강도로 오해하는 픽스 형사의 방해를 벗어나가며 홍콩행 증기선인 랑군호에 탑승하고 벵골 만, 말라카 해협, 남중국해를 거쳐 홍콩에 도착한다.

홍콩에서 폭풍과 아편의 함정을 벗어나 탕카데르호를 타고 중국 상하이를 거쳐 일본의 요코하마항에 도착한 일행은 태평양을 횡단해서 미국 샌프란시스코에 도착한다. 미국에서는 대륙횡단열차를 타고 뉴욕으로 이동하는데 여러 모험을 거친다. 이후 기축통화인 파운드 스털링을 이용해 선박을 구매하여 아일랜드 퀸스타운으로 온 일행은 리버풀을 거쳐 런던에 도착한다. 포그는 내기에서 이기고 아우다와 결혼한다.

〈80일간의 세계일주〉는 철도와 증기선으로 대표되는 과학기술과 인프라 건을 통해 세계가 물리적으로 연결되고 영국의 세계패권으로 제도적으로 연결되어 인적, 물적 교역이 비약적으로 이뤄지고 있는 배경을 잘 보여준다. 당시 연재되던 〈80일간의 세계일주〉에는 포그가 자신의 증기선을 이용해달라고 요청하는 선주들의 요청으로 간접광고도 이뤄졌다고 한다.

기 세계 무역은 양적으로나 질적으로나 비약적인 발전을 이루게 되었다. 세계 곳곳에서 원자재가 영국으로 들어오고 이를 가공한 공업제품이 팔려 나갔다. 세계시장이 형성되어 규모의 경제가 생기자 증기를 활용한 기계가 발명되고 산업혁명이 일어났다. 영국은 산업혁명의 선두주자로서 국제경쟁력을 갖춘 자국 제품의 해외시장을 적극적으로 더 개척했다.

영불통상조약

영국이 중상주의를 잔재로 여길 만큼 자신감을 갖게 되면서 1860년대부터는 자유무역 체제가 성립했다. 영국은 자유무역운동으로 수차례에 걸쳐 관세법을 개정하고 관세를 인하했다. 중상주의의 대표적인 잔재인 곡물법이 1846년 폐지되었다. 항해조례는 1847년 폐지되었다. 또한 가장 중요한 경쟁국이던 프랑스와 1860년 영불통상조약을 맺어 1146개 품목의 관세를 인하함으로써 자유무역 시기가 본격적으로 전개되었다.

자유무역기조의 쇠퇴

하지만 이러한 자유무역의 시기는 오래 가지 않았다. 보호무역 정책을 쓰며 제조업 경쟁력을 키운 독일과 미국 등 후발국의 산업경쟁력이 급성장하며 영국의 산업경쟁력은 위기에 처하게 된다. 1880년 영국의 제조업자들은 의회에 관세부활을 청원하고 1903년에는 관세가 재도입된다.

(3) 고전적 보호무역

1) 유치산업보호론

유치산업보호론

영국이 대영제국을 이루고 프랑스와 함께 자유무역 체제를 심화시키며 선도국으로 세계경제를 이끄는 동안 새로운 신흥국들이 부상했다. 새로 독립한 미국과 통일을 이룩한 독일이 대표적인 국가들이다. 이들 국가들은 새로운 기술혁신을 체화하며 공업국으로 부상했는데 이 때 보호무역정책을 폈고 그 이론적 근간이 된 것은 **유치산업보호론**이다. 유치산업보호론에 따르면, 후발국은 선도국과는 달리 새로운 산업을 일으키기 위한 유리한 환경이 조성되어 있지 않다. 먼저 새로운 산업을 위한 기술을 외부에서 배워와야 한다. 선도국의 경우는 앞서 혁신을 이룬 기업가들을 모방할 수 있으며 이들로부터 지식을 배울 수 있는 긍정적인 외부효과를 누리고 있으나 후발국의 경우는 이러한 환경이 조성되지 않아서 불리하다. 또한 선도국은 자본시장이 발달해서 리스크가 크고 큰 자본조달이 필요한 산업도 발전할 수 있지만 후발국은 이러한 리스크를 지고 사업을 시작하기 어렵다. 이 때문에 후발국의 산업발달은 어렵다. 그러므로 이러한 차이를 극복하기 위해 한시적이라도 보호무역을 통해 후발국 유치산업이 보호되어야 한다는 것이 이론의 내용이다.

알렉산더 해밀턴

이를 처음 주장한 사람은 미국의 알렉산더 해밀턴(Alexander Hamilton; 1755~1804)이다. 알렉산더 해밀턴은 1755년 서인도제도에서 태어났으며 13세에 고아가 되어 영국에는 가보지 못하고 거의 미국에서만 일생을 보냈다. 1773년 대학에 입학했으나 독립전쟁에 참전하느라 졸업을 하지 못하고 대신 조지 워싱턴의 부관이 되어 활약한다. 이러한 과정을 통해 1789년 독립시 미국의 초대 재무장관이 되었다. 알렉산더 해밀턴은 1791년 〈제조업공업보고서〉를 집필해서 유치산업보호론을 주장했다. 특히 당시 미국에는 발달하지 않았던 공업을 발전시킬 것을 주장했는데 한 나라 안에는 여러 산업이 있어야 국민에게 다양한 형태의 일자리를 제공할 수 있으며 각 개인이 자신의 재능을 십분 발휘해서 생산성이 극대화되고 이것이 국가 이익의 근간이 된다는 내용이다. 미국은 100년 이상에 걸쳐 공업을 발전시킨 영국과는 달리 공업에 종사하는 사람들에게 확신이 없으므로 이를 타개하기 위해 수입대체와 보호무역이 필요하다는 내용이다.

프리드리히 리스트

이러한 이론은 독일의 프리드리히 리스트(Friedrich List; 1789~1846)에 의해 계승된다. 프리드리히 리스트는 독일의 제혁업 집안에서 출생했는데 정식 학교를 다니지는 못하고 주로 독학을 했다. 튀빙겐 대학에서 잠시 강의를 했는데 이후 남부독일에 경제연합회를 만들어 창립자가 되어 재무국장을 역임했다. 당시 독일의 영주가 부과하던 지역 관세를 철폐하고 교역을 활성화시킬 것을 주장하다가 사회불순분자로 투옥되고 1825년에 미국으로 이민을 갔다. 이때 1827년에 알렉산더 해밀턴이 창건한 필라델피아 소사이어티에 가입해서 유치산업보호론을 접한 후 이를 체계화했다. 1841년에는 〈정치경제학의 국민적 체계〉를 집필해서 이론적으로 유치산업보호론을 완성한다. 프리드리히 리스트는 외부성을 명확히 인지하고 유치산업보호론을 주장했다. 프리드리히 리스트에 의하면 한 국가의 총생산력은 개개인의 생산력의 단순합계가 아니며 자본을 포함한 생산자의 정신적, 육체적 힘의 집합이 얼마나 체계적으로 조직되어 있느냐에 따라 결정된다. 이러한 힘을 가장 잘 발휘할 수 있는 산업은 공업으로 이를 발전시켜야 부강한 국가가 될 수 있다. 공업을 자연스럽게 발전시키는 것은 시간이 걸리고 어려운 일이다. 그 이유는 영국과 같이 이미 공업이 발달한 국가에서는 이미 유사한 공업생산의 경험이 있어 이를 배울 수 있고 공장노동자, 숙련기술자, 지배인, 관리인을 싼 값에 조달할 수 있으며 기계와 운송설비,

인프라가 잘 갖추어져 있고 금융시장이 발달해서 새로운 공업생산활동을 하기 쉽다. 하지만 독일과 같은 후발국은 이러한 환경이 미비해서 공업생산활동을 처음 시작하는 이는 어려움을 겪게 되고 다른 사람이 먼저 시작해서 실패의 경험이 축적되고 사회적 자본이 형성되기를 기다리게 된다. 그러므로 독일이 공업화를 이루려면 세금을 거두어 개척자 입장에서 유치산업을 일으키는 이들에게 보조금의 형태로 공업생산활동을 도와야 한다는 것이다. 이들이 처음에는 독점생산자가 되겠지만 나중에는 시장진입이 생겨 가격도 낮아지고 국가 경제에도 이바지하게 된다는 생각이다.

미국과 독일의 부상

이러한 보호무역이론을 실제로 추진해서 미국과 독일은 세계무대에 부상했다. 미국은 독립을 이룬 후 나폴레옹 전쟁으로 유럽으로부터의 공업제품 수입이 현저히 감소하게 된 것을 계기로 국내 산업 발전의 계기를 마련하고자 1816년 관세법을 제정했다. 이러한 보호관세정책은 면화와 담배 등 플랜테이션 농업에 주로 종사하던 남부의 지주들의 반발을 불러왔고 북부산업자본가들과의 갈등이 심화되어 남북전쟁(1861~1865)이 발발한다. 이 전쟁에서 북부가 승리하며 공업을 위한 보호주의가 강화된다. 독일도 1870년에서 1871년 사이 벌어진 보불전쟁에서 승리 후 철혈재상 비스마르크의 주도로 공업발전을 위한 보호무역 정책이 추진되었다. 이러한 정책을 바탕으로 미국과 독일에서는 공업이 발달하며 선도국으로 부상하기 시작했다.

2) 새로운 기술혁신과 불황

과학기술혁신

미국과 독일의 새로운 강국으로의 부상은 **신기술 체계의 출현**에 의해 더욱 빠르게 진행되었다. 1800년대 후반에서 1900년대 초반은 세계사에서 많은 새로운 기술혁신이 일어난 시기이다. 1876년 벨전화기가 발명되었고 1895년에는 무선통신이 발명되었다. 원거리 교역이 용이해지고 무선통신에 의지해서 원거리항해가 더욱 용이해졌다. 1800년대에는 토마스 에디슨(Thomas Edison; 1847~1931)을 중심으로 전기체계의 발전이 이뤄졌다. 발전소가 지어졌는데 1882년 미국의 발전소는 1개였지만 1902년에는 2250개가 되었다. 냉장고, 세탁기, 전자레인지 등 가전제품도 이 때 처음 발명되었다. 냉장설비가 발달함에 따라 더 멀리까지 식료품 교역이 가능해졌다. 또한 전구가 발명되어 야간 노동이 가능해져 생산성이 증대되었으며 전기를 공업의 동력으로 활용함에 따라 입지에 상관없이 복층의 생산시설이 밀집할 수 있게 되었다. 또한 독일에서 1895

년 하버-보쉬법에 의해 암모니아 비료가 합성되어 농업혁명이 일어났으며 이때부터 인구가 폭발적으로 증가하기 시작했다. 그 전에는 새의 똥이 비료로 교역되기도 했었다. 인구가 밀집한 공업도시가 형성되며 1900년에는 현대적인 상수도 시설이 발명되었다. 1863년에는 내연기관이, 1903년에는 비행기가 발명되어 교통수단에 혁신이 일어났다. 증기기관이 디젤로 대체되었다. 또한 철강에서 베세머 공법이 도입되어 생산성이 증가했으며 조선에서는 판접합기술, 부두 시스템이 도입되었다.

표 9-1 세계공업생산에서 차지하는 비율

	영국	프랑스	미국	독일
1870년	31.8%	10.3%	23.3%	13.2%
1913년	14.0%	6.4%	35.8%	15.7%

영국과 프랑스의 상대적 쇠퇴

이러한 새로운 기술은 기존 선진국인 영국, 프랑스에서 보다는 미국과 독일에서 적극적으로 도입되었다. 영국과 프랑스의 경제주체들은 새로운 기술의 도입으로 기존의 생산방식이 바뀜으로 인해 발생하는 피해를 감당하지 않으려 했으나 미국과 독일은 이러한 새로운 기술을 저항없이 도입할 수 있었다. 가장 대표적인 사례로 영국에서는 소규모 철공소를 중심으로한 길드가 새로운 기술도입에 부정적이었으나 미국과 독일에서는 베세머 공법이 일찍 도입되었다. 독일은 특히 프랑스와의 전쟁에서 획득한 루르 지방의 철을 가공하기 위해 베세머 공법 도입이 필수적이었다. 이 철광석에는 인이 많이 포함되었기 때문이다. 결과적으로 얼마 지나지 않아 신흥 선진국의 철생산량이 기존 선진국 철생산량을 압도하게 된다.

농업불황

새로운 기술혁신은 또한 주기적인 불황을 초래했다. 통신수단이 발달하고 철의 생산이 늘면서 철도가 갖춰졌으며 항해비용이 줄어들어 원거리 교역이 가능해졌다. 세계시장이 통합되었으며 농업생산성이 증가해서 더 멀리까지 농업생산물 교역이 이뤄졌다. 싼 농산품이 시장에 유입되면 작물재배계획을 잘못 세운 농민들은 손해를 보고 파산에 직면했다. 공업제품의 가격에 비해 농산품의 가격은 변동이 심했다. 공업제품도 과잉생산이 이뤄져서 새로운 기술을 체화하지 못해서 생산성이 떨어지는 기업들의 도산이 일상적으로 이뤄졌다. 이러한 배경에서 1873년부터 1896년에는 20여 년간 미국을 비롯한 일부 지역에서 대불황이 있었다. 이로 인해 보호무역이 한층 심화되었다.

(4) 제국주의적 보호무역

1) 제국주의와 제1차 세계대전

제국주의

제국주의(Imperialism)는 한 나라의 경제적, 정치적, 문화적 지배권을 타국으로 확대하는 사상과 정책을 의미한다. 이러한 제국주의는 산업혁명과 일련의 기술발전에 의해 심화되었는데 새로운 기술혁신을 체화한 자본주의 국가들과 이를 제때 받아들이지 못한 국가들 간에 국력의 격차가 크게 벌어졌기 때문이다. 세계는 제국의 중심부 국가와 주변부 식민지 국가로 빠르게 재편되었으며 중심부 제국은 군사적, 경제적인 힘을 바탕으로 식민지를 자원공급처 및 판매시장의 역할을 하는 경제적 종속체제로 편입시켰다. 무력으로 민족적, 문화적으로 다른 국가를 병합하고 고유의 정치외교체제를 해체했으며 제국의 지배와 통제를 강요했다. 제국의 지도와 교화 속에 피지배 식민지 또한 발전할 수 있을 것이라 주장했는데 사회적 진화론과 같이 민족 간의 우열을 인정하는 잘못된 사상이 제국주의를 뒷받침했다. 대표적인 제국으로 대영제국이 있다. 영국은 스코틀랜드, 아일랜드 등을 병합하고 인도를 식민지배했다. 호주, 뉴질랜드, 아프리카 지역의 원주민을 제국에 편입시켰다. 프랑스는 인도차이나 반도와 아프리카를 중심으로 제국을 확대해 나갔다. 일본 또한 대동아공영권을 내세우며 한국과 만주를 식민지배하고 중국과 동남아시아 지역으로 진출하며 제국을 확대해 나갔다. 미국은 멕시코와 전쟁을 통해 영토를 확보하고 민족자결주의를 내세워 서구열강들의 아메리카 대륙 영향력을 배제했다. 독일은 오스트리아와 동유럽 지역에 영향력을 행사하며 제국을 확대해 나갔다. 러시아 또한 제국의 형태를 취하며 발칸반도 등으로 세력을 확장하며 열강들과의 군사적 경쟁을 계속해 나갔다.

독점자본

한편 대불황의 여파로 산업자본이 독점적 기업결합을 통해 다른 기업을 흡수합병하고 독점자본화가 진행되었다. 유효수요가 제한적인 상황에서 새로운 생산기술을 먼저 도입해서 규모의 경제를 달성한 기업들은 살아남고 자연독점이 이뤄졌다. 제국은 이러한 독점자본을 보호하기 위해 식민지를 블록화하는 보호무역 정책을 취했으며 이는 제국주의적 보호무역으로 나타났다. 경쟁력을 지닌 독점 산업이 더 높은 이윤을 얻도록 보호관세를 부과하는 것이었다. 제국의 중심부와 주변부를 아우르는 시장을 보호하기 위한 카르텔 관세의 도입은 열강 국가 간의 격렬한 관세전쟁을 야기시켰다. 독점자본기업들은 시장확대를 위해 덤핑수출을 시작했고 세계시장 쟁탈전이 가속화되었다. 국가는 이러한 시장경쟁을 뒷받침하며 국가 간 대항관계가 고조되었다.

제1차 세계대전

제1차 세계대전은 이러한 독점자본주의의 모순이 폭발하면서 제국주의 열강이 모두 참여해 세계의 분할을 기도한 제국주의적 전쟁이다. 제1차 세계대전이 이전 시기 전쟁과 다른 점은, 첫 번째로, 세계 모든 국가들이 직간접적으로 전쟁에 참여한 점을 들 수 있다. 이미 심화된 세계화로 세계 여러 국가들은 제국의 일부이거나 경쟁국으로서 전쟁에 동원될 수밖에 없었고 전쟁의 결과에 의해 큰 영향을 받았다. 두 번째로, 제1차 세계대전은 총력전의 성격을 가졌다. 1916년부터 1917년까지 영국의 군비지출은 GDP의 38%에 달했는데 국가의 거의 모든 자원이 투입되었다는 것을 의미한다. 여성도 후방에서 군수산업에 종사해야 하고 식민지 전체의 생산력이 전쟁에 동원되었다. 대량학살무기가 개발되고 막대한 인적 피해가 발생하며 전투가 치열해졌다. 이 때문에 전쟁으로 근대국민국가의 성립이 이뤄졌다. 국가는 총력전을 수행할 국민을 교육시키고 산업을 조직하며 채권발행을 통해 군비를 조달했다. 전쟁에서 이기면 상대의 식민지를 빼앗고 자원을 독점해서 보상을 얻지만 전쟁에서 지면 국가가 해체되고 경제는 파탄에 빠지게 되었다.

2) 대공황과 제2차 세계대전

세계경제의 모순 심화

제1차 세계대전이 영국과 프랑스를 중심으로 한 연합국의 승리로 끝나고 이러한 모순은 더욱더 확대되었다. 전쟁으로 유럽국가들의 국력이 쇠퇴하고 미국은 세계 제1의 경제대국으로 부상했다. 전쟁기간 유럽의 농업생산이 중단되어 미국의 생산력이 크게 확대되었고 철강, 자동차 등 중화학 공업도 크게 발전했다. 헨리 포드(Henry Ford)와 앤드류 카네기(Andrew Carnegie)와 같은 독점자본가가 등장할 수 있었다. 하지만 이러한 미국은 세계를 안정된 자유무역 체제로 이끌 역량과 의지가 부족했고 이 때문에 세계경제의 모순이 도출되었다. 우선 미국은 유럽에서 전후 갈등이 심화되는 것을 막지 못했다. 유럽에서는 영국과 프랑스가 독일을 해체해서 여러 공국으로 분리시켜 경제의 효율성이 떨어졌고 막대한 전쟁배상금을 강제해서 독일의 경제회복은 매우 더뎠다. 프랑스와 벨기에는 전쟁배상금을 갚지 않는다는 이유로 독일의 대표적인 공업지역인 루르지방을 병탄했다. 제국주의적 블록을 중심으로 한 보호무역이 유지되는 상황에서 독일 기업들은 어려움을 겪었고 미국이 도즈차관을 제공하기 전까지 독일은 초인플레이션과 긴축으로 인한 금융난으로 중산층이 붕괴되고 국가경제가 어려움에 빠졌다.

세계대공황

미국은 1920년대 말까지 성장이 지속되었으나 유럽의 공업생산이 회복되고 내수가 포화상태에 이르자 재고가 급격하게 쌓이기 시작했다. 기업의 수익성 악화가 예상되면서 **1929년 뉴욕증시가 대폭락하고 이를 계기로 대공황**(Great Depression)**이 발생했고 세계적으로 이러한 공황이 확산되었다.** 경제가 어려운 상황에서 미국 정부는 미국기업을 보호하기 위해 관세법(The Tariff Act of 1930)을 제정해서 관세를 인상했다. 또한 시장의 자율적인 회복을 맹신해서 한계기업들이 퇴출되고 새로운 기업들의 창업을 촉진한다는 명목하에 이자율을 높였다. 해외로의 자금유출을 막기 위한 것이기도 했다. 미국은 이미 세계 제1의 경제대국이었기 때문에 정책의 영향이 세계적으로 확산되었다. 독일 금융시장에 투자되었던 자금이 회수되면서 독일 경제가 어려움에 빠졌다. **각국이 앞다투어 보호무역 정책을 강화하며 수요가 급격하게 위축되었다.** 각국은 관세인상, 외환통제, 경제블록강화를 통해 이러한 위기를 극복하려 했고 세계무역과 공업생산이 급속도로 위축되었다. 이러한 배경에서 대량실업이 발생하고 전 세계가 고통을 겪게 되었다. 이러한 세계경제의 위기는 금본위제도에 대한 집착으로 인해 오래가고 심화되었다. 미국, 프랑스, 일본은 금본위제에 집착해서 자국의 통화가치를 유지하기 위해 긴축정책을 펼 수밖에 없어서 경제회복이 상당기간 지연되었다.

세계대공황의 배경과 귀결

이러한 대공황은 근본적으로 발전한 생산력에 비해 유효수요가 안정적으로 확보되지 못해서 발생한 것이다. 이 때문에 우선 자국의 통화가치를 평가절하하고 변동환율제로 금융정책의 유연성을 확보한 국가들이 우선적으로 위기에서 회복했고 여러 시도로 시장의 기대를 반전시킨 국가들이 경제회복을 시작했다. 하지만 몇몇 국가들은 극단적인 방법으로 대량실업을 극복한다. 대량실업으로 사회가 불안해지자 대중을 선동하는 국가전체주의 사상이 유행했다. 이러한 사상은 극우민족주의와 결합해서 근대국민국가를 군국주의 국가로 변모시켰다. 독일과 일본과 같은 국가들은 국민경제를 전시체제로 바꿔 식민지의 자원수탈을 강화하고 군수산업생산을 증가시키며 완전고용상태를 만들어 대공황에서 회복했다. 이러한 배경에서 제2차 세계대전이 발발했다.

9.2 제2차 세계대전 이후의 국제통상환경

(1) 전후 자유무역

1) 미국주도의 세계질서 재편

GATT와 브레튼우즈체제

제1차 세계대전과 제2차 세계대전을 거치며 보호무역주의가 심화됨으로 인해 세계의 고용과 생산 및 소비가 침체되고 대공황이 발생했던 전철을 밟지 않기 위해 패권국인 **미국은 자유무역 질서의 구축을 추진하고 경제블록의 해소를 도모했다.** 미국은 자유진영의 맹주로 또 다른 승전국인 공산주의 소련과 체제경쟁에서 승리하기 위해 서방세계의 경제안정을 확보해야만 했다. 이를 위해 첫 번째로 양국 간 무역협정을 다자간 무역협정으로 대체하고자 추진했고, 두 번째로 통화가치 안정을 위해 국제통화 금융제도의 창설을 추진했다. 첫 번째 목표는 관세와 무역에 관한 일반협정(General Agreement for Trade and Tariff; GATT)의 달성이고, 두 번째 목표는 브레튼우즈체제의 성립으로 이뤄졌다. 미국은 본토피해 없이 전쟁에서 승리했으며 강력한 공업기반을 갖추고 각국에 채권을 가져 세계재편의 권한을 가지고 있었으므로 승전국에게는 차관을 제공하고 패전국에게는 원조를 제공해서 미국주도의 세계질서에 많은 국가들을 편입시켰다.

IBRD

GATT는 자유진영 국가들 간의 무역장벽을 제거함으로써 세계적으로 자원배분을 효율적으로 이끌고 세계후생 증진에 기여했다. GATT 체제하에서 영국, 프랑스, 일본, 독일 등 국가들의 경제회복이 가속화되었다. 재건과 개발을 위한 국제은행(International Bank of Reconstruction and Development; IBRD)이 창설되어 신생독립국과 전쟁피해국의 경제개발을 지원했다. 경제개발을 위한 차관이 제공되었다.

IMF

국제통화기금(International Monetary Fund; IMF)도 국제무역의 성장에 기여했다. IMF는 무역으로 인해 국가들이 외환이 부족한 경우 이를 융통해주는 역할을 했다. 이로 인해 국제무역과 투자가 촉진되었다. 또한 달러화를 기축통화로 금과 태환을 보장하는 금환본위제의 브레튼우즈체제가 성립했다. 이를 바탕으로 국제금융시장이 회복하기 시작해서 무역과 투자가 활발해졌다.

2) GATT 체제의 귀결

무차별대우원칙

GATT는 무차별원칙과 호혜주의에 입각한 다자간 무역협정으로 세계무역자유화에 크게 기여했다. 무차별대우원칙(Non-discrimination Principle)은 대외적으로 최혜국대우(Most Favored Nation Treatment)와 대내적으로 내국민대우(National Treatment)의 두 가지 의미를 가지고 있다. 최혜국대우는 관세, 기타과징금, 과세방법, 수출입에 관한 규칙 및 절차 등에 있어서 모든 회원국들을 동등하게 대우하는 것을 의미한다. GATT 회원국 양국의 교섭결과 체결된 관세인하협정은 다른 회원국에게도 차별없이 확대적용되어야만 하는 원칙이다. 내국민대우는 외국상품이 일단 수입되면 조세 및 기타 과장금의 적용에 있어서 국산품과 동등하게 대우받아야 한다는 원칙이다.

호혜주의

호혜주의는 양국 간 관세교섭에서 상대국의 관세인하를 촉구하는 반대급부로 자국의 관세도 인하해야 하는 원칙을 의미한다. 관세양허(Tariff Concession)를 통해 최고세율을 정하면 국가 사정에 따라 이보다 낮은 실제세율을 운영해서 무역과 산업발전을 촉진했다.

세계경제의 성장

GATT 체제가 진전됨으로써 세계경제는 빠르게 발전했다. 수차례에 걸친 다자간 무역협상을 통해 인하된 관세는 전후 경제회복에 큰 역할을 했다. 처음에는 무역협상이 큰 진전을 보이지 못했으나 5차 라운드부터 진전이 생겨 6차 라운드에서는 각국의 관세가 큰 폭으로 인하되었다. 이로써 교역성장률이 경제성장률을 초과해서 교역이 경제성장을 견인하는 국면이 만들어졌다.

남북문제

하지만 GATT 체제는 무역자유화의 이익이 대부분 선진공업국에 귀속되어 남북문제를 야기시켰다. 선진국은 비교우위가 있는 공업부문에 특화하고 개도

표 9-2 GATT의 다자간 무역협상 추진결과

	개최장소	협상기간	참가국수	양허품목	총양허액	평균인하율
1차	Geneva	1947	23	46,000	100억달러	불명
2차	Annecy	1949	32	5,000	불명	불명
3차	Torquay	1950–1951	34	8,700	불명	불명
4차	Geneva	1956	22	3,000	25억달러	불명
5차 (Dillon Round)	Geneva	1960–1961	23	4,000	49억달러	7%
6차 (Kennedy Round)	Geneva	1964–1967	46	30,300	400억달러	35%

국은 농업부문의 특화가 고착되었는데 이로 인해 선진국과 개도국의 경제력 격차가 오히려 확대되었다. 선진국은 생산력이 회복되고 선진국 간 산업내 무역이 확대되며 경제의 수렴현상이 일어났다. 특히 미국에 안보를 의지하고 국방비를 절감한 독일과 일본은 빠르게 경제성장을 달성해 미국 경제에 근접하는 수준으로 수렴했다. 개도국의 사정은 이와 달랐다. 싱어-프레비쉬 가설(Singer-Prebish Hypothesis)에 의하면 비료와 신품종의 보급과 개발이 활발하게 이뤄져서 녹색혁명(Green Revolution)이 일어났는데 농업생산량이 급증하자 오히려 농산물 가격이 급락하는 등 가격변동이 심해지고 개도국의 교역조건이 악화되었다. 이로 인해 남북 간 경제력격차가 더 확대되는 결과를 가져왔다.

자원민족주의

개도국이 농산품 등 1차상품의 수출에 의존한 경제성장을 추진함으로써 1차상품의 공급이 확대되고 가격이 더 낮아지는 귀결을 가져온 반면 선진국에서는 1차상품에 대한 수요가 계속 줄어들었다. 과학기술의 발전으로 1차상품의 천연원료를 인공원료로 대체하는 경우도 많아졌는데 천연고무가 합성고무로 대체되면서 천연고무의 수요가 급격히 줄어든 것이 대표적인 예이다. 기술향상으로 천연원료의 절감도 이뤄졌다. 이로 인해 개도국의 세계교역에서의 입지는 계속 좁아졌으며 자원민족주의가 대두되는 배경이 되었다.

(2) 신보호무역주의

1) 다극화의 진전과 석유파동

팍스아메리카나

상술한 바와 같이 미국은 GATT를 통해 세계무역자유화를 주도하면서 1960년대까지 팍스아메리카나(Pax-Americana)를 구가했다. 미국은 서방 자유진영의 맹주가 되어 구소련과 대치한 동서냉전체제에서 공산주의의 팽창을 저지했다. 이를 위해 미국은 서유럽 국가, 아시아, 아프리카 신생독립국가에 원조를 제공하고 시장개방을 통한 수출증대를 유도해서 경제적 안정을 달성할 수 있도록 했다. 가장 대표적인 정책은 전후 이뤄진 마셜플랜이다. 미국의 국무장관 조지 마셜(Jorge C. Marshall)이 제안한 정책으로 경제 협력 개발 기구에 가입한 유럽 국가들에게 유럽 부흥 계획에 따라 1947년 7월부터 4년간 총 130억 달러에 해당되는 경제적·기술적 지원을 해주었다. 또한 북한의 남침에 대응해 한국전쟁을 주도한데 이어 1960년대에는 베트남에 파병해서 베트남전을 실질적으로 수행했다. 중동지역의 분쟁에도 관여했다.

불태환정책

이러한 미국의 정책에 따라 서유럽의 경제가 부흥했다. 마셜플랜이 끝난 시점에서 독일을 제외한 모든 유럽국가들이 전쟁 이전의 경제수준을 회복했으며 이들 국가들은 경제통합을 가속화하며 미국의 경제패권을 위협할 정도로 성장했다. 동아시아에서는 일본도 고도성장을 구가했다. 한국전쟁의 특수에 힘입어 경제성장의 기반을 회복하고 1960년대 후반에는 세계 제2위의 경제대국으로 부상했다. 반면 미국은 경상수지적자와 재정적자가 확대되며 경제가 상대적으로 쇠퇴했다. 존 F. 케네디(John F. Kennedy) 대통령은 베트남에서 철수할 것을 결정했고 이어서 대통령이 된 리처드 닉슨(Richard Nixon) 대통령은 브레튼우즈체제의 종료를 선언하며 달러와 금의 불태환을 발표한다. 또한 이와 함께 무역적자를 해소하기 위해 10%의 관세를 인상하는 것과 미국이 자유진영의 안보를 위해 제공하던 핵우산을 철회한다는 발표를 하게 된다. 보호무역으로 기조를 전환하며 미국우선 정책이 시작되는 것을 의미하는 것이었다.

석유파동 브레튼우즈체제의 종료와 함께 자원민족주의 성격의 석유파동이 일어났다. 제1차 석유파동은 1973년에서 1975년 사이에 있었다. 미국이 이스라엘을 지원하는데 불만을 품은 중동의 석유생산국들이 미국에 석유를 판매하지 않겠다면서 담합을 시작한 것이다. 석유파동은 정치적인 의미와 함께 달러가치에 대한 회의와도 관련이 있다. 1979년에는 이란에서 제2차 석유파동이 발생했다. 미국은 석유파동 전까지 이란의 팔레비 왕조와 우호인 관계를 유지하며 안정적으

그림 9-1 1973년 위기 이후의 오일쇼크*

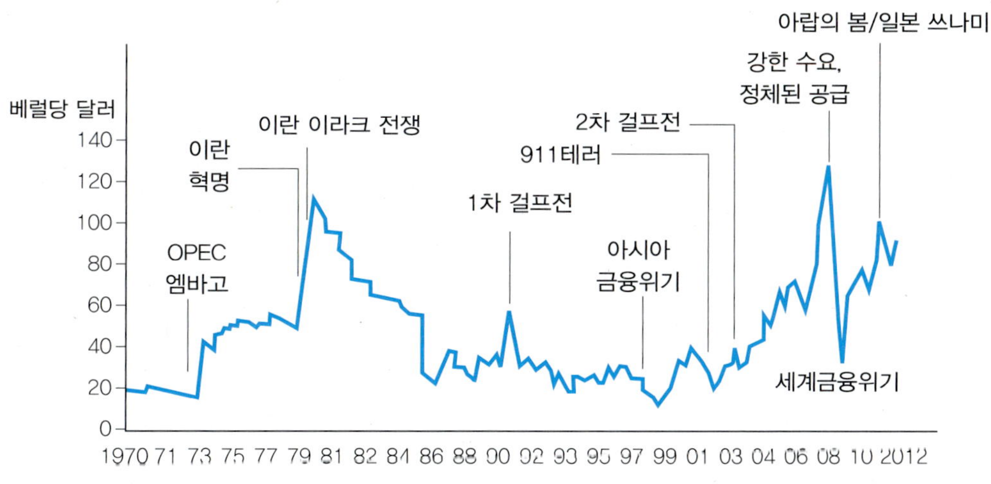

주: 인플레이션 조정 유가.
자료: www.InflationData.com.

로 석유를 확보할 수 있었다. 하지만 팔레비 왕조의 사치와 자국 전통 문화를 경시하는 태도에 불만을 가진 루홀라 호메이니(Ruhollah Khomeini)를 주축으로 하는 이슬람 원리주의 세력이 이슬람혁명을 통해 정권을 장악했고 이들은 미국으로의 석유판매를 거부했다. 이 때문에 세계경제는 1970년대를 걸쳐 장기불황에 진입했다.

2) 신보호주의와 도쿄라운드

통상법과 국제무역위원회

세계경제가 장기불황에 진입하자 각국의 보호무역주의 기조는 점차 강화되었다. 미국은 1930년 관세법을 보완하는 통상법(The Trade Act of 1974)을 제정하고 연방 국제무역위원회(International Trade Commission)를 재정비했다. 통상법은 교역상대국의 덤핑수출 혹은 보조금 지급 등 불공정무역조치에 대해서 반덤핑관세나 상계관세를 부과하거나 세이프가드 조치를 위하는 근거가 되는 법안이다. 특히 통상법 301조는 미국 기업의 제소로 미국 상무부가 판정하여 타국 기업의 미국 수출품에 대해서 최고 15%의 보복관세를 부과할 수 있는 권한을 인정한 법안이다. 통상에 관한 대통령과 행정부의 권한을 강화해서 교역상대국에 의해 미국 산업이 피해를 입었다고 판단될 경우 빠른 조치를 취하게끔 법안을 정비한 것이다. 또한 공화당과 민주당 각각 3인의 위원으로 구성된 국제무역위원회는 미국 자국시장과 자국기업의 경제현황 파악에 전문성을 보유하고 있어서 이들이 타국 기업의 불공정무역행위로 인해 받은 피해를 조사 집계한다. 자국 청원기업의 요청에 따라 반덤핑 조사, 상계관세 조사 및 세이프가드 조사를 진행해서 실질적 산업피해가 있는지 조사하며 미국 행정부의 보호무역조치 실행에 객관적인 근거를 제시한다. 미국은 위와 같이 관세부과나 관세인상과 같은 다자간협상에 역행하는 방향은 지양하며 비관세장벽을 중심으로 한 보호무역조치의 활용을 강화해갔고 이는 다른 나라에도 영향을 끼쳐 이 시기 **신보호무역주의**의 주된 흐름이 되었다.

도쿄라운드

신보호주의와 세계경제의 불황이 심화됨에 따라 이러한 국면을 타개하고자 하는 다자간 협상도 시도되었는데 1974년부터 1979년까지 진행된 도쿄라운드(Tokyo Round)가 그것이다. 국제무역장벽제거와 국내고용, 국제수지 방어를 위해서는 최소한의 수입제한을 할 수 있도록 하는 제도를 정비하는 것이 다자간 협상의 목적이었다. 이러한 배경하에 협상의 기조는 자유무역에서 공정무역(fair trade)으로 전환되었다. 협상에서 제정된 11개 협정 중 9개가 비관세 장벽과 관련된 것이었으며 이는 무역장벽의 제거라기보다는 비관세장벽이 되는 보호무역조치를 공정무역이라는 명분하에 국제규범으로 정당화한 성격을 가지고 있다. 그러므로 도쿄라운드는 이전의 다자간 협상과는 달리 자유무역의 분위기를 조성하는데 실패했다고 볼 수 있으며 신보호무역주의는 오히려 더 확산되었다.

보충학습 플라자 합의

플라자 합의는 1985년 미국 대통령 로널드 레이건(Ronald Ragon)의 주도로 미국, 프랑스, 독일, 영국, 일본의 G5국가 재무장관이 뉴욕의 플라자 호텔에서 맺은 합의이다. 미국은 1970년대 석유파동으로 촉발된 스태그플레이션을 제어하기 위해 고금리 정책을 폈고 이로 인해 국내 제조업 기반이 약화되어 있었다. 당시 일본과 독일의 제조업 경쟁력이 세계최고수준으로 성장하며 미국의 대일본, 대독일 무역적자가 지속적으로 확대되는 추세에 있었다. 자동차 산업을 비롯한 기업들과 미국의 농민들은 정부의 보호무역조치를 주장하며 강하게 압박했고 이러한 상황을 타개하기 위해 미국은 플라자 합의를 추진하게 되었다.

플라자 합의로 일본과 독일은 우선 1주만에 엔화 8.3%, 마르크화 7%의 평가절상을 용인했다. 또한 수입확대를 위해 재정적자 정책을 취할 것을 강요받았다. 마지막으로 미국은 일본과 독일 정부가 기업에게 보조금 혜택을 주는 등 산업정책을 취하는 것을 미국에게 공개하도록 강제했다.

플라자 합의로 인해 미국의 대유럽국가에 대한 무역수지는 다소 개선되었다. 하지만 미국의 제조업 기반이 약화되어 있었으므로 플라자 합의로 미국의 대일본 무역수지가 당장 개선되지는 않았다. 하지만 일본 기업들의 실적이 악화되며 성장률이 낮아질 위기에 처하자 일본 정부는 경기부양의 목적으로 금리를 인하하고 부동산 대출규제 완화정책을 폈고 이는 부동산 버블 붕괴를 불러와 일본의 잃어버린 20년의 원인이 된다.

(3) WTO와 신자유무역주의

1) GATT의 한계와 WTO의 출범

GATT의 한계

전후 미국의 주도하에 세계무역규범의 틀이 된 GATT는 1980년대 더욱 심화, 확산되는 신보호무역주의를 억제하는데 한계를 노출했다. 이로 인해 새로운 무역환경에 걸맞게 세계무역질서를 확립하고 기구와 규범을 조직해야 한다는 인식이 높아졌다.

아시아신흥공업국의 부상

먼저 GATT 체제의 자유무역 시기를 지나면서 다극화가 한층 더 진행되었다. 1960년대 유럽국가들과 일본이 급속히 성장한데 이어 1980년대에는 한국, 대만, 싱가포르, 홍콩의 아시아 신흥공업국(Newly Industrialized Countries; NICs)들의 성장이 두드러지며 다극화가 심화되었다. 일본경제의 발전과 함께 이들 네 경제는 산업구조를 고도화하며 자본집약적 산업에 진출해 성공하기 시작했다. 자동차, 반도체, 컴퓨터 제조업이 동아시아 국가들로 넘어갔으며 이로 인해 기존 선진국의 제조업 기반이 약화되고 통상마찰이 심화되었다. 이 때문에 선진국과 개도국 모두를 서로 견제가 가능한 국제무역기구의 설립이 요구되었다.

비관세장벽

두 번째로, 신보호무역주의가 세계적으로 확산되며 선진국들이 GATT 규범을 우회해서 수출자율규제, 시장질서협정을 강요하고 반덤핑제도, 상계관세, 세이프가드 등 비관세조치를 남용함에 따라 세계무역질서가 혼란해졌다. 미국은 자국의 경쟁력 약화의 원인을 교역상대국의 불공정무역 행위에 있다고 보고 관련 법안을 강화하고 무역조사기관을 구축했다. 그러므로 세계교역을 한 차원 더 확대시키기 위해서는 비관세장벽을 철폐하고 GATT 밖에서 다뤄져 온 섬유, 농산물 등 민감한 품목에서의 교역의 규범을 다자간 협정에 포함시킬 필요가 있었다.

세 번째로, 국제분업체제가 변모하며 GATT 체제의 한계가 드러났다. 종래의 선진국 공업, 개도국 농업의 산업분업구조가 선진국의 서비스업, 개도국의 공업으로 재편되었다. 개도국의 추격이 이뤄지면서 선진국이 새로운 분야로 산업구조 고도화를 진행하고 다국적 기업이 투자환경 변화에 따라 글로벌가치사슬을 구축했기 때문이다. 그러므로 새로운 다자간 협정에서는 서비스교역에 관한 규범이 논의될 필요가 생겼다.

우루과이 라운드

이러한 배경에서 **1986년부터 시작된 우루과이 라운드를 거쳐 1993년 다자간 협정이 체결되고 1995년부터 세계무역기구**(World Trade Organization; WTO) **체제가 출범**한다. WTO 협정은 안정된 국제무역질서 확립 체제 구축을 목표로 이뤄졌다. 이를 위해 WTO라는 법적 구속력을 갖는 기구를 출범시켰다. WTO는 국제법상 권리 및 의무 이행의 주체가 되고 법적 구속력을 가지는 행위를 취할 수 있다. 상설분쟁해결기구가 WTO 협정 의무 이행을 감독함으로써 협정 위반국에 대해서는 강력한 제재조치가 가능해졌다. WTO 협정은 또한 다방면의 국제규범을 모두 총괄해서 성립했다. 관세 및 비관세 장벽 모두 완화 내지 철폐

표 9-3 GATT와 WTO의 차이점

	GATT	WTO
기구의 성격	– 국제협정에 불과 – 불완전한 브레튼우즈체제	– 국제법인격으로 국제기구역할 수행 – 브레튼우즈체제의 완성
국제무역 규율범위	– 공산품과 일부 농산품 – 농산물/서비스 교역제한	– 농산물, 공산품, 서비스 등 국제적으로 교역되는 모든 상품
국제규범	– 포괄적 무역규범 제정실패 – 보조금/반덤핑 협정제정 – 비관세장벽 규범제정실패	– 관세 및 비관세장벽 완화 – 17개 다자간 협정과 4개의 복수간 협정 – 서비스협정과 지식재산권협정 제정 – 반덤핑과세부과기준, 보조금기준 강화 – 세이프가드협정 통해 회색조치철폐
분쟁해결절차	– 상설분쟁해결기구가 없음 – 무역분쟁에 대한 권고안 – 교차보복없음	– 상설분쟁해결기구와 상소기구신설 – 분쟁해결의 단계적 절차와 이행기간 명료화 – 분쟁해결기구 진행 용이 – 교차보복 가능
새로운 규범설정	– 서비스, 지식재산권, 투자조치 등에 대한 규범이 없음	– 서비스, 지식재산권, 투자조치도 규율대상에 포함하고 서비스협정과 지식재산권 관련 규범제정

가 규정되었으며 섬유, 농산물, 도쿄라운드에서 완결되지 못한 논의들이 다자간 협정의 체제로 복귀했다. 또한 서비스와 지식재산권과 같은 새로운 분야의 논의를 모두 포함해서 협정내용이 구성되었다.

2) 중국의 WTO 가입과 DDA 협상

WTO 출범

이러한 WTO 체제의 출범으로 세계교역은 급속하게 확대되었다. 상품과 자본, 기술, 서비스 및 인력의 이동이 전례없이 활발하게 이뤄지고 무역자유화의 범위가 확대되었다. 이러한 교역의 확대는 IT기술의 발달과 수송 및 교통수단의 발달과 함께 더욱 빠르게 이뤄졌다.

중국의 WTO 가입

또한 2001년 중국이 WTO에 가입하면서 세계교역량은 폭발적으로 증가추세를 보이게 되었다. 중국은 1990년대 주룽지 총리의 주도하에 매우 혹독한 국유부문의 계획경제체제의 개혁을 감내하고 현대적인 기업제도와 시장질서를 새로 만들어 WTO 가입의 요건을 갖추었다. 이후 WTO에 가입하며 무역과 투자부문의 장벽을 지속적으로 낮춰 세계경제에 편입되었다. 중국은 연해지역의 가공무역을 우선적으로 확대하며 노동집약적 수출을 통해 외환을 확보하고 거시안정성을 달성하고 중앙과 지방이 안정적인 세수를 확보한 이후에는 자국기업을 육성하고 산업발전을 촉진해서 지속적으로 산업구조 고도화를 이뤄왔다. 전자, 통신설비, 자동차와 기계, 섬유와 석유화학 등 여러 분야에서 생산력이 증대되며 세계의 공장으로 대두되었고 장기호황기 세계경제 물가안정에 크게 기여했다.

DDA 협상

중국의 WTO 가입과 함께 국가 간 상이한 제도와 관행 등이 무역장벽으로 작용한다는 인식과 함께 이를 국제규범을 통해 표준화해서 세계교역을 한차원 더 진전시키려는 노력이 시작되었다. 2001년 카타르에서 시작된 도하개발아젠다(Doha Development Agenda) 협상이 그것이다. 이후 무역협정의 목표는 개도국의 개발에 중점을 두어야 한다는 인식에서 개발을 협상 제목으로 정했으며 개도국을 배려한 일괄타결방식(Nothing is agreed, until everything is agreed)을 채택해서 논의에서 소외되는 약소국이 없도록 했다. 이러한 배경하에서 농산물, 농산물을 제외한 나머지 상품, 서비스 시장 개방이 논의되고 WTO 협정의 개선과 무역의 원활화가 도모되어 2002년부터 그룹별로 본격적인 협상이 시작되었다. 하지만 회원국 간 이해대립으로 협상의 진전이 매우 더뎠는데 미국은 농업보조금 감축을 양보하지 못했고 EU는 농산물 관세인하를 양보할 생각이 없었다. 개도국은 공산품 관세인하를 반대했기 때문에 협상이 지연되었다. 2004년과 2008년 의견접근이 있었으나 협상 타결에 실패하고 2011년 소규모 패키지 협상의 우선타결을 목표로 방향을 선회해서 2013년 발리 패키지 협상 도출에 성공했으나 이후 협상의 모멘텀 유지에 실패하고 계속 협상이 난항을 겪고 있다.

9.3 국제무역체제의 결정요인과 국제통상환경의 변화

(1) 국제무역체제의 결정요인

국제무역기조의 변천

신대륙개척과 과학기술의 발달 이후 급격한 세계화가 진행되는 과정에서 무역체제는 자유무역의 시기와 보호무역의 시기가 번갈아 성립했다. 이러한 무역체제의 결정은 다음과 같은 요인에 의해 영향을 받았다.

표 9-4

시대	무역정책기조	역사적 배경	이론적 배경	주도국
16C~ 18C 중엽 (상업자본주의)	중상주의적 보호무역	– 근대국가의 성립 – 절대왕정시대의 부국강병노력	– 중금주의 – 무역차액론 – 산업보호론	스페인, 포르투갈, 네덜란드, 영국, 프랑스
18C 말~ 1870년대 (산업자본주의)	고전적 자유무역	– 산업혁명과 산업자본주의의 출현 – 교통혁명	– 중농주의 – 고전학파의 자유사상	Pax–Britannia (영국주도)
19C 중엽 이후 (후기산업자본주의)	고전적 보호무역	– 근대국민국가 간 경쟁격화 – 후발국산업화	– 산업분화론 – 유치산업보호론	후발국인 미국, 독일
1870년대~ WW II (독점자본주의)	제국주의적 보호무역	– 제국주의적 식민지 쟁탈전 – 세계대공황 – 양차 세계대전		제국주의열강 (미국, 영국, 독일, 프랑스, 일본)
WW II ~ 1960년대 (수정자본주의)	전후의 자유무역	– 국제협력 상실에 대한 반성 – GATT와 브레튼우즈 체제	– 신자유주의	Pax–Americana (미국주도)
1970년대 이후 (복지자본주의)	신보호무역	– 세계경제구조변화 – 비교우위구조변화 – 세계적 경기침체 – 정치경제적 요인	– 공정무역론 – 상호주의 – 신중상주의	선진국중심의 보호무역
1996년 WTO출범 이후	자유무역확대	– GATT기능의 한계 – 신보호무역주의확산 – 지역주의확산	– 신자유주의 – 워싱턴컨센서스	3극체제와 개도국의 부상 (미국주도)
2016년 트럼프 당선 이후	보호무역 회귀위험	– 세계금융위기 – 세계화로 인한 불평등 심화		중국 부상과 미국의 대응

자료: 노택환 외(2014).

세계패권국의 존재

우선 첫 번째로 세계패권국의 존재이다. 세계경제에서 자유무역체제는 세계패권국이 존재할 때 성립했다. 1860년대 고전적 자유무역의 시기에는 영국이 패권국가로 자유무역을 선도했고 1960년대 전후 자유무역의 시기에는 미국이 패권국가로 자유무역을 선도했다. 1995년 이뤄진 WTO에 기반한 세계경제의 번영의 시기에도 미국이 세계패권국으로의 지위를 유지하며 자유무역을 선도

했다.

산업구조의 이질성과 동질성

두 번째로 산업구조와 무역구조의 이질성과 동질성이 세계무역체제 결정에 영향을 미쳤다. 선진국과 개도국의 산업구조가 이질적이고 보완적인 시기에는 자유무역체제가 성립했다. 선진국과 개도국이 공업품과 농산품을 교역하면 무역이 자연스럽게 확대되었고 선진국이 서비스업, 개도국이 공업에 집중하면 자유무역체제가 안정적으로 발전할 수 있었다. 반면 선진국과 추격국의 산업구조가 동질적이고 경쟁적이 되면 보호무역기조가 강해졌다. 추격국이 보호무역을 통해 달성한 공업화를 통해 선진국 산업의 경쟁력을 위협하면 사양산업을 보호하기 위해 선진국은 보호무역조치를 취하게 된다. 또한 서비스업 등 새로운 산업에서 성과의 전유를 추구하기 위해 선진국은 지식재산권을 강화하거나 공정무역을 강조하는 보호무역조치를 취하게 되었다.

불황과 보호무역

세 번째로 불황과 이로 인한 보호무역기조의 확산이 세계무역체제의 결정에 영향을 미쳤다. 세계적으로 장기적 경제침체나 경제공황과 같은 위기가 발생하는 기간에는 보호무역기조가 심해졌다. 각국은 실업을 방지하고 국제수지를 방어하며 자국산업을 보호하기 위해 수입규제를 강화하는 선택을 했다. 대표적으로 1873년 농업불황으로 촉발된 대불황, 1929년 시작된 세계경제대공황, 1973년 석유파동으로 시작된 세계경제의 장기침체와 스태그플레이션, 2009년 세계금융위기 등 경제위기는 각국이 보호무역체제로 전환하는 도화선이 되었다.

국제무역체제

네 번째로 국제무역체제의 존재여부가 세계무역체제 결정에 큰 영향을 끼쳤다. 자유무역시기에는 패권국의 주도로 자유무역을 지탱하는 국제적 체제(Regime)나 기구(Organization)가 존재했다. 1860년에는 영불통상협정을 비롯한 다수의 쌍무 무역협정이 이러한 역할을 했다. 1960년대에는 미국주도로 성립한 GATT가 이러한 역할을 담당했고 1995년부터는 WTO가 자유무역의 시기를 지탱했다.

국제통화체제

다섯 번째로 국제통화체제의 안정화 여부이다. 대체로 자유무역체제 시기에는 안정적인 고정환율제도가 작동했다. 보호무역시기에는 국제수지를 흑자로 유지하기 위해 자국의 통화가치를 평가절하하는 움직임 때문에 변동환율제도가 지배적이었다. 1860년대에는 각국의 통화가치를 금에 고정시키는 금본위제가 작동했다. 이는 고정환율제에 해당하는 것이었다. 1960년대에는 달러화를 기축통화로 하는 금환본위제가 작동했다. 이 또한 금과 달러의 자유태환을 기본가정으로 하는 고정환율제와 같은 것이었다.

(2) 최근 국제통상환경의 변화

보호무역기조의 강화

최근 국제통상환경은 다시금 보호무역주의 기조가 강해지고 있다. 이는 중국을 중심으로 동아시아 국가의 미국에 대한 무역흑자가 커져서 글로벌 불균형(Global Imbalance)이 심해지고 중국의 부상으로 미국의 패권국으로서의 지위가 다시금 흔들리고 있기 때문이다. 중국은 자국중심의 지역주의를 강화하며 금융을 포함한 서비스 시장의 개방은 뒤로 미룬 상황에서 제조업의 경쟁력 강화를 위해 보호무역 조치를 지속적으로 유지하고 있으며 이러한 발전전략에 미국을 중심으로 한 서방 선진국의 문제제기가 이뤄지고 있다. 특히 미국에서는 2016년 도널드 트럼프 대통령이 당선되어 미국우선주의를 표방하고 있으며 기존의 국제무역질서를 새로 구축하기 위해 양자주의에 입각해서 쌍무적 무역협정을 다시금 갱신해가고 있다. 2018년부터는 미중 통상전쟁이 발발해서 서로에게 막대한 품목의 수입품목에 대해 관세를 부과하고 몇몇 품목의 수입을 거부하는 등 세계경제의 보호무역기조가 점점 더 심해지고 있다.

요약

1. 중상주의는 15세기 말에서 18세기 중엽까지 유럽제국에서 채택되었던 국가개입을 근간으로하는 경제정책 및 이를 기초로 하는 경제사상이다. 희망봉을 거치는 인도양으로의 항로와 아메리카 대륙이 발견되며 대항해시대가 시작되며 심화되었다. 귀금속과 사치품 무역, 해적, 노예와 식민지 농업이 이뤄졌으며 교역을 통해 얻은 이익으로 절대왕정 구축에 필요한 상비군과 관료 봉급이 지급되어 중앙집권적 왕권국가가 성립하기 시작했다.
2. 경쟁국들을 제압하고 해상권과 세계패권을 장악한 영국은 해가 지지않는 대영제국을 식민지로 운영하며 전성기를 누렸다. 영국은 산업혁명의 선두주자로 높은 생산성을 바탕으로 항해조례와 곡물법을 폐지하는 등 자유주의 무역시기를 열었다. 하지만 이러한 시기는 오래 가지 못했다.
3. 독일과 미국은 알렉산더 해밀턴과 프리드리히 리스트의 보호무역 정책을 채택하여 영국과 경쟁하는 공업국으로 부상했다. 이 시기 새로운 기술혁신이 동시다발적으로 이뤄졌는데 기존의 강국인 영국과 프랑스는 기존 생산조직의 저항으로 신기술의 도입이 늦었고 이에 따라 미국과 독일에게 생산성에서 뒤처지게 되었다.
4. 시장통합이 가속화되고 교통통신이 발달하며 농업불황과 대불황이 있었으며, 이에 따라 독점자본이 형성되었다. 독점자본은 제국의 성립을 도와 주변부 국가들을 식민화하고 시장과 원자재 공급처로 만들었다. 많은 국가들이 이러한 흐름에 따라 제국주의적 보호무역 시기를 만들어 갔다. 식민지 쟁탈을 위해 전쟁이 끊이지 않았고 총력전과 국채발행을 계기로 근대국민국가 성립이 가속화되었다.
5. 제1차 세계대전과 제2차 세계대전 사이에 있었던 세계 대공황은 근본적으로는 생산력 과잉과 유효수요의 부족이 미스매치를 이뤄 균형이 붕괴되며 일어났다. 이러한 위기에 각국은 보호무역으로 대응했고 금본위제에 집착하고 금리를 높이는 등 잘못된 선택을 했다. 이로써 경제위기가 심화되고 일부 국가에서 군국주의 등장의 배경이 되었다.
6. 제2차 세계대전을 승리로 이끈 미국은 구소련과 동구권에 대응해서 공산주의 확대를 막기 위해 마셜플랜을 시행하고 GATT, IMF, IBRD 등으로 세계경제의 제도적 틀을 구축했다. 이로써 세계 교역이 확대되고 자유무역의 시기가 열렸다.
7. 1970년대 일본과 독일의 공업생산력이 높아지고 유럽제국과 아시아 신흥공업국이 부상했다. 닉슨의 불태환선언 이후 자원민족주의가 심화되고 신보호무역주의가 심화되었다. 이에 미국은 세계패권을 회복하기 위해 플라자 합의를 도출하고 우루과이 라운드 협상을 시작했다.
8. WTO가 성립하고 중국이 가입함에 따라 근래 유래없는 교역의 성장이 있었다. 미국의 패권하에 자유무역이 널리 이뤄졌다. 하지만 이러한 시기는 글로벌 불균형이 심화되며 미국에서 보호무역주의가 대두되면서 그 흐름이 바뀌고 있다.
9. 역사적으로 자유무역과 보호무역의 교차를 결정짓는 요인들이 있다. 세계패권국의 존재, 각국 간 산업구조의 이질성과 동질성, 세계불황, 국제무역체제의 존재, 국제통화체제 등이 국제통상질서를 결정짓는 요인들이다.

연습문제

1. 다음 용어를 설명하시오.

(1) 중상주의	(2) 절대왕정
(3) 항해조례	(4) 산업혁명
(5) 제국주의	(6) GATT
(7) IMF	(8) 신보호무역주의
(9) 도쿄라운드	(10)WTO

2. 1800년대 중반부터 1900년대 초반까지 이뤄진 기술혁신을 조사해 보시오.

3. 세계 대공황의 발생과 진행, 귀결을 조사해 보시오.

4. 1929년 세계 대공황과 2008년 글로벌 금융위기로 인한 경기침체의 닮은 점과 다른 점을 찾아 비교 설명하시오.

5. 1860~70년대 고전적 자유무역과 제2차 세계대전 전후 자유무역은 어떠한 공통점이 있고 차이점이 있는지를 비교 설명하시오.

CHAPTER 10

국제통상규범과 WTO

서로 법률과 문화가 다른 나라들 사이에 무역과 투자를 하려면 국제적인 규칙이 필요하다. 암묵적인 합의나 강자의 강요 같은 것으로는 글로벌 경제활동의 리스크를 장기적으로 감당할 수 없다. 이러한 규칙을 제정하고 유지하는 대표적인 조직이 국제무역기구(WTO)이다. 앞서 살펴본 대로 WTO의 전신은 GATT였고 우루과이 라운드(UR)를 통해 GATT의 역할을 보완 · 강화하면서 WTO가 탄생했다. 이번 장에서는 WTO의 설립 목적과 운영체제 그리고 WTO 체제 하에서 벌어지는 실체적 협정들에 대해 알아본다.

10.1 WTO의 설립 목적과 운영체제

WTO는 164개 회원국으로 구성돼 있고 전 세계 무역량의 98%를 커버하는 유일한 다자간 무역 기구이다. WTO의 목적은 국제무역이 원활하고 예측가능하고 자유롭게 이뤄지도록 하는 것이다(The goal is to ensure that trade flows as smoothly, predictably and freely as possible[1]). 이는 GATT로 대표되는 2차 대전 후 자유무역에 대한 컨센서스와 같은 선상에 있는 목표이다. 따라서 WTO의 설립목적을 이해하기 위해서는 GATT의 설립과 한계부터 이해해야 한다.

(1) WTO의 설립 목적: GATT의 설립과 한계

GATT의 설립

2차 대전이 시작되기 전, 세계 주요국들은 1929년 시작된 대공황에서 살아남기 위해 경쟁적인 보호무역 정책을 쓰고 있었다. 1931년에는 세계 65개국이 관세 인상에 나섰고, 1933년 미국의 금본위제 이탈로부터 시작되어 통화 평가절하 경쟁이 전 세계를 휩쓸게 됐다. 1939년 시작된 2차 대전이 막바지로 달려가던 1944년, 연합국에 속한 44개국은 미국의 브레튼우즈(Bretton Woods)에 모여 전후 경제 체제 재편에 관해 논의했다. 그 결과 국제통화기금(IMF)과 국제부흥개발은행(IBRD)이 탄생했다. 그러나 국제무역에 관한 합의는 진통을 겪은 끝에 1948년 1월에야 결실을 맺게 됐는데 그 결과물이 〈**관세 및 무역에 관한 일반 협정**(GATT)〉이다. GATT는 그 후 세계무역 질서 수립과 유지에 중심적인 역할을 했다. 또한 1955년에 일본이, 1967년엔 우리나라가 각각 GATT에 가입하여 수출주도형 경제성장을 이루는데 큰 바탕이 됐다. 우리나라는 71번째 GATT 회원국이었다.

GATT의 한계

1970년대 들어 선진국의 보호무역주의가 다시 꿈틀거렸다. 미국이 만성적인 경상수지 적자를 보이면서 1971년 달러의 금태환 정지를 선언한 것이다. 브레튼우즈 체제의 종말이었다. 이와 함께 미국은 10%의 수입과징금(Import Surcharge)을 메기기 시작했고 유럽 국가들은 1972년 유럽공동체(EC, European Community) 결성으로 배타적인 지역주의로 나아가기 시작했다. 특히 미국은 1974년 무역법 제301조와 같은 공격적인 법을 제정하여 자국의 판단을 상대국이 강제로 수용하도록 하는 등 다자주의 정신을 위반한 조치들을 취했다. 오늘

1 WTO 홈페이지(www.wto.org).

날까지도 이른바 '슈퍼 301조'라고 불리는 이 조항은 미국의 배타적인 이익을 관철하는 도구로 쓰이고 있다. GATT는 이러한 움직임에 대해 규제하거나 이로 인한 분쟁을 해결할 시스템을 갖추지 못하고 있었다.

새로운 무역 패러다임의 등장

이러한 선진국의 보호주의 확산과 더불어 국제무역의 새로운 패러다임들이 GATT 체제를 위협했다. 기존 GATT 체제에 없던 새로운 제품군의 등장과 새로운 교역 형태가 등장한 것이다. 정보통신 기술의 발달에 따른 첨단 기술제품의 등장과 무형재(無形財)인 서비스 교역의 확대가 그것이다. 지적재산권(Intellectual Property)을 보장하는 문제도 새롭게 대두되는 국제 비즈니스의 이슈였다. 또한 기술장벽(TBT)·검역장벽과 같은 비관세 장벽(NTB)이 등장하게 됐는데 관세율을 낮추는데 초점을 맞췄던 "관세 및 무역에 관한 일반협정(GATT)"으로는 이에 대한 대응에 한계가 있었다. 여기에 더해 공정무역 이념의 확산도 새로운 무역체제 구축에 한 몫을 했다. 과거 식민지였던 개도국들이 여전히 저부가가치 무역에 종속되어 자유무역의 이득을 누리지 못하고 있다는 공감대가 형성됐던 것이다. 이는 개도국들의 제품에 대해 "공정한 가격", 즉 시

표 10-1 WTO 체제와 GATT 체제의 비교

	GATT	WTO
체제 성격	임시적, 잠정적	항구적
법적 구속력	미흡	강화
각료회의 개최	비정기적(회원국 발의)	정례적(2년에 한 번)
규율 범위	상품	상품(농업 · 섬유 포함), 서비스, 지적재산권, 무역관련 투자조치 등
규범 강화	예외 인정	예외규정 축소 및 폐지
	반덤핑조치 자의적 운용	반덤핑조치 발동기준과 부과절차 명료화 및 강화
	분쟁개혁제도 관련 조항 미흡	분쟁해결제도 절차 강화
	–	무역정책 검토기관 신설
시장개방	관세인하에 중점 비관세장벽 철폐노력 미흡	관세인하 및 철폐 지향 비관세장벽 철폐 강화
국내법 일치 의무	국내규범 일치 의무 없음	국내규범 일치 의무 명시(제16조 4항)
보복조치	상품에만 한정	교차보복 허용

자료: 이상호 · 이환호 · 주한광(2015), p.485에서 정리.

장가격보다 높은 대가를 치러야 한다는 생각으로 발전했다.

GATT와 WTO

GATT의 한계를 극복하고 새로운 무역 패러다임에 대응하기 위해 **우루과이 라운드**(Uruguay Round)라고 불린 협상이 시작됐다. 당초 예상을 넘어 9년(1986~1995)이 걸린 협상 끝에 1995년 1월 WTO가 출범하게 됐다. WTO는 GATT보다 강력하고 강제적인 국제무역 규범을 시행할 수 있는 틀이라고 할 수 있다. WTO의 전신인 GATT는 회원국들의 신사적 합의와 선의에 기초해 있었을 뿐 조약을 위반할 경우 처벌할 방법이 없었다. 또한 회원국 간의 분쟁이 벌어져도 그것을 제3자 입장에서 조정할 기제를 갖고 있지 못했다. WTO는 집행력이 강해졌을 뿐 아니라 규율 범위도 넓어졌다. GATT가 상품 무역에 국한됐던데 비해 WTO는 서비스·지적재산권·투자조치 등을 포함하게 된 것이다. 그동안 나라별로 자의적으로 이뤄지던 반덤핑 조치도 그 발동 기준과 절차를 명료히 하고 요건을 강화했다. 결정적으로 GATT가 가입국의 국내법에 대해서는 불간섭 원칙을 견지했는데 비해 WTO는 가입국의 국내법을 WTO 규정과 일치시킬 것을 요구하는 매우 강력한 제도적 장치를 갖추고 있다.

(2) WTO의 운영체제

회원국과 옵저버

WTO는 2018년 말 현재 164개 회원국과 23개 옵저버국으로 구성돼 있다. UN 회원국이 193개인 것을 고려하면 국제무역을 하는 사실상 모든 나라들이 가입돼 있다고 할 수 있다. 옵저버로 남아 있는 국가로는 알제리, 에티오피아, 이란, 이라크, 리비아, 우즈베키스탄 등이 있다. 이들은 국제무역에 참여하긴 하지만 아직 국제규범을 내면화할 정도로 제도가 갖춰져 있지 않거나 내정(內政)이 불안한 나라들임을 알 수 있다.

조직도

WTO에는 각국의 장관급 **각료 회의**(Ministerial Conference)를 통해 구성된 **일반 이사회**(General Council)를 중심으로 다양한 기능 단위들이 배치돼 있다([그림 10-1] 참조). 이 단위들(bodies)은 주로 위원회(Committee) 형식을 띠지만 실무단위(Working Party)나 협상그룹(Negotiating Group)일 경우도 있다. 가장 높은 수준인 이사회급(Council) 조직은 일반 이사회, 상품무역 이사회, 서비스무역 이사회, 지적재산권 이사회 4개가 있다. 이 밖에도 일반 이사회 산하에 15개 단위들이, 무역협정 위원회 산하에 9개, 상품무역 이사회 산하에 13개, 서비스무역 이사회 산하에 4개, 복수국간(Plurilateral) 협정 위원회 산하에 2개의 단위들이 있다. 이 밖에 무역분쟁 항소기구(Appellate Body)가 있고, WTO 전체

그림 10-1 WTO 조직도

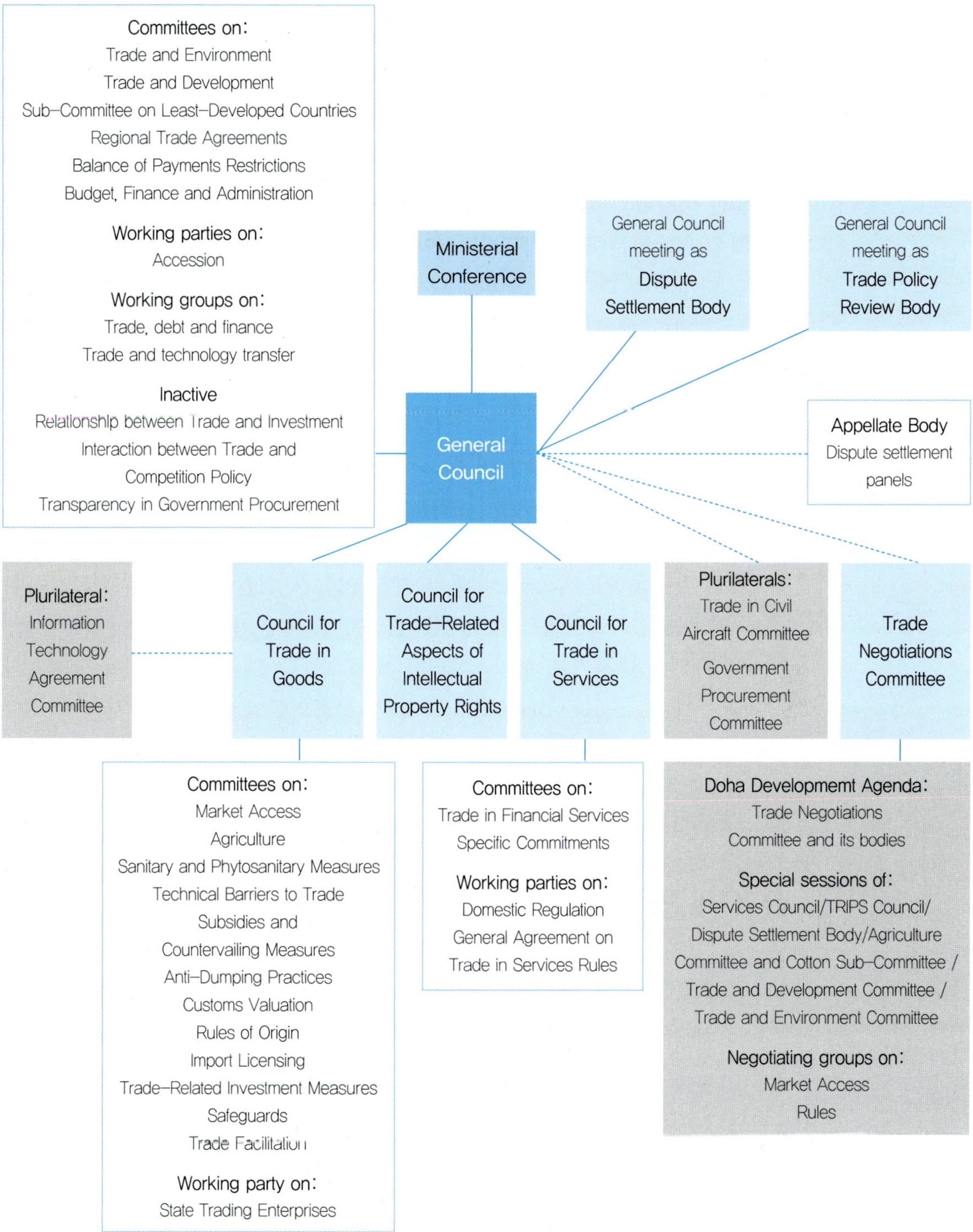

자료: WTO 홈페이지.

의 운용을 담당하는 사무국(Secretariat)이 약 625명으로 구성돼 있다.

각료회의 **각료회의**(Ministerial Conference)는 WTO 최고의 의사결정 기구이다. 격년으로 개최되는 이 회의에는 각국의 장관급 대표들이 참석하고 큰 틀에서 WTO의 정치적 방향성을 결정한다. 2017년 12월 부에노스아이레스에서 열린 각료회의에서는 어업 보조금에 관한 결정, 전자상거래에 관한 프로그램, 지적재산권에 관한 내용, 소규모 경제국에 대한 프로그램이 합의됐다.

일반 이사회 **일반 이사회**(General Council)는 각료회의와 달리 상설 기구이며 일상 업무와 정책을 결정하는 최고 기구이다. 일반 이사회는 각국에서 파견된 대사급 인원으로 구성되며 각료회의의 위임을 받아 영향력을 행사하는 권위를 지닌다. 일반 이사회의 멤버들은 **분쟁해결 기구**(Dispute Settlement Body)와 **무역정책검토 기구**(Trade Policy Review Body)의 멤버를 겸한다. 즉 일반 이사회 멤버들은 때로는 일반 이사회의 이름으로 종합적인 토의를 하기도 하고, 분쟁해결 기구의 이름으로 회원국들 사이의 분쟁을 논의하기도 하며, 무역정책검토 기구의 이름으로 회원국들의 무역정책에 대해 논의하기도 하는 것이다.

비공식조직 WTO의 의사결정 방식이 다수결이 아니라 합의(Consensus)이니만큼 비공식적이고 자유로운 모임들에서 여러 가지 이슈가 실질적으로 제기되고 논의된다. 때로는 공식조직에서 무언가를 결정하기 위해 비공식조직을 임시로 조직하여 자문을 구하기도 한다. 이러한 비공식조직에는 다양한 이름이 붙는데, "**파견단 대표**(Heads of Delegation, HODs)"나 회의실의 이름을 딴 "**푸른 방**(Green Room)" 등이 그것이다.

10.2 WTO의 협정

다양한 WTO 협정들 WTO는 결국 회원국들 사이의 협정이 가장 중요한 실체를 이룬다. 회원국들은 어떤 사항에서 WTO라는 다자주의 원칙에 동의하여 협정에 참여하기도 하고 그렇지 않을 수도 있다. 이에 따라 WTO는 수십 개의 복잡한 협정들을 가지고 있다. 그 중 우리나라 산업통상자원부에서 선별하여 소개하고 있는 협정은 총 24개이다[2](〈표 10-2〉 참조). 여기에는 WTO 설립 자체에 관한 **마라케시**

2 http://www.motie.go.kr/motie/py/ce/wto/wto.jsp.

표 10-2 WTO의 주요 협정들

1	WTO 설립을 위한 마라케시 협정	Agreement establishing the WTO
2	1994년 GATT	1994 GATT(General Agreement on Tariffs and Trade)
3	농업에 관한 협정	Agreement on Agriculture
4	위생 및 식물위생조치의 적용에 관한 협정	Agreement on the Application of Sanitary and Phytosanitary Measures
5	섬유 및 의류에 관한 협정	Agreement on Textiles and Clothing
6	무역에 대한 기술장벽에 관한 협정	Agreement on Technical Barriers to Trade
7	무역관련 투자조치에 관한 협정	Agreement on Trade-Related Investment Measures
8	1994 GATT 제6조의 이행에 관한 협정(반덤핑)	Agreement on Implementation of Article VI of the GATT 1994(antidumping)
9	1994 GATT 제7조의 이행에 관한 협정(관세평가)	Agreement on Implementation of Article VII of the GATT 1994(customs valuation)
10	선적전 검사에 관한 협정	Agreement on Preshipment Inspection
11	원산지 규정에 관한 협정	Agreement on Rules of Origin
12	수입허가 절차에 관한 협정	Agreement on Import Licensing Procedures
13	보조금 및 상계조치에 관한 협정	Agreement on Subsidies and Countervailing Measures
14	긴급수입제한조치에 관한 협정	Agreement on Safeguards
15	부속서 1나: 서비스무역에 관한 일반협정	ANNEX 1B: GATS(General Agreement on Trade in Services)
16	부속서 1다: 무역관련 지식재산권에 관한 협정	ANNEX 1C: TRIPS(Agreement on Trade - Related Aspects of Intellectual Property Rights)
17	부속서 2: 분쟁해결규칙 및 절차에 관한 양해	ANNEX 2: DSU(Understanding on Rules and Procedures Governing the Settlement of Disputes)
18	부속서 3: 무역정책검토제도	ANNEX 3: TPR(Trade Policy Review)
19	부속서 4: 복수국간 무역 협정	ANNEX 4: Plurilateral Trade Agreements
	- 민간항공기 협정	- Agreement on Trade in Civil Aircraft
	- 정부조달 협정	- Agreement on Government Procurement
	- 국제 낙농 협정	- International Dairy Agreement
	- 국제 우육 협정	- International Bovine Meat Agreement

자료: 산업통상자원부 및 WTO 홈페이지.

(Marrakech) **협정**을 비롯하여 농업, 섬유·의류, 서비스 등 품목별 협정들과 위생·검역, 기술장벽, 투자조치, 지식재산권 등 이슈별 협정들이 섞여 있다. 또한 WTO 회원 전체국이 맺은 다자간 협정은 물론이고 몇몇 뜻이 맞는 국가들끼리 맺은 복수국간(Plurilateral) 협정들도 포함돼 있다.

WTO 협정들의 구조

이렇게 복잡한 협정들은 〈표 10-3〉과 같이 체계적으로 분류한다. 먼저 WTO의 설립 자체를 규정한 이른바 마라케시 협정이 전체 협정들의 배경이 된다. WTO 실제적 협정의 3대 분야는 상품, 서비스, 지적재산권이다. **GATT, GATS, TRIPS**가 각 분야의 기본 원칙을 규정한 협정들이다(GATT는 WTO의 전신이기도 하지만 WTO 체제에선 협정 중 하나로 편입돼 있으며, 이를 구분하기 위해 "1994 GATT"라는 이름으로 새로이 편입된 협정을 지칭한다). 각 분야 협정들은 필요에 따라 세부사항들과 시장접근 항목들에 관한 협정이 뒤따른다. 한편 3대

표 10-3 WTO 협정들의 구조

총괄 Umbrella	WTO 설립에 관한 협정 AGREEMENT ESTABLISHING WTO		
	상품 Goods	서비스 Services	지식재산권 Intellectual property
기본 원칙들 Basic principles	관세 및 무역에 관한 협정 GATT	서비스무역에 관한 일반 협정 GATS	무역관련 지식재산권에 대한 협정 TRIPS
세부사항들 Additional details	기타 상품협정 및 부속서 Other goods agreements and annexes	서비스 부속서 Services annexes	
시장접근 Market access commitments	국가별 일정 Countries schedules of commitments	국가별 일정 (최혜국대우 예외들) Countries schedules of commitments(and MFN exemptions)	
분쟁해결 Dispute settlement	분쟁해결 DISPUTE SETTLEMENT		
투명성 Transparency	무역정책 TRADE POLICY REVIEWS		

자료: WTO 홈페이지.

분야 이외에 분쟁해결과 무역정책 투명성에 관한 협정들도 별도로 존재한다. 이어서 3대 분야를 비롯한 주요 협정들의 내용을 자세히 알아보자.

관세 및 무역에 관한 일반 협정

관세 및 무역에 관한 일반 협정(GATT)은 그 자체로 WTO의 전신이기도 하지만 현재는 WTO 체제 내에서 상품(Goods) 무역 협정의 틀을 지칭하는 말이기도 하다. 평등한 관세 감축을 지향하는 GATT는 〈표 10-2〉에 나타난 대로 농업·검역·의류·기술장벽·반덤핑·관세평가·원산지 등 광범위한 내용들을 모두 포괄하고 있다.

서비스 관련 협정

서비스 무역에 관한 일반 협정(General Agreement on the Trade in Services, GATS)은 기존 GATT 체제에 없었지만 그 중요성이 부각되면서 우루과이 라운드 협상에 포함됐고 WTO의 3대 분야 중 하나가 됐다. 2000년 1월부터는 서비스 분야에 대한 본격적인 다자간 협상이 시작됐고 현재 진행 중인 도하 라운드의 주요 아젠다 중 하나로 자리잡았다. WTO 체제에서 협상 중인 서비스 무역 분야는 아래 BOX에 제시된 12가지이다.

보충학습 **WTO의 12개 서비스 무역 분야**

1) 각종 비즈니스(Business and Professional) 관련 서비스(회계·광고·엔지니어링·컴퓨터·법률 등)
2) 커뮤니케이션(Communication) 서비스(음성영상지원·우편·텔레콤)
3) 건축(Construction and related)
4) 물류(Distribution)
5) 교육(Educational)
6) 에너지(Energy)
7) 환경(Environmental)
8) 금융(Financial)
9) 보건·사회(Health and Social)
10) 여행(Tourism)
11) 교통(Transport)
12) 자연인의 이동(Movement of natural person)

지적재산권 관련 협정

지적재산권 관련 협정(Agreement on Trade-Related Aspects of Intellectual Property Rights, TRIPS)은 지적재산권을 세계적인 차원에서 보호하기 위한 협정이다. TRIPS의 보호대상이 되는 것들은 저작권(copyright), 특허(patent), 상표(trademark), 디자인(design) 등이다. 점점 기업의 활동이 지식집약적이 되면서 지적재산권을 설정하고 보호하는 것이 중요한 글로벌 경제의 이슈가 되고 있다. 이상이 WTO 협정의 3대 분야이다.

분쟁해결 **분쟁해결 양해각서**(Dispute Settlement Understanding)가 WTO 체제에서 무역분쟁을 해결하는 가장 기본적인 틀이다. 당사국들은 갈등이 발생했을 때 합의·조정·재판 등의 조치를 통해 해결할 수 있다. WTO는 이를 위해 전문가들로 구성된 법률 서비스를 제공하고 최종 판결에 대한 권위를 행사한다. GATT에 없던 분쟁해결 기능이 활성화되면서 1995년 이래 500건 이상의 분쟁이 WTO에서 다뤄졌고 350건 이상의 판결이 이뤄졌다. 참고로 GATT(1947~1994) 기간 동안 다뤄진 무역분쟁은 300건 정도였다.

무역정책 검토 **무역정책검토**(trade policy review)는 WTO 무역정책의 투명성을 담보하고 각국이 채택한 정책들을 정확히 이해하며 그 정책들의 효과를 평가하는 것을 목적으로 한다. 회원국이 구사하는 정책이 세계 무역규범에 어긋날 가능성이 있으므로 피해국의 제소가 접수되기 전에 미리 정책들을 검토하는 것이다.

복수국간 협정 이상이 WTO 체제의 **다자간**(multilateral) **협정**들이다. 즉 모든 회원국들이 동의한 협정이란 뜻이다. 이러한 다자간 협정 외에도 일부 국가들만이 합의한 **복수국간**(plurilateral) **협정**들도WTO의 틀 안에 존재한다(〈표 10-2〉). 하단에 나온 것들이 이에 해당하는데 민간항공기 협정, 정부조달 협정, 낙농협정, 우육협정이 그것이다. 민간항공기 협정에는 32개국이, 정부조달 협정에는 47개국이 참여했다. 낙농과 우육협정에는 극소수의 국가들만이 참여했기 때문에 실효성이 떨어진다는 평가를 받고 있다.

10.3 DDA 협상

DDA란? DDA는 **도하 개발 아젠다**(Doha Development Agenda)의 줄임말이다. 2001년 11월 카타르의 도하에서 열린 WTO 제4차 각료회의에서 멤버들은 새로운 다자간 무역협상을 추진한다는 것에 동의하고 이를 DDA라고 명명했다. 도하 라운드(Doha Round)라고도 불리는 이 협상은 WTO에서 추진 중인 가장 최신의 다자간 협의이다. WTO를 탄생시킨 우루과이 라운드(UR) 이후 첫 번째 다자간 협의이기도 하다. 기존 WTO 협정보다 한 단계 더 나아간 시장개방과 무역제도 구축을 목표로 삼고 있다. '개발'이란 단어가 붙은 것은 개도국의 이익을 좀 더 반영한다는 취지에 따른 것이다.

DDA 협상의 범위

DDA 협상은 20여개의 무역 관련 분야에 걸쳐 있다. 농업, 비농업시장 접근(NAMA: Non Agricultural Market Access), 서비스, 무역 원활화, 반덤핑 등 무역 관련 규칙, 환경, 주류(wine and spirits), 지적재산권 등이 그것이다. WTO는 이러한 항목들에 대해 각각 협상그룹을 구성하여 2002년부터 본격적인 협상을 수행했다. 협상의 범위는 대체로 기존 협정 아젠다의 틀을 따르고 있음을 알 수 있다. DDA는 기존 내용을 개선하고 개도국이 WTO 조항을 좀 더 쉽게 이행할 수 있도록 돕는다는 것을 표방한다.

DDA 협상의 좌절

2001년 협상을 시작할 때는 2004년 12월까지 일괄타결 방식으로 협상을 종료한다는 목표를 가지고 있었다. 그러나 2018년 현재까지도 DDA는 결실을 맺지 못하고 있으며 가까운 시일 내에 타결될 전망도 보이지 않는다. 그동안 2003년 칸쿤, 2005년 홍콩, 2007년 다보스 등지에서 각각 각료회의가 열렸고 거의 매년 협상의 중단과 재개가 반복됐다. 그러나 2015년 나이로비 패키지(Nairobi Package)를 마지막으로 이렇다 할 협상의 성과는 나오지 않고 있다.

일괄타결 원칙의 무리수

DDA 협상이 중단된 원인은 여러 가지로 설명이 가능하다. 우선 형식 면에서 애초에 '일괄타결'이라는 야심적인 목표를 세운 것이 무리였다. 일괄타결이란 최종적으로 모든 분야에 대해 동시에 합의를 달성하는 것을 말한다. 이른바 "Nothing is agreed until everything is agreed"라는 원칙이다. 그러나 수많은 나라들이 수많은 문제에 대해 일괄적으로 동의한다는 것은 매우 비현실적인 목표였다.

각국의 이해상충

내용 면에서 WTO가 지향하는 높은 수준의 개방에 대해 각국의 이해가 엇갈렸다. 협상의 가장 까다로운 분야는 농산물이었다. 무역장벽을 낮춰 자국의 이익을 관철하려는 농산물 수출국과 식량안보를 내세우며 자국의 농산물을 보호하려고 하는 나라 사이에 건너기 힘든 간극이 존재했다. 공산품 분야에서도 무역장벽을 낮추려는 산업 선진국과 자국의 유치산업을 보호하려는 개도국 사이의 갈등이 쉽게 정리되지 못했다. 이 밖에 투자·경쟁정책·정부조달 등의 이슈에서도 대체로 개도국은 방어적인 입장을 취했다. DDA는 애초에 개도국을 위한다는 명분이었지만 실제로는 개도국들이 무역 자유화에서 오는 이익에 적극적으로 공감하지 않았다.

국제 정치 · 경제적 장애 요인

특히 2008년 글로벌 금융위기 이후에는 금융위기를 일으킨 미국의 정치적 리더십 부재, 재정위기로 인한 유럽의 소극적 태도가 협상의 진전을 막는 요인이었다. 이에 앞서 2001년 중국이 WTO에 가입하고 무역 대국으로 부상하면서 이를 둘러싼 회원국 간의 대립이 있었다. 새로운 경제 대국으로 부상하고 있는 인도의 비협조적인 태도도 협상 지연에 한 몫을 했다. 또한 WTO라는 다자주의와 별도로 이뤄지던 양자간·복수국간·지역별 FTA가 활발히 체결된 것도 DDA 협상의 진전을 더디게 만든 요인이다.

DDA의 제한적 성과

일괄타결 원칙으로 소기의 성과를 얻기 힘들다는 것이 분명해지자 협상국들은 쉽게 타결될 수 있는 것부터 타결하는 실용적인 방식을 선택했다. 소규모 패키지의 구성을 통한 이른바 **조기 수확**(early harvest) 정책이다. 이에 따라 2013년 12월 발리에서 개최된 제9차 각료회의에서 협상국들은 무역원활화, 농업일부, 개도국·최빈개도국 우대의 3개 분야 대한 합의를 도출했다. 발리 패키지라고 불리는 이 합의가 DDA 협상에서 얻어진 제한적이지만 가시적인 성과이다. 한편 2015년 12월 제10차 각료회의에서도 농업 분야 3개와 면화, 최빈개도국 우대 관련 합의가 이뤄졌다. 이른바 나이로비 패키지라고 불리는 이 내용이 DDA 협상의 가장 최신 합의이다.

10.4 흔들리는 다자주의

WTO 위상의 한계와 성과

GATT의 위상을 강화하기 위해 설립된 WTO이지만 애초에 기대한, 전 세계 무역의 강력한 컨트롤 타워 역할을 하고 있지는 못하다. DDA 협상 진도에서 보듯 새로운 무역규범 창출에도 제한적인 성공만을 거두고 있고, 2018년 여름 미·중 무역분쟁에서 보듯 갈등의 해결자 역할을 하고 있지도 못하다. 그렇다고 WTO가 유명무실하다고 폄하할 수는 없다. 어쨌건 가입국들은 WTO 협정관세의 혜택을 보고 있고 무역과 투자에 있어 WTO의 규칙이 분명한 가이드라인 역할을 하고 있다. 대표적으로 오늘날 세계 2위의 경제대국 중국이 2001년 말 WTO에 가입한 이후 산업과 금융 분야에 걸친 이행조건을 5년간 이행하여 상당한 경제개방을 달성했다. 그럼에도 불구하고 WTO의 위상에 의문을 던지게 하는 요인들을 알아보자.

WTO 체제 바깥의 무역 협정들

많은 국가들이 WTO의 보편적 일괄타결주의 협상을 기다리지 못하고 배타적인 협정을 맺었다. 양자간(bilateral) 협정과 지역(regional) 협정들이 그것이다. 이들을 아울러 복수국간(Plurilateral) 협정이라 부르기도 한다. 다자 체제(multilateral system) 바깥에서 배타적 경제블록을 형성한 것은 다름 아닌 미국이 먼저였다. 1992년 미국·캐나다·멕시코가 맺은 북미자유무역지대(NAFTA)가 그것이다. 오늘날 세계에 존재하는 420여개의 FTA의 모델 역할을 한 것도 NAFTA이다. 우리나라의 경우, 2004년 한-칠레 FTA를 시작으로 2018년 말 현재 15개의 FTA가 발효 중이다. 체결 대상도 미국·중국 등 단일 국가는 물론 ASEAN·EFTA[3] 등 지역 단위의 경제블럭까지 미치고 있다. 이들 FTA의 양허 범위와 깊이는 WTO보다 큰 물론이다.

거대 FTA의 등장

최근에는 거대 지역 무역협정들이 탄생하고 있다. 합치면 전 세계 최대 단위의 경제총량이 되는 **유럽연합**(EU)이 탄생했다. 유럽경제공동체(EEC)에서 진화한 EU는 생산요소의 자유로운 이동은 물론 화폐정책과 재정정책까지 공조하는 높은 수준의 경제 통합 블럭이다. 미국과 일본이 중심이 된 **환태평양동반자협정**(TPP)과 한중일 및 ASEAN이 구상하는 **지역포괄적동반자협정**(RCEP)이 협상 중에 있다.[4] 비교적 최근에 등장한 것으로 미국과 EU 사이의 **범대서양무역투자동반자협정**(TTIP)도 있다. 세계 GDP의 30~40% 이상을 커버하는 이러한 거대 FTA들의 등장은 세계 무역의 판도를 흔드는 요인이 될 수 있다.

WTO에 미치는 함의

속속들이 체결되는 양자간·지역별 협정들은 WTO DDA의 답보상태와 대조를 이룬다. 많은 나라들이 장기적인 WTO보다 즉각적 효과가 나타나는 FTA 체결에 더 많은 자원을 쓰고 있는 것이다. 자연스레 각국의 실효 관세율도 WTO 협정 관세율보다는 FTA 협정 관세율에 따르게 된다.[5] 그리고 FTA를 활용하기 위한 원산지 증명서(Certificate of Origin) 관련 업무가 실제 정부와 기업의 많은 부분을 차지하게 된다. 이 모든 과정에서 소외된 WTO는 자칫 상징적인 존재로 남게 될 위험이 크다. WTO라는 이름으로 펼쳐진 거대한 우산 밑에 수많은 크고 작은 우산들이 펼쳐지면서 큰 우산의 존재를 잊어버리게 된 상황이라고도 할 수 있다. WTO가 표방하는 회원국 모두의 보편적 최혜국(MFN: Most Favored Nation) 대우[6]라는 이상은 이미 의미를 잃어버린 지 오래라고 할 수 있다.

---

3 유럽자유무역연합. 스위스, 노르웨이, 아이슬란드, 리히텐슈타인으로 구성된 서유럽 4개국 경제연합체.

4 TPP의 경우 트럼프 대통령 이후 미국이 빠지고 일본이 주도하는 CPTPP로 재탄생했다.

5 관세율 적용에 있어 여러 가지 기준이 있는 경우 (긴급 관세가 없는 이상) 가장 낮은 관세율을 적용하는 것이 원칙이다. 대부분의 경우 FTA 관세율이 WTO 관세율 보다 낮다.

6 동등한 최혜국 대우는 한 나라가 어떤 나라에게 혜택을 주면 같은 혜택을 다른 모든 나라에게도

선진국의 보호주의

글로벌 금융위기 이후 세계 경제가 저성장 모드에 접어들면서 세계화의 그늘도 드러나기 시작했다. 세계화에 따른 산업 구조조정에서 일터를 잃어버린 선진국의 비숙련 노동자(unskilled labor)들이 정치적 목소리를 내기 시작했기 때문이다. 영국이 EU를 탈퇴한다는 이른바 브렉시트(Brexit)와 노골적인 보호무역주의를 표방한 트럼프의 당선이 대표적인 사례이다. 특히 트럼프 대통령은 WTO를 중심으로 한 기존 무역체제에서 미국이 지속적인 적자를 기록하면서 경제 주권을 빼앗기고 미국 국민들이 피해를 보고 있다는, 사실과 주장을 교묘히 뒤섞은 아젠다를 제시하면서 세계 무역의 판을 흔들고 있다. 미국에게 흑자를 보는 중국·일본·한국·독일 등에게 정치적 압박을 통해서라도 무역수지 격차를 줄이려 하기 때문이다. 중국은 미국의 이러한 공세에 대해 WTO에 제소하며 맞서고 있는데 미국은 WTO의 무력화 자체가 목표임을 시사하듯 아랑곳하지 않고 있다. 급기야 트럼프 대통령은 2018년 8월 WTO가 미국을 좀 더 우대하지 않으면 탈퇴할 것이라는 말까지 했다.

WTO의 미래

WTO의 미래는 크게 세 가지 시나리오로 점쳐볼 수 있다. 첫째, 현재의 보호무역주의가 일시적인 파장에 그치면서 WTO 체제가 오히려 강화된다. 비록 배타적인 FTA와 지역통합은 더 강화되겠지만 WTO 자체에 대한 공격은 사그라들면서 WTO가 나름대로의 위상을 강화하는 것이다. 이를 위해서는 세계화에서 소외된 비숙련 노동자들의 처우가 획기적으로 개선되거나 이들이 정치적 입장을 바꿔야 할 것이다. 둘째, 미국을 중심으로 하는 새로운 다자체제가 탄생하고 기존 WTO는 해체된다. 이 새로운 체제에 세계 제2위의 경제대국인 중국은 참여하지 않을 가능성이 크고 세계 무역질서는 전대미문의 분열을 경험한다. 현재로서 이 시나리오가 실현될 조짐은 보이지 않지만 극단의 선택지가 종종 실현돼 온 세계 역사를 보면 배제할 수 없는 가능성이다. 셋째, WTO가 소소한 성취를 이루며 약한 다자간 협의체로 존속한다. 일괄타결에서 조기수확으로 방향을 선회한 DDA 협상에서 보듯 WTO의 보편주의 이상은 더 이상 실현되기 힘들다는 것이 드러났다. 그렇다고 적극적으로 WTO를 해체할 유인을 가진 회원국도 없다면 WTO 체제는 지금처럼 약한 고리 형태로 존속할 것이다.

줘야 한다는 WTO의 기본 원칙이다. 그러나 배타적 FTA에서는 이러한 원칙을 적용할 수 없다.

요약

1. WTO의 목적은 국제무역이 원활하고 예측가능하고 자유롭게 이뤄지도록 하는 것이다(The goal is to ensure that trade flows as smoothly, predictably and freely as possible).
2. 1948년 1월 〈관세 및 무역에 관한 일반 협정(GATT)〉이 출범했고 세계무역 질서 수립과 유지에 중심적인 역할을 했다. 1955년에 일본이, 1967년엔 우리나라가 각각 GATT에 가입했다.
3. 1971년 브레튼우즈 체제의 종말과 함께 유럽의 EC와 미국의 무역법 제301조와 같은 反다자주의 정책들이 나타났으나 GATT는 이를 규제하지도, 이로 인한 분쟁을 해결하지도 못했다.
4. 이 무렵 첨단 기술제품의 등장과 무형재(無形財)인 서비스 교역의 확대, 지적재산권(Intellectual Property) 보장 등이 새로운 국제무역의 이슈로 떠올랐다.
5. GATT의 한계를 극복하기 위한 우루과이 라운드(Uruguay Round) 협상 끝에 1995년 1월 WTO가 출범했다. WTO는 GATT보다 강력하고 강제적인 국제무역 규범을 시행할 수 있는 틀이라고 할 수 있다.
6. WTO는 현재 164개 회원국과 23개 옵저버국으로 구성돼 있으며 각국의 장관급 각료회의(Ministerial Conference)를 통해 구성된 일반 이사회(General Council)를 중심으로 다양한 기능 단위들이 배치돼 있다.
7. 각료회의(Ministerial Conference)는 격년으로 개최되는 WTO 최고의 의사결정 기구로 각국의 장관급 대표들이 참석한다.
8. 일반 이사회(General Council)는 상설 기구이며 일상 업무와 정책을 결정하는 최고 기구이다.
9. WTO는 결국 회원국들 사이의 협정이 가장 중요한 실체를 이룬다. WTO 설립 자체에 관한 마라케시(Marrakech) 협정을 비롯하여 농업, 섬유·의류, 서비스 등 품목별 협정들과 위생·검역, 기술장벽, 투자조치, 지식재산권 등 이슈별 협정들이 존재한다.
10. 관세 및 무역에 관한 일반 협정(GATT)은 그 자체로 WTO의 전신이기도 하지만 현재는 WTO 체제 내에서 상품(Goods) 무역 협정의 틀을 지칭한다.
11. 서비스 무역에 관한 일반 협정(General Agreement on the Trade in Services, GATS)은 기존 GATT 체제에 없었지만 그 중요성이 부각되면서 우루과이 라운드 협상에 포함됐고 WTO의 3대 분야 중 하나가 됐다.
12. 지적재산권 관련 협정(TRIPS)은 지적재산권을 세계적인 차원에서 보호하기 위한 협정이며 저작권(copyright), 특허(patent), 상표(trademark), 디자인(design) 등을 대상으로 한다.
13. 분쟁해결 양해각서(Dispute Settlement Understanding)를 통해 당사국들은 갈등이

발생했을때 합의·조정·재판 등의 조치를 통해 해결할 수 있다.

14. 무역정책검토(trade policy review)는 WTO 무역정책의 투명성을 담보하고 각국이 채택한 정책들을 정확히 이해하며 그 정책들의 효과를 평가하는 것을 목적으로 한다.

15. 2001년 11월 시작된 도하 개발 아젠다(Doha Development Agenda)는 20여개의 무역 관련 분야에 걸쳐 있으며 한 단계 높은 무역 원활화를 목표로 하고 있으나 현재까지 결실을 맺지 못하고 있다.

16. 최근 DDA는 일괄타결 원칙 대신 소규모 패키지의 구성을 통한 이른바 조기 수확(early harvest) 정책을 쓰고 있다.

17. WTO지만 애초에 기대한 전 세계 무역의 강력한 컨트롤 타워 역할을 하고 있지 못하다. 그 원인은 WTO 밖에서 맺어지는 양자간 협정과 지역간 협정들 때문이기도 하고 글로벌 금융위기 이후 세계 경제가 저성장 모드에 접어들면서 대두된 선진국의 보호주의 때문이기도 하다.

연습문제

1. 1995년 WTO가 출범한 배경에 대해 설명하시오.

2. WTO 조직에서 각료회의와 일반 이사회란 각각 무엇인가?

3. WTO 협정의 분야들이 본 교과서에 소개된 것 외에 무엇이 있는지 직접 홈페이지를 조사하여 제시하라.

4. 현재 WTO 체제의 GATT, GATS, TRIPS에 대해 각각 설명하라.

5. DDA가 개시된 이래 열린 다양한 협상들의 제목과 개요들을 조사해보라. DDA 협상이 진전이 더딘 이유는 무엇인가?

6. 2013년과 2015년에 실현된 소규모 패키지의 자세한 내용을 조사해보라.

7. 만약 WTO가 해체된다면 왜 그렇게 될 것이며, 그 때 전 세계 무역은 어떤 형태로 이뤄질지 자신의 논리로 설명해보라.

8. 중국이 2001년 말 WTO에 가입한 이후 어떤 의무 의행절차를 거쳤는지 조사하여 제시해보라.

CHAPTER 11

국제통화제도의 변천과 개편논의

국제통화제도는 세계무역 및 금융환경의 변화에 맞추어 원활한 결제시스템을 갖추고자 하는 과정에서 지속적으로 변천되어 왔다. 제2차 세계대전 직후 금환본위제도와 고정환율제도를 근간으로 성립되었던 브레튼우즈체제는 1960년대 후반 달러위기로 붕괴되고 1970년대 초 변동환율제도로 이행되었다. 최근에는 변동환율제도에 의해 지탱되고 있는 킹스턴체제가 한계를 보임에 따라 국제통화제도를 개편하기 위한 논의가 활발히 진행되고 있다.

11.1 국제통화제도의 의의와 유형

(1) 국제통화제도의 의의와 기능

국제통화제도의 의의

국제통화제도(international monetary system)란 국가 간 상품 및 서비스의 수출입이나 자본이동에 따르는 국가 간 결제를 원활하게 하기 위한 국제적 협약을 의미한다. 일반적으로 국내에서는 정부나 중앙은행이 발행한 통화가 법적 통용력을 가지고 일반적인 지불수단으로서 기능을 수행한다. 그러나 국제거래에 서는 법적 통용력을 가진 지불수단은 존재하지 않으며, 국제통화제도의 변천에 따라 국제적 지불수단은 변화되어 왔다.

국제통화제도의 기능

국제통화제도가 국제교역과 자본이동의 확대를 통해 세계자원을 합리적으로 배분함으로써 세계경제성장을 촉진하기 위해서는 다음과 같은 기능을 수행할 수 있어야 한다.

국제유동성의 공급

첫째, 국제통화제도는 국제경제거래로 발생하는 대차가 원활하게 결제될 수 있도록 국제유동성을 적절히 공급하여야 한다. 국제유동성의 부족은 국제결제를 어렵게 함으로써 국제경제거래를 위축시킨다. 반면 지나친 국제유동성의 공급은 국제적 인플레이션을 유발함으로써 자원배분을 왜곡시킨다.

국제수지 불균형의 조정

둘째, 국제통화제도는 국제교역이나 자본이동에서 발생하는 이익을 당사국 간 공평하게 배분할 수 있어야 한다. 이를 위해서는 국제통화제도가 국제수지 불균형을 원활하게 조정할 수 있는 메커니즘을 가지고 있어야 한다.

국제신인성의 유지

셋째, 국제통화는 가치가 안정되어 국제적으로 신인성을 유지할 수 있어야 한다. 국제통화를 공급하는 국가가 만성적으로 국제수지 적자를 보이거나 경제위기를 맞게 되면 국제통화의 신인성이 떨어짐으로써 국제통화제도가 혼란을 겪게 된다.

관리시스템의 확보

넷째, 국제통화제도는 하나의 제도나 체제로서 형성·유지·관리할 수 있는 메커니즘을 갖추고 있어야 본연의 기능을 수행할 수 있다. 국제통화관계가 제한을 받지 않을 때 발생할 수 있는 혼란을 방지하기 위해서는 국제통화관계를 조정·관리하는 관리체계가 갖추어져 있어야 한다.

(2) 국제통화제도의 유형

국제통화제도는 역사적 산물로서 그 유형을 환율제도 또는 대외지급준비자산의 형태에 따라 구분하여 볼 수 있다.

1) 환율제도에 따른 유형

국제통화제도는 환율의 결정방법에 따라 크게 고정환율제도와 변동환율제도로 나누어진다. 각국이 어느 환율제도를 선택하느냐에 따라 환율의 신축성이나 안정화 기능의 수행 여부가 달라지고, 이에 따라 국제수지 불균형의 조정메커니즘도 달라진다.

현재 IMF는 환율제도를 〈표 11-1〉에서 보는 것과 같이 크게 완전고정(hard peg)환율제도, 일반변동(soft peg)환율제도, 변동(floating)환율제도 및 기타관리변동(other managed arrangement)환율제도로 나누고 있다. 그리고 이를 다시 환율변동의 자유도에 따라 10개로 세분하고 있다.

표 11-1 IMF의 환율제도 분류와 채택추이 (단위: 개국, %)

<table>
<tr><th>환율제도</th><th>IMF분류</th><th>1992</th><th>1996</th><th>2006</th><th colspan="2">2017</th></tr>
<tr><td rowspan="2">완전고정
(hard peg)
환율제도</td><td>개별국 법화가 없는 제도
(no separate legal tender)</td><td rowspan="2">25
(15.7)</td><td rowspan="2">33
(18.2)</td><td rowspan="2">49
(26.9)</td><td>13</td><td rowspan="2">24
(12.5)</td></tr>
<tr><td>통화위원회제도(currency board)</td><td>11</td></tr>
<tr><td rowspan="5">일반고정
(soft peg)
환율제도</td><td>전통적 고정환율제도(conventional peg)</td><td rowspan="5">98
(61.6)</td><td rowspan="5">103
(56.9)</td><td rowspan="5">83
(45.6)</td><td>43</td><td rowspan="5">81
(42.2)</td></tr>
<tr><td>안정화페그환율제도(stabilized arrangement)</td><td>24</td></tr>
<tr><td>크롤링고정환율제도(crawling peg)</td><td>3</td></tr>
<tr><td>크롤링형페그환율제도(crawl-like arrangement)</td><td>10</td></tr>
<tr><td>목표환율대제도(pegged within horizontal bands)</td><td>1</td></tr>
<tr><td rowspan="2">변동(floating)
환율제도</td><td>변동환율제도(floating)</td><td rowspan="2">36
(22.6)</td><td rowspan="2">45
(24.9)</td><td rowspan="2">50
(27.5)</td><td>38</td><td rowspan="2">69
(35.9)</td></tr>
<tr><td>완전자유변동환율제도(free floating)</td><td>31</td></tr>
<tr><td>기타관리변동
환율제도</td><td></td><td>–</td><td>–</td><td>–</td><td>–</td><td>18
(9.4)</td></tr>
<tr><td>합 계</td><td></td><td>159
(100.0)</td><td>181
(100.0)</td><td>182
(100.0)</td><td></td><td>185
(100.0)</td></tr>
</table>

주: ( ) 내는 비중

자료: IMF, *Annual Report on Exchange Arrangements and Exchange Restrictions*, 각호.

완전고정환율제도

완전고정환율제도는 자국통화의 가치를 특정 통화 등에 완전히 고정시키는 환율제도로서 개별국의 법적통화가 없는 제도와 통화위원회제도로 세분된다. **개별국의 법적통화가 없는 제도**란 한 국가 내에서 통용되는 법적통화가 자국통화가 아니라는 것을 말한다. 이러한 제도에는 유로연합과 같은 통화동맹이나 미달러화와 같은 외국통화를 법적통화로 도입하는 달러라이제이션(dollarization)의 형태가 있다. **통화위원회제도**는 자국통화와 외국통화의 비율을 고정시켜 놓고 외국통화의 유출입에 맞추어 자국통화가 비례적으로 변하도록 하는 제도이다.

일반고정환율제도

일반고정환율제도는 자국통화의 가치를 특정 통화 등에 고정시키되 일정범위내에서 변동을 허용하는 환율제도로서 전통적 페그환율제도, 안정화페그환율제도, 크롤링고정환율제도, 크롤링형페그환율제도, 목표환율대제도로 세분된다. **전통적 페그환율제도**는 자국통화의 환율을 특정 단일통화에 고정시키거나(single currency peg) 또는 SDR이나 복수통화바스켓에 고정시키되(composite currency peg) 중심환율로부터 ±1%의 제한된 범위 내에서 변동을 허용하는 제도이다. **안정화페그환율제도**는 전통적 고정환율제도보다 환율변동허용범위가 넓어 현물환율이 지난 6개월 넘도록 2% 범위 내에서 유지하는 제도이다. **크롤링고정환율제도**는 단기적으로 중심환율을 유지하되 인플레이션 격차 등을 고려하여 가끔 조금씩 미조정(crawl)하는 제도이다. **크롤링형고정환율제도**는 변동환율제도를 채택하고 있다고 볼 수는 없지만 환율 지난 6개월간 통계적으로 증명된 추세와 비교하여 2% 범위 내에서 유지하는 제도이다. **목표환율대제도**는 중심환율을 정해 놓고 상하로 일정 범위 내에서만 환율이 자유롭게 변동하도록 하되 이를 벗어나면 자동적으로 개입하는 제도이다.

변동환율제도

변동환율제도는 변동환율제도와 자유변동환율제도로 구분된다. **변동환율제도**는 환율이 외환의 수급에 의해 자유롭게 변동하도록 하되 필요시 중앙은행이 개입하여 환율을 안정시키거나 적정수준으로 유도하는 제도이다. **자유변동환율제도**는 환율이 중앙은행의 개입 없이 외환의 수요와 공급에 의해 자유롭게 결정되는 제도이다.

기타관리변동환율제도

기타관리변동환율제도는 앞에서 열거한 어떤 환율제도에도 포함되지 않는 형태로서 환율운용방식을 빈번히 변경하는 국가가 이에 속한다.

사례 연구 환율제도 선택의 문제

환율제도는 크게 고정환율제와 변동환율제를 양극단으로 하여 이 두 가지를 절충하는 다양한 형태로 분류할 수 있다. 일반적으로 고정환율제도는 한 국가의 대외의존도나 특정국에 대한 수출비중이 높고, 정책당국의 물가정책에 대한 신뢰도가 낮은 경우에 적합한 것으로 알려지고 있다. 반면 변동환율제도는 경제규모가 크고 금융산업이 고도로 발달되어 있거나, 해외충격에 대한 노출이나 자본이동성이 큰 국가에 바람직하다는 견해가 많다. 1990년대 동남아 외환위기의 여파로 이들 국가의 환율제도는 환율변동의 신축성을 제고하는 방향으로 이행되었으며, 국가에 따라서는 고정환율제도를 강화하는 경향도 나타났다.

한편 환율제도의 선택은 ① 통화정책의 자율성(monetary autonomy), ② 국제유동성(liquidity)의 확보를 위한 자본자유화(financial integration), ③ 통화가치의 신뢰성(confidence) 확보를 위한 환율안정(exchange rate stability) 등 세 가지를 목표로 추구하게 된다. 그러나 이 세 가지 정책목표를 동시에 만족시키는 환율제도는 없기 때문에 이를 삼불원칙(impossible trinity) 또는 삼각의 딜레마(trilemma)라고 한다(Krugman(1998)).

환율제도의 장단점을 살펴보면 고정환율제는 환율변동에 따른 충격을 완화하고 통화정책의 자율성을 어느 정도 확보할 수 있는 장점이 있으나, 이를 위해서는 자본이동의 제약이 불가피하여 국제유동성이 제한을 받게 된다. 이 경우 대외불균형이 지속되거나 기초경제여건이 악화되면 환투기 공격에 쉽게 노출되는 단점이 있다.

반면 변동환율제는 자본이동이 자유롭게 이루어지므로 국제유동성 확보가 용이하고 외부충격이 환율변동에 의해 흡수됨으로써 통화정책의 자율적인 수행이 용이한 장점이 있다. 다만 외환시장 규모가 작고 외부충격의 흡수능력이 미약한 개발도상국의 경우 환율변동성이 높아짐으로써 경제의 교란요인으로 작용할 가능성이 크다.

이 밖에 통화위원회제도의 경우 국내통화를 미달러화 등에 일정비율로 고정시킴으로써 유동성을 확보하고 환위험을 방지할 수 있다. 그러나 외환의 공급에 비례하여 국내통화가 자동적으로 공급됨으로써 통화정책의 자율성이 크게 제한되는 단점이 있다.

| 환율제도 선택의 trilemma

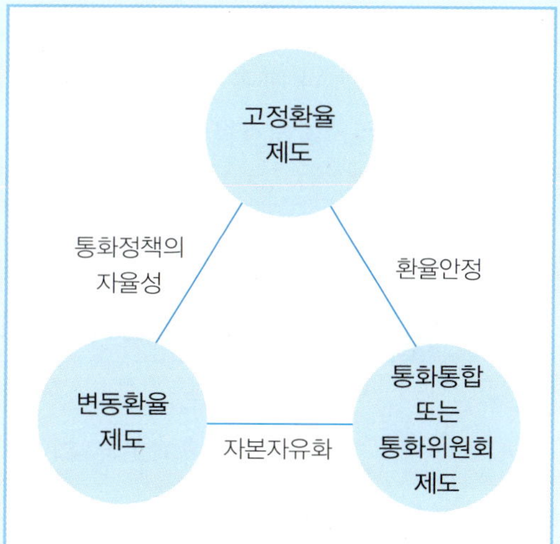

자료: 한국은행(2016), 「한국의 외환제도와 외환시장」, p.120에서 일부 인용

2) 대외지급준비자산에 따른 유형

대외지급준비자산은 그 특성에 따라 물품본위제, 자유본위제 및 양자를 절충한 형태로 구분하여 볼 수 있다. 대외지급준비자산의 형태는 국제유동성의 공급능력을 결정하게 된다.

물품본위제

물품본위제(commodity standard system)는 물품화폐만이 준비자산의 역할을 하는 제도로서 금본위제가 가장 대표적인 예이다. 1870년경부터 제1차 세계대전 직전(1914년)까지 국제금본위제하에서 각국은 자국 화폐단위의 가치를 순금 일정량에 고정시키고, 금화의 자유로운 주조, 자유로운 수출입 및 금태환성을 보장하였다.

자유본위제

이와 달리 자유본위제(fiduciary standard system)는 관리통화제도하에서 특정 물품과 관계없이 관계법령과 통화당국의 신용에 의하여 창출된 통화가 준비자산으로 사용되는 제도이다. 자유본위제는 어떤 특정국의 통화나 IMF의 특별인출권(SDR; Special Drawing Rights) 등을 대외준비자산으로 사용하는 통화본위제의 형태를 취한다.

절충형제도

물품본위제와 자유본위제의 절충형으로는 금과 함께 기축통화(key currency)였던 미국 달러화나 영국 파운드화도 대외준비자산으로 인정하였던 **금환본위제도**(gold exchange system)가 있다. 국제금환본위제도에서는 다량의 금보유국은 금본위제도를 채택하고, 다른 국가들은 금 및 금태환이 보장된 국가의 통화나 금융자산을 화폐발행준비자산으로 보유함으로써 자국의 화폐단위가치를 간접적으로 금에 고정시키는 제도이다.

11.2 국제통화제도의 변천

국제통화제도는 외부적 요인보다는 내부적으로 새로운 세계교역 및 금융환경에 부합하는 결제제도를 모색하는 과정에서 지속적으로 변천을 거듭하여 왔다. 따라서 국제통화제도의 변천은 경제여건의 변화와 국제통화제도의 변화간 상호관계를 파악함으로써 제대로 이해될 수 있다.

19세기 후반 국제금본위제도가 국제통화제도로서 자리를 잡게 되었으나, 제1차 세계대전의 발발을 계기로 세계 각국이 금태환을 중지하면서 붕괴되었다.

제2차 세계대전 이후 미국의 주도하에 IMF를 창설하여 브레튼우즈체제를 발족시켰으나, 1970년대 초 미국이 금태환을 정지함에 따라 종말을 고하게 되었다. 1970년대 초 자유변동환율제도를 근간으로 하는 킹스턴체제가 출범하였으며, 1985년 9월 플라자합의를 계기로 주요 선진국 간 환율을 안정시키기 위한 협조체제가 구축되었다.

(1) IMF 이전 체제

1) 국제금본위체제(1870~1914)

금본위제도의 확립

금본위제도란 화폐단위의 가치를 순금 일정량으로 고정시키고, 금화의 자유로운 주조와 지폐나 예금통화와 태환을 부장하는 제도.

세계경제에서 국제통화체제가 본격적으로 자리를 잡게 된 것은 일반적으로 1870년대 영국 파운드화에 기초한 금본위제도가 확립된 때로 보고 있다. 19세기 중엽까지 영국만이 금본위제도를 채택하고 있었으나, 1870년대 들어 프랑스, 독일, 미국 등 대부분의 국가들이 금본위제도를 채택하였다. 그러나 당시 준비자산의 형태에서는 금본위제도이었지만 영국 파운드화가 국제통화 및 준비자산으로서 기능을 발휘함에 따라 사실상 **금 · 파운드화본위제**로 운영되었다.

금본위제도의 작동 메커니즘

국제금본위제도하에서는 화폐 간 교환비율인 환율이 금평가(金平價; gold parity)에 의하여 결정·고정되므로 국제통화제도는 **고정환율제도**의 속성을 가졌

표 11-1 국제통화제도의 변천과정

구 분	통화체제(존속기간)	준비자산(국제거래통화)	환율제도
IMF 이전 체제	국제금본위체제 (1870~1914)	금본위제 (실제로는 금+￡본위제)	고정환율제도 (금평가기준)
	양차대전 중 혼란기 (1914~1944)	금본위제 파괴 (금, $, ￡)	변동환율제도, 고정환율제도, 혼란기
브레튼우즈 (Bretton Woods) 체제	Bretton Woods체제 (1947~1971)	금환본위제 (금+$+SDR(1968년 이후))	조정가능 고정환율제 (narrow band)
	스미소니언체제 (1971~1973)	금 · $ · SDR본위 (사실상 $본위제)	조정가능 고정환율제 (wide band)
킹스턴 (Kingston)제세	비협조체제 (1973~1984)	SDR본위제 ($+선진국통화)	자유변동환율제도
	협조체제 (1985~)	SDR본위제 ($+선진국통화)	협조적 자유변동환율 제도(목표환율대)

자료 : 노택환 외(2014), 「국제통상의 이해」, p. 219, 박영사.

다. 또한 국제유동성의 공급과 국제수지의 조정이라는 국제통화제도의 기능은 금생산과 국가 간 자유로운 금의 유출입에 의해 유지되었다. 즉 금본위제도에서 국제유동성의 공급은 금의 생산에 의해 뒷받침되고, 국제수지의 불균형은 **가격-정화 유출입 메커니즘**(Price-specie Flow Mechanism)에 의해 자동적으로 조정되는 모습을 나타냈다.

금본위제도의 성공배경

고전적 국제금본위제도는 국제통화체제의 유연성과 안정성을 제공해 주는 동시에 국내경제의 자율성과 국제경제의 안정성이라는 딜레마를 해결한 성공적 통화체제로 평가되었다. 이러한 배경으로는 ① 당시 금생산이 지속적으로 증가하였기 때문에 경제성장에 맞추어 국제유동성을 공급할 수 있었고, ② 금 또는 영국 파운드화의 가치가 안정되어 있었기 때문에 신인성을 유지할 수 있었고, ③ 국제수지 불균형은 가격-정화 유출입 메커니즘이 작동함에 따라 대부분 자동적으로 조정되었고, ④ 당시 영국이 지배적인 위치를 이용하여 국제통화체제를 안정적으로 운영하였기 때문이다.

금본위제도의 붕괴

국제통화제도로서 가장 이상적이라고 여겼던 국제금본위제도는 20세기에 들어서면서 금본위제의 자체적 결함이 나타나고 국제협력체제가 균열되면서 붕괴되기 시작하였다.

금생산 부족

우선 금본위제도가 원활하게 운영되기 위해서는 경제성장에 따른 화폐수요의 증가에 맞추어 금의 생산량도 늘어나야 한다. 그러나 나중에는 금의 생산량이 경제성장에 미치지 못함으로써 유동성 부족 문제가 대두되었다.

대내정책 우선

한편 금본위제도가 제대로 작동하기 위해서는 각국이 국제수지 균형에 우선순위를 두고 정책을 실시하여야 한다. 그러나 각국이 대내적 실업문제에 관심을 기울임에 따라 금본위제도의 기반이 무너지기 시작하였다.

각국통화의 신인성 저하

또한 각국이 화폐단위의 가치를 금에 고정시켜도 물가의 변동이 화폐가치를 변동시킴으로써 화폐의 신인성을 떨어뜨리는 결과를 초래하였다.

영국의 지배력 상실

마지막으로 영국의 지배력 상실도 금본위제도를 붕괴시키는 요인으로 작용하였다. 20세기에 들어서면서 미국을 비롯한 후발 선진국의 경제력 확대로 영국의 정치·경제적 영향력이 감소함에 따라 국제통화제도의 규칙을 준수하도록 강요할 수 없게 되었다.

보충학습 가격-정화 플로우 메커니즘

가격-정화 플로우 메커니즘(Price-Specie Flow Mechanism)은 국제금본위제도에서 국제수지 불균형이 자동적으로 조정되는 과정을 설명하는 이론으로서 이미 18세기에 경제학자인 흄(David Hume)에 의하여 기본적인 형태가 밝혀졌다.

당시 흄은 화폐와 재화의 흐름을 설명하면서 국제수지 불균형의 조정과정을 재화가격의 변동과 정화(正貨)의 국제적 이동에 의하여 체계화하였다. 예를 들어 자국의 국제수지가 흑자를 보이면 외국으로부터 금의 유입이 일어난다. 금본위제도에서 금은 곧 통화이므로 금의 유입은 자국 통화량을 증가시킨다. 한편 물가가 통화량에 비례한다고 전제하면 통화량의 증가는 국내물가의 상승을 초래한다. 이러한 국내물가의 상승은 수출을 감소시키고 수입을 증가시킴으로써 국제수지 흑자가 소멸된다. 이로 인해 국제수지가 균형을 회복하게 되면 국가 간 금의 유출입도 멈추게 된다.

금본위제도에서 가격-정화 플로우 메커니즘이 작동하기 위해서는 물가의 신축성이 전제되어야만 한다. 만약 국제수지 적자가 발생하게 되면 금의 유출로 통화량이 감소함으로써 지출이 줄어든다. 이때 물가가 신축적으로 하락하지 않는다면 수량조정(quantity adjustment)이 먼저 일어나 실업이 증가하고 경기가 침체하게 된다. 그러나 실제로 영국은 경기침체로 인한 실업을 우려하여 국제수지 적자가 자동적으로 조정되도록 놔두기보다는 금리 인상을 통해 자본유입을 촉진함으로써 이를 보전하는 정책을 취하였다. 이러한 금융정책의 이면에는 물가의 신축적 움직임에 의해 항상 완전고용상태가 유지된다는 가정이 현실적으로 문제가 있었기 때문이다.

이러한 또 다른 예는 제1차 세계대전 후 영국의 경험에서도 찾아볼 수 있다. 제1차 세계대전 후 영국은 금본위제도로 복귀를 꾀하면서 금과 영국 파운드화의 교환비율을 전쟁전의 수준으로 유지하고자 하였다. 그러나 제1차 세계대전을 겪는 동안 극심한 인플레이션으로 파운드화의 가치가 크게 하락하였기 때문에 종전의 금평가(金平價)는 파운드화를 과대 평가시켰다. 따라서 영국은 국제수지 적자로 통화량이 감소하고 지출이 줄어들게 됨에 따라 디플레이션에 빠지게 되었다. 만약 물가가 신축적이었다면 이러한 디플레이션 비용은 크지 않았을 것이다. 그러나 실제로 실업은 크게 늘어났고 영국경제는 침체의 늪에서 벗어나지 못하였다.

2) 양차대전 중 혼란기(1914~1944)

금태환 정지와 금본위세노 붕괴

제1차 세계대전이 발발하자 세계 각국이 금태환(金兌換)을 중지시킴에 따라 금본위제도가 붕괴되었다. 특히 전쟁참여국들은 자국의 금 공급원을 보호하고 전시경제동원체제를 갖추기 위하여 재빨리 고정환율체제에서 탈피하였다. 이러한 가운데 각국은 막대한 전쟁비용을 통화증발을 통해 충당함으로써 극심한 인플레이션을 겪게 되었고 이로 인해 경제가 피폐해졌다. 이로써 금본위제도는 완전히 붕괴되었고 국제통화제도는 무질서한 변동환율제도로 이행하였다.

변동환율제도 정착

제1차 세계대전 직후 미달러화만이 그 가치를 금에 고정시켰고, 나머지 대부분의 주요 통화는 자유롭게 변동되었다. 이와 같이 제1차 세계대전 직후 국제통화제도로서 변동환율제도가 자리를 잡게 된 것은 전후 복구를 위해 필요한 엄청난 재정지출을 통화증발을 통해 조달하려고 하였기 때문이다. 이로 인해 독일은 초인플레이션을 경험하게 되었으며, 많은 국가들도 높은 인플레이션에 시달리게 되었다.

금본위제도 복귀노력

세계 각국은 초인플레이션을 경험하면서 환율이 안정되었던 금본위제도에 대해 향수를 가지게 되었고, 1920년대 후반 금본위제도로 복귀하기 위하여 노력하였다. 1925년 영국이 금본위제도로 복귀하고, 1926년 말 이후 유럽통화 간 교환비율이 고정됨으로써 결실을 맺게 되었다. 그러나 이러한 금환본위의 고정환율제도는 오래 지속되지 못하고, 1931년 9월 영국이 금본위제에서 이탈함으로써 붕괴되었다.

금본위제도 복귀 실패

당시 국제통화제도로서 고정환율제도가 붕괴된 가장 큰 이유는 금과 영국 파운드화의 교환비율을 전쟁 전의 수준으로 유지함으로써 파운드화가 과대평가되었기 때문이다. 이로 인해 영국은 장기간 경기침체를 겪는 가운데 1929년 대공황으로 은행이 연쇄적으로 파산하면서 파운드에 대한 태환을 요구해 오자 영국이 금과 파운드화의 연계를 포기함으로써 금환본위제가 붕괴되었다. 이외에도 각국이 국제수지의 균형보다 경제성장, 완전고용 등 대내적 목표를 우선시함에 따라 물가의 신축성이 크게 떨어졌고, 영국의 경제적 지도력이 붕괴되면서 국제통화체제를 지배했던 관리메커니즘도 무너졌기 때문이다.

1929년 대공황 당시 은행에 몰린 예금자들

영국이 금과 파운드화 간 연계를 포기하면서 통일된 국제통화제도가 존재하지 않게 되었다. 특히 외환관리를 실시하던 당시 국가들이 금의 유출을 방지하고 수출증대를 위해 경쟁적으로 평가절하를 단행함으로써 국가 간 통상마찰이 심화되었다.

(2) 브레튼우즈체제

1) 브레튼우즈체제(1947~1971)

브레튼우즈체제의 출범

IMF의 설립목적은 환율의 안정을 도모하고 외환거래의 자유화를 추진하는 동시에 국제수지 적자를 겪는 나라에 대하여 단기자금을 융통해 줌으로써 세계경제를 안정시키는 데 있음.

기축통화란 국제거래에 널리 사용되는 국제통화 가운데 공적 당국에 의해 외환보유액 준비통화, 외환시장 개입통화, 환율기준통화 등으로 광범위하게 사용되는 통화를 말함.

제2차 세계대전이 끝나갈 무렵 주요 선진국은 미국의 주도하에 새로운 국제통화체제의 구축을 모색하게 되었다. 1944년 7월 체결된 브레튼우즈협정에 따라 1947년 3월 국제통화기금(IMF: International Monetary Fund)이 정식 발족하면서 국제통화제도로서 **브레튼우즈체제**(Bretton Woods System)가 출범되었다.

브레튼우즈체제는 금환본위제도와 조정가능한 고정환율제도(adjustable peg system)를 근간으로 성립되었다. 제2차 세계대전 후 세계 공적 금보유량의 80% 이상을 차지하게 된 미국은 기축통화국으로서 역할을 담당하게 되었으며, 외국 통화당국이 요청하는 경우에는 금 1온스당 미화 35.0달러로 태환을 보장하였다. 이에 따라 다른 국가들은 통화준비자산으로 금뿐만 아니라 미달러화를 보유하게 됨으로써 **국제금환본위제도**가 성립되었다.

또한 새로운 국제통화체제는 환율안정을 최대목표로 설정했던 만큼 조정가능한 고정환율제도를 도입하였다. IMF는 회원국으로 하여금 환평가 – 즉 미달러화에 대한 환율을 설정하도록 하고, 설정된 환율의 상하 1% 범위 내에서 환율을 유지하도록 의무화하였다. 그러나 회원국은 자국의 국제수지가 기초적으로 불균형상태에 놓일 경우에 IMF와 협의하여 평가조정이 가능하도록 하였다.

브레튼우즈체제의 구조적 모순

브레튼우즈체제는 창설 이후 미국의 주도하에 순조롭게 운영됨으로써 세계무역의 확대와 세계경제의 안정에 크게 기여하였다. 그러나 1960년대 중반부터 브레튼우즈체제는 구조적으로 내재되어 있었던 모순이 표면화되면서 붕괴되기 시작하였다.

국제금환본위제에서 기축통화의 역할을 담당하게 된 미달러화는 국제유동성 공급의 기능과 신인성 유지의 기능이 내재적으로 상충되어 있었다. 우선 미달러화가 교환의 수단으로서 기능을 발휘하기 위해서는 – 즉 세계교역의 증가에 맞추어 적절히 국제유동성을 공급하기 위해서는 미국에서 미달러화가 유출되어야 하는데, 이는 미국의 국제수지 적자에 의해 이루어질 수밖에 없었다. 반면 미달러화가 가치저장의 수단으로서 기능을 수행하기 위해서는 – 즉 국제적으로 신인성을 유지하기 위해서는 미국의 국제수지가 흑자를 보이거나 균형을 이루어야 한다. 이러한 가운데 1960년대 후반 들어 미국의 국제수지 적자 확대로 미달러화가 과잉상태로 반전되면서 미달러화에 대한 국제적 신인도가 떨어

유동성 공급 기능

신인성 유지 기능

졌다. 이에 따라 미달러화의 금태환에 대한 불안이 야기되면서 국제 금가격이 동요하기 시작하였다.

평가조정의 억제와 국제수지 조정기능 상실

또한 IMF가 채택한 조정가능한 고정환율제도는 국제수지 조정메커니즘으로서 제약이 많았다. 실제적으로 이 제도는 특별한 경우를 제외하고는 평가(또는 환율)조정을 억제함으로써 국제수지 조절기능을 발휘하지 못하였다. 따라서 각국은 국제수지 불균형을 환율조정보다는 대외거래 규제조치 등에 의존하게 됨에 따라 IMF의 기본목표인 외환자유화를 지연시키는 부작용을 초래하였다. 또한 환율의 경직적 운용으로 평가절하시 대폭 조정이 불가피하게 되었는데, 각국이 정치적 부담을 고려하여 이를 기피하였다.

관리메커니즘의 약화

seigniorage는 중세시대에 봉건영주 – 즉 세뇨르(seignior)들이 화폐를 발행하면서 소재가치보다 액면가치를 높게 찍어 차익을 챙긴 데서 생긴 용어.

한편 미국의 경제력이 상대적으로 쇠퇴하면서 미국 주도의 국제통화체제 관리메커니즘이 작동하기 어렵게 되었다. 서유럽국가와 일본의 경제부흥으로 1960년대 후반 세계경제가 다극화되면서 기축통화로서 미달러화가 가지고 있는 특권 – 즉 **화폐주조차익**(seigniorage gain)에 대한 비판이 제기되었다. 또한 미국도 미달러화를 기축통화로서 기능을 유지시키기 위해서는 방대한 국제수지 적자를 더 이상 방치할 수 없게 되었다.

2) 스미소니언체제(1971~1973)

금태환 정지와 브레튼우즈체제의 붕괴

미국은 국제수지 적자가 누증되면서 더 이상 금태환이 어렵게 되자 닉슨대통령은 1971년 8월 신경제정책의 일환으로 미달러화의 금태환 정지를 공식적으로 선언하였다. 이에 따라 금과 미달러화를 본위로 성립되었던 브레튼우즈체제는 사실상 붕괴되는 길을 걷게 되었다.

스미소니언협정의 체결

이와 같이 브레튼우즈체제가 붕괴될 조짐을 보이자 선진 10개국 재무장관과 중앙은행 총재는 1971년 12월 워싱턴 스미소니언박물관에 모여 다음과 같은 스미소니언협정(Smithsonian Agreements)을 체결하였다. 첫째, 각국은 자국통화를 금 또는 미달러화에 가치를 고정시키는 대신에 신축성 있는 기준율(central rate)을 채택할 수 있도록 허용하였으며, 기준율은 금, SDR(Special Drawing Rights) 또는 다른 회원국통화로 표시가 가능하도록 하였다. 둘째, 미달러화의 금에 대한 평가(平價)를 7.89% 절하 – 즉 금 1온스당 35.00달러에서 38.00달러로 인상하고 이에 맞추어 다국통화 간 평가를 재조정하였다. 셋째, 환율변동폭을 미달러화 평가의 상하 1%에서 기준율의 상하 2.25%로 확대하는 wider band제를 채택하였다.

브레튼우즈체제의 붕괴

이중환율제도하에서는 경상거래에 고정환율을 적용하고 자본거래에 변동환율을 적용함.

그러나 스미소니언체제도 브레튼우즈체제의 본질적 문제점을 해결하지 못하고, 단지 통화불안을 진정시키기 위한 미봉책에 불과했던 만큼 오래 지속되지 못하였다. 영국은 경상수지 악화로 파운드화의 평가절하 압력에 직면하게 되자 1972년 6월 변동환율제도로 이행하였으며, 프랑스, 벨기에, 이탈리아 등은 이중환율제도를 도입하였다. 또한 투기자본이 마르크화와 엔화에 몰리면서 미달러화에 대한 평가절하 압력이 다시 높아지자 미국은 1973년 2월 미달러화를 10% 절하 – 즉 금 1온스당 38.0달러에서 42.22달러로 인상하였다. 그러나 두 차례에 걸친 미달러화의 평가절하에도 불구하고 달러위기가 해소되지 않자 1973년 3월 일부 유럽국가와 일본이 자국통화를 미달러화에 자유로이 변동하도록 허용하면서 스미소니언체제로 명목을 유지하였던 브레튼우즈체제가 완전히 붕괴되었다.

(3) 킹스턴체제

1) 비협조체제(1973~1985)

변동환율제도의 채택

1973년 브레튼우즈체제가 공식적으로 붕괴된 이후 IMF는 국제통화질서를 회복시키기 위해 노력하였다. 그러나 1973년 석유파동의 여파로 각국 경제가 심각한 침체와 극심한 인플레이션에 시달리게 됨에 따라 고정환율제도로 복귀는 사실상 불가능하게 되었다. 1973년 석유파동 이후 대부분의 국가들은 스태그플레이션(stagflation)을 극복하기 위하여 확장적 거시정책을 펴는 동시에 국제수지 불균형을 해소하기 위하여 변동환율제도를 활용하였다. 이러한 가운데 변동환율제도가 세계경제의 국제수지 불균형을 해소하는 데 크게 기여하였다는 평가가 이루어지면서 변동환율제도 채택에 대한 목소리가 높아졌다.

킹스턴체제의 출범

이에 따라 1976년 1월 자메이카의 킹스턴(Kingston)에서 국제통화제도 개혁을 위한 IMF협정 개정안이 마련되고, 같은 해 4월 IMF총회에서 채택됨에 따라 **킹스턴체제**(Kingston System)가 출범하게 되었다. 그러나 킹스턴체제의 출범은 사실상 1973년을 전후하여 세계 각국이 실시해 온 변동환율제도로 이행을 추인하는 선언적 의미에 불과하였다.

킹스턴체제의 기본골격

자유로운 환율제도의 선택

킹스턴체제는 변동환율제도의 인정, 금의 공정가격 폐지 및 SDR의 기능과 이용도 제고를 주요 골자로 하고 있다. IMF는 IMF협정 제4조를 개정하여 회원국으로 하여금 자유로이 환율제도를 선택하도록 하였다. 그러나 세계교역에서 큰 비중을 차지하는 주요 선진국들이 대부분 변동환율제도를 채택하였기 때문금의 공정가격 폐지 에 킹스턴체제는 변동환율제도에 의해 지탱되고 있다. 나아가 금이 폐화(廢貨)되고 주요 통화가 변동환율제도로 이행함으로써 금 및 미달러화가 더 이상 가치기준으로서 기능을 상실하게 되었다. 이에 따라 SDR을 IMF의 모든 권리와 의무의 가치단위로 사용하도록 하였으며, IMF와 거래할 때는 SDR을 기준으로 각 통화 간 교환비율을 산정하도록 하였다.

SDR 기능과 이용도 제고

변동환율제도의 평가

1970년대 초 도입된 변동환율제도는 환율이 자유롭게 변동하면서 국제수지 조정기능을 발휘함에 따라 국제무역 및 통화질서의 안정에 기여하였다. 그러나 1970년대 후반 이후 선진국을 중심으로 금융의 자유화 및 국제화가 크게 진전되면서 국제자본이동이 활발해졌다. 이러한 가운데 각국의 경제정책이 조화를 이루지 못하고 경제성장도 격차를 보이면서 주요국 통화 간 환율이 장·단기적으로 불안한 움직임을 나타내기 시작하였다. 특히 주요국 통화 간 환율이 각국의 기초적 경제여건(economic fundamentals)을 반영하지 못하고, 적정환율수준에서 이탈함에 따라 국제수지 불균형과 국제유동성의 편재를 심화시키는 부작용을 초래하였다.

2) 협조체제(1985~)

국제정책협조의 필요성 대두

1980년대 중반에 들어서면서 주요 선진국들은 환율의 불안정과 이에 따른 부작용을 완화하기 위해서는 정책협조가 필요하다는 공감대가 형성되었다. 킹스턴체제의 출범 이후 각국이 변동환율제도를 채택하면서 통화정책의 재량성은 높아졌지만, 이러한 재량적 통화정책이 인플레이션의 심화, 환율의 인위적 조작 등의 부작용을 초래하면서 교역상대국 간 반발과 보복을 불러일으켰다. 따라서 변동환율제도의 효율성을 제고하기 위해서는 국가 간 거시경제정책에 대한 협조가 필요하다는 인식이 대두되었다.

플라자 합의

달러의 평가절하

이러한 가운데 1980년대 전반 미국의 금융긴축과 재정적자 확대로 미달러화가 강세를 보이면서 국제수지가 크게 악화되었으며 이로 인해 미국과 주요 선진국 간 통상마찰이 심화되었다. 이에 따라 선진 5개국 재무장관이 1985년 9월 뉴욕의 플라자호텔에 모여 **플라자 합의**(Plaza Accord)를 도출하였다. 즉 선진국 간 국제수지 불균형을 시정하기 위해서는 환율의 조정이 필요하며, 이를 촉진하기 위해 국내 거시정책의 운용 및 외환시장의 개입시 공조체제를 갖추기로 하였다. 이에 따라 엔-달러환율은 1985년 초 240엔대에서 1987년초 150엔대로, 마르크-달러환율은 같은 기간중 3.2마르크대에서 1.8마르크대로 급속히 하락하였다.

루브르 합의
환율의 안정화 노력

그러나 이러한 미달러화의 급속한 평가절하에도 불구하고 주요 선진국 간 국제수지 불균형은 오히려 더욱 심화되는 모습을 나타내었다. 이와 함께 일본, 독일, 프랑스 등 미국의 주요 교역상대국들은 플라자합의 이후 자국통화가 미달러화에 대해 지나치게 절상됨으로써 자국상품의 국제경쟁력이 약화되었다고 주장하면서 미달러화 가치의 하락을 더욱 용인하지 않게 되었다. 이에 따라 선진 5개국과 캐나다는 1987년 2월 파리의 루브르 박물관에 모여 루브르 합의(Lovre Accord)를 도출하였다. 즉 각국의 물가, 경제성장률, 실업률 등 거시경제 변수들과 부합하는 수준에서 환율을 안정시키기 위해 상호 긴밀히 협조하기로 하였다. 이때 이루어진 중요한 합의중 하나가 비록 공표되지는 않았지만 기준환율을 중심으로 상하 5%의 목표환율대를 정하고 이를 벗어나는 경우 공동으로 외환시장에 개입히여 환율을 안정시키기로 하였다. 또한 기준환율은 기초경제변수들이 기준환율수준과 근본적으로 부합하지 않는 경우에만 조정하기로 하였다.

1995년 4월, G7재무장관과 중앙은행총재회의에서 엔저를 유도하기로 함. 이를 '역플라자합의'라고도 함.

1990년대 들어 주요국 통화 간 환율이 불안한 모습을 보여도 1980년대에 비해 외환시장개입이 많지 않았는데, 이는 국제자본이동규모가 커져 환율안정을 위한 중앙은행의 외환시장개입이 어려워졌기 때문이다. 그러나 루브르합의 이후에도 주요 선진국들은 1995년 미달러화 가치가 사상 최저를 기록하자 워싱

그림 11-1 달러화지수로 본 세계 환율전쟁의 역사

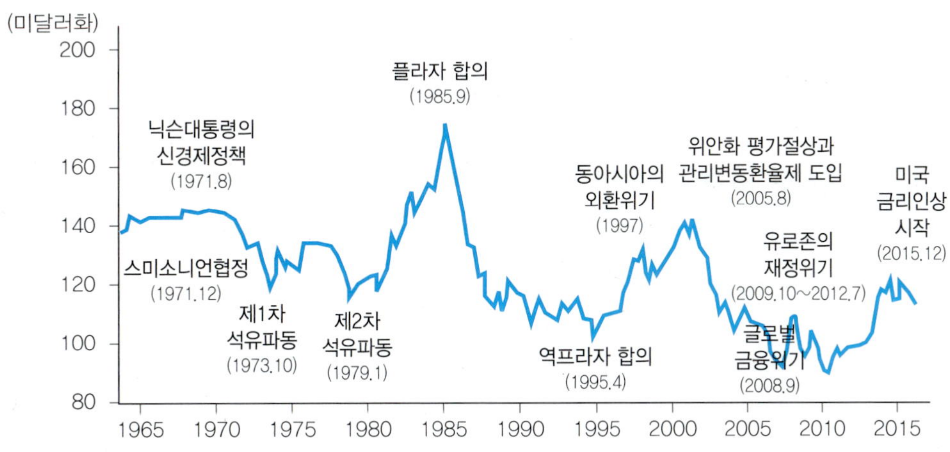

* 달러화지수(Broad Index)는 미국 수출입에서 차지하는 비중이 0.5% 이상인 국가 통화에 대해 교역비중가중치로 평균한 수치임.

턴 합의를 통해 미달러화의 약세를 시정하고자 하였다. 또한 1997년 이후 엔화 약세가 심화되자 선진국들은 공동 외환시장개입에 합의하는 등 환율의 불안정을 해소하기 위해 정책협조를 취하였다.

자본이동성 증가와 금융 · 외환위기의 빈발

한편 1990년대 들어 자본이동성의 증가로 세계 각국에서 외환 및 금융위기가 빈번하게 발생하면서 국제통화체제가 불안한 모습을 보이고 있다. 국제자본이동이 자유로워지면서 투자자들은 일국의 경제여건이 악화되어 투자손실이 발생할 것으로 예상되면 투자금을 급격히 회수함에 따라 세계 도처에서 금융 및 외환위기가 빈번하게 발생하고 있다. 1992~93년 유럽통화체제의 위기가 발생한 이후 1994년 멕시코 위기, 1997년 동아시아 위기, 1998년 러시아 위기, 1999년 브라질 위기, 2002년 아르헨티나 위기 등 수많은 크고 작은 위기가 이어져 왔다. 특히 2008년 미국에서 발생한 서브프라임 모기지위기로 미국 주요 금융기관들이 유동성을 확보하기 위해 해외에 투자하였던 자금을 급격히 회수하면서 금융위기가 전 세계적으로 확산되었다.

글로벌 금융위기와 국제통화체제의 불안

글로벌 금융위기 이후 기축통화로서 미달러화의 지위가 약화되면서 국제통화체제의 불안에 대한 우려가 높아지고 있다. 미달러화 중심의 국제통화질서는 미국의 초강대국 지위, 미국 금융시장의 풍부한 유동성, 경쟁통화의 발전에 장기간 소요 등에 비추어 볼 때 상당기간 지속될 것으로 예상된다. 그러나 장기적으로 보면 초강대국으로서 미국의 지위 약화, 미달러화의 신뢰도 저하, 결제통화로서 거래 네트워크의 축소 등으로 미달러화의 지위가 약화될 가능성이 크다. 따라서 미달러화, 위안화 및 유로화가 기축통화의 지위를 확보하기 위하여 경쟁을 벌이는 과정에서 국제통화체제의 불안이 고조될 것으로 전망된다.

11.3 현행 국제통화제도의 개편논의[1]

(1) 개편논의의 배경

미국의 경상수지 적자 누적 등으로 미달러화 가치가 불안해질 때마다 미달러화를 기축통화로 하는 현행 국제통화시스템을 개편하여야 한다는 주장이 대

1 한국은행, "국제통화시스템 변경논의의 배경과 향후 전망", 「해외경제 포커스」, 제2011-7호, 2011. 2. 6.~12에서 발췌하여 정리한 것임.

두되고 있다. 2009년 중국은 특정국의 통화가 아닌 SDR을 초국가적 준비통화(super-sovereign reserve currency)로 채택하고자 주장하였으나 추가적 논의가 이루어지지 못하였다. 그러다가 2010년 미국이 약달러화 정책을 강력히 추진하면서 전 세계적인 환율전쟁이 발생하자 중국, 브라질 등 신흥시장국을 중심으로 미달러화 중심의 국제통화시스템을 개편하여야 한다는 주장이 다시 제기되었다. 한편 2011년 프랑스는 기축통화로서 미달러화의 역할을 지지한다는 입장을 밝혔으나, 이에 대해 중국이 현재의 국제통화시스템은 '과거의 산물'이라고 대응함으로써 논쟁의 여지를 남겼다. 이와 같이 현행 미달러화 중심의 국제통화제도를 개편하여야 한다는 논의가 활발히 이루어지고 있는데 그 배경을 살펴보면 다음과 같다.

1) 유동성과 신인성 간 딜레마

현행 국제통화시스템과 같이 특정국 통화-즉 미달러화가 기축통화로서 역할을 담당하는 경우 유동성과 신인성 간 딜레마-소위 **트리핀의 딜레마**(Triffin's Dilemma)에 빠지게 된다. 즉 기축통화국은 경상수지 적자를 통하여 국제유동성을 공급하게 되는데 이러한 상황이 계속되면 대외부채가 쌓여 기축통화의 신뢰성이 저하된다. 반면 기축통화국이 대외불균형을 해소하기 위해 노력하면

그림 11-2 미국의 경상수지 변동추이

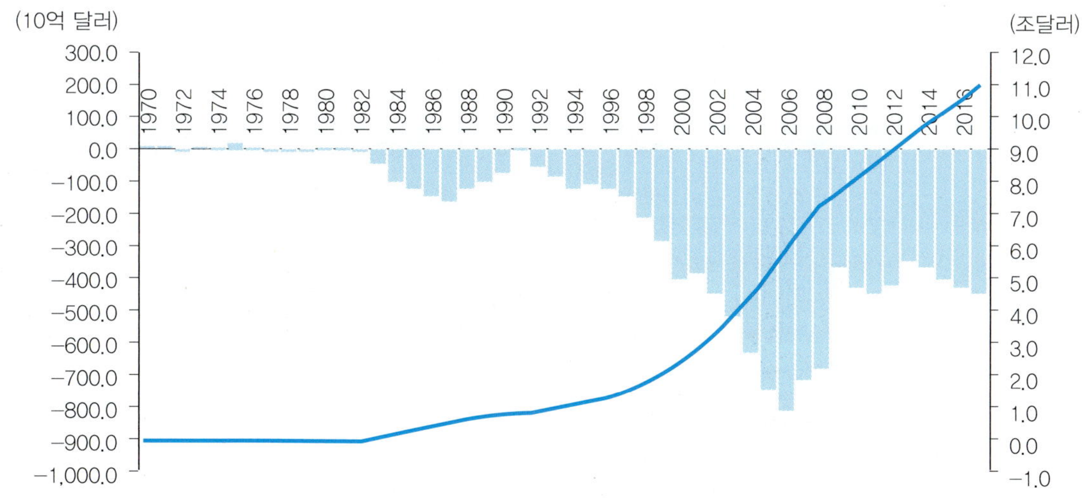

자료: 미국 Department of Treasury.

국제유동성이 제대로 공급되지 않아 세계교역이 위축되고 세계경제의 디플레이션 위험이 높아진다. 이와 같이 특정국 통화가 기축통화를 담당하게 되면 국제통화로서 유동성과 신인성 기능을 동시에 만족시킬 수 없는 모순에 빠지게 된다.

한편 기축통화국의 대외불균형이 어느 정도에 달해야 신인성에 문제가 부각되는지는 명확하지 않다. [그림 11-2]에서 보는 것과 같이 1990년대 후반부터 미국의 경상수지 누적적자가 급증하고 있으나 무역적자국인 미국과 무역흑자국이 누리는 이익의 공유구조, 미국의 발달된 금융시장, 대안통화의 부재 등으로 유동성과 신인성의 딜레마가 장기간 잠복될 수 있었다. 그러나 2000년대 들어 미달러화의 급락 가능성이 계속 제기되어 있음에 비추어 다수의 전문가들은 현행 국제통화시스템이 이미 신뢰성의 한계에 도달한 것으로 평가하고 있다.

2) 기축통화국의 과도한 특권

기축통화국이 **시뇨리지**(seigniorage), 저금리 차입 등의 과도한 특권을 독점적으로 누리고 있다는 것에 대한 불만이 높다. 미국은 상품 및 서비스를 많이 수입하여 경상수지 적자가 나더라도 거의 비용을 들이지 않고 미달러화를 발행하여 메울 수 있다. 또한 전 세계적으로 미달러화표시 증권에 대한 수요가 높기 때문에 미국은 낮은 금리로 미달러화표시 증권을 발행하여 자금을 조달할 수 있다.

그러나 교역국들은 이러한 특권이 미국의 경제 및 교역규모에 비해 너무 크

표 11-3 세계 외환시장의 통화별 거래비중 추이(일평균) (단위: %)

통 화	2001	2004	2007	2010	2013	2016
미국 달러화	89.9	88.0	85.6	84.9	87.0	87.6
유로화	37.9	37.4	37.0	39.1	33.4	31.3
일본 엔화	23.5	20.8	17.2	19.0	23.0	21.6
영국 파운드화	13.0	16.5	14.9	12.9	11.8	12.8
중국 위안화	0.0	0.1	0.5	0.9	2.2	4.0
기타 통화	35.7	37.2	44.8	43.2	42.6	42.7
합 계	200.0	200.0	200.0	200.0	200.0	200.0

주: 외환거래는 짝으로 이루어지므로 비중의 합계는 200%가 됨.
자료: BIS, Foreign Exchange and Derivatives Market Activity in April, 각호.

다는 것에 대하여 문제를 제기하고 있다. 미국이 세계 GDP에서 차지하는 비중이 약 20% 정도이고 교역비중도 11% 정도에 불과한 데 비해 외환거래의 약 85%가 미달러화를 이루어지고 있다는 것은 미달러화의 영향이 과도하다는 것을 시사하고 있다는 것이다.

3) 글로벌 불균형의 조정장치의 부재

현재의 국제통화제도는 실질적으로 시스템이 아니므로 기축통화의 신인성이 크게 저하되더라도 이를 조정할 제도적 장치가 없다. 미국은 경기활성화 등을 위해 대외불균형을 시정하려고 해도 경상수지 흑자국은 이를 조정할 유인이 별로 없어 환율분쟁이 수시로 발생하고 있다. 이로 인해 국제통화시스템의 개혁에 공감하는 대부분의 학자들은 불균형의 조정을 강제로 할 수 있는 "국가 간 조약"이 국제통화시스템의 주요 부문이 되어야 한다는 견해를 피력하고 있다.

4) 과도한 외환보유액의 축적

현행 국제통화시스템은 자유시장 메커니즘을 중심으로 구축되어 있기 때문에 자유로운 자본이동을 보장하고 있다. 그러나 이러한 자본의 자유로운 이동은 신흥시장국의 외환위기를 야기하는 주요한 요인으로 작용하여 왔다.

신흥시장국은 역사적 경험을 통해 외환위기를 반복적으로 겪지 않기 위해서는 불규칙한 자본의 유출입에 대비하는 것이 필요하다고 보고 외환보유액을 크게 확충하는데 노력하고 있다. 1990년대 말 동아시아 외환위기 이후 신흥시장국은 외환보유액을 확충해야 할 필요성이 더 높아졌다. [그림 11-3]에서 보는 것과 같이 세계 전체 외환보유액은 1995년 1.5조달러(세계GDP의 5%)에서 2012년 11.0조달러(세계GDP의 17%)로 급증하였는데 이 중 2/3를 신흥시장국이 보유하고 있다. IMF는 외환보유액의 축적속도가 빨라져 현재 미국 GDP의 60% 수준에서 2020년에는 200%, 2035년에는 700% 가까이로 높아질 것으로 예상하고 있다.

한편 과다한 외환보유액은 신흥시장국을 중심으로 통화관리에 적지 않은 부담을 주고 있다. 즉 신흥시장국들은 외환보유액 확충에 따른 통화증발을 막기 위해 불태화정책을 취하고 있으나 한계를 보이고 있다. 또한 대부분의 외환보유액이 미국 국채의 매입에 투자되면서 미국의 장기금리를 하락시키고 자산가격을 상승시키는 부작용을 초래하고 있다.

그림 11-3 주요국의 외환보유액 변동추이

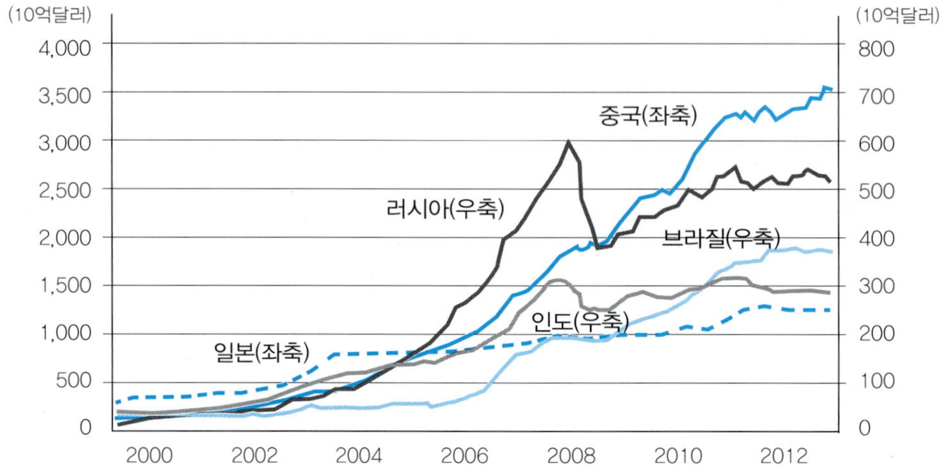

자료: IMF, International Financial Statistics, 각호.

그림 11-4 주요국의 미국 재정증권 보유액 변동추이

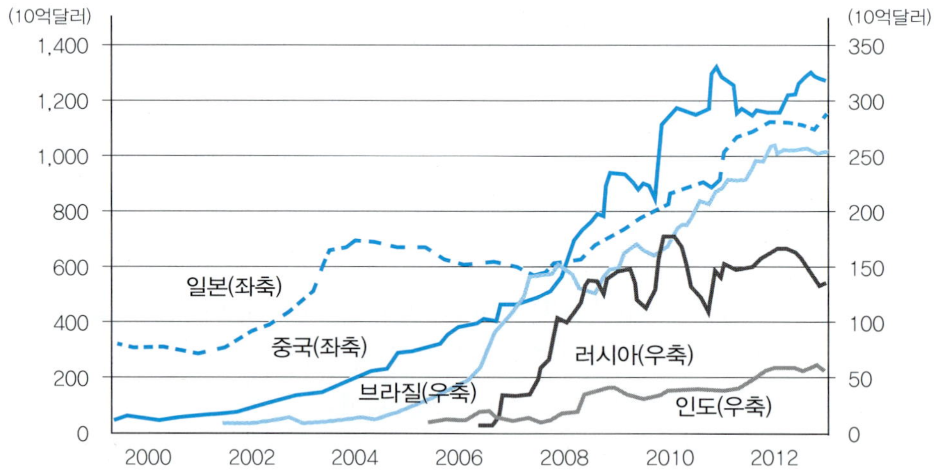

자료: 미국 Department of Treasury.

(2) 개편논의의 주요 내용

1) 복수기축통화체제의 구축

복수기축통화체제의 구축방안

복수기축통화체제가 실질적으로 자리를 잡으려면 현재로서 유로화와 위안화가 미달러화의 역할을 상당 부분 대체할 수 있어야 한다. 즉 유로화와 위안화가 국제교역 및 금융거래에서 상당한 역할을 담당함으로써 미달러화의 비중을 자연스럽게 낮추어야 한다.

기축통화 요건의 충족 미흡

이를 위해서는 유로화와 위안화가 기축통화로서 요건 – 즉 경제력, 환율의 안정성, 교환성 및 금융시장의 발전 등을 갖추어야 하는데, 현재로서는 가까운 시일 내에 이를 충족시키기가 어려울 것으로 평가되고 있다. 유로화는 남유럽의 재정위기로 유럽통화동맹(European Monetary Union)의 지속성까지 의문시되고 있어 거래확대의 필수조건인 신인성을 확보하기는 당분간 어려울 것으로 전망된다. 한편 위안화는 중국의 경제규모가 크게 확대되고 있지만 중국정부가 금융자유화 및 국제화에 소극적이어서 동남아시아 밖으로 위안화의 결제범위를 넓히는 데는 한계를 보이고 있다.

복수기축통화체제의 전망

이러한 복수기축통화체제가 정착되면 시뇨리지 등에서 발생하는 이득과 대외불균형을 감수하는데 따른 비용이 어느 한 국가에 집중되지 않고 분산되기 때문에 국제통화시스템이 안정적으로 운영될 것으로 보인다. 그러나 복수기축통화체제는 국가 간 협약이 아닌 각국의 금융국제화 추진의지, 시장의 선택 등에 의존하고 있어 정착되기까지는 상당한 시간이 소요될 것으로 전망된다.

2) 초국적 기축통화의 창출

초국적 기축통화의 창출 방안

제2차 세계대전의 종전부터 미달러화의 금태환이 정지된 1971년까지 지속되었던 브레튼우즈체제와 같이 다자간 협약(multilateral agreement)에 의해 바람직한 국제통화시스템을 재창출하자는 방안에 제시되고 있다. 이러한 맥락에서 ① IMF의 SDR이나 케인즈가 주장하였던 Bancor 등과 같은 초국적 기축통화의 창출, ② 국제자본이동과 규제의 표준화, ③ 대외불균형 조정의 강제성 부여 등이 주요 사안으로 논의되고 있다. 이와 같은 방안이 현실화되면 현행 국제통화시스템의 문제점은 상당히 해소될 것으로 기대된다(〈표 11–4〉 참조).

신국제통화시스템의 선결과제

그러나 초국적 기축통화의 창출을 핵심으로 하는 신국제통화시스템이 실현되기 위해서는 해결되어야 할 과제가 많다는 것이 전문가들의 평가이다.

표 11-4 국제통화시스템의 제도화에 따른 기대효과

현행 국제통화시스템의 문제	국제통화시스템의 제도화 기대효과
유동성-신인성 딜레마	초국적 기축통화의 공급은 특정국의 경상수지 적자에 의존할 필요가 없음
과도한 특권	기축통화 발행에 따른 특권을 새로운 통화의 쿼터 비중에 따라 회원국에 배분
글로벌 불균형의 조정장치 부재	경상수지 적자 및 흑자국에 대한 페널티 설정
외환보유액 확대 유인	금융위기 방지를 위한 자본이동에 관한 표준이 만들어지면 외환보유액을 과도하게 보유할 필요성이 낮아짐

첫째, 새로이 만들어지는 통화가 기축통화로 정착되려면 금융상품의 표시통화로 광범위하게 활용되어야 하는데 새로운 금융시장의 육성에 오랜 시간이 걸릴 뿐만 아니라 관련국 간 이해관계도 첨예하게 대립할 수 있다는 점이다. 2009년 중국이 주장한 SDR 기축통화론이 추진동력을 얻지 못했던 것도 현실적으로 SDR표시 금융시장을 창설하는 것이 어려웠기 때문이다.

둘째, SDR의 발행주체인 IMF로 하여금 세계중앙은행의 역할을 담당하게 하거나 새로운 기구를 설립하여야 하는데 지배구조를 둘러싼 각국 간 대립 가능성, 통화정책의 자율성을 일정 부분 포기해야 하는 등이 걸림돌로 작용할 수 있다. 또한 세계중앙은행이 제대로 작동하려면 세계정부의 개념이 뒷받침되어야 하는데 이는 현실적으로 매우 어려운 과제이다.

셋째, 국제통화시스템을 제도화하기 위해서는 광범위한 국제적 합의가 이루어져야 하는데 역사적 사례를 볼 때 국제통화시스템이 대공황, 전쟁 등 극심한 외생적 충격이 발생하고 나서야 제도적 변화가 이루어졌다. 예를 들면 금본위제도가 폐지된 것은 1930년대 대공황으로 경제가 극심한 침체에 빠지고 그 여파로 국제금융위기가 전유럽으로 확산되었기 때문이다. 또한 브레튼우즈체제는 제2차 세계대전을 겪으면서 미국이 최강국으로 부상한 것을 계기로 성립되었고, 브레튼우즈체제의 붕괴와 변동환율제도로 이행은 1971년 금태환의 중지를 선언한 닉슨쇼크 이후에 진행되었다. 그러나 2008년 글로벌 금융위기가 심각한 외생적 충격이기는 하지만 새로운 국제통화시스템에 대한 국제적 합의를 이끌어낼 만큼 강한 충격인지에 대해서는 이견이 있다.

(3) 향후 전망

향후 국제통화시스템의 개편에 관해 다양한 차원에서 논의가 이루어지겠지만 일반적으로 상당 기간 현재와 같은 「미달러화–자유시장 메커니즘」 중심의 체제가 유지될 것으로 전망된다. 앞에서 다룬 것과 같이 실질적 복수기축통화 체제나 초국적 기축통화의 창출이 미달러화를 중심으로 하는 현행 국제통화제도보다 공정성과 안정성 측면에서 우월한 것으로 평가된다. 이러한 국제통화제도에 대한 대안들은 다양한 이점이 있지만 실행의 용이성과 정치적 선택의 가능성이 낮아 현실적으로 받아들여지기 어렵다.

당분간은 현행 국제통화시스템이 갖고 있는 단점을 보완할 수 있는 현실적 방안들이 지속적으로 논의될 것으로 예상된다. 첫째, 유동선–신인성의 딜레마를 완화하기 위하여 경상수지/GDP비율의 예시적 가이드라인을 설정하고 이를 실행할 수 있는 보장 장치를 마련해 나갈 것으로 보인다. 둘째, 미달러화의 과도한 특권을 완화하기 위하여 중국은 위안화의 국제화를 지속적으로 추진하고 EU국가들은 유럽통화동맹체제를 공고화하기 위하여 노력할 것으로 보인다. 셋째, 신흥시장국의 과도한 외환보유액 축적의 필요성을 완화하기 위하여 글로벌

그림 11–5 현행 국제통화시스템과 개편안에 대한 평가

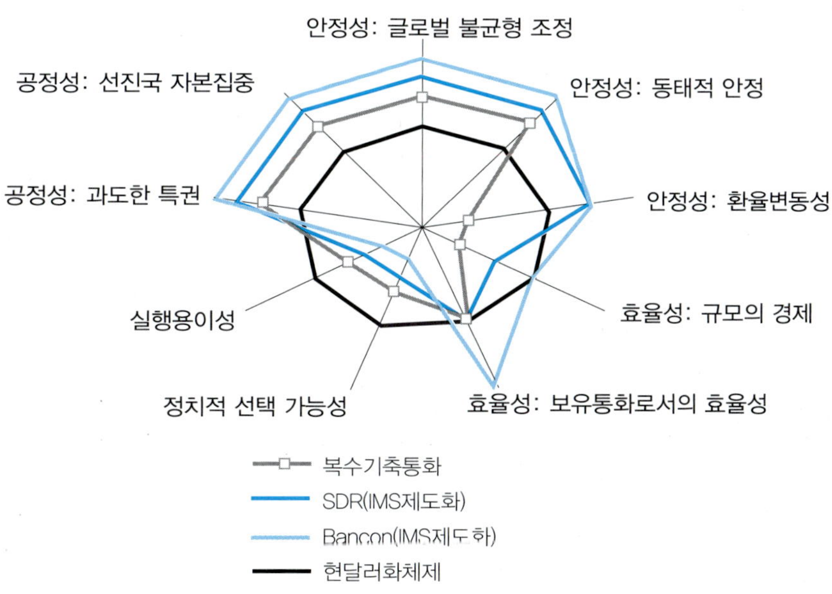

자료: IMF(2009), *The Debate on International Monetary System.*

안전망(Global Finance Safety Net)의 구축을 위한 노력이 지속될 것으로 보인다.

앞으로 국제통화시스템은 미달러화의 역할을 계속하여 인정하되 신흥시장국의 위상 확대를 반영하는 방향으로 미조정되어 나갈 것으로 예상된다. 이러한 가운데에서도 통화주도권을 차지하기 위하여 미국, 중국 및 EU 간에 치열하게 경쟁이 벌어질 것으로 전망된다.

요약

01. 국제통화제도란 국가 간 상품 및 서비스의 수출입이나 자본이동에 따르는 국가 간 결제를 원활하게 하기 위한 국제적 협약을 의미한다.

02. 국제통화제도가 기능을 발휘하기 위해서는 적절한 국제유동성의 공급, 국제수지 불균형의 원활한 조정, 국제통화로서 신인성 유지 및 국제통화체제의 관리메커니즘의 존재 등의 요건을 충족시켜야 한다.

03. 국제통화제도는 환율결정방법에 따라 완전고정환율제도, 일반고정환율제도, 변동환율제도 및 기타관리변동환율제도로, 대외지급준비자산의 특성에 따라 물품본위제(금본위제), 자유본위제 및 양자의 절충형태(금환본위제)로 구분하여 볼 수 있다.

04. 고전적 국제금본위제도는 국제통화체제의 유연성과 안정성을 제공해 주는 동시에 국내경제의 자율성과 국제경제의 안정성이라는 딜레마를 해결한 성공적 국제통화체제로 평가되었으나 20세기에 들어서면서 자체적 결함으로 붕괴되었다.

05. 세계 각국은 1920년대 후반 금본위제도로 복귀하기 위해 노력하였지만 영국파운드화의 과대평가로 인한 경기침제, 대공황의 여파 등으로 붕괴되었다.

06. 브레튼우즈체제는 금환본위제와 조정가능한 고정환율제도를 근간으로 성립되었으나, 1960년대 후반 기축통화인 미달러화의 국제유동성 공급기능과 신인성 기능이 상충되면서 붕괴되었다.

07. 1970년대 초 출범한 킹스턴체제는 회원국이 자유로이 환율제도를 선택하도록 하였으며, 금의 공정가격을 폐지하고 SDR의 기능과 이용도 제고를 주요 내용으로 하고 있다.

08. 1985년 9월 플라자합의를 계기로 선진국들은 국제수지 불균형을 시정하기 위해 국내거시정책의 운용 및 외환시장의 개입시 공조체제를 갖추기로 하였다.

09. 1990년대 들어 자본이동성의 증가로 세계 각국에서 외환 및 금융위기가 빈번하게 발생하면서 현행 미달러화 중심의 국제통화체제가 불안한 모습을 보이고 있다.

10. 현행 미달러화 중심의 국제통화체제를 개편하여야 한다는 주장이 높아지고 있는데 그 배경에는 유동성과 신인성간 딜레마, 기축통화국의 과도한 특권, 글로벌 불균형 조정장치의 부재 및 과도한 외환보유액의 축적 등이 문제점으로 제시되고 있다.

11. 현행 국제통화시스템의 대안으로 미달러화와 더불어 유로화 및 위안화가 국제교역 및 금융거래에서 상당한 역할을 담당하도록 하는 복수기축통화시스템의 구축과 IMF의 SDR이나 케인즈가 주장하였던 Bancor 등과 같은 초국적 기축통화의 창출 등이 제시되고 있다.

12. 실질적 복수기축통화체제나 초국적 기축통화의 창출은 미달러화를 중심의 현행 국제통화체제보다 공정성과 안정성 측면에서 우월하나 실행의 용이성과 정치적 선택의 가능성이 낮아 현실적으로 받아들여지기 어렵다. 따라서 앞으로 국제통화시스템은 미달러화의 역할을 계속히여 인정하되 신흥시징국의 위상 확내를 반영하는 방향으로 미조정되어 나갈 것으로 보인다.

연습문제

01. 다음 용어를 간략히 설명하시오.

(1) 국제통화제도
(2) 가격-정화 플로우 메커니즘
(3) 금환본위제
(4) 유동성과 신인성 간 딜레마
(5) 플라자 합의
(6) 루브르 합의
(7) 시뇨리지
(8) 복수기축통화체제

02. 국제통화제도의 의의와 기능에 관하여 설명하시오.

03. 환율제도의 선택과 관련하여 삼각의 딜레마(trilema)에 대하여 설명하시오.

04. 국제금본위제도와 브레튼우즈체제의 생성과 붕괴과정에서 나타난 공통점에 대하여 생각하여 보시오.

05. 일부 학자들은 현행 국제통화체제를 '신브레튼우즈'체제라고도 부른다. 현행 국제통화체제를 왜 '신브레튼우즈'체제라고 부르는지를 브레튼우즈체제와 비교하여 공통점과 차이점을 찾아 설명하시오.

06. 제2차 세계대전 이후 국제통화제도는 미달러화를 기축통화로 하는 고정환율제도인 브레튼우즈체제(Bretton Woods System)가 성립되었다. 그러나 브레튼우즈체제는 1971년 미국이 금태환을 중지하면서 붕괴되고 변동환율제도로 이행되었다. 이와 같이 국제통화제도가 고정환율제도에서 변동환율제도로 이행하게 된 배경을 당시 세계경제의 역사와 브레튼우즈체제의 본질적 문제와 관련지어 설명하시오. 〈2006년 행정고시 경제학 기출문제 일부 변형〉

07. 현행 국제통화제도의 개편논의와 관련된 다음 물음에 답하시오.

(1) 현행 국제통화제도의 문제점에 대하여 설명하시오.
(2) 현재까지 진행된 국제통화제도의 개편논의에 대하여 설명하시오.
(3) 국제통화제도의 개편논의에 대하여 새로운 진전이 있는가를 조사해 보시오.

08. 현재 미달러화 중심의 국제통화질서가 붕괴될지도 모른다는 우려가 높아지고 있다. 영국의 스털링화체제 붕괴시기와 비교하여 보고, 향후 국제통화질서를 전망하여 보시오.

PART 06

국제경영론

이제껏 살펴본 국제무역 체제와 환경 속에서 실제로 기업들은 어떻게 적응하고 행동하고 있는가? 그리고 주어진 외부 환경과 기업 내부 조건에 따른 최적의 국제경영 전략은 무엇인가? 제6편은 국제경영론으로 이러한 이슈들을 다룬다. 12장에서는 기업 글로벌화의 개념과 유형에 대한 이론적 고찰이, 13장에서는 실제 글로벌 기업의 경영 전략 수립에 대한 실천적 내용이 담겨 있다.

CHAPTER 12

기업 글로벌화의 개념과 유형

우리나라의 5대 주력산업으로 전자, 자동차, 철강, 석유화학, 조선을 들 수 있다. 이들의 공통점은 해외 부문과 긴밀히 연계돼 있다는 것이다. 이 산업들은 모두 해외로 수출하고 있을 뿐더러, 해외에서 생산을 하고 있다. 삼성과 LG 휴대폰의 주요 시장은 국내가 아니라 해외가 된지 오래이다. 현대자동차의 해외 생산량이 국내 생산량을 넘어선지도 오래이다. 원유를 해외에서 조달하는 석유화학과 철강 업체들도 각종 제품들을 해외에 활발히 수출하고 있다. 해외수주가 없는 조선산업은 처음부터 상상하기 어려웠다.

5대 주력산업 뿐 아니라 그동안 내수 산업으로 인식돼 온 업종들도 모두 해외진출을 도모하고 있다. 금융, 화장품, 물류, 유통업, 심지어 영화관과 커피숍 같은 것들이 그렇다.

기업들은 왜 해외로 진출하려 하는가? 그리고 거기엔 경제적 이유가 있고 동시에 어떤 리스크가 있을까? 그리고 우리가 글로벌 기업활동이라고 흔히 부르는 이들의 활동을 어떻게 유형화할 수 있을까? 이런 질문들에 대한 답을 찾는 과정에서 우리는 자연스럽게 글로벌 경영 전략 수립에 한걸음 다가가게 된다.

12.1 글로벌 경영의 개념

(1) 글로벌 경영이란?

1) 20세기 기업 글로벌화의 역사

글로벌 경영이란?

글로벌 경영이란 기업이 전 세계를 무대로 경영활동을 하는 것이라고 단순하게 정의할 수 있다. 그러나 글로벌 경영이 무엇이냐는 질문에 좀 더 의미있는 답을 하려면 글로벌 경영이 이뤄져 온 역사를 개괄해야 한다. 글로벌 경영이란 개념이 20세기 중후반 들어 빠르게 변모해왔기 때문이다.

전근대적 글로벌 경영

물론 20세기 전에도 글로벌 경영은 있었다. 중국 당나라 시절부터 이른바 실크로드를 통해 동서양의 상인들이 교류해왔던 것은 물론이고 17세기 이후 유럽의 지리적 발견과 더불어 신대륙과 구대륙 사이에 무역이 이뤄졌다. 물론 그것이 식민지 수탈이라는 형태를 띠고 폭력적으로 진행되긴 했지만 동인도 회사 등 국가의 보호를 받는 상업 조직이 국제무역과 해외 투자를 진행하기도 했다. 1600년 영국을 시작으로 1775년 오스트리아까지 모두 7개의 유럽 국가들이 앞다투어 동인도 회사를 설립했다. 이 후 두 차례의 세계대전을 치르는 기간까지 기업의 해외활동은 대체로 단순 무역 활동에 그치거나 본국의 식민지 경영과 밀접한 관련을 가지게 된다. 즉 무역을 넘어서는 종합적인 국제 경영전략은 나타나지 않았고, 본질적으로 국가 권력에 기대고 있었다는 것이다.

현대적 글로벌 경영

현대적인 의미에서 본격적인 글로벌 경영은 2차 대전 후에 본격적으로 시작된 것으로 본다. 전쟁이 끝나고 50년대에 미국 기업들의 해외 활동이 증가하면서 이들을 MNC(Multinational Corporation), 즉 '다국적 기업'이라고 부르게 된 것이다. UN의 정의에 따르면,[1] 다국적 기업이란 2개국 이상의 나라에서 유형자산을 보유하고 사업을 소유·관리하는 기업이다. 50년대 이전에 국제무역이 단순히 양국의 무역 파트너 사이에 진행됐다면 다국적 기업 시대에 들어서면 하나의 의사결정 단위가 여러 나라에 걸쳐 복합적인 경영판단을 내리게 된다. 이러한 미국의 다국적 기업 모델은 60년대에 유럽으로, 70년대에 일본으로, 80년대에 한국과 대만을 비롯한 신흥공업국(NICs, Newly Industrializing Countries)으로 확산된다. 토요타와 현대자동차의 북미시장 개척이 다국적 기업 활동의 예

1 UN, 1974, *Transnational Corporations on Development and on International Relations.*

가 된다. 토요타와 현대자동차에게 있어서 미국 시장은 첫 해외시장이었고 본국(일본과 한국)의 제품을 현지(미국)에 맞게 변모시켜(localized) 생산과 판매에 임했다.

80년대 글로벌 경영

1980년대에 들어 다국적 기업은 글로벌 기업(Global Corporation)이란 개념으로 진화한다. 다국적 기업이 단순히 본국 이외에 제2의 시장에서 활동하는 기업을 지칭하는 개념이었다면 글로벌 기업은 말 그대로 전 세계를 대상으로 활동하는 기업을 지칭한다. 전 세계를 대상으로 경영활동을 하려면 표준적이면서도 현지화된 제품이 필요하다. 이러한 글로벌하면서도 현지화된(Glocalized) 제품을 만들기 위해 전 세계에 걸쳐 최적화된 공급망과 생산라인까지 갖추게 된다. 애플의 아이폰이 글로벌 기업 활동의 예가 된다. 아이폰은 전 세계에 걸쳐 표준화된 제품이지만 소프트웨어와 언어설정 등은 현지화돼 있다. 또한 제품의 기획은 본국(미국)에서 이뤄지지만 여러나라(한국·일본·대만)의 부품을 조달하여 중국에서 최종 조립이 이뤄진다.

사례 연구 기업의 국적이 어디인가?

글로벌 기업의 국적을 묻는 것은 때로 무의미할 수 있다. 베트남의 삼성과 중국의 SK는 과연 한국 기업인가? 이들의 경영판단이 한국에서 이뤄진다는 점에서는 그렇지만, 고용창출과 설비투자 등 주요한 경제활동이 현지에서 이뤄진다는 점에서는 그렇지 않다. 이들의 영업활동은 한국의 GDP에 포함되지 않는다.

세계 최대의 에너지 수송 해운사인 Teekay는 1973년 미국으로 이민 온 31세의 덴마크 청년 Torben Karlshoej이 설립했다. 2007년 Teekay는 조세회피처(tax haven)인 바하마 제도에 법인 등록을 했다. 현재 회사의 가장 중요한 자산인 선박의 대부분은 아프리카의 라이베리아에 등록돼 있다. 회사의 총 본부(headquarter)는 유럽 해운의 중심인 노르웨이에 자리잡고 있으나 중국과 한국을 비롯한 10여 개의 전 세계 지역 본부가 있다. 회사의 주식은 뉴욕 증시에 상장돼 있다. 2017년 Teekay는 러시아 시베리아의 LNG 수송을 위해 한국의 대우조선에 선박 제작을 발주했다. Teekay는 어느 나라 기업인가?

2) 글로벌화를 촉진시킨 요인

기업 국제화의 요인

1950년대 이후 기업의 국제화가 급속도로 진행된 요인을 다섯 가지로 들 수 있다. 보호주의의 종말, 수송기술의 발전, 통신기술의 발전, 소비자 기호의 동질화, 그리고 냉전 체제의 종식이 그것이다.

무역장벽의 완화

먼저, 2차 대전 이후 각국의 관세장벽과 비관세장벽들이 크게 낮아졌다. 대공황을 더 심화시킨 이러한 무역장벽들이 결국 전 지구적인 전쟁까지 초래했음을 여러 나라들이 공감한 것이다. 주요 참전국들은 전쟁 종료를 준비하며 1944년 GATT를 출범시켰고 이른바 브레튼우즈체제라고 하는 국제 금융 시스템을 구축했다. 자유로운 교역 환경과 안정적인 환율 시스템을 특징으로 하는 이러한 체제는 중간에 변모를 겪긴 했지만 오늘날 국제무역과 글로벌 투자의 초석을 놓았다. 2차 대전 이후 세계의 평균 관세율은 계속 하락 추세였으며 오늘날 약 4% 수준이다. 또한 1970년부터 2005년까지 전 세계 생산량은 8배 증가했으나 교역량은 28배 증가했다.[2]

수송기술의 발전

둘째, 수송기술이 발전했다. 컨테이너(container)가 1957년에 발명되어 70년대 이르러 국제적 표준으로 자리잡았고 이를 대량 적재하여 운송하는 선박과 하역 설비를 갖춘 항구가 설립됐다. 20세기 후반으로 올수록 선박은 점점 더 커지고(오늘날 세계 최대 컨테이너선은 2만 TEU 이상이다) 인공위성의 발달에 힘입은 항법장치의 도입으로 원거리 항해의 예측성이 크게 개선됐다.

통신기술의 발전

셋째, 통신기술의 발전이다. 라디오 전파를 보편적으로 이용하게 되면서 전 지구적 실시간 통신이 가능해졌다. 전화와 팩스가 보급되면서 복잡한 숫자와 개념을 실시간으로 전달하여 원거리에서 의사결정을 내리는 것이 가능해졌다. 상품의 주문과 제작·납품이 최적화된 것은 물론이다. 21세기부터는 인터넷 혁명이, 최근에는 모바일 혁명이 일어나면서 지구는 더 작아졌고 비즈니스 영역은 더 넓어졌다.

소비기호의 동질화

넷째, 세계적으로 소비자의 기호가 동질화됐다. 주거·의복·음식·직업 등 삶의 거의 전 영역이 서로 비슷해졌다. 사실상 서구화라고 할 수 있는 이러한 변혁으로 말미암아 하나의 기업이 전 세계를 대상으로 비즈니스를 영위할 수 있게 됐다. 오늘날 10대 청소년의 삶은 세계 어디를 막론하고 학교를 다니고 공부를 하고 힙합과 랩을 듣고 청바지를 입고 햄버거를 사먹는 모습에서 멀지 않

2 단 2008년 글로벌 금융위기 이후 세계교역량 증가세는 주춤하고 있다.

다. 서로 다른 언어를 쓰고 상이한 문화전통을 가진 이들이 이렇게 동질적인 생활을 한다는 것은 참으로 놀라운 일이 아닐 수 없다. 유럽 기업이 아시아에서 매장을 오픈하고 한국 기업이 미국 시장을 공략하게 된 것이다.

냉전종식

다섯째, 20세기 말 냉전체제의 종식과 공산권 국가들의 글로벌 경제 참여도 기업 글로벌화에 결정적 역할을 했다. 2차 대전 이후 80년대 말까지 소련을 위시한 공산권 국가들의 대외교역과 투자행위는 극히 제한적이었고 서구의 글로벌 기업이 그런 나라에 진출한다는 것은 상상하기 어려웠다. 그러나 독일의 통일과 소련의 해체로 대표되는 거대한 흐름은 자본주의의 영역이 전 지구로 넓어지는 결과를 가져왔다. 특히 1992년 이후 본격화된 중국의 개혁개방은 세계 경제의 지각변동을 가져왔다. 오늘날 중국의 경제총량은 세계 GDP의 15%이고 중국의 경제성장이 세계 경제성장의 30%를 차지하고 있다.

(2) 기업 국제화의 이론적 설명

1) 기업의 국제화 과정

기업의 국제화를 설명하기 위해 학자들은 몇 가지 이론적 틀을 동원한다. 그 중 많이 알려진 중요한 것들을 소개한다.

웁살라 모형

1975년 스웨덴 웁살라(Uppsala) 대학의 요한센(Johanson)과 위더샤임 폴(Wiedersheim-Paul)이 스웨덴 기업의 국제화를 연구하여 그 과정을 체계적으로 정리한 것이 **웁살라 모형**이다. 웁살라 모형은 기업의 국제화를 단계적인 과정으로 인식한다. 먼저 국내 시장에서 확고하게 자리잡은 기업이 산발적인 해외 판매를 시도한다. 이것이 첫 번째 단계이다. 다음 단계에서 기업은 현지 시장을 잘 아는 대리상(에이전트)을 통하여 간접수출을 한다. 세 번째 단계에서 기업은 현지에 판매 자회사를 설립하여 영업과 마케팅까지 직접 수행한다. 해외 직접투자의 시작이다. 네 번째 단계에서 기업은 현지에 본격적인 생산 자회사를 설립한다. 이상 네 단계는 현지 몰입이 낮은 수준에서 점차 높아진다는 가설을 따른다. 기업은 이러한 과정을 지리적·문화적으로 가까운 나라들로부터

그림 12-1 웁살라 모형의 기업 국제화

시작하여 점차 해외 비즈니스 영역을 넓혀간다.

본 글로벌 모형 웁살라 모형의 단계적 설명과 달리 **본-글로벌**(Born-Global) 모형은 말 그대로 태생적 글로벌 기업을 상정한다. 허들런드(Hedlund)와 커널랜드(Kverneland)가 1998년에 발표한 이 이론은 많은 기업들이 창업 초기부터 해외 비즈니스를 시작하는 현상에 주목했다. 이른바 **국제신생기업**(International New Ventures, INVs)이다. 새로 창업한 기업일지라도 그 기업의 CEO가 해외 비즈니스의 비전을 품고 있거나, 처음부터 현지시장 상황에 밝거나, 현지 상황에 대한 학습능력이 매우 뛰어나다면 그 기업은 해외 비즈니스를 수행한다는 것이다. 실제로 전 세계인이 쓰는 국제화상통화 프로그램인 스카이프(Skype)는 2003년 에스토니아의 스카이프 테크놀로지가 개발했다. 이 회사는 작은 나라의 신생 벤처기업이었지만 처음부터 국제 무대를 염두에 두고 프로그램을 개발했고, 2005년 이베이를 거쳐 2013년 마이크로 소프트사에 합병됐다.

2) 기업의 국제화 유형

펄뮤터 모형 펄뮤터(H. V. Perlmutter)는 본국중심, 현지중심, 지역중심, 세계중심의 네 가지 유형으로 기업 국제화를 설명한다. 각각의 머리글자를 따서 EPRG 모형이라고 부른다. 본국중심(Ethnocentric) 기업은 본국 중심의 의사결정을 하고 제도와 문화에 있어서도 본국의 것을 현지에 이식하려는 기업이다. 현지중심(Polycentric) 기업은 현지에서 의사결정을 직접 하고 현지의 기준과 목표를 중시하는 기업이다. 지역중심(Regiocentric) 기업은 특정 국가보다 넓은, 지역 단위의 본사를 설립하고 그곳을 중심으로 의사결정과 인사관리를 하는 기업이다. 세계중심(Geocentric) 기업은 국가나 지역의 본사를 설정하지 않고 전 세계를 시야에 놓고 운영되는 기업이다. 이 네 가지 유형은 한 기업이 국제화되는 단계로 인식하기도 한다. 즉 초기에 본국중심에서 현지중심과 지역중심을 거쳐 세계중심으로 진화한다는 것이다.

발렛 · 고샬 모형 발렛(C. A. Barlett)과 고샬(S. Ghoshal)의 기업 국제화 유형 분석도 많이 인용된다. 이들은 현지 시장의 힘(Pressure for Local Responsiveness)과 글로벌 통합의 힘(Pressure for Global Integration)이라는 두 가지 척도를 가지고 네 가지 유형의 기업을 제시했다. 네 가지 전략이라고 해도 좋다.

글로벌 전략 첫째, 글로벌(Global) 전략이다. 이는 현지 시장의 힘이 약하고 글로벌 통합의 힘이 강한 환경에 적용된다. 이 전략을 따르면 하나의 균일한 제품이 글로

표 12-1 기업 국제화 EPRG 모델

본국중심 Ethnocentric	현지중심 Polycentric	지역중심 Regiocentric	세계중심 Geocentric
주요 결정이 본사에서 이뤄짐	본사의 의사결정 역할 축소	지역 본부에서 의사결정	현지 조직들이 공동 결정
본국 기준을 다른 시장에 적용	현지 기준을 현지 시장에	지역 기준 적용	보편적 기준 적용
본국의 목표에 집중	현지의 목표에 집중	지역 목표에 집중	글로벌 목표에 집중
소유주의 국적에 따른 정체성	현지화된 정체성	지역화된 정체성	글로벌한 시각
현지의 고위직은 본국의 관리자가 차지	현지 관리자가 고위직 차지	지역 관리자가 고위직 차지	다국적 경험이 고위직 승진에 필수

자료: Drachal, K(2014).

벌 시장에 일괄적으로 적용되어 강력한 규모의 경제를 시현할 수 있다. 기업과 현지와의 소통은 별로 일어나지 않는다. 글로벌 기업의 예로 제약회사인 화이자(Pfizer)를 들 수 있다. 화이자의 제품은 세계적으로 균일하게 적용된다.

초국적 전략

둘째, 초국적(Transnational) 전략이다. 현지 시장의 힘이 강하고 글로벌 통합의 힘도 강한 경우다. 글로벌 통합에서 오는 규모의 경제도 달성해야 하고 현지 시장의 요구도 반영해야 하는 어려운 전략이다. 기술과 인력을 초국적으로 활용해야 달성가능한 목표이다. 초국적 기업의 예로 유니레버(Unilever)를 들 수 있다. 유니레버의 브랜드와 품질지향은 글로벌 하지만 제품의 유형과 성격은 현지 시장에 따라 조금씩 차이가 난다.

국제적 전략

셋째, 국제적(International) 전략이다. 현지 시장의 힘과 글로벌 통합의 힘이 모두 약한 경우이다. 현지 시장에 존재하지 않던 제품이기에 현지의 요구도 강하지 않고 규모의 경제를 달성할 필요도 강하지 않아서 글로벌 통합의 힘도 약하다. 맥도날드(McDonald)가 국제적 기업의 예이다. 사람들은 맥도날드의 음식이 현지화돼야 한다고 생각하지도 않고 세계적으로 균일해야 한다고 생각하지도 않는다. 그냥 자기네 풍습에 크게 벗어나지 않는 범위에서 맛있고 값싸기를 기대할 뿐이다.

다국적 전략

넷째, 다국적(Multinational 혹은 Multi-domestic) 전략이다. 현지 시장의 힘이 강하고 글로벌 통합의 힘은 약한 경우이다. 이 경우 기업은 현지의 요구에 최대한 맞추어 제품과 조직을 변화시켜야 한다. 전략 자체도 글로벌 전략이 아니

표 12-2 발렛 · 고샬 매트릭스

		현지 시장의 힘 Pressure for Local Responsiveness	
		弱	强
글로벌 통합의 힘 Pressure for Global Integration	强	글로벌 Global	초국적 Transnational
	弱	국제적 International	다국적 Multinational

자료: International Business Strategy(2017).

라 국가별 전략이 필요함은 물론이다. 네슬레(Nestle)가 다국적 기업의 예로 꼽힌다. 네슬레의 음료와 기호식품 제품군은 국가별로 최적화되어 제시된다. 가령 네슬레 코리아는 커피 제품군을 다양하게 가지고 있는 반면 네슬레 차이나는 분유 제품에 중점을 두어 홍보한다. 한국인들이 커피에 대한 취향이 까다롭고 중국인들이 안전한 해외 분유를 선호하기 때문이다.

(3) 글로벌 경영의 리스크

국제 비즈니스의 리스크

국제 비즈니스에는 예측할 수 없는 리스크가 따른다. 셰익스피어의 〈베니스의 상인〉에서 그려지듯이, 교역품을 가득 싣고 떠난 배가 돌아오지 않으면 어떡할 것인가? 일찍부터 국제 비즈니스를 경험해온 영국은 18세기부터 그 리스크를 평가하여 부담하는 보험업이 발달했다. 20세기 초에 정리된 국제무역 보험 약관에 등장하는 리스크에 다음과 같은 것들이 있다. – 전쟁·내란·혁명·반역·반란·포획·나포·파업·테러. 이것들은 영국인들이 오랜 국제 비즈니스를 통해 경험한 실제 리스크들이라고 할 수 있다. 국제 비즈니스가 단순 무역을 넘어 다국적 기업, 글로벌 기업으로 진화한 20세기 후반 이후에는 보험약관으로 단순화하여 커버하기 어려운 훨씬 더 복잡한 리스크가 드러나고 있다. 그것을 정치, 문화, 환경으로 나누어 살펴보자.

1) 정치 리스크

어떤 나라의 정권이 불안하거나 안보 상의 위협이 있다면 상식적으로 그 나라에 투자하지 않을 것이다. 또 어떤 나라가 국제적인 비즈니스 규칙을 따르지 않거나 투자자에 대한 제도적 보호가 부족하다면 역시 함부로 투자하지 않을 것이다. 실제로 발생하는 이러한 정치적 리스크들로 아래와 같은 것들이 있다.

정치 · 안보 리스크

첫째, 정치질서의 불안과 안보 리스크. 어떤 나라의 정권이 불안정하거나 외국과의 물리적 갈등이 불거진다면 외국 기업이 정상적인 경영활동을 하기 힘들다. 실제로 아프리카를 비롯한 개도국에서는 정권이 바뀜에 따라 전(前) 정권에서 맺은 계약이 파기되는 사태가 종종 일어난다. 2007년 중국은 콩고와 60억 달러 규모의 코발트 광산개발 계약을 맺었으나 얼마 후 들어선 콩고의 새 정권은 이를 헐값 매각으로 규정하고 새로운 계약을 요구했고, 중국은 이에 응할 수밖에 없었다. 최근에는 우리나라 기업들이 서방의 對이란 핵무기 제재에 따라 곤경에 처한 바 있다. 이란과의 금융거래가 제한되고 석유수입이 막히면서 우리나라 건설업체가 이란에서 공사한 대금을 받지 못하게 됐던 것이다. 이러한 정권과 안보 리스크는 사전에 예측하기 어렵고 대응방안이 많지 않다.

재산권 몰수

둘째, 재산권 몰수 리스크. 아래 [사례연구]에서 소개한 베네수엘라 사례에서 보듯이 어떤 나라의 정부는 외국인의 투자 자산을 몰수할 수 있다. 유형에 따라 전액 보상 국유화, 일부 보상 국유화, 보상없는 몰수 국유화 등이 있고 심지어 기업 해체도 있을 수 있다. 북한의 광산에 투자한 중국의 채굴 기업들이 적절한 설명을 듣지 못한채 현장에서 쫓겨나면서 현지에 투자한 설비와 차량을 사실상 몰수당한 사례가 언론에 알려진바 있다.

사례 연구 베네수엘라의 석유 산업 국유화

베네수엘라의 차베스 대통령은 공공연히 반서구(反西歐)·반기업 성향을 드러내며 자국에서는 물론 라틴 아메리카에서 자신의 입지를 다지고 있었다. 이를 뒷받침한 것은 베네수엘라의 풍부한 석유자원이었다. 베네수엘라의 원유 매장량은 2000억 배럴 이상으로 사우디아라비아에 이어 세계 2위이다. 1998년 처음 대통령에 당선된 차베스는 석유 판매에서 오는 재정수입을 바탕으로 과감한 친서민 정책을 펴면서 연이어 재선에 성공했다. 차베스는 이에 만족하지 않고 2006년 모든 석유산업의 국유화를 천명했다. 기존 외국과의 합자(合資) 프로젝트를 백지화하고 베네수엘라 측이 51% 이상을 차지하는 새로운 합자 계약을 맺도록 강제한 것이다. 이를 받아들일 수 없던 미국의 엑손모빌(ExxonMobil)과 코노코일(Conocoil)은 결국 베네수엘라를 떠나야 했다. 그러나 미국을 대신하여 베네수엘라의 최대 석유 수입국으로 떠오른 중국의 중국석유화학공사(CNPC)는 베네수엘라의 국유기업인 PDVSA와의 협력을 순조롭게 이어나갈 수 있었다.

공정경재 제한

셋째, 공정경쟁 제한 리스크. 외국 기업에 대한 차별 정책으로 현지 기업과 공정한 시장경쟁을 할 수 없게 만드는 경우가 있다. 아예 명시적으로 외국인이 투자할 수 없거나 지분을 제한하는 업종을 제시하기도 하는데 그렇지 않은 비명시적 제한이 더 큰 리스크이다. 제4장에서 설명한 각종 비관세장벽들이 이러한 제한의 예가 될 수 있다. 우리나라 기업들은 2016~2017년 중국에서 사드(THAAD) 관련 비명시적 차별을 당한 바 있다. 불필요한 검열로 인한 롯데마트 영업정지나 한국산 영상물 상영 제한 조치 등이 그것이다.

과실송금 및 청산 제한

넷째, 과실송금 제한과 청산 제한 리스크. 외국기업이 영업활동을 통하여 번 돈을 본국으로 보내지 못하게 하는 것을 과실송금 제한이라고 한다. 이것을 명시적으로 금지할 수는 없으므로 관련 절차를 복잡하게 만든다거나 시간을 지연시킨다거나 하는 방법이 동원된다. 과실송금 제한은 영업이윤을 현지에 재투자하기 원하는 지역 정부가 구사하는 수단이다. 한편 그 지역에서의 비즈니스를 청산하기 어렵게 만드는 경우도 있다. 지역 정부가 지역의 경기(景氣)와 고용유지를 위해서 그렇게 할 수 있는데, 중국 산둥성에 진출한 한국 기업들이 청산 절차를 거치지 못 해 야반도주했던 사태가 알려진 바 있다.

2) 문화 리스크

서로의 문화가 달라서 국제 비즈니스의 리스크가 발생할 수 있다. "2시에 만나자"고 약속하고 2시 5분 전에 나와서 기다리는 문화가 있는가 하면, 2시 15분쯤에 전화해서 지금 가는 중이라고 해명하는 문화가 있다. 이러한 문화 차이가 투자 파트너 사이에 발생할 수도 있고 고용인과 피고용인 사이에 발생할 수도 있다. 많은 학자들이 국제 비즈니스 상의 문화적 갈등을 유발할 수 있는 요소들을 제시했다. 이를 정리하면 다음과 같은 것들이 있다.

사례 연구 **중국인의 호언장담?**

중국측 파트너의 호언장담을 말 그대로 믿으면 안 된다는 교훈이 전해져온다. 처음에 어떤 문제의 소지가 있어서 이를 제기하면 "문제없어요(沒問題)"라고 장담한다. 실제로 문제 상황이 닥치면 "상관없어요(沒關係)"라고 장담한다. 결국 문제가 터진 다음에는 "어쩔 수 없어요(沒辦法)"라고 발뺌한다. 이를 산메이(三沒)이라고 한다. 경험한 사람의 절망이 느껴진다.

시간관념

첫째, 시간관념. 단순히 시간약속을 잘 지키느냐는 차원을 넘어서, 시간관념이 장기적인 문화와 단기적인 문화가 있다. 향후 몇 십년을 두고 투자계획을 세우는 나라와 3년 내에 투자 수익을 회수하길 원하는 나라가 있는 것이다.

인간관계 개념

둘째, 인간관계 관념. 개인주의와 집단주의 관념이 서로 대립된다. 개인의 이익에 기반하여 행동하는 문화가 있는 반면, 가족이나 회사 전체의 이익에 기반하여 행동하는 문화가 있다. 조직에서도 유능한 개인을 높이 사는 문화와 다른 사람들과 잘 어울리는 것을 높이 사는 문화가 있다. 전자는 물질적 보상을 중요시하고 후자는 승진과 같이 직장 내에서의 인정을 더 중요시 한다.

계약관념

셋째, 계약관념. 계약에 충실하고 계약에 나온 범위에서만 일을 처리하려는 문화가 있는 반면, 계약 조항 범위를 넘어서 일을 처리하려는 문화가 있다. 전자의 문화에 익숙한 기업은 이른바 "이면계약"의 형태로 존재하는 비명시적 거래 행태에 당황하거나 좌절할 것이다. 전사에서는 변호사를 통한 법리 해석으로 문제가 해결되고 후자는 정황과 관계를 통한 합의를 통해 문제가 해결될 것이다.

불확실성에 대한 관념

넷째, 불확실성에 대한 관념. 안전하지만 낮은 대가를 지향하는 문화와 불확실하지만 높은 대가를 지향하는 문화가 있다. 전자에서는 확실한 업무 지시와 보상 체계가 피고용인을 움직이는 요인이 될 것이고 후자에서는 창업가적 기회부여가 그러한 요인이 될 것이다.

문화이론의 한계

이상으로 문화 차이가 비즈니스에 미치는 영향에 대해 기존 학설들이 제시하는 요인들을 살펴봤다. 그러나 이러한 담론에는 한계점들이 있어서 경영현장에 그대로 적용할 때 주의해야 한다.

서구와 非서구

첫째, 이러한 요인들이 대체로 서구 학자들이 非서구를 염두에 두고 기술한 것이라는 점이다. 즉 "합리적이고 비즈니스 친화적인 서구인이 그렇지 않은 제3세계 지역에서 어떻게 비즈니스를 할 것인가"라는 문제의식이 깔려 있다는 말이다. 따라서 우리나라 입장에서는 이러한 요인 분석이 부적절할 수 있다. 가령 서구인들이 "중국은 꽌시(關係)가 중요하다"고 말할 수 있지만 우리가 그렇게 말하고 인식한다면 자가당착이다. 우리도 중국 못지않게 인간 관계를 중요시하는 문화이기 때문이다.

문화의 변화

둘째, 어느 나라의 문화이건 근대화(modernization)를 거치면서 변해간다. 오늘날 서구인의 특징이라는 것도 자본주의 근대사회를 먼저 경험하면서 형성된 것이지 그들이 중세시대부터 그런 특징을 가지고 있었던 것은 아니다. 근대화의 물결은 우리가 민족성이라고 부르는 문화적 특질들을 매우 빠르게 변화시킨다. 근대화 이전에 영국인은 예의범절만 따지는 고리타분한 젠틀맨이었고 프랑스인은 대책없는 낭만주의자였으며 독일인은 하도 낙후돼서 관념철학이나 읊어대는 민족이었다. 이들의 국민성은 자본주의 근대화를 경험하고 나서 극적으로 바뀌었다. 마찬가지로 우리보다 근대를 먼저 경험한 일본이 좀 더 근대적이고 약간 늦게 경험한 중국이 좀 덜 근대적이다. 이것을 절대시해서 그 나라의 민족성인양 규정한다면 비즈니스에서 또 다른 오류에 빠질 수 있다.

문화의 상대성

셋째, 문화의 동질성은 상대적이다. 중국에 투자하는 한국 기업인들은 중국과 한국의 문화적 차이를 크게 느끼게 되지만, 아프리카에 투자한 한국과 중국 기업인들은 서로의 동질성을 놀랄 만큼 느끼게 된다. 아프리카의 독특한 전근대적 식민지 문화 속에서 둘 다 유교문화라는 같은 뿌리를 가지고 있음을 새삼스레 발견하기 때문이다.

보충학습 문화와 글로벌 경영

문화가 글로벌 경영에 미치는 영향에 대해서 많은 연구들이 존재한다. 그런데 이러한 연구들은 그 특성상 인식론과 존재론과 같은 철학뿐 아니라 무엇이 바람직한 것인가에 대한 가치관을 전제로 하고 있어서 본 교과서에서 소개하지 않는다. 관심있는 독자들은 문화의 특징을 규정하는 다섯 가지 핵심 질문에 대해 논구한 Kluckhohn의 연구, 각국의 문화를 고배경·저배경의 틀로 분석하여 일괄 적용한 Hall의 연구, IBM 종업원들의 인종별 문화차이를 분석한 Hofstede의 연구, 이를 전 세계적으로 확장시켜 연구한 GLOBE 모형 등에 대해 더 찾아 공부할 수 있다.

3) 대응방안

정치와 문화와 같은 非경제적 리스크에 대한 대응방안은 사실 개별 사안에 따라 매우 다를 수밖에 없다. 그러나 다음과 같은 유형화도 대응전략 수립에 도움이 될 수 있을 것이다. 먼저 정치 리스크에 대해서 “포기 및 철수”, “축소와 분산”, “적극적 자리매김”이라는 세 가지 전략을 사용할 수 있다.

포기 · 철수

“포기 및 철수”는 심각한 정치적 리스크에 직면하여 진출을 포기하거나 기존 진출 프로젝트를 철수하는 것이다. 이 때 이미 이뤄진 투자를 얼마나 회수할 수 있는지는 현장 상황에 따라 달라질 것이다.

축소 · 분산

"축소와 분산"은 현지의 투자액을 줄이고 다른 지역에 대한 대안적인 투자를 하는 것이다. 현지의 투자액을 줄이기 위해서 현지의 금융기관에서 자금을 조달하는 현지차입, 현지의 파트너와 공동 투자를 하는 합작투자 등의 방법을 쓸 수 있다. 이런 식으로 현지의 조직과 얽히게 되면 경영의 자율성은 줄어들겠지만 몰수나 파산의 위험은 현격히 줄어든다. 또한 불안한 한 나라에 올인하지 않고 대안적인 시장과 부품 조달선을 확보하는 것도 필요하다.

적극적 자리매김

"적극적 자리매김"은 현지 정부가 건드릴 수 없도록 강력한 지위를 구축하는 방법이다. 우월적 기술이나 경영기법 혹은 대체 불가능한 부품과 소재를 보유하고 있다면 현지 정부는 함부로 외국 투자기업에 위협을 가할 수 없을 것이다. 일례로 사드(THAAD)로 인해 중국 정부가 한국 기업을 견제했지만 대체 불가능한 반도체와 첨단 부품 등은 건드리지 않았다. 따라서 화장품 등 손쉬운 규제 대상의 수출은 감소했지만 전체적인 한국의 對中 수출은 별 영향을 받지 않았다.

본국 문화 이식

한편 문화 리스크에 대해서는 "본국 문화 이식", "현지 문화 적응", "문화 차이 이용"이라는 대응 유형을 생각해 볼 수 있다. "본국 문화 이식"은 현지의 문화를 무시하고 본국의 방식대로 비즈니스를 하는 것이다. '글로벌 스탠다드'대로 한다고 할 수도 있다. 전 세계 어디를 막론하고 표준적인 커피를 제공하는 스타벅스가 그 예이다. 스타벅스는 프랜차이즈를 내지 않고 모든 매장을 직영으로 운영하는 것으로 유명하기도 하다. 종업원의 유니폼과 응대방식도 전 세계 스타벅스가 동일하다. 이러한 방식은 현장으로부터의 제안에 의한 개선이나 변화의 여지가 없다는 단점이 있다.[3] 스타벅스와 같이 극단적인 경우 말고도 많은 기업들이 본국의 경영문화와 생산방식을 현지에 이식하기 위해 노력한다.

현지 문화 적응

"현지 문화 적응"은 경영방식을 현지화하는 것이다. 인사관리와 마케팅은 물론 제품 자체도 현지화할 수 있다. 최근에는 현지 조직의 최고 관리자조차 현지인으로 채용하는 극단적인 현지화 정책도 나타나고 있다. 현지인이 현지 사정을 가장 잘 알고 가장 적합한 전략을 세울 수 있다고 믿는 경우에 그렇다. 그

3 최근 스타벅스도 텀블러 디자인이나 일부 디저트 메뉴를 현지화하기 시작했다. 글로벌 금융위기 이후 매출이 떨어지자 변신을 시도하고 있는 것이다. 이에 따라 한국의 팥빙수에서 힌트를 얻은 레드빈 프라푸치노가 전 세계 매장으로 진출하기도 했다(서민교 · 박병일(2015), p.322).

러나 제품과 서비스의 독자적 특징이 강하고 그것이 강점이라고 믿는 경우에는 현지화 수준이 좀 더 떨어질 것이다. 우리나라의 SK그룹은 중국 비즈니스에서 통신과 정유라는 주업종에 국한되지 않고 제2의 본사를 설립한다는 벤처기업적인 모토를 가지고 있다. 한편 중국의 현대모비스는 현대자동차에 최적화된 모듈을 제공하기 위해 동반진출한 기업이므로 한국과 같은 생산관리에 초점을 맞추고 있다. SK차이나와 중국 현대모비스의 현지화 수준이 현격하게 다르리라는 것은 미루어 짐작할 수 있다.

문화 차이 이용

"문화 차이 이용"은 본국과 현지의 문화 차이를 적극적으로 이용하는 것이다. 이는 현지에서의 일차적 이용과 학습을 통한 이차적 이용으로 나눠서 생각해 볼 수 있다. 1999년 프랑스의 르노자동차가 일본의 닛산자동차 지분을 인수하고 브라질 출신의 카를로스 곤이 르노-닛산의 새 CEO로 취임했을 때 일차적 문화 차이 이용이 나타났다. 서구식 경영 효율화에 따라 정리해고와 함께 납품단가 후려치기 현상이 나타났지만 일본 특유의 상명하달식 단합정신이 이를 뒷받침 하면서 회사가 어려움을 딛고 일어서게 된 것이다. 이차적 이용은 현지에서가 아니라 글로벌한 차원에서 벌어지는 기업의 문화 학습이다. 가령 여러 지역에 본부를 둔 다국적 기업이라면 어떤 지역에서의 문화 리스크를 학습의 기회로 삼아 다른 지역에서의 경쟁우위로 체화할 수 있다. 문화 리스크를 극복한 경험이 노하우가 되는 것이다.

사례 연구 윤리경영과 환경경영

2010년 무렵 중국의 팍스콘 공장에서 노동자들이 10명이 넘게 연달아 투신 자살하는 사태가 벌어졌다. 그 이유가 저임금에 초과근무를 강요받는데다가 주거환경도 좋지 않았기 때문이라고 밝혀지면서 대만업체인 팍스콘은 중국과 전 세계에서 비난의 대상이 됐다. 급기야 팍스콘에게 하청을 준 애플에게까지 비난이 확산되자 애플의 CEO 팀 쿡은 중국 공장을 직접 방문하여 비난여론을 잠재우려 하였다.

나이키도 빈곤국의 노동력을 조직적으로 착취하는 기업이라는 오명에서 벗어나지 못하고 있다. 인도네시아와 베트남 등지에서 나이키의 하청을 받아 신발을 제작하는 업체들은 노동자들에게 현지 최저임금 이하의 월급을 주고 있으며 노동관련 규정들을 준수하고 있지 않고 있다.

세계 최대의 알루미늄 생산업체인 중국의 Chinalco는 공장이 있는 베트남 현지에서 강력한 여론의 저항에 직면한 바 있다. 알루미늄의 원료인 보크사이트 광산 일대의 거대한 지역을 Chinalco가 차지하고 이를 보호하기 위해 중국의 군대까지 주둔한 것은 둘째 치고, 알루미늄 제조 공정에서 적토(red mud)라고 부르는 맹독성 발암물질이 발생한다는 것이 밝혀졌기 때문이다. 알루미늄 1톤이 만들어지기 위해서 적토 3톤이 발생한다고 한다.

이러한 사례들은 정치·문화 리스크를 넘어서 인권과 환경도 국제 비즈니스의 리스크가 될 수 있음을 말해준다. 관련된 시민단체들이 전 세계적인 활동을 펼치게 된데다 미디어의 발달로 지역의 뉴스가 곧 전 세계의 뉴스가 되기 때문이다. 이제 본국에서 하면 안 되는 일을 해외에 나가서 하는 식의 비즈니스 모델은 점점 어려움에 직면할 것이다.

12.2 기업 글로벌화의 유형

(1) 수출과 계약

기업 글로벌화의 초보적 단계로 수출과 계약 형태를 들 수 있다. 이들은 기업의 자금이나 조직이 직접 해외에 투입되지 않고 기업의 제품만 해외로 나가거나(수출), 기업의 노하우와 브랜드만 해외로 나간다는(계약) 특징이 있다. 구체적으로 수출, 라이센싱, 프랜차이징, 위탁생산 순으로 알아보자.

1) 수출

앞서 웁살라 모형에서 살펴봤듯이 수출은 기업 글로벌화의 가장 기초적인 단계이다. 그런데 수출도 글로벌화의 심화단계에 따라 간접수출, 직접수출, 해외자회사를 통한 수출로 나눠볼 수 있다.

간접수출

간접수출은 국내의 수출 전문업체나 해외의 바이어를 통해 수출을 하는 것이다. 즉 기업은 제조·생산에만 전념하고 해외시장 개척이나 마케팅은 물론 보험·물류 등 일체의 수출 관련 업무를 수행할 필요가 없다. 국내의 수출 전문업체는 대기업의 종합(무역)상사나 품목별 전문 수출상 등이 있다. 이들을 통하면 기업의 자원을 해외로 투입하는 번거로움 없이 해외 매출을 달성할 수 있다. 전문업체들을 통하면 개별 기업이 도저히 개척할 수 없는 해외시장을 개척할 수 있기도 하다. 그러나 자사 제품이 해외에서 어떻게 유통되고 소비되는지에 대한 직접적인 지식을 획득할 길이 없고, 중개상이 적극적인 마케팅을 펴지 않는다 해도 대처할 수가 없다. 무엇보다 중개상을 사용하는 수수료를 부담해야 한다. 따라서 수출을 처음 경험하는 중소기업들이 간접수출 방식을 주로 이용한다.

직접수출

이와 달리 직접수출은 기업이 수출관련 제반업무를 직접 수행한다. 직접수출을 하게 되면 해외시장에 대한 직접적인 지식을 얻고 수수료를 절감할 수 있는 것은 물론, 해외의 트렌드와 요구에 따라 제품 자체를 새로이 기획하게 된다. 즉 현장과 생산조직 사이에 피드백 구조가 형성되어 기업 경영이 질적으로 도약하게 된다. 그러나 해외시장 마케팅이라는 매우 본질적인 리스크를 직접 감당한다는 부담이 있을 수밖에 없다. 게다가 기업의 사활에 치명적일 수 있는 무역 클레임이 발생한다면 이를 처리하기 위해 엄청난 기업의 자원을 투입해야 한다는 단점이 있다.

자회사를 통한 수출

직접수출보다 더 적극적인 형태가 해외 자회사를 통한 수출이다. 이 때 해외 자회사는 단순 판매법인일 수도 있고, 마케팅 조직일 수도 있으며, 현지 유통 및 사후서비스(A/S) 조직일 수도 있고, 현지 생산조직일 수도 있다. 단순 판매법인이나 시장조사·마케팅 조직을 설립하는 것은 그다지 어렵지 않을 수 있으나 현지에 유통망을 구축하는 것은 매우 어려운 일이다. 가령 한국의 화장품 업체가 중국에 유통망을 구축하려 한다면 방대한 지역에 걸쳐 현지의 딜러들을 확보해야 하는데 이는 제품의 개발·생산만큼이나 어려운 과업이다. 한편 생산 조직을 통해 수출을 한다면 이는 완제품을 수출하는 것과는 질적으로 다른 글로벌화의 단계에 접어든 것이다. 이는 수출 차원이라기보다 해외직접투자에 따른 귀결이므로 이어지는 부분에서 다루기로 한다.

2) 라이센싱

라이센싱이란 특허, 등록상표, 노하우, 기술공정 등을 제공하고 로열티나 수수료를 받는 계약 방식이다. 이를테면 미국의 디즈니사가 한국 완구업체에게 미키 마우스 도안의 사용을 허가해주고 대가를 받는 것이다. 통신용 반도체 업체인 퀄컴은 독점적인 기술 특허를 이용하여 휴대폰 1대당 3~5%의 로열티를 챙겨가고 있다.

라이센싱의 장단점

라이센스를 사용하는 업체는 브랜드 인지 제고를 통한 판매 증가를 도모하거나 다른 업체가 개발한 기술을 도입하여 사용할 수 있다는 장점이 있다. 물론 퀄컴의 사례에서 보듯이 그 독점 라이센스의 경우 대가가 매우 클 수도 있다는 단점이 있다. 또한 자칫 라이센스 제공 업체의 특허에 묶여서 자체 기술

개발을 하지 못하게 되는 치명적인 단점이 있을 수 있다.

라이센싱의 위험

라이센스를 제공하는 업체는 자신이 직접 진입하기 어려운 시장에 가장 덜 엮이는(engaged) 방식으로 진입하는 방식이기도 하다. 가령 디즈니가 한국의 완구시장에 직접 진출하여 수익을 창출하기는 매우 어렵지만 미키 마우스 사용 허가권을 판매함으로서 손쉽게 적정한 이윤을 얻을 수 있다. 또한 퀄컴이 직접 휴대폰 제작을 하는 데는 막대한 투자와 리스크를 감당해야 하지만 라이센스를 장악하여 그러한 리스크를 피해 수익을 올리게 된다. 그러나 라이센스 사용자가 유사한 기술을 개발하여 제공자의 것을 대체하거나, 새로운 경쟁자로 부상할 위험성이 있다.

3) 프랜차이징

프랜차이징이란 가맹점에게 영업 노하우와 브랜드 등을 전수하고 지속적으로 가맹점의 비즈니스를 통제하거나 지원하는 계약 방식이다. 라이센싱이 기술이나 브랜드를 제공하는 것으로 끝이라면 프랜차이징은 제공 후에도 가맹점을 지속적으로 관리한다는 차이점이 있다.

프랜차이징의 국제화

맥도날드나 세븐일레븐 같은 매장이 우리 주변에서 흔히 볼 수 있는 프랜차이즈 업체이다. 단 스타벅스처럼 프랜차이즈 계약이 아니라 본사 직영으로 분점을 내는 경우도 있음에 주의해야 한다. 성공적인 프랜차이즈의 경우 고도로 국제화되어 있다. 가령 맥도날드의 경우 해외 매출액이 본토인 미국의 매출액보다 더 크며, KFC는 중국 매출액이 미국을 앞질렀다.

프랜차이징의 장단점

프랜차이즈 본사는 현지의 파트너와 영업과 관련한 깊이 있는 관계를 맺는다는 점에서 라이센스보다 한 층 성숙한 비즈니스 모델을 필요로 한다. 즉 프랜차이즈 현지 진출에 따른 리스크가 라이센스보다 큰 것이다. 가령 가맹점이 본사의 지침을 정확히 이행하지 않는 경우 전체 브랜드의 품질과 이미지에 손상을 가져오는 위험이 있다. 맥도날드도 프랜차이즈 초기에 가맹점들이 본사 지침에 없는 메뉴를 개발하여 판매하는 등 품질 통제에 어려움을 겪은 바 있다.

프랜차이저의 현지화

현지 시장 개척을 위해 본사가 적극적인 현지화를 시도할 수도 있다. 맥도날드도 소고기를 먹지 않는 인도에서는 닭고기 위주의 햄버거를 제공한다거나, 중국에서는 특유의 향신료를 사용한다거나 하는 융통성을 보이기도 한다. 만약 스타벅스처럼 계약 상대방, 즉 가맹점 없이 본사가 모든 것을 직접 한다면 품질관리(Quality Control)는 쉽겠지만 재빠른 확장으로 규모의 경제를 누리기는 어려울 것이다.

4) 위탁생산

위탁생산이란 기술과 원료를 제공하고 생산계약을 맺는 것이다. 제조업체가 아닌 주문자의 상표를 붙이고 판매되기 때문에 "주문자 상표 부착 생산"이라고도 불린다.

OEM과 ODM

위탁생산에는 OEM과 ODM 두 가지 방식이 있다. OEM(Original Equipment Manufacturing)은 주문자가 기술은 물론 장비와 원료까지 모두 제공하고 제조업체는 노동력을 동원한 임가공만 하는 것이다. ODM(Original Design Manufacturing)은 제조업체가 일정한 기술력과 제품개발 능력을 가지고 있어서 주문자와 공동으로 생산을 기획하는 것이다. ODM이 OEM보다 한 단계 높은 수준의 국제화 비즈니스 모델이라고 할 수 있다.

위탁생산과 인건비

위탁생산을 발주하는 이유는 주로 생산업체가 노동력 원가 우위를 가지기 때문이다. 기술 지도를 하고 설비와 원재료·부품을 제공하면서 굳이 외국에서 가공을 하는 이유는 제조원가에서 인건비가 차지하는 비중이 크고 현지의 노동력이 충분히 싸기 때문이다. 이 두 가지 조건이 성립하지 않는다면 위탁생산은 이뤄지지 않는다. 가령 인건비 비중이 낮은 석유화학 공업은 중국이나 동남아의 인건비가 싸다고 해서 거기서 해외 위탁생산을 하지 않는다. 인건비 비중이 높은 방직업이나 신발 제조업이 가장 먼저 우리나라를 벗어나 해외 위탁생산의 길에 나섰다. 그러나 최근에는 중국의 인건비가 올라가면서 몇몇 업체들이 국내로 돌아오는 현상이 관찰되고 있다. 이른바 리쇼어링(reshoring)이다. 이에 대해서는 13장에서 좀 더 자세히 알아본다.

사례 연구

OEM과 ODM

혹시 화장품의 뒷면이나 아래쪽에 적힌 작은 글씨들을 유심히 본 적이 있나요? 분명 각각 다른 브랜드의 화장품인데 '제조업자'가 똑같은 경우가 많을 겁니다. 이 제조업자가 바로 화장품 OEM(Original Equipment Manufacturing·주문자 상표부착 생산) 또는 ODM(Original Development Manufacturing·주문자 개발생산) 업체입니다. 공장에서 화장품을 만들고, 주문한 업체의 상표명을 붙여서 해당 업체에 납품하는 회사입니다. OEM과 ODM 모두 주문 업체의 상표명을 부착한다는 공통점이 있습니다. 이런 제조업자는 유통과 판매를 직접 하지는 않아요. 유통과 판매는 이 회사에 화장품 생산을 맡긴 기업이 합니다. 그렇다면 OEM과 ODM은 어떤 차이가 있을까요. 한마디로 '직접 제품을 개발하느냐, 하지 않느냐'에 달려있습니다. OEM은 주문 업체가 요구하는 대로 완제품을 만들고, 상표명을 새겨 납품하는 방식입니다. 대기업에서 하청업체에 생산만 맡기는 경우에 OEM 방식을 활용합니다. 반면, 제조업체가 생산뿐 아니라 직접 연구·개발까지 하는 건 ODM 방식입니다. ODM 업체가 고유의 기술력을 확보한 거죠. 화장품의 경우, ODM 업체가 기능성 화장품을 개발하고 특허 등록을 마친 후, 판매 업체에 생산·판매를 제안하기도 합니다. 해외 유명 화장품을 만드는 업체도 한국 기업인 경우가 많아요. 국내 대표적인 ODM 업체들이 글로벌 화장품 업체와 계약을 맺었기 때문이에요. 또 국내 OEM·ODM 업체가 성장하면서 중소업체도 쉽게 화장품 산업에 뛰어들 수 있게 됐어요. 생산 공장이 없어도 OEM·ODM 업체와 손을 잡으면 화장품을 출시할 수 있게 된 거죠. 국내 중저가 화장품 브랜드가 많이 늘어난 것도 OEM·ODM 업체의 규모가 커지고 숫자도 늘어난 것과 관련이 있습니다.

자료: 중앙일보, "[이번 주 경제용어] OEM과 ODM", 2017. 3. 14.

(2) 해외직접투자

1) 개념과 동기

해외직접투자(Foreign Direct Investment, FDI)란 기업이 현지(해외)에서 비즈니스를 직접 운영하거나 참여할 목적으로 투자하는 것을 말한다. 기업이 자회사나 생산설비를 해외에 설립하는 것, 경영참여를 목적으로 주식을 매집하는 것, 아예 상대방 기업을 인수하는 것 등이 모두 FDI에 포함된다. 단, 경영참여가 목적이 아니라 거래차익이나 금융수입을 노린 주식 투자는 FDI가 아니라 해외간접투자(Foreign Indirect Investment)라고 부른다. 유형별 FDI의 자세한 설명은 이어지는 내용에 상세히 담겨 있다.

시장접근

기업이 해외직접투자를 하는 이유로 시장, 자원, 생산, 전략의 네 가지를 들 수 있다. 첫째 가장 기본적으로 기업은 해외의 시장에 접근하기 위해 해외직접투자를 한다. 현대자동차가 세계에서 자동차를 가장 많이 소비하는 북미와 중국에 생산공장을 설립한 이유는 명백히도 현지 시장을 개척하여 더 많은 매출과 이윤을 올리기 위함이다.

자원획득

둘째, 자원 획득이 용이한 곳에 해외직접투자를 하기도 한다. 포스코가 호주에 진출한 이유는 철광석을 안정적으로 값싸게 조달하기 위해서이다. 단, 자원이 꼭 광물자원이나 에너지만을 의미하는 것은 아니다. 인력자원도 해외직접투자를 일으키는 중요한 요소이다. 많은 글로벌 기업들이 인도나 중국에 연구개발(R&D) 센터를 설립하는데 이는 그곳에서 훌륭한 엔지니어들을 풍부하게 공급받을 수 있기 때문이다.

사례 연구 포스코의 호주 진출

포스코가 야심차게 추진했던 호주 로이힐(Roy Hill) 광산 투자가 성공적으로 진행되고 있다. 로이힐 광산은 총 23억톤의 매장량을 가지고 있는 호주의 대규모 철광석 광산으로, 2015년 12월 10만톤 규모의 첫 선적을 실시한 이후 2016년 2,400만톤, 2017년 4,300만톤에 이어 지난 달 최종 목표치인 연간 5,500만톤 생산 체제 달성에 성공했다. 철광석 5,500만톤 생산 규모는 포스코가 한 해 동안 포항제철소와 광양제철소에서 사용하는 철광석 총량과 유사한 수준이다.

포스코는 로이힐 광산에 12.5%의 지분을 보유하고 있으며, 로이힐이 5,500만톤 생산 체제를 완성함에 따라 총 철광석 사용량의 26%인 연간 1,500만톤 규모의 철광석을 자급할 수 있게 되었다. 포스코 원료 1실 원료구매지원그룹 권영무 리더는 “로이힐 광산 투자 성공으로 향후 30년간 안정적인 철광석 수급 기반 마련되었다”며, “향후 생산 제품의 원가 경쟁력과 조업 안정화에 크게 기여할 것”이라고 의의를 설명했다. 포스코가 2010년 투자에 들어간 로이힐 광산은 호주 행콕 사가 70%, 포스코 12.5%, 일본 마루베니상사 15%, 중국 차이나스틸이 2.5%의 지분을 나누어 갖고 있다.

자료: 포스코 보도자료, 2018. 5. 8.

생산 효율화 셋째, 생산을 목적으로 해외투자를 하기도 한다. 어떤 나라의 생산 인프라가 잘 갖춰져 있다면 그것을 목적으로 투자를 진행한다. 중국은 연해지역을 중심으로 개발구나 산업단지들을 집중 건설하여 효율적인 생산을 원하는 글로벌 기업들을 많이 유치하여 경제발전의 원동력으로 삼았다. 이를 위해 교통과 전력과 같은 하드웨어는 물론 노동력 공급과 조세혜택 등의 소프트웨어에서도 상당한 경쟁력을 갖추게 됐다. 단, OEM·ODM과 같은 위탁가공 계약은 해외직접투자의 범주에 들어가지 않는다. 기업이 현지에 직접 생산설비를 설립한 것이 아니라 현지의 생산자와 계약을 맺었을 뿐이기 때문이다.

경쟁 대응 넷째, 경쟁상대에 대응하기 위해 해외진출을 결심하기도 한다. 우리나라의 전자, 자동차 업체가 미국 시장에 진출했던 것도 미국의 시장이 커서이기도 하지만 거기서 세계 수준의 업체들이 경쟁을 벌이고 있기 때문이다. 오늘날 세계의 시장으로 급부상한 중국은 전 세계 기업들이 뛰어들어 치열한 경쟁을 벌이는 전쟁터가 됐다. 우리나라에서보다 훨씬 더 많은 해외 브랜드를 중국에서 발견하게 되는 이유이다. 이들 기업들은 중국 시장이 크기도 하지만 경쟁업체가 중국에 진출했기 때문에 중국에 진출한 경우가 많다.

2) 유형

그린필드와 브라운필드

해외직접투자는 기준에 따라 몇 가지 유형으로 나눌 수 있다. 먼저 그린필드(green field)와 브라운필드(brown field) 투자이다. 그린필드투자는 기업이 현지에 없던 생산설비를 새로 설립하는 것이다. 반면 브라운필드투자는 기존의 생산설비나 기업 소유권을 매입하는 것이다. 기업이 해외에 그린필드투자를 하면 새롭고 효율적인 생산 시설을 얻게 되고 현지국 입장에서는 투자를 유치하여 고용을 창출하게 된다. 그러나 없던 시설을 만드는 과정에서 막대한 초기비용이 들고 현지의 고용상황과 비즈니스 환경 등에서 오는 리스크를 감당해야 한다. 브라운필드투자는 기존 설비나 조직을 인수함으로 빠른 시간 내에 현지시장에 접근하게 되는 반면 그린필드투자가 누리는 생산의 효율성을 기대하기는 어렵다. 브라운필드투자를 통해 절반 이상의 지분을 매입하게 되면 인수·합병과 같은 뜻이 된다.

수평투자와 수직투자

해외직접투자는 현지에 투자하는 설비의 성격에 따라 수평투자와 수직투자로 나눌 수도 있다. 수평투자는 본국의 제품생산 시설을 그대로 이식하는 것이다. 같은 제품을 해외에서 효율적으로 생산하여 시장을 확대하려고 할 때 수평투자가 이뤄진다. 베이징의 현대차 공장을 카피하여 충칭에 건설한 것이 수평투자의 예가 된다. 수직투자는 가치사슬(밸류체인; value chain)상 본국과 다른 영역을 해외에 구축하는 것이다. 삼성전자가 반도체 공정을 나누어 기초 처리는 중국에서, 후반부 가공은 한국에서 운영하는 것이 수직투자의 예가 된다. 글로벌 밸류체인이 복잡해지면서 수직투자 활동이 증가하고 있다. 수직투자 활동은 필연적으로 국제무역을 유발시킨다. 각기 다른 나라에서 만들어진 부품들이 오가면서 하나의 제품이 완성되고 그 완성품이 전혀 다른 나라로 수출되기 때문이다.

단독투자와 합작투자

해외투자를 단독으로 하느냐 파트너와 함께 하느냐에 따라 단독투자와 합작투자로 나눌 수도 있다. 이는 이어지는 조인트 벤처 부분에서 자세히 설명한다.

(3) 조인트 벤처

조인트 벤처의 정의

조인트 벤처란 파트너와 공동의 지분투자를 통해 회사를 설립하는 것이다. 글로벌 조인트 벤처일 경우 현지의 기업이과 해외의 기업이 공동으로 출자하여 새로운 기업을 설립하는 것을 말한다. 앞서 설명한 개념으로 합작투자와 같은 뜻이다(자본을 합친다는 뜻에서 "합자(合資)투자"라고 부르기도 한다). 조인트 벤처 혹은 합작투자를 왜 하는지 이해하기 위해서는 단독투자와 비교해서 장단점을 알아야 한다.

단독투자 가능여부

기업이 해외직접투자를 하면서 현지 파트너 없이 완전소유자회사를 설립하는 것이 단독투자이다. 이렇게 하면 기업은 현지 자회사를 완벽히 통제할 수 있고 수익도 혼자서 가져갈 수 있다. 기업의 제품이나 서비스가 완전히 글로벌화되어 있어서 현지 파트너가 필요 없을 때 단독투자를 한다. 그러나 이렇게 하는 것이 불가능하거나 바람직하지 않은 경우가 있다. 먼저 어떤 나라는 특정 산업에 대해 외국의 독자(獨資)기업 설립을 허용하지 않는다. 중국의 자동차 산업이 그 예인데, 해외 기업은 예외 없이 현지의 국유기업과 51:49의 불리한 조인트 벤처를 설립해야 한다. 즉 중국에서 자동차 산업은 외국의 단독투자가 불가능하다(2018년 들어 신에너지·친환경 자동차 부문에서 이러한 규제가 완화되기 시작했다).

단독투자를 피하는 경우

단독투자가 가능하지만 바람직하지 않은 경우도 있다. 모기업의 자금이 충분치 않거나, 현지 시장을 제대로 모르거나, 현지민들의 민족적 감정을 자극하게 되거나 하는 경우이다. 현지 파트너가 기술이나 노하우 등 협력할만한 가치가 있는 요소를 보유하고 있다면 그것을 활용하기 위해서도 조인트 벤처를 설립할 수 있다.

조인트 벤처와 경영권 장악

기업이 해외 조인트 벤처를 설립하면 이러한 이점을 누릴 수 있으나 합자기업의 경영권을 장악하기 어렵다는 근본적인 문제가 있다. 현대자동차가 중국의 베이징(北京)자동차와 합자하여 설립한 베이징현대(北京現代)는 중국의 법률에 따라 한국 측이 49%의 소수 지분을 가지게 됐다. 베이징현대는 현대자동차의 부품과 설계·기술을 활용하여 현대자동차의 모델을 생산하므로 경영권과 지분 사이의 모순은 필연적인 것이었다. 투자 초기에는 일종의 밀월 관계로 이러한 모순이 수면 아래 있었지만 곧 베이징자동차 측은 기술이전과 자국 부품 사용을 요구하기 시작했다. 베이징현대가 베이징을 벗어나 충칭(重慶)에 제5공장을 지을 때도 베이징 측의 심각한 저항에 직면해야 했다. 해외 조인트 벤처를 설립하려는 기업은 주도적인 지분을 확보하거나, 그것이 불가능할 경우 별도의 계약조항을 설계하여 경영권을 확보해야 한다.

(4) 해외 인수·합병

해외 인수 · 합병

해외 인수·합병(Merger and Acquisition, M&A)은 앞서 설명한 브라운필드투자의 일종이지만 기업의 경영권을 차지할 정도의 절대 지분을 확보하려 한다는 특징이 있다. "인수·합병"이 종종 하나의 단어처럼 통용되지만 실은 인수와 합병은 다른 개념이다. 인수당한 기업은 존속하지만 합병당한 기업은 사라진다. 즉 지분이나 자산을 매입해서 그 회사를 그대로 존속시킨 채 경영권을 행사하면 '인수'이고, 회사의 명칭과 법인을 지우면 '합병'이다. 이 때 매입측이 흡수하는 흡수합병과 제3의 법인을 탄생시키는 신설합병이 있다.

사례 연구 CJ대한통운의 중국 진출 활동

물류업은 해외 업체가 진출하기 어려운 분야이다. CJ대한통운은 세계 최대 택배물류 시장으로 부상한 중국 시장에 진출하기 위해 일련의 인수·합병과 조인트 벤처 설립을 진행했다. 2013년 프로젝트 화물 전문 업체인 스마트 카고 인수, 2015년 중국 최대 냉동물류 회사인 룽칭물류 인수, 2016년 중국 3대 전자업체 TCL의 물류전담 자회사 SPEEDEX와 합자한 CJ SPEEDEX 설립이 그것이다. 이러한 일련의 노력의 결과 중국에서의 택배 소화량이 한국의 물량을 넘어설 것으로 보인다.

우호적 · 적대적 인수합병

인수·합병은 협상에 의해 진행되기도 하고 적대적 세력에 의해 강제로 진행되기도 한다. 두 기업이 인수·합병을 통해 시너지를 내는데 합의하고 협상에 의해 이를 실현할 수 있다. 한편 어떤 기업이 경영부진으로 인해 주가가 하락한 상황에서 적대적 세력이 그 주식을 매집한 후 위임장 대결(proxy fight)이나 공개인수(tender offer)를 성공시킨다면 이는 강제적인 인수·합병이다. 위임장 대결은 인수 희망자가 다른 주주들의 의결권을 위임받아 주주총회에서 경영권을 획득하는 것이다. 공개인수는 불특정 다수의 주주들에게 일정한 조건으로 주식을 매집하겠다는 공고를 하고 이에 응하는 주주들의 주식을 매집하여 경영권을 차지하는 것이다.

현금합병과 주식합병

인수·합병은 주식에 대한 거래 방식에 따라 현금합병과 주식합병으로 나뉜다. 현금합병은 주식을 현금으로 매입하는 것이고 주식합병은 주식과 주식을 일정한 비율로 교환하는 것이다. 이를테면 A기업이 주식합병으로 B를 인수하려 한다면 B주식 2주당 A주식 1주 기준으로 B기업의 주주들에게 교환해 주는 것이다.

인수 · 합병과 경영권 보호

한편 피인수 기업의 경영권을 확보하려는 순수한 목적이 아니라 시세차익을 노린 인수·합병도 있다. 기업을 인수한 후 자산을 매각하여 수익을 얻거나, 구조조정 등의 뉴스를 발표하여 주가를 끌어올린 후 매각해 버리는 것이다. 최근에는 불투명한 지분구조의 틈새를 노리고 이를 개선하겠다는 명분으로 인수·합병을 시도하는 이른바 기업지배구조(Corporate Governance) 펀드 관련 소식도 전해진다. 이러한 현상도 주주 자본주의(Shareholder Capitalism)의 일종으로 받아들여야 한다는 주장과 실물경제와 관계없는 이러한 약탈적 행위에 대항하여 경영권을 보호해 줘야 한다는 주장이 맞서고 있다.

인수 · 합병과 反독점법

한편 최근 글로벌 인수·합병이 국제적 反독점 원칙의 검증을 받아야 하는 경우가 발생하고 있다. 과점 상태의 두 기업이 합병하여 독점적 지위를 남용할 수 있기 때문이다. 2018년 7월 미국 반도체 기업 퀄컴은 네덜란드 NXP 반도체 인수를 포기했다. 퀄컴은 모바일 반도체 1위 기업이고 NXP는 차량용 반도체 전문 업체이다. 이 두 기업의 합병은 글로벌 반도체 시장의 독점을 가져올 수 있으므로 인수·합병은 주요 반도체 관련 국가들의 승인을 받았어야 했다. 우리나라를 비롯한 8개국이 이에 동의했지만 중국이 동의를 미룬 끝에 이 인수·합병은 실현될 수 없게 됐다(한겨레, 2018). 이전에도 미국 통신사인 AT&T가 영국 통신사인 British Telecommunications와 합병하려고 했을 때나 미국 미디어 기업인 Time Warner가 음반 회사인 EMI와 합병하려고 했을 때 모두 반독점 당국이 심사한 바 있다.

보충학습 기업가치 평가

기업 인수·합병 작업의 핵심은 기업의 가치를 어떻게 평가하냐는 것이다. 이는 별도의 본격적인 학습이 필요한 과제이다. 관심있는 분들은 투자론이나 재무회계를 더 공부하기 바란다.

(5) 전략적 제휴

전략적 제휴의 포괄적 개념

전략적 제휴는 두 개 이상의 기업이 공통의 목적을 위해 여러 가지 형태로 협력한다는 포괄적인 의미를 지니고 있다. 사실상 이제껏 우리가 학습한 내용 중 많은 것이 전략적 제휴에 포함된다. 이를 정리하면 [그림 12-2]와 같다. 일반적으로 수출활동을 전략적 제휴라고 부르지는 않는다. 금융수익을 목적으로 한 해외간접투자 역시 전략적 제휴의 범주에 든다고 할 수 없다. 즉, 전략적 제휴란 '계약'에 해당하는 라이센싱, 프랜차이징, 위탁생산과 해외직접투자에서 합자(조인트 벤처)에 의한 그린필드 투자, 그리고 경영참여를 목적으로 하는 브라운필드 투자를 포함하는 개념이다. 단 적대적 인수·합병은 전략적 제휴라고 볼 수 없다.

정리하면, 전략적 제휴는 엄밀한 개념이라기보다 포괄적이고 실용적인 개념이다. 따라서 위 그림의 범주에 들지 않는, 기업 간 단순 협력 제휴도 당연히 전략적 제휴에 포함된다. 거기에는 판매, 기술개발, 조달, 마케팅, 생산 등 기업 경영에 많은 분야가 포함될 수 있다.

그림 12-2 기업의 글로벌 활동과 전략적 제휴의 개념

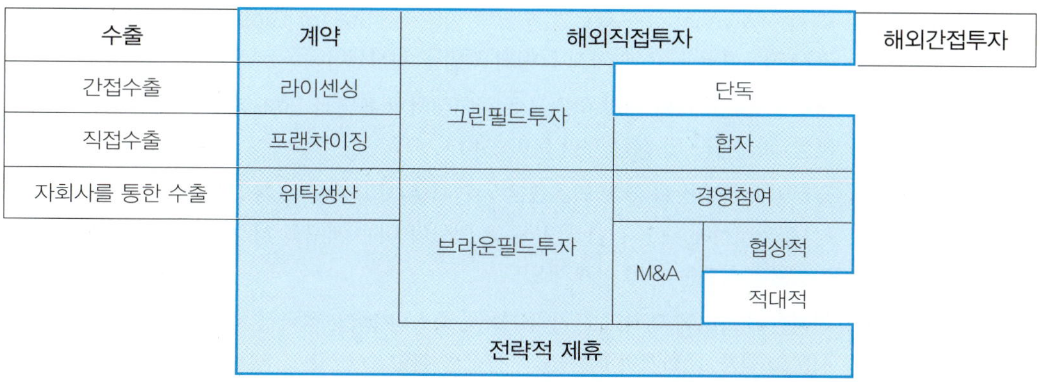

요약

1. 현대적인 의미에서 본격적인 글로벌 경영은 2차 대전 후에 본격적으로 시작된 것으로 본다. 50년대에 미국 기업들의 해외 활동이 증가하면서 이들을 MNC(Multinational Corporation) 즉 '다국적 기업'이라고 부르게 된 것이다.
2. 80년대에 들어 다국적 기업은 글로벌 기업(Global Corporation)이란 개념으로 진화한다. 글로벌 기업은 전 세계를 대상으로 활동하는 기업을 지칭한다.
3. 50년대 이후 기업의 국제화가 급속도로 진행된 요인을 다섯 가지로 들 수 있다. 보호주의의 종말, 수송기술의 발전, 통신기술의 발전, 소비자 기호의 동질화, 그리고 냉전 체제의 종식이 그것이다.
4. 웁살라 모형은 기업의 국제화를 단계적인 과정으로 인식한다. 산발적인 해외 판매 시도, 대리상을 통한 간접수출, 판매 자회사를 통한 영업과 마케팅, 현지 생산 자회사 설립과 같다. 기업은 이러한 과정을 지리적·문화적으로 가까운 나라들로부터 시작하여 점차 해외 비스니스 영역을 넓혀간다.
5. 본-글로벌(Born-Global) 모형은 말 그대로 태생적 글로벌 기업을 상정한다. 많은 기업들이 창업 초기부터 해외 비즈니스를 시작하고 있고 이들을 국제신생기업(International New Ventures, INVs)이라 부른다.
6. 펄뮤터(H. V. Perlmutter)는 본국중심, 현지중심, 지역중심, 세계중심의 네 가지 유형으로 기업 국제화를 설명한다. 각각의 머리글자를 따서 EPRG 모형이라고 부른다.
7. 발렛(C. A. Barlett)과 고샬(S. Ghoshal)의 모형은 현지 시장의 힘(Pressure for Local Responsiveness)과 글로벌 통합의 힘(Pressure for Global Integration)이라는 두 가지 척도를 가지고 네 가지 유형의 기업을 제시했다.
8. 글로벌 비즈니스의 정치 리스크로 정치질서의 불안과 안보 위협, 재산권 몰수, 공정경쟁 제한, 과실송금 및 청산 제한 등이 있다.
9. 글로벌 비즈니스의 문화 리스크로 시간관념 차이, 인간관계 개념의 차이, 계약관념의 차이, 불확실성에 대한 관념 차이 등이 있으나 이는 서구적 시각 위주이며, 문화의 변화 가능성을 무시하는 등의 한계가 있다.
10. 이러한 리스크에 대하여 포기 및 철수, 축소와 분산, 적극적 자리매김, 본국문화 이식, 현지문화 적응, 문화차이 이용 등의 전략을 취할 수 있다.
11. 수출에는 간접수출, 직접수출, 해외자회사를 통한 수출이 있다.
12. 라이센싱이란 특허, 등록상표, 노하우, 기술공정 등을 제공하고 로열티나 수수료를 받는 계약 방식이며, 프랜차이징이란 가맹점에게 영업 노하우와 브랜드 등을 전수하고 지속적으로 가맹점의 비즈니스를 통제하거나 지원하는 계약 방식이다.
13. 위탁생산이란 기술과 원료를 제공하고 생산계약을 맺는 것이며 OEM과 ODM 두 가지 방식이 있다.

14. 해외직접투자(Foreign Direct Investment, FDI)란 기업이 현지(해외)에서 비즈니스를 직접 운영하거나 참여할 목적으로 투자하는 것을 말한다. 시장접근, 자원획득, 생산 효율화, 경쟁 대응 등이 그 목적이다.

15. FDI는 그린필드투자와 브라운필드투자 혹은 수평투자와 수직투자, 단독투자와 합작투자 등으로 유형화할 수 있다.

16. 조인트 벤처란 파트너와 공동의 지분투자를 통해 회사를 설립하는 것이며 자금이 충분치 않거나, 현지 파트너를 활용할 여지가 있을 때 채택한다. 그러나 합자기업의 경영권을 장악하기 어려울 수 있다.

17. 해외 인수·합병(Merger and Acquisition, M&A)은 기업의 경영권을 차지할 정도의 절대 지분을 확보하는 행위이다. 인수·합병은 우호적일 수도 있고 적대적일 수도 있다. 형식에 따라 주식합병과 현금합병으로 나눌 수 있으며 적대적 인수·합병에 대항하여 경영권을 보호해줘야 한다는 목소리도 있다.

18. 전략적 제휴는 두 개 이상의 기업이 공통의 목적을 위해 여러 가지 형태로 협력한다는 포괄적인 개념이다.

연습 문제

1. 전근대적 글로벌 경영과 현대적 의미의 글로벌 경영에 대해 논하라.
2. 2차 대전 이후 기업의 국제화가 급속히 진행된 요인에는 어떤 것이 있는가?
3. 웁살라 모형과 본 글로벌 모형은 해당하는 사례들을 더 많이 찾아보라. 각각 어떤 경우에 더 설명력이 높은가?
4. 오늘날 가장 글로벌화된 기업 중 하나인 GE(General Electric)의 사례를 관찰하고 펄뮤터가 상정한 네 가지 유형으로 설명할 수 있는지 생각해보라. (Drachal, K. (2014). What Do We Know From Eprg Model? VII. General Electric Case)
5. 발렛-고샬 매트릭스에서 "현지 시장에 대한 반응 필요성"과 "글로벌 통합의 필요성"이란 어떤 것일지 조사해보고 두 가지씩 예를 들어 보라. 또한 네 가지 유형의 기업의 예를 더 많이 들어보라.
6. 우리나라 해외건설 업체들이 현지에서 맞딱드리는 어려움들에 대해 조사해보고 이를 정치적, 문화적 혹은 다른 카테고리의 리스크로 분류해 보라.
7. OEM 방식과 ODM 방식의 예를 각각 검색하여 발표해보라.
8. 금융 수익을 목적으로 지분을 매입하는 간접투자, 경영에 참여하기 위해 지분을 매입하는 브라운필드투자, 경영권을 장악하기 위한 인수·합병 사이에 어떤 관계가 있는지 토론해 보라.
9. 2003~2005년 소버린(Soverign)이라는 외국계 펀드가 한국의 SK그룹의 지분을 대거 매집하여 경영권 쟁탈전을 벌인 일이 있다. 이에 대해 조사하고 이러한 금융행위에 대해 찬반을 나누어 토론해보라.
10. 전 세계 항공사들은 제휴 관계에 따라 세 파로 나뉘어 있다. 이에 대해 조사해보라. 우리나라의 대한항공과 아시아나항공은 각각 어디에 속하는가? 이는 무슨 전략적 제휴에 해당하나?

CHAPTER 13

글로벌 기업의 경영 전략

많은 리스크가 상존하는 글로벌 경영을 어떻게 해 나갈 것인가? 글로벌 경영을 하고자 하는 기업은 무엇을 해야 하고 무엇을 조심해야 하나? 나아가 글로벌 경영에서 경쟁을 뚫고 승리하려면 어떤 전략을 써야 하나?

이 장에서는 글로벌 기업의 경영전략으로서 조직구조, 인적자원 관리, 마케팅, 생산관리에 대해 알아본다. 이러한 항목들은 모두 전통적인 경영학의 주제이다. 기업의 글로벌화가 이뤄지기 전부터 논의되고 정리되온 주제들인 것이다. 그러나 기업의 글로벌화가 진행되면서 전통적인 전략들을 글로벌 경영의 차원에서 새롭게 구성해야 할 필요성이 대두됐다. 시장개척, 자원획득과 배분, 인력관리 등 모든 분야에서 글로벌 무대와 국내 무대는 선명한 차이점을 가져오기 때문이다. 이 장에서 정리한 내용은 차이점을 규명하고 그에 대응해온 노력의 일환이다.

13.1 조직구조

기업의 조직구조는 기업이 처한 환경과 기업의 전략을 반영하여 역동적으로 변할 수 있다. 역으로 조직을 변모시켜서 기업의 전략을 효과적으로 구사할 수도 있다. 글로벌화가 진행되면 기업의 고객과 목표와 문화가 근본적으로 변할 수밖에 없고 그에 따라 조직도 변하게 된다.

글로벌 기업의 조직구조는 글로벌화의 진전과 유형에 따라 수출부서, 해외 자회사, 국제사업부서로 나눌 수 있다. 여기까지는 본국의 제품과 노하우를 해외에 투사하는 글로벌화의 초기 단계 조직형태이다. 글로벌 이슈가 본사 자체의 근본적인 조직 변화를 요청하게 되는 글로벌화 심화단계에 이르면 지역별 조직과 기능별 조직, 제품별 조직 그리고 매트릭스 조직으로 나눠볼 수 있다.

(1) 글로벌화 초기 단계 조직

수출 부서 조직

국내에서 개발한 제품을 해외로 수출하는 것이 가장 단순한 글로벌화임은 앞 장에서 논한 바와 같다. 많은 중소기업들은 수출 대리상(agent)을 처음 이용하게 된다. 해외시장을 스스로 개척하거나 해외의 니즈를 파악하여 대응할 역량이 부족하여 아웃소싱 해야 하기 때문이다. 그러나 이러한 역량을 점차 갖추게 되면서 기업은 수출 대리상의 업무를 소화할 수 있는 수출 전담부서를 설치하게 된다. 수출 부서는 기존 마케팅 조직 산하에 설치될 수도 있고 경영진 직속 부서로 설치될 수도 있다. 수출 부서는 수출 마케팅, 해외 유통망 관리, 수출입 관리, 외환출납 등의 업무를 맡게 되고 수출할 물품을 회사 내외에서 조달하는 업무까지 담당할 수 있다.

그림 13-1 수출부서 조직의 예

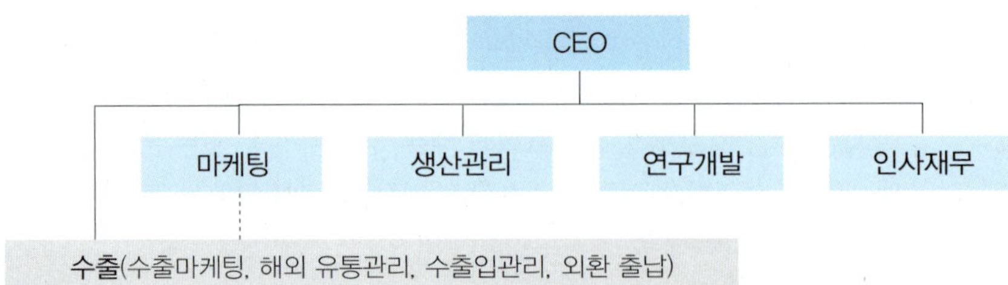

현지 자회사 조직 이어서 기업은 해외 자회사 설립을 추진할 수 있다. 자회사를 갖춘 조직은 자회사가 모회사 CEO에게 직접 보고하는 형태를 취할 수도 있고 자회사들을 관리하는 국제사업부의 통제를 받을 수도 있다. 여기서는 좀 더 단순한 형태로 자회사가 CEO에게 직접 보고하는 조직의 특징을 먼저 살펴 본다.

유형과 특징 해외에 세워지는 자회사는 현지 시장조사와 마케팅·판매 기능만을 가진 단순한 조직일 수도 있고 생산과 제품기획까지 포괄하는 복잡한 조직일 수도 있다. 또한 자회사가 본사로부터 독립적인 역할을 부여받을 수도 있고 본사의 통제에 따라야 하는 수도 있다. 대체로 독립채산을 허용하느냐가 자회사 독립성의 중요한 관건이 된다. 국내 수출부서만 있다가 현지 자회사가 설립되면 현지의 상황에 유연하게 대처할 수 있고 제품의 현지화를 통한 매출 확대를 기대할 수 있다. 또한 현지 인력을 현지에서 활용함으로서 해당 지역에 더 깊게 침투하게 되고 거기에서 새로운 비즈니스 기회를 창출할 수도 있다. 반대급부로 자회사의 독립성이 전체적인 효율을 해치는 수도 있는데, 이를테면 독립성이 높고 현지화된 자회사가 본사의 통제를 벗어나고 관심과 지원을 받지 못한다면 비즈니스의 정체성 자체를 위협받을 수 있다. 또 CEO에게 직접 보고하는 조직이라면 CEO가 현지의 복잡한 상황에 대처하기 위한 본사의 역량을 동원하기 위해 에너지를 많이 들여야 할 수도 있다.

국제사업부 조직 국제사업부는 자회사가 세계 각지에 여러 개로 늘어나면서 글로벌 비즈니스를 종합적으로 관리할 필요가 있을 때 구축하게 된다. 국제사업부가 없는 자회사 조직은 CEO의 역량에 크게 의존하게 되기 때문에 불안정하기 때문이다. 기업은 국제사업부를 만들고 그 산하에 생산·마케팅·재무·인사 등 제반 기능을

그림 13-2 현지 자회사 조직의 예

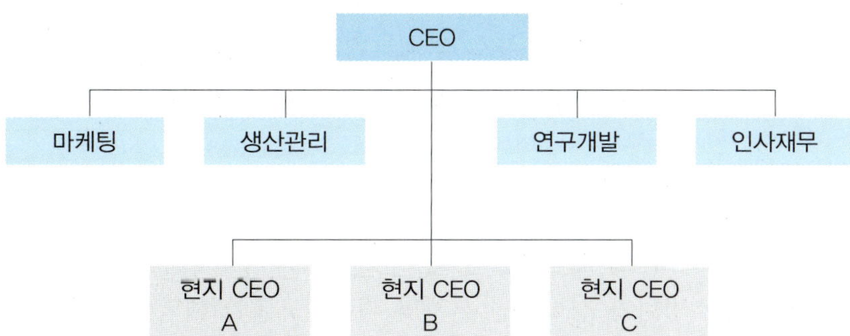

그림 13-3 국제사업부 조직의 예

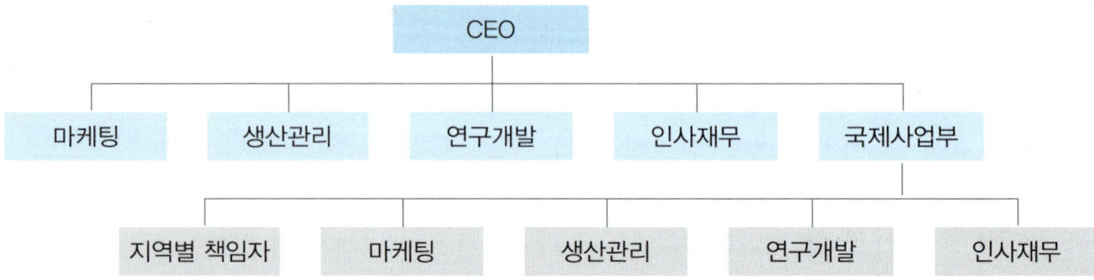

배치함으로서 글로벌 이슈에 좀 더 전문적으로 대응할 수 있게 된다. CEO의 부담을 덜 수 있음은 물론이다. 특히 글로벌 비즈니스가 확장기에 있을 때라면 국제사업부의 필요성이 더 커진다.

국제사업부의 위상

국제사업부가 생기게 되면 그 위상이 중요해진다. 자체적인 스탭을 갖추고 있는 국제사업부는 자연스레 여타 스탭 부서나 기타 기능별 조직보다 높은 위상을 갖게 된다. 특히 우리나라는 내수시장이 작으므로 글로벌화가 진행되면서 해외 매출이 국내 매출을 넘어선 기업들이 많은데 이런 경우 국제부문의 대표는 CEO에 버금가는 직위와 직책을 누리는 것이 자연스럽다. 2017년 국내매출 38조원, 해외매출 58조원을 기록한 현대자동차가 그러한 예이다. 2018년 현대자동차의 사장급 임원진들의 담당 업무는 전략기획, 연구개발, 비서실, 생산개발 등과 함께 "중국사업"이 자리를 차지하고 있다. 중국사업이 중국 자회사의 문제가 아니라 본사 사장급 임원을 별도로 안배하여 다뤄야 할 문제인 것이다.

국제사업부 조직의 소통 필요성

국제사업부가 자체적인 기능별 스탭을 가지고 있으므로 여타 부서와의 의사소통이 매우 중요해진다. 국제사업부의 목표와 이해관계가 다른 부서의 그것과 다를 경우 의사소통의 부재는 갈등의 표출로 이어지기 쉽다. 이런 경우 부서 간 서열을 확실히 정리하거나 CEO의 조정역할을 상시화하는 식으로 해결할 수 있다.

(2) 글로벌 심화 단계 조직

글로벌 심화 단계 조직의 유형

글로벌화가 심화되면 본사와 지사, 국내와 해외의 구분이 무의미해진다. 앞장에서 국적을 가늠하기 어려운 글로벌 기업들에 대해 논의한 바 있다. 이러한 기업들은 필연적으로 본사-지사의 구분이 없이 전 세계를 아우르는 일괄 조직 체계를 구축할 수밖에 없다. 무엇을 기준으로 그러한 조직을 구축하느냐에 따라 지역별 조직, 기능별 조직, 제품별 조직으로 나눌 수 있다. 마지막으로 이러한 것들이 모두 종합된 매트릭스 조직이 있다.

지역별 조직 지역별 조직은 각 지역의 책임자가 지역별 기능 조직을 갖추고 각 지역을 책임지는 조직이다. CEO는 각 지역을 총괄하는 역할만을 하는데 본사 자체의 스탭층은 그리 두텁지 않다. 이러한 조직은 제품의 특징보다 현지의 니즈가 더 잘 반영되는 특징이 있고, 현지의 특성에 맞춘 제품 구성과 경영 전략을 채택하게 된다. 또 각 지역 조직 간 경쟁을 통해 기업 전체의 성장이 촉진되는 효과도 누릴 수 있다. 그러나 지역별 성과를 중요시하는 나머지 기업의 전체적인 통일성(integrity)이 떨어질 수 있고 성장이 빠른 지역과 그렇지 않은 지역 사이의 격차가 발생할 수 있는 단점이 있다. 또 지역별로 스탭을 보유하게 되기 때문에 중앙이 총괄하는 조직에 비해 효율성이 떨어질 수 있다.

기능별 조직 기능별 조직은 마케팅, 제조, 연구개발, 재무 등 주요 분야의 책임자가 각 지역들을 두루 책임지는 형태이다. 이를테면 마케팅 조직은 아시아와 미주, 유럽에 걸친 종합적인 마케팅 전략을 수립하고 추진한다. 연구개발 조직은 전 세계에 통용될 혹은 특정 지역에 투입될 제품을 일괄적으로 책임지고 개발한다. 이러한 조직은 소품종 대량생산 제품을 보유한 기업에 적합하다. 또 지역별 니즈

그림 13-4 지역별 조직의 예

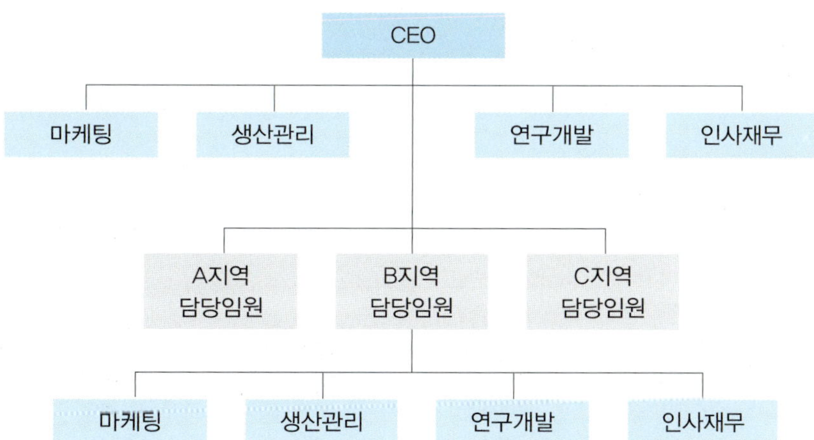

그림 13-5 기능별 조직의 예

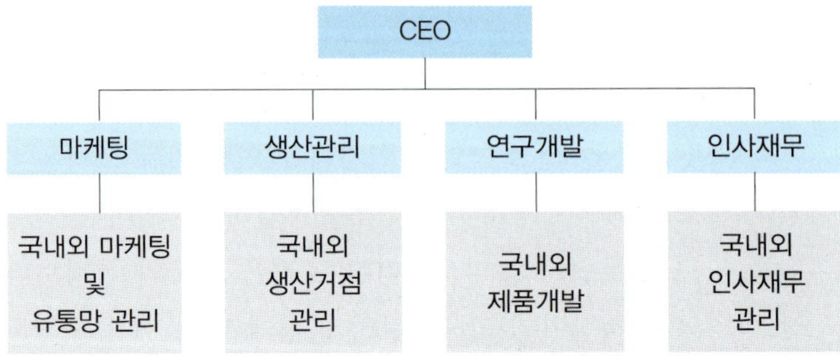

와 마케팅 이슈가 크지 않은 경우에도 기능 중심의 조직을 운용할 수 있다. 자연스럽게 본사의 역량이 크게 발현되는 장점이 있다. 반면 다품종 제품의 경우에는 지역별로 특화된 전략을 구사하기가 힘들다는 단점이 있다.

제품별 조직 제품별 조직은 제품의 특성이 두드러져서 각자 특화된 전략과 시장을 요구하는 경우에 적합하다. 제품A와 제품B가 독립적인 연구개발을 요구하고 각자 독립적인 시장을 겨냥하고 있는 것이다. 이를테면 저가 시장을 겨냥한 제품A와 고가 시장을 지향하는 제품B는 서로 전혀 다른 조직과 전략을 요구하게 된다. 동남아 시장에 투입될 제품과 유럽시장에 투입될 제품은 각기 독립된 조직에서 기획하는 편이 효율적일 것이다. 제품별 조직은 제품의 기획부터 생산까지 각자 목표로 하는 시장에 맞추어 진행하게 된다. 다품종 제품을 보유한 기

그림 13-5 제품별 조직의 예

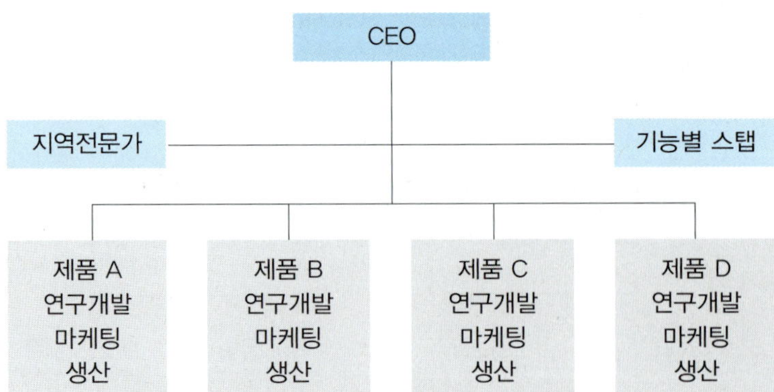

업에게 적합하다. 그러나 제품별 조직의 제품별 책임자는 국내에서 해당 제품 개발을 전담해온 인물이기 때문에 해외 비즈니스에 수반되는 자질을 갖추지 못했을 수 있다. 또한 제품별 스탭을 별도로 꾸리게 되므로 전체적인 효율성이 떨어질 수 있고 제품 라인 간에 갈등이 벌어질 개연성도 있다. 이를테면 두 개의 제품이 동일한 지역을 목표로 하고 있다면 한 기업에서 전략의 상충이 벌어질 수도 있는 것이다.

매트릭스 조직

원래 매트릭스 조직은 스탭 기능과 제품을 행렬(matrix) 형태로 배치한 조직이다. 전략, 마케팅, 생산관리 등의 기능을 가로축에 놓고 제품 A, B, C를 세로축에 놓아 각 스탭 부서가 모든 제품군을 효과적으로 관리하는 동시에, 각 제품을 맡은 부서도 일정한 자율성과 책임을 가지고 매출을 책임지는 형태의 조직이다. NASA가 매트릭스 조직을 채택하여 1969년 아폴로11호의 달착륙을 성공시켰다고 알려지면서 민간기업에서도 크게 유행하기 시작했다. 그러나 80년대 초에 들어서면 매트릭스 조직이 지닌 이원적 보고체계(dual reporting system)가 효율성을 떨어뜨린다는 사실을 알려졌고, 실제로 매트릭스 조직을 채택한 기업은 많지 않다는 것이 드러나기도 했다. 그러나 최근에는 경영환경의 복잡성이 점점 커지면서 기업조직에도 이를 반영하기 위해 매트릭스 조직을 구성하는 기업이 늘고 있다.

매트릭스의 유형

우리가 글로벌 비즈니스 맥락에서 다룰 매트릭스 조직이란 해외 지역들을 하나의 축으로 놓고 나머지 축에 기능 혹은 제품을 배치한 것이다. 즉 지역-기능 행렬과 지역-제품 행렬의 두 가지 매트릭스 조직이 구성 가능하다. (이론적으로는 지역-기능-제품의 3차원 매트릭스 조직도 구상해볼 수 있으나 이는 지나치게 복잡하여 현실에서 적용된 바는 없다.) 지역-제품 매트릭스 구조라면 甲지역 A제품 담당자는 지역 책임자와 제품 책임자에게 동시에 보고하고 지원을 받는다. 지역-기능 매트릭스 구조라면 甲지역 a기능 담당자는 지역 책임자와 해당 기능 책임자에게 동시에 보고하고 지원을 받는다.

매트릭스 조직의 장점

글로벌 매트릭스 조직을 운영하면 "지역-제품" 혹은 "지역-기능"별로 명확한 담당자가 존재하게 됨으로 관련 이슈들을 능동적으로 다룰 수 있다. 또한 조직의 지원 및 관리 능력을 효과적으로 동원하여 지역 조직의 발전을 도모할 수 있다. 그러면서도 지역의 니즈가 효과적으로 반영되고 본사로 피드백될 수 있다. 즉 지역의 독립성과 조직과의 통합성을 적절히 살린 최적의 조직 운용을 할 수 있는 것이다.

매트릭스 조직의 단점

그러나 만약 한 이슈에 대해 현지와 본사 두 개의 단위가 의견을 달리하는 경우 어느 한편이 우위에 있지 않으므로 조정이 어려울 수 있다. 매트릭스 조직에서는 대체로 동등한 직급자 간에 의견이 조정돼야 하는데 이런 구조에서는 상위 직급자가 책임을 지고 하나의 결정을 밀어붙이는 현상은 나타날 수 없다.

그림 13-7 글로벌 매트릭스 조직의 예(지역–제품)

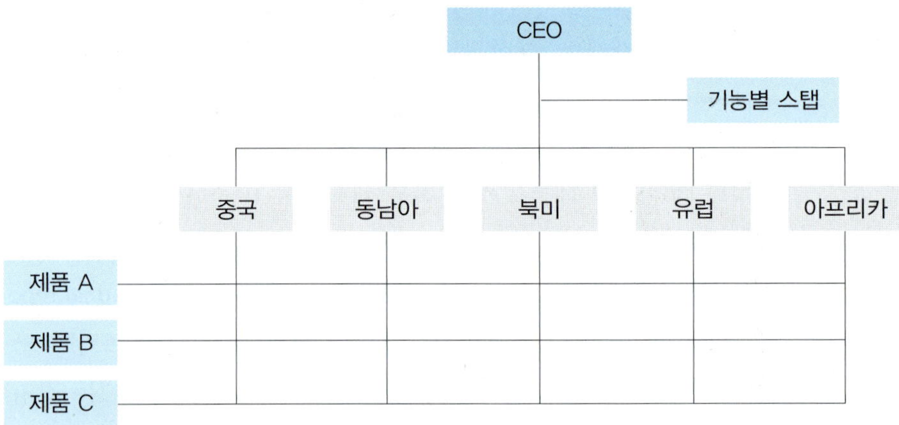

그림 13-8 글로벌 매트릭스 조직의 예(지역–기능)

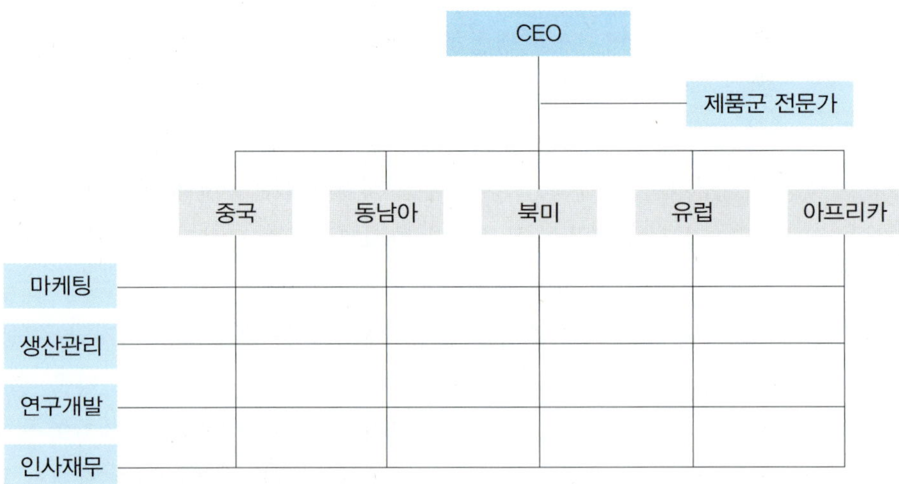

13.2 인적자원 관리

인적자원 관리는 글로벌 경영에서 빼놓을 수 없는 요소이다. 해외에서 어떻게 사람을 조직하고 육성하는가는 비즈니스를 좀 더 편하게 하는 요인이 아니라 비즈니스의 성패를 가늠하는 요인이다. 쌍용차 노조 대응을 소홀히 하여 결국 철수해야 했던 상하이 자동차의 사례나, 현장 매니저를 현지화하지 못 해 매장 구성에 실패하고 결국 중국에서 철수해야 했던 롯데마트의 사례는 글로벌 인적자원 관리의 중요성을 잘 보여준다. 본 절에서는 글로벌 인적자원 관리의 유형을 먼저 알아보고 해외파견 인력의 선발·교육·평가·보상 방법을 개괄한 후 글로벌 노사관계에 대해 서술한다.

(1) 인적자원 관리 유형

글로벌 인적자원 관리의 유형은 본국중심, 현지중심, 지역중심, 세계중심으로 나눌 수 있다. 이는 12장에서 살펴본 기업 국제화 EPRG 모델을 그대로 따른 것이다. 각 유형의 특징은 EPRG 모델의 보편적 함의에서 크게 벗어나지 않는다.

본국중심 관리

본국중심 인적자원 관리 유형은 본국의 성과기준을 현지에 적용하고, 본국에서 주요 관리자를 파견하며, 본사의 관리자가 해외에 나가 경력을 개발할 수 있는 인사관리 시스템을 가지게 된다. 또한 (신입)직원이 동료들과 관계 맺고 자아를 실현하는 사회화(socialization)도 본사에 대한 충성심과 이해를 높이는 것을 목적으로 디자인 된다. 우수한 현지 직원을 본사에 순환 근무할 수 있도록 하는 것이 한 예이다. 본국 중심 유형은 본국이 절대적으로 우월한 제품과 시스템을 갖추고 있어서 그것을 현지에 이식하면 되는 경우에 채택된다. 그러나 이 유형은 현지 인력의 잠재력을 활용하지 않고 그들을 낮은 직급에 머물게 함으로서 사기를 떨어뜨리고, 현지요소를 채택함으로서 발전할 수 있는 기회를 차단한다는 단점이 있다.

현지중심 관리

현지중심 인적자원 관리 유형은 현지 자회사의 독립성을 최대한 발휘하게끔 하는 것이다. 이 유형은 각국의 문화적 특징과 전략적 장점을 적극적으로 경영에 반영하며 현지인을 높은 관리직에 까지 임명한다. 현지인을 현지 최고 경영자에 올리는 수도 있다. 이렇게 하면 본국의 시스템을 이식하는 비용이나 다수의 주재원을 파견하는 비용을 절감할 수 있기도 하다. 그러나 경력 관리나 평가 시스템이 본사와 일관성을 유지하기 어렵고, 다른 지역의 자회사 간의 시너지도 발휘하기 어렵다. 또한 현지 인력이 다른 지역에서 경력을 쌓아 역량을 축적하기도 어렵다.

지역중심 관리

지역중심 유형은 동남아, 북미, 유럽 등 지역을 설정하여 지역을 단위로 인적자원을 관리하는 것이다. 자칫 너무 좁을 수 있는 현지의 인력풀과 경험치를 지역 단위로 확장하여 지역 내 시너지를 도모하는 것이다. 지역 내의 문화와 사회구조가 비슷하다는 전제가 성립한다면 이는 매우 효율적인 인적자원 관리 방법이 될 수 있다. 가령 태국 출신의 관리자가 캄보디아 법인을 관리하는 것이 한국 본사 출신의 관리자가 하는 것보다 더 효율적일 수 있다. 독일 기업 지멘스가 지역 중심의 인력관리를 시행하고 있는데, 지멘스 코리아에는 중국, 말레이시아, 인도 등에서 선발된 인력들이 한국 스탭들과 함께 근무하고 있다.

세계중심 관리

세계중심 인적자원 관리는 본사와 현지라는 구분 없이 전 세계를 대상으로 인적자원을 발탁하고 파견하고 육성하는 것이다. 이를 위해서는 범세계적인 성과 표준이 마련돼 있어야 하고 어느 지역의 인력이건 최적지로 파견할 수 있는 관리 시스템이 구축돼 있어야 한다. 자연히 시스템 구축 비용이 많이 드는 반면 잘 작동하기만 하면 전 세계적인 시너지 효과를 낼 수 있다. 프랑스의 르

표 13-1 EPRG 모델에 따른 글로벌 인적관리의 유형

본국중심 Ethnocentric	현지중심 Polycentric	지역중심 Regiocentric	세계중심 Geocentric
본국중심 성과기준	현지의 독립적 성과기준	지역 내 성과기준 조정	범세계적인 성과표준
본국 출신의 관리자	현지 출신의 관리자	지역 출신의 관리자	지역 불문 최적화된 관리자 투입
본사 관리자가 어디서나 근무할 수 있도록 경력 개발	현지의 독립적 경력 개발	지역 내의 경력 개발	어디 출신이건 어디에서든지 경력개발 가능
본사에 대한 충성 · 헌신 · 이해 목적의 사회화 과정	현지 자회사에 대한 충성 · 헌신을 위한 사회화	해당 지역에 대한 충성 · 헌신을 위한 사회화	기업 전체 및 개별 사업단위에 대한 충성 · 헌신을 위한 사회화

자료: 김광수 외(2014). p.400에서 발췌 정리.

노가 일본의 닛산 자동차를 인수한 후 브라질 출신의 카를로스 곤을 사장에 앉혔던 것이 세계중심 인적자원 관리의 한 예가 된다.

(2) 선발·교육

해외 비즈니스에 필요한 인원을 본국에서 선발하느냐 현지에서 선발하느냐는 기본적으로 앞서 살펴본 EPRG 유형에 따라 결정된다. 각각의 장점과 단점도 앞서 논한 바와 같다. 여기서는 본국중심 유형을 전제로 본국에서 해외로 파견나갈 인원을 선발·교육하는 것에 대해 기술한다. 현지에 대한 인력 관리 전략은 앞 장에서 "문화 리스크 관리"를 논할 때 제시한 바 있다.

반드시 직원을 파견해야 하는가?

직원을 해외로 파견하려고 하면 우선 그 직책이 현지인으로 충분한지 따져봐야 한다. 만약 그렇다면 비싼 주재원을 굳이 파견할 필요 없이 현지인을 선발·교육시키면 된다. 현지인이 할 수 없는 업무라서 본국에서 파견을 해야 한다면 해당 직책이 현지사회와 접촉 필요성이 높은지, 그 나라와의 문화 차이가 큰지 판단해야 한다. 어떤 직책은 현지인과 현지문화와 엮일 필요 없이 기능적인 역할만 수행하면 될 수 있다. 연구개발(R&D) 직책이 한 예가 된다. 어떤 나

그림 13-9 해외 파견 인력 의사결정 과정

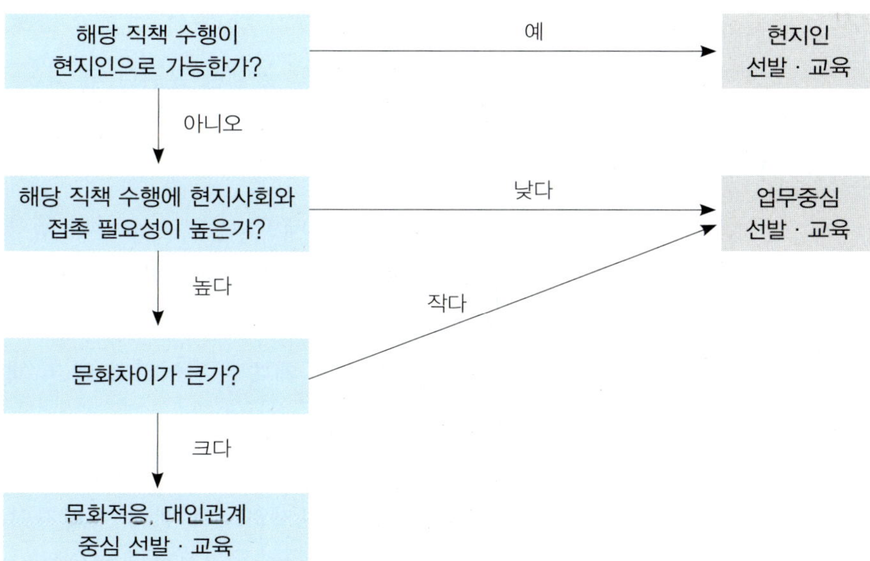

자료: 서민교 · 박병일(2015). p.502에서 축약 정리.

라는 본국과 문화 차이가 크지 않을 수도 있다. 이런 경우라면 파견 인원에 대해 주어진 업무(task) 위주의 교육을 실시하면 된다. 만약 현지문화에 노출될 일이 많고 문화차이도 크다면 본격적인 문화적응과 대인관계 훈련을 시켜야 한다. 해외파견 교육훈련의 내용은 기업마다 다양할 수 있지만 대체로 지역연구, 문화이해, 언어, 감수성, 현장실습 등의 커리큘럼으로 구성된다. 삼성그룹은 '지역전문가과정'이라는 프로그램을 통해 입사 3년차 이상된 직원들 중 일부를 선발하여 순수히 교육 목적으로 현지에 파견하고 어학과 문화를 체험하게 하기도 한다.

파견 인원의 조건

해외 근무에 적합한 인원을 선발할 때 다음과 같은 사항을 고려해야 한다. 먼저 현지인을 통솔할 수 있는 리더십과 언어능력, 그리고 지역에 대한 소양이 필요하다. 이는 훈련을 통해 배양할 수 있는 능력이다. 그러나 훈련을 통해 배양하기 힘든 소양도 있다. 해외파견을 가고자 하는 의지와 열린 자세가 그렇다. 심지어 현지 음식을 잘 소화할 수 있는가도 중요한 요인이 될 수 있다. 이를테면 카레 알레르기가 있는 사람은 인도에 파견 나가기 어려울 것이다. 여기에 개인적 여건도 맞아야 한다. 나이, 성별, 결혼여부 등이다. 현지인을 잘 다룰 수 있는 적정한 나이의 인원을 선발해야 하고, 성별적 터부가 존재할 수 있다는 것도 고려해야 한다. 이를테면 이슬람 중동 지역 현장 관리자로 여성을 파견하기는 어려울 것이다. 또 가족이 다함께 파견을 나가야 하는 조건도 고려해야 한다. 가족부임은 회사입장에서 독신부임보다 비용이 많이 들지만 해당 인력이 현지에서 더 안정적으로 적응하고 역량을 발휘할 수 있는 장점이 있다.

(3) 평가·보상

현지 파견인원의 실적은 본사에서 통제할 수 없는 요인의 영향을 받기 때문에 이를 적극적으로 고려해야 한다. 현지의 경기(景氣), 물가, 환율, 정책 등이 그것이다. 또한 본사 경영진의 방침과 현지 경영진의 방침이 달라서 적절한 성과를 못냈을 수도 있다. 이러한 요인을 제대로 반영하지 않은 채 평가를 하게 되면 해당 피평가자에게 불이익을 주는 것임은 물론, 잠재적 파견자들의 의욕을 꺾음으로서 결과적으로 해외 비즈니스 전체를 그르치게 된다.

파견인원에 대한 평가

이런 상황에서 객관성과 공정성을 보장하려면 현지 경영진의 평가에 높은 가중치를 부여하거나, 현지 경험이 있는 본사 경영진이 평가하는 방법을 쓸 수 있다. 현지 경영진과 본사 경영진이 긴밀한 논의를 통해 파견자를 평가하는 수도 있다. 관건은 원론적인 이러한 방법을 시스템으로 투명하게 만들어서 피평가자와 잠재 파견자들의 불안감을 없애주는 것이다.

파견인원에 대한 보상

해외 파견자의 보상도 국내 근무자와는 다른 사항들을 고려해야 한다. 일단 같은 보상 수준에서는 해외 근무 자체가 불이익이 될 수 있기 때문에 일반적인 기업들은 주거보장, 자녀교육 보장, 특별 수당 등을 통해 이를 만회해준다. 즉 해외에 근무하는 동안 주택을 제공하거나 주거비용을 보전해줌으로서 본국의 주거를 유지할 수 있도록 해준다. 또한 자녀가 국제학교 등에서 안정적으로 교육을 받을 수 있도록 학비를 보조해준다. 이 밖에 해외근무 특별수당이나 본국으로 오가는 비행편을 정기적으로 이용할 수 있게 해준다거나 하는 혜택을 주고 있다.

본국 근무인원 배려

이런 보상이 충분하다면 해외파견 근무에 대한 선호가 높아질 것이다. 그러나 해외근무 혜택이 지나치게 많아서 본국에 근무하는 인원이 상대적인 박탈감을 느껴서는 안 된다. 해외파견 기회가 고르게 주어지지 않는다면 더욱 그렇다.

해외 근로자 과세

해외 파견자 보상에서 과세 이슈를 조심해야 한다. 기본적으로 소득세는 현지에서 납부하는 것이 원칙이다. 그런데 현지의 누진세율이 높은 경우 이를 보전할 수 있을만큼 더 높은 급여를 지급해야 할 수도 있다. 즉 세후 소득이 본국의 수준과 같아지도록 배려해야 한다는 것이다.

동등한 보상 체계

한편 기업이 세계중심(G유형) 인적관리 정책을 편다면 인력이 전 세계 어디에서 근무하건 동등한 혜택을 누리도록 매우 복잡한 시스템 구축을 해야 한다. 나라마다 모두 다른 물가수준과 경제상황을 고려하면 이는 거의 불가능할 수도 있는 과제이다. 따라서 달러화 등 기축통화를 기준으로 일률적인 보상체계를 갖추고 지역 간 격차는 주어진 것으로 받아들이도록 하는 정책을 취하는 기업이 많다.

(4) 노사관계

원활한 노사관계를 구축하는 것은 해외 비즈니스의 관건 중 하나이다. 앞서 제기한 쌍용차와 롯데마트의 철수 사례도 노사관계의 실패에 기인한 바가 크다. 노사관계란 개별 피고용자와 회사와의 관계인 동시에 피고용자 집단과 고용자의 관계이기도 하다. 피고용자들은 자연스럽게 더 높은 보수, 더 좋은 작업환경, 더 안정적인 지위를 희망하는데 고용주는 이에 대해 선제적으로 혹은 방어적으로 대응하게 된다.

해외 인력관리의 갈등

글로벌 비즈니스 환경에서 이러한 일이 좀 더 복잡하게 벌어진다. 피고용자와 고용자가 현지인과 외부인이라는 성격을 갖기 때문이다. 즉 노사 간 의견 차이가 단순히 노동자와 사용자라는 입장 차이 때문이 아니라 국가 간 문화 차이이거나 본사와 자회사 차원의 문제일 수 있는 것이다. 베트남에서 한국인 공장장이 격려의 의미에서 근로자들의 등을 두드렸는데 이것이 신체적 폭행으로 받아들여진다거나, 중국에서 일본인 관리자에 대한 불만이 민족감정과 섞여서 표출된다거나 하는 사례가 있다. 이런 문제는 파견자에 대한 교육을 철저히 시키고 현지인과의 인적 교류를 활성화함으로써 예방하는 것이 최선이다.

글로벌 노사관계 구축

글로벌 환경이기에 노사관계에서 복잡한 기준을 고려해야 하기도 한다. 피고용자들은 현지 다른 기업 근로자들과 비교해서 뿐 아니라, 본사 파견 인력에 비해 열악한 대우에 불만을 가질 수도 있다. 이 경우 급여수준을 결정할 때 현지의 임금수준 뿐 아니라 본사의 임금수준까지 고려하게 된다. 마찬가지로 고용자는 어떤 지역에서의 근로자 대우가 다른 지역에 영향을 미칠 가능성도 고려하게 된다. 국지적인 임금인상이 하나의 사례가 되어 다른 지역 사업장 근로자에게 영향을 미칠 수 있기 때문이다. 이런 맥락에서 현지 관리자의 협상력이 제약을 받게 된다. 독자적인 노사관계 운영을 하지 못하고 본사의 확인을 받아야 하기 때문이다.

사례 연구

중국의 노조, 공회

사회주의 국가 중국은 노동자의 권리를 철저히 지켜주고 있을까? 그렇지 않다. 중국은 규정상 모든 기업에 공회(工會)라는 이름의 노조를 설립하도록 돼 있다. 한때 외국인기업이나 민영기업은 예외로 했으나 이제 일정 규모 이상의 기업은 거의 예외 없이 공회를 갖춰야 한다. 그런데 공회가 노동자들의 자발적인 조직이 아니다 보니 노동자를 대변하는 주도적인 역할은 하지 못한다. 오히려 회사 행사에 들러리를 서거나 노사화합이란 구색 맞추기에 동원되는 역할에 머무는 경우가 많다. 중국에서 간혹 체불임금이나 정리해고를 이유로 노동쟁의가 발생하긴 하지만 거기서 공회가 어떤 역할을 하지는 않는다. 노동자들을 대표하지도 못하고 사측과의 대화통로도 되지 못하는 형식적 존재에 그치고 있는 것이다. 이 때문에 사회주의를 표방하는 중국에서 노동자들의 권익은 별로 보호받고 있지 못하다. 그러나 외국기업의 불공정 행위에 대해서는 정부와 언론이 본때 보여주기 식의 강력한 제재를 할 수 있으므로 고용주가 노동자들을 비상식적으로 대하는 것은 대단히 위험하다.

13.3 글로벌 기업의 마케팅

(1) 글로벌 시장조사

글로벌 시장조사의 필요성

새로 진입하는 해외 시장에 접근하기 위해서는 면밀한 시장조사(market research)가 선행돼야 한다. 목표로 하는 국가·지역에서 기업의 제품이나 서비스가 먹힐 것인지, 소비자들에게 어떤 전략으로 접근해야 할 것인지 등에 대한 조사·연구가 필요한 것이다. 구체적으로 어떤 항목들을 알아야 하는가는 12장에서 논의한 정치·문화 리스크 부분을 참고할 수 있다. 이외에도 해당 국가·지역의 인구구조와 소득분포 등도 반드시 알아야 할 요소이다. 경쟁자 분석도 빼놓을 수 없다. 현지 기업과 글로벌 기업들이 어떤 경쟁구도를 형성하고 있는지가 중요하기 때문이다.[1]

시장조사 자체조직과 아웃소싱

해외시장 정보들을 기업 자체에서 현지 전문가 양성 프로그램이나 별도의 조직을 구성하여 취득할 수도 있다. 인력 운용에 여유가 있는 대기업이라면 이렇게 내부 자원을 활용할 것이다. 그러나 인력 운용에 여유가 없거나, 작은 시장이어서 사내(社內) 전문가 육성에 부적합하거나, 완전히 생소한 시장이라면 외부에 위탁(outsourcing)하여 조사를 진행할 수 있다. 많은 시장조사 전문회사들이 나름대로의 노하우와 지역별 자회사를 갖추고 기업 클라이언트의 니즈에 대응하고 있다.

시장조사의 비용과 효과

자체 조사이건 외부위탁 조사이건 간에 조사의 수준과 이에 따른 일정·비용이 문제가 된다. 분석에 필요한 정보가 2차 자료로 충분하냐 또는 1차 자료까지 수집하느냐에 따라 조사의 수준이 달라진다. 2차 자료(secondary data)란 공공기관이나 다른 연구자들이 이미 수집해 놓은 자료를 말하고, 1차 자료(primary data)란 연구자 스스로가 수집하여 가공한 자료이다. 2차 자료는 약간의 노력과 비용을 들이면 쉽게 획득할 수 있는 반면 1차 자료는 설문조사와 인터뷰 등을 통해 비용을 들여 스스로 구축해야 한다. 이러한 데이터를 설계하고 수집하는 데는 적지 않은 비용과 시간이 수반된다. 비용과 시간을 들일수록 좀 더 효과적인 데이터를 획득할 수 있음은 물론이다.

---

1 이상을 PEST 분석으로 부르기도 한다. Political, Economical, Society, Technology를 뜻한다.

사례 연구 **1차 자료를 통한 고급승용차 시장조사**

고가의 세단을 생산하는 독일의 A기업은 한국 시장을 개척하기 위해 시장조사 전문기관인 B에 조사를 의뢰했다. B는 A의 잠재고객이 될 수 있는 고소득층 40명을 심층 인터뷰하여 그들의 소비성향과 자동차 브랜드 인지도를 조사하기로 했다. 이를 위해 연소득 2억 이상의 남녀 전문직을 섭외했는데 이들과의 인터뷰를 위해 1시간에 1인당 50만원씩의 예산을 책정했다. 조사대상이 된 이들은 1:1 개인 면담과 그룹 미팅 등을 통해 1인당 총 3시간씩의 일정을 소화했다. B사는 세밀하게 설계된 설문지 분석을 통한 정량(定量, quantitative) 분석과 다양한 정성(定性, qualitative) 분석을 통해 A에게 한국 고소득층을 공략하기 위한 마케팅 전략을 제시했다. B사는 이러한 시장조사 활동의 대가로 A로부터 1억5천만원을 받았다. 이것은 적정한 금액인가?

(2) STP

시장조사의 목적은 결국 마케팅 전략을 수립하기 위한 것이다. 마케팅 전략은 크게 고객을 어떻게 규정하고 분류하는가(STP)와 어떻게 제품 구성과 판촉을 진행하는가(4Ps)의 문제로 나뉜다.

STP의 정의

STP란 분류(Segmentation), 대상설정(Targeting), 자리매김(Positioning)을 말한다. 잠재적 고객집단을 분류하고, 그 중 어디를 목표로 할 것인지 설정한 후, 그에 맞게 기업과 제품을 자리매김한다는 논리적 흐름에 따르는 전략이다.

분류, Segmentation

고객을 분류하는 기준은 지리·소득·연령·가치관·행동 등 여러 가지가 있을 수 있다. 만약 면적이 넓은 나라에 진출한다면 그 중에서 어느 지역을 우선적으로 접근해야 하는지 설정이 필요하다. 지역별로 기후와 소득, 생활습관이 다를 수도 있음은 물론이다. 또 고소득층과 저소득층이 소비패턴이 다르기 때문에 소득을 분류 기준으로 삼을 수도 있고, 젊은층과 노년층, 남성과 여성 구분은 물론이다. 분류의 기준은 제품에 맞게 설정해야 한다. '가구' 단위의 소비가 발생하는 내구소비재는 성별보다 소득을 기준으로 해야 할 것이고, '개인' 단위의 소비가 발생하는 화장품이나 휴대폰은 성별과 취향을, '집단' 단위의 소비가 발생하는 요식 서비스업은 취향을 중심으로 기준으로 분류해야 할 것이다. 이밖에 종교, 인종, 도농(都農), 결혼여부 등 수많은 분류 기준이 있을 수 있는데 적절한 기준을 설정하는 것이 STP 분석의 관건이다.

대상설정, Targeting

고객을 분류했으면 그 중 어디를 타겟팅할 것인지 결정해야 한다. 분류한 후 선택을 해야 하는 이유는 특화된 집단을 목표로 한 특화된 제품으로 특화된 마케팅을 수행할 수 있기 때문이다. 예를 들어 고소득층과 저소득층을 하나의 제품으로 아울러 공략한다면, 고소득층을 위한 고성능과 저소득층을 위한 가성비 사이에서 어느 것도 만족시키지 못할 가능성이 크다. 둘 중 한 그룹을 선택하여 제품개발과 마케팅에 집중하는 것이 효과적인 시장 전략이 될 수 있는 것이다. 그러나 하나의 그룹이 너무 작아서 규모의 경제를 실현할 수 없거나, 여러 그룹을 동시에 접근할 수 있는 역량이 된다면 복수의 타겟팅을 할 수도 있다. 최근 휴대폰 제조업체들이 노년층과 젊은층을 동시에 겨냥하여 저가폰과 최신폰을 모두 출시하고 있는 것이 복수 타겟팅의 한 예이다.

사례 연구 어떤 화장품 회사의 중국 시장 진출 전략

14억 인구를 지닌 중국은 어느 글로벌 기업이나 탐내는 소비 시장이다. 그러나 세밀한 소비자 분류 전략 없이는 성과를 내기 어렵다는 것이 밝혀지고 있다. 화장품 기업 A는 90년대에 분류 전략 없이 민족적 친화성만 믿고 동포들이 많이 사는 동북지역에 진출했으나 큰 성과를 내지 못했다. A사는 2000년대부터 기후와 화장 스타일, 구매 패턴 등을 고려한 지역별 접근을 시도하기 시작했고 그것이 좋은 효과를 내면서 시장 점유율을 꾸준히 높여가고 있다.

과연 14억 인구 중 실제로 외제 화장품을 구매할 수 있는 A사의 잠재고객은 몇 명일까? 다음과 같은 기준들을 사용하여 추산해보자. 괄호 안의 숫자는 2018년 현재 전체 인구 대비 비율이다. 첫째, 여성(50%)이어야 한다. 둘째, 소비성향이 높고 유통망 구축이 잘 돼 있는 도시민(60%)이어야 한다. 셋째, 도시민 중에서도 무호적 저임금 노동자들인 농민공(30%)은 제외해야 한다. 이 세 가지 기준에 따르면 2억9천만명 정도로 압축된다. 만약 여기에 연령 기준을 더한다면 몇 명으로 다시 압축될까? 중국의 연령별 인구분포를 조사하여 답해보라.

자리매김, Positioning

자리매김은 목표 고객 집단에 접근하기 위해 제품을 변모시키는 작업이다. 단순히 제품 뿐만이 아니라 브랜드 이미지와 기업의 정체성 자체를 변모시켜야 할 수도 있다. 같은 카테고리의 경쟁사와의 관계 속에서 이러한 작업이 이뤄져야 한다. 여기서 중요한 함의가 도출된다. 팔 제품이 먼저 있고 그것을 팔기 위한 마케팅 전략을 수립하는 것이 아니라, 고객이 먼저고 그 고객에게 팔기 위한 마케팅 전략에 따라 제품을 설정한다는 것이다. 자리매김의 구체적인 내용은 이어서 설명한 4P 전략이다.

(3) 4Ps

4P의 개념

4P란 Product, Price, Place, Promotion(제품·가격·장소·판촉)을 말한다. 즉 어떤 제품을 어떤 가격에 어느 유통경로로 어떻게 팔 것인가를 종합적으로 판단해야 한다는 뜻으로 마케팅 믹스(marketing mix)라고 불리기도 한다. 앞서 설명했듯이 제품과 가격이라는 본질적인 요소가 마케팅 전략의 하위 요소라는 점이 중요하다.

사례 연구 **소니와 삼성전자**

멋진 물건을 만들어 파는 기업과 팔릴 물건을 만들어 파는 기업－소니와 삼성전자를 각각 대표하는 형용사이다. 소니는 세계 최고의 기술 기업이라는 자부심이 강하고, 최고의 엔지니어가 최고 품질의 제품을 만들어 낸다는 정체성을 가지고 있다. 성능은 뛰어나지만 호환성이 떨어지는 소니의 베타(beta) 비디오 세트와 VAIO 노트북을 연상하면 된다. 반면 삼성전자는 이윤을 최고의 목표로 삼고 그것을 뒷받침할 적정 기술과 최적화된 생산라인 구축에 좀 더 힘을 쏟고 있다. 90년대까지 소니는 가전제품 분야에서 작고도 기능을 잘 갖춘 완벽에 가까운 제품들을 생산해냈고 그에 걸맞은 명성과 이윤을 낼 수 있었다. 그러나 90년대 말부터 삼성전자는 반도체·휴대폰·디스플레이·가전 부문에서 엄청난 경쟁력으로 소니를 포함한 일본기업들을 압도하기 시작했다. 2000년대 들어서면 삼성전자의 이윤이 일본 전체 전자업계를 합친 것보다 큰 현상이 추세적으로 굳어졌다. 최고의 제품을 만들겠다는 엔지니어 왕국 소니와, 최대의 이윤을 내겠다는 전략가의 왕국 삼성전자의 싸움은 결판난 것처럼 보였다(『삼성과 소니(장세진, 2008)』). 한편 2017년, 여전히 삼성전자의 이윤이 압도적인 가운데 소니의 실적이 크게 개선됐다는 소식이 들린다. 이윤이 없는 노트북과 건전지 부문을 매각하고 카메라 관련 설비를 축소하는 등 과감한 구조조정을 추진한 결과이다.

자료: 디지털타임스, "소니 왕국의 부활", 2017. 10. 9.

제품 Product

먼저 제품 자체이다. 제품의 특징·크기·품질 등이 목표로 하는 고객층의 니즈에 경쟁사 제품보다 더 잘 부합해야 한다. 글로벌 비즈니스 맥락에서는 제품의 자리매김이 글로벌 표준과 현지화라는 양극단 사이의 최적점을 찾는 작업으로 귀결된다. 고도로 표준화된 단일 제품으로 전 세계 시장에 접근할 것인지, 현지에 맞춘 제품으로 각 지역 시장에 접근할 것인지 사이에서 적절한 균형을 찾아야 한다는 뜻이다.

가격 Price

가격 전략은 마케팅 전략의 핵심이다. 여기에 두 가지 원칙과 변칙이 있다. 원칙적으로 판매가격은 제조원가보다 높아야 한다. 그러나 단기적인 경쟁에서 승리하기 위해서는 원가 이하의 가격 전략을 구사할 수도 있다. 원칙적으로 같은 품질의 경쟁사 제품보다 낮은 가격에 팔아야 한다. 그러나 더 높은 가격이 구매욕을 일으키는 효과를 기대할 수도 있다. 한편 제품군을 구성하는 가격 전략을 세울 수도 있다. 약간 높은 사양의 제품에 엄청난 고가를 책정함으로서 주력 상품의 가격이 싸보이게 만드는 효과를 노리는 것이다.

장소 Place

장소 전략은 어떤 유통 채널을 선택하느냐의 문제이다. 물건이 팔리는 장소는 웹페이지·TV홈쇼핑·대형마트·골목가게·로드샵·대리점·백화점·방문판매 등 매우 다양하다. 기업은 제품과 가격에 걸맞은 유통 채널을 가지고 있어야 한다. 이러한 유통채널은 한 번 구축되면 바꾸기 어렵다는 특징이 있으므로 특히 신중해야 한다.

푸시 마케팅

유통채널의 중요성은 "푸시 마케팅(Push Marketing)"에서 두드러진다. 푸시 마케팅은 최종 소비자를 대상으로 하는 것이 아니라 유통채널을 대상으로 하는 마케팅으로써, 중간 유통상에게 어떤 유인을 주어서 어떻게 판매하도록 하느냐를 다룬다. "풀 마케팅(Pull Marketing)"은 이와 반대 개념으로 최종 소비자들에게 호소하여 제품을 판매하는 전략이다. 많은 소비자들이 사고자 하는 것을 사는 것이 아니라, 살 수 있는 것을 산다는 것을 고려하면 장소 전략의 중요성을 깨달을 수 있다. 특히 최근에는 대형마트에 납품하는 것 자체가 마케팅의 목적이 될 정도로 유통상의 역할과 마진(margin)이 커지고 있다. 자동차 대리점과 같이 딜러가 할인권과 옵션제공 권한을 등 상당한 수준의 자율권을 가지고 있는 경우도 있다.

판매촉진 Promotion

판매촉진 전략은 이러한 요소들을 종합적으로 고려하여 구사한다. 제품의 특징과 가격과 유통채널에 걸맞은 광고모델을 기용해야 하고, 적절한 광고문안과 디자인을 선택해야 한다. 여성 의류·화장품 브랜드인 미샤(Michaa)는 제품의 타켓에 따라 중년 여성용 제품에는 30대 여배우를 젊은 여성용 제품에는 20대 아이돌을 모델로 쓰고 있다. 때로는 제품에 따라 아예 새로운 브랜드를 출시하기도 한다. 이른바 멀티 브랜드 전략이다. 이 밖에 햄버거와 콜라를 묶어 파는(bundling) 전략이나, "1+1" 전략도 판매 촉진 전략의 예이다. 신용카드 회사와의 제휴를 통해 할인이나 마일리지를 제공하는 것도 시너지 효과를 노리는 판매 촉진 전략이다. 일부러 제한된 수량만을 제공하여 구매욕을 자극하는 헝거 마케팅(hunger marketing)도 그렇다. 최근에는 영화나 드라마에 상품을 노출시키는 간접광고 기법도 많이 활용되고 있다.

CI와 BI 특히 기업을 관통하는 상징(CI, Corporate Identity)과 브랜드를 관통하는 상징(BI, Brand Identity)을 적절히 설정하여 소비자들에게 각인효과를 줄 수 있다. 많은 대기업들은 다양한 업종에 종사하면서 하나의 로고를 사용하곤 한다. 이를테면 삼성그룹은 전자·건설·중공업 등 매우 다른 업종에서 하나의 마크를 사용한다. 그러나 때로는 일부러 다른 BI를 설정하기도 한다. 삼성그룹 계열사인 신라호텔과 에버랜드는 그룹 로고를 전혀 공유하지 않는다. 또한 렉서스는 토요타가 개발한 자동차이지만 고가 브랜드 이미지를 위해서 토요타의 마크를 사용하지 않는다.

사례 연구 어떤 가전 기업의 아프리카 시장 진출 이야기

남아공 시장에 진출한 한국의 어떤 가전회사는 몇 개월 만에 수수께끼에 봉착했다. 그 회사는 중국계 기업들이 저가 브랜드 시장을 장악했다는 판단 아래 고가 브랜드 전략을 구사했었는데 흑색가전(TV·비디오·오디오·PC 등) 부문에서는 판매가 순조로운 반면, 백색가전(냉장고·세탁기·전자레인지·에어컨·청소기 등) 부문의 판매는 매우 부진했던 것이다. 이런 차이의 원인은 흑색가전과 백색가전의 구매 주체가 달랐기 때문이었다. 현지에서 많은 부유층들이 하인이나 집사를 부리고 있었다. 그런데 주인 입장에서는 백색가전들은 하인이 만지는 물건이었기 때문에 굳이 좋은 물건을 쓸 필요가 없었던 반면 직접 사용하는 흑색가전은 좋은 물건을 썼던 것이다. 그렇다면 이 회사는 남아공에서 어떠한 마케팅 믹스 전략을 취해야 할까?

13.4 글로벌 기업의 생산관리

(1) 글로벌 가치 사슬의 형성

가치 사슬의 정의

가치 사슬(Value Chain)이란 기업이 이윤을 창출하기 위해 하는 일련의 행위들을 말한다. 예를 들어 휴대폰 하나가 만들어 지기 위해서는 제품의 기획·디자인·시장조사에서 시작해서 배터리·카메라·CPU·액정 등 부품의 조달, 그리고 운송과 판매에 이르는 과정을 거치게 되는데 이러한 과정을 통틀어 가치 사슬이라고 부른다. "생산 라인"이 아니라 가치 사슬 이라고 부르는 이유는 사슬 하나하나를 각각의 단위로 분석하여 개선시키거나 분리·제거할 수 있기 때문이다.

GVC의 개념

글로벌 가치 사슬(GVC)이란 일련의 가치 사슬들이 국경을 넘어 여러 나라와 지역에 걸쳐 형성됐다는 뜻이다. 12장에서 살펴봤듯이 오늘날 기획–조달–생산–판매에 이르는 기업 활동은 국경을 넘어선지 오래다. 가치 사슬이란 개념은 개별 기업의 활동을 분석하기 위해 고안됐지만, 글로벌 가치 사슬은 개별 기업을 넘어 산업 단위나 좀 더 거시적인 국제무역 단위의 분석에도 쓰인다. 글로벌 경영을 다루는 본 장에서는 주로 개별 기업 단위의 분석을 채택한다.

다양한 GVC 전략

기업들은 매우 다른 글로벌 가치 사슬 전략을 채택하고 있다. 가령 세계 휴대폰 시장 점유율 1, 2위를 다투는 삼성과 애플은 같은 업계에 있다고 하기 어려울 정도로 상이한 가치 사슬을 관리하고 있다. 애플은 운영체계인 iOS를 직접 만들고 앱 생태계 조성에 관여하면서 자체적인 디자인으로 제품을 기획한다. 이후 외부에서 부품을 조달하여 생산은 외주를 맡긴다. 액정·카메라·배터리는 한국에, 프로세서는 일본에, 케이스는 대만에 발주하여 최종 조립은 대만기업 폭스콘이 중국 공장에서 담당하는 식이다. 반면 삼성은 운영체계인 안드로이드는 구글에게 위탁하고 많은 부품을 직접 조달하여 베트남 공장에서 직접 조립까지 마친다. 애플의 이윤이 소프트웨어 부문에서 나온다면 삼성의 이윤은 하드웨어에서 나오는 글로벌 가치 사슬 구조인 것이다.

규모의 경제와 범위의 경제

글로벌 가치 사슬의 성격과 크기를 결정하는 것은 적절한 "규모의 경제(economy of scale)"와 "범위의 경제(economy of scope)"이다. 규모의 경제란 생산 규모가 커질수록 단위당 원가가 떨어지는 현상을 말한다. 1톤 규모의 철강 공장의 단가보다 1만톤 규모의 철강 공장 단가가 더 싸다는 것이다. 범위의 경제란 여러 가지 생산 활동들을 더 많이 통제할수록 원가가 떨어지는 현상이다. 자동차 회사가 본체·엔진·타이어 등 여러 가지 구성 요소들을 일괄적으로 생산하는 것이 그렇지 않은 것보다 더 효율적이라는 생각이다.

다운 사이징과 아웃소싱

그러나 규모와 범위가 클수록 좋은 것은 결코 아니다. 오히려 과도한 규모와 범위가 경영의 효율성을 떨어뜨리고 시장 변화에 유연하게 대처하지 못하게 할 수도 있다. 90년대 말 이후에는 규모와 범위의 부작용이 부각되면서 "다운 사이징(down sizing)"과 "아웃소싱(outsourcing)"이 각광받기도 했다. 기업의 핵심 역량에 집중하고 나머지는 외주에 맡기는 것이 더 효율적이라는 생각이다. 글로벌 가치 사슬을 어떻게 구성하고 관리할 것인지는 규모·범위의 확장과 핵심 역량 집중이라는 두 가지 선택지 사이에서 적정선을 찾는 것이다.

(2) 글로벌 소싱과 공급사슬관리

글로벌 소싱의 유형

결국 기업은 필요한 자원이나 부품을 자체 조달할 것인가, 외부에서 조달할 것인가, 그리고 국내에서 조달할 것인가, 해외에서 조달할 것인가 사이에서 선택을 하게 된다. 이를 조합하면 네 가지 경우의 수가 나온다. 자체 국내 조달, 자체 해외 조달, 외부 국내 조달, 외부 해외 조달이 그것이다.

자체조달과 외부조달

자체조달이냐 외부조달이냐는 이른바 "make or buy?"의 문제이다. 어떤 부품이나 서비스를 스스로 만드느냐 아니면 외부에서 구입하느냐이다. 일반적으로 핵심 경쟁 요소에 가까울수록 자체 제작하는 경우가 많고, 부수적이고 범용화 됐을수록 외부에서 조달하는 경우가 많다. 어떤 자동차 회사든지 디자인과 엔진은 본사의 핵심 역량으로 간직할 것이지만, 백미러에 끼울 거울까지 자체 제조하려 하지는 않을 것이다. 자동차·조선 같은 대규모 제조업은 1차 납품업체(vender)가 2차, 3차 납품업체까지 거느리는 거대한 생태계가 조성돼 있다.

해외조달과 국내조달

해외조달(global sourcing)이냐 국내조달(domestic sourcing)이냐는 단순히 조달 거리가 머냐 가깝냐의 문제가 아니다. 국경을 넘어 조달선을 확장하는 순간 환율·관세·문화·규격 등이 달라지면서 글로벌 비즈니스에서 발생하는 제반 문제가 발생하게 되기 때문이다. 이러한 리스크를 감수하고 해외 조달을 하려면 비용이 월등히 절감되거나, 그 생산요소를 국내에서 조달할 수 없거나, 최종 생산물의 소비자가 해외이거나 등의 이유가 있어야 한다. 나이키가 파키스탄에 운동화 가공 공장을 만들고, 제일모직이 호주에서 양모(羊毛)를 들여오고, 현대차가 미국에 생산 설비를 운영하는 것이 각각의 사례에 해당한다.

그림 13-10 글로벌 소싱 네 가지 옵션의 한 예

글로벌 소싱 옵션 선택의 요소

기업은 비용과 통제력을 고려하여 넷 중 하나의 조달 방식을 택하게 된다. 기업은 비용이 낮고 강한 통제력을 행사할 수 있는 옵션을 택하고 싶을 것이다. 이 두 요소는 상충관계(trade-off)일 수도 있고 아닐 수도 있다. 자체 국내 조달은 본사의 통제력이 가장 높아서 원하는 시점에 원하는 품질의 자원을 조달할 수 있다. 반면 사내 조직과 자원을 상시로 운영해야 하므로 아웃소싱에 비해 단기비용이 높을 수 있다. 또한 저렴한 해외 개도국 자원을 이용하는 것보다 비용이 높을 수도 있다. 외부 해외 조달은 반대의 경우로, 저렴한 가격을 제시하는 외부 업체로부터, 저렴한 개도국에서 조달을 하게 되므로 비용은 확실히 낮을 수 있다. 그러나 과연 원하는 품질의 자원을 필요한 시점에 받을 수 있느냐는 리스크를 감당해야 한다.

사례 연구 아웃소싱의 위험: 글로벌 아웃소싱 믿었다가 수조원 날린 보잉사

미국 보잉사의 중형 여객기 'B787'이 최근 안전 문제로 연일 도마 위에 올랐다. 기존 모델 대비 연료 효율을 20%나 높이겠다는 개발 계획이 처음 발표됐을 때만 해도 B787은 '꿈

의 항공기'라는 찬사를 받았다. 하지만 프로젝트는 거듭 지연됐고, 계획보다 2년 이상 늦은 2009년 12월에야 첫 비행이 이뤄졌다. 이 과정에서 보잉은 수조 원의 손실을 본 것으로 추정된다.

최신 기술을 처음 적용하려다 보니 프로젝트가 지연된 측면도 있지만, 보다 근본적인 문제는 글로벌 아웃소싱 생산시스템이었다. B787은 보잉사 최초로 설계와 생산의 대부분을 아웃소싱한 항공기다. 전체 부품의 약 70%를 외주로 생산했고, 연구개발(R&D)과 설계도 상당 부분 전략적 파트너들에게 위임했다.

보잉사는 고도화된 컴퓨터 설계 시스템과 정보기술(IT)을 이용해 전 세계에 흩어져 있는 하도급 업체들을 진두지휘하면서 모듈화된 부품을 가지고 최종 조립만 담당할 생각이었다.

하지만 일은 생각처럼 진행되지 않았다. 하도급 업체들이 재하도급을 주면서 품질관리가 힘들어졌다.

또 1200개의 모듈을 받아 조립하기로 한 계획과는 달리 여러 개의 구성품이 미완성으로 납품돼 3만여 개의 부품이 보잉의 조립공장에 도착했다. 결과는 '생산 대란'이었다.

신형 항공기 개발을 처음 해보는 것도 아닌데 왜 이런 혼란이 발생했을까? 매사추세츠공대(MIT) 슬론 경영전문대학원의 찰스 파인 교수는 신기술 도입이라는 '제품상 혁신'과 글로벌 생산체계로의 전환이라는 '오퍼레이션상 혁신'을 동시에 진행한 게 화근이었다고 진단한다. 두 마리 토끼를 동시에 잡으려다가 화를 자초했다는 설명이다.

오퍼레이션의 글로벌화가 대세이긴 하지만 무조건 도입만 한다고 효율성이 높아지는 건 아니다. 섣불리 생산설계 시스템을 글로벌화하려고 하기 보다는 차근차근 생산 시스템을 개선해나가는 접근이 필요하다.

자료: 동아일보, 2013. 11. 7.

공급사슬관리, SCM

한편 공급사슬관리(Supply Chain Management, SCM)라는 용어가 글로벌 경영이 보편화되면서 많이 회자되고 있다. 글로벌(Global)을 붙여서 GSCM이라고 불리는 글로벌 공급사슬관리는 본질적으로 글로벌 소싱과 비슷한 개념이다. 자체조달·해외조달 등 문제의식도 유사하다. 다만 물류 관리의 내용이 덧붙여 포함된다. 이 책에서는 이제까지 설명한 글로벌 소싱의 내용 및 이어지는 부분에서 다룰 글로벌 물류로서 SCM에 대한 설명을 대신하기로 한다.

(3) 글로벌 물류

물류 개념의 변천

물류는 70년대에 'distribution'에 해당하는 말이었다. 말 그대로 물건을 운송·보관·하역·포장하는 일이었다. 물건에 대한 정보를 전달하는 일도 포함된다. 그런데 80년대 들어 물류 개념이 'logistics'로 확장됐다. 로지스틱스는 군대

표 13-2 물류, 로지스틱스, 공급사슬관리의 비교

구분	물류	로지스틱스	공급사슬관리
시기	70년대	80년대	90년대 이후
영역	운송, 보관, 하역, 포장, 정보	조달, 생산, 판매	공급사슬상의 모든 영역
특징	기업 내 활동		기업 간 활동
주체	1PL(자기 물류) → 2PL(자회사 독립 물류) → 3PL(독립 물류) → 4PL(종합 물류)		

자료: 이충배 · 김종칠 · 김성원(2009). p.478 보충 · 정리.

의 병참에서 기원한 말로서 '조달계획'의 의미였으나 기업 활동에 채택되면서 조달·생산·판매의 전반을 아우르는 개념으로 쓰이고 있다. 90년대 이후로는 앞서 살펴본 공급사슬관리(SCM)라는 더 큰 개념이 물류와 로지스틱스까지 포괄하여 쓰이고 있다. 특히 공급사슬관리는 더 이상 한 기업 내부의 활동이 아니라 기업과 기업 사이에 벌어지는 일까지 포괄하고 있다. 여기서는 좀 더 전통적인 의미의 글로벌 물류에 대해 논한다.

물류 시스템 유형

물류 시스템은 고전적(classical) 시스템, 통과(transit) 시스템, 직송(direct) 시스템의 세 가지로 나눌 수 있다. 셋을 구분하는 관건은 창고 기능이다. 고전적 시스템은 공장 → 창고 → 소비자로 구성되는 반면, 통과 시스템은 창고 체류 시간을 최소화한 것이고, 직송 시스템은 창고 기능을 생략하고 공장에서 소비자로 바로 이송되는 것이다.

각 유형의 특징

고전적 시스템은 거대 물류센터를 보유함으로서 안정적인 재고관리를 할 수 있고 여러 공장의 물품을 여러 지역으로 분배함에 따라 효과적인 배송을 할 수 있다. 그러나 임대료·인건비 등 창고 유지비 자체가 많이 소요되고 시간이 많이 걸리는 단점이 있다. 통과 시스템은 창고에서 최소한의 체류·분류 과정을 겪은 뒤 소비지로 보내지는 것이다. 고전적 시스템에 비해 창고 유지비가 덜 들고 빠른 반면 치밀한 배송과 재고관리는 할 수 없다. 직송 시스템은 창고 기능이 아예 없으므로 가장 빠르고 저렴하나, 잦은 배송 건수로 인한 비용 상승 요인이 있다. 재고관리는 아예 할 수 없다.

물류 시스템 구축

이러한 세 가지 시스템을 응용하여 글로벌 물류 시스템을 구축할 수 있다. 제품을 소비지로 배송하는 것 뿐 아니라 부품을 생산지로 조달하는 것도 글로벌 물류의 중요한 관건이 된다. 다국적 조달과 다국적 배송을 운영하려면 고도로 탄력성있고 통합된 물류 시스템 구축이 요청된다. 생산·공급 계획 뿐 아니라 소비·수요 현황에 따라 전체가 탄력적으로 움직여야 하기 때문이다. 더구나 공급사슬관리 차원에 접어들면 물류의 범위가 한 기업을 넘어서 여러 기업에 엮이게 되는데, 이를 전담할 전문 물류회사를 고용하기도 한다.

물류업무의 독립성

물류업의 발전을 물류업무의 독립성으로 파악하기도 한다. 1PL이란 기업이 자체 물류를 수행하는 것이고, 2PL은 기업이 물류 전담 자회사를 설립하여 운영하는 것이다. 3자 물류(third party logistics, 3PL)란 물류 전문기업에게 위탁하는 것을 말한다. 3PL 때문에 1PL·2PL이란 용어가 역으로 발생했다. 더 나아가 4PL이란 단순 배송 업무에 머물지 않고 IT 시스템과 통합 재고 관리 등 종합적인 물류 솔루션을 제공하는 업체를 말한다.

사례 연구 마윈의 알리바바, 물류 천하통일 꿈꾼다

"카이단(開單·주문 처리를 시작합니다)!"

20일 오전 8시 세계 최대 전자상거래 업체인 알리바바의 물류회사 ALOG의 쑤저우(蘇州) 물류센터. 6만5000㎡ 크기의 창고로 출근한 직원 1300명은 분주히 움직이기 시작했다. 책상 위에는 전날 밤까지 들어온 알리바바의 온라인몰 주문서 수만장이 산더미처럼 쌓여 있었다. 이곳 물류센터에만 연간 3억건의 배송이 이뤄진다. 직원들이 주문서를 들고 바코드 앞에 갖다대자 "카이단"하고 기계음이 들렸다. 주문서를 손에 든 물류센터 직원 리쥔(李俊·24)씨도 카트를 끌고 물류 창고 이곳저곳을 오갔다. 주문서에 프린트 된 크기의 박스를 집어 들고, 안내 경로를 따라 과자·세안제 등을 택배 박스에 담았다. 리씨가 8개의 주문을 모두 처리하는 데 걸린 시간은 3분. 이날 이곳에서 택배 80만 상자가 장쑤(江蘇)성 일대로 빠져나갔다.

알리바바가 글로벌 물류 서비스 통합에 집중하고 있다. 2014년 아마존을 제치고 세계 1위에 오른 알리바바는 이제는 글로벌 물류망 구축에 주력하고 있다. 알리바바는 18일 본지를 포함해 인도, 말레이시아 등 동남아 기자 20여명을 초청해 알리바바의 물류와 배송 현장을 공개했다. 이 자리에선 마윈(馬雲) 알리바바 회장의 주도로 지난 3년간 중국 물류업체 40개와 전 세계 물류회사 90개와 동맹을 맺은 물류회사 연합체인 '차이냐오(菜鳥·햇병아리) 네트워크'의 성장 전략도 공개됐다. 알리바바와 동맹을 맺은 회사들은 서로의 물류 창고를 나눠 쓰거나, 알리바바 산하 온라인몰의 국내외 배송을 담당한다. 중국에선 하루 5700만건의 택배가 배송되고 있으며, 이 중 70%(4990만건)가 알리바바에서 나온다.

더욱이 알리바바는 지금 중국을 뛰어넘어 글로벌 시장 진출에 박차를 가하고 있다. 이를 위해선 글로벌 물류회사와의 협력 구축이 필수이다. 알리바바는 현재 중국 주요 15대 물류회사를 비롯해 싱가포르의 싱포스트(SingPost), 영국의 로열메일 등 물류회사 90

곳과 협업을 맺었고, 지난 4월 동남아 유통·물류회사 '라자다'를 인수해 이 지역에 배송망을 구축했다. 한국과는 지난해 CJ대한통운과 협력 관계를 맺었다.

19일 항저우(杭州)의 알리바바 본사에서 만난 주디 퉁 차이냐오 최고경영자(CEO)는 "동맹 업체들과의 협업을 통해 오는 2020년까지 중국 내에서 알리바바를 통해 주문한 상품은 24시간 이내 배송하는 게 목표"라고 말했다.

알리바바는 향후 8년간 협력사와의 공용 물류 창고 건설 등에 1000억위안(약 18조원)을 투자할 계획이다. 작년 말엔 택배 포장과 배송을 위한 로봇 개발에도 속도를 내고 있다. 주디 퉁 CEO는 "알리바바가 가진 빅데이터를 분석해 많이 팔리는 물건을 별도로 비치하는 창고를 운영해 배송에 효율성을 보탰다"며 "그 결과 창고의 재고 주기를 43일에서 22일로 낮출 수 있었다"고 말했다. 주 CEO는 알리바바가 국제 물류회사와의 협업이 어느 정도 정착되면 해외 배송 서비스의 품질도 점차 강화해나갈 것이라고 밝혔다.

알리바바는 고객층의 70%가 '지우링허우(90년대 이후 출생자)'인 점에 주목해 20대 소비자를 겨냥한 대학교 내 택배센터 확충에도 주력하고 있다. 알리바바는 지난 8월까지 중국 내 1500개 대학 기숙사 밀집지에 택배를 찾아갈 수 있는 '차이냐오 픽업 스테이션'을 설치했다. 수업 시간 택배원의 전화를 받거나 물건을 찾으러 갈 수 없는 대학생들의 불편을 덜어주기 위해서다.

하지만 우리와 인접한 중국의 온라인몰 구매가 확대될 경우 국내 유통 업체들이 타격을 입을 수도 있다는 우려도 나온다. 권오경 인하대학교 물류전문대학원 교수는 "미국의 '아마존'이나 한국의 '쿠팡'처럼 직접 배송을 하지 않고 업체들과 제휴를 맺겠다는 알리바바의 정책은 글로벌 네트워크를 쉽게 구축하는 데 유리한 선략"이라며 "알리바바와 연계된 모든 서비스에 익숙해진 소비자들이 자칫 자국 업체들을 외면할 수 있어 주의가 필요하다"고 말했다.

자료: 조선비즈, 2018. 10. 2.

(4) 해외 공장의 입지 선정

12장에서 살펴봤듯이 해외직접투자의 목적은 시장·자원·생산·전략이다. 글로벌 기업은 각 목적에 따라 가장 적합한 지역에 자회사를 설립하고, 생산설비를 건설한다. 그런데 판매 법인이나 서비스 센터를 세울 때보다 생산공장을 어디에 짓느냐를 훨씬 더 신중하게 고려하게 된다. 막대한 비용이 드는데다가 그 비용이 고정비용(fixed cost)이 되어 회수가 거의 불가능하고, 입지 선정에 따라 두고두고 생산비용에 영향을 미치기 때문이다. 기업은 다음과 같은 사항들을 고려하여 해외 공장의 입지를 선정하게 된다.

생산요소의 가격과 질

첫째, 생산 요소의 가격과 질이다. 고전 경제학에서 말하는 토지·노동·자본이 이에 해당한다. 토지의 가격은 이미 개발된 선진국과 아직 개발되지 않은 개도국 사이에 커다란 차이가 존재한다. 새로 공장을 짓는데 토지 비용의 차이는 무시할 수 없는 요소이다. 많은 기업들이 공장의 감가상각을 고려하여 토지의 영구 소유보다 시한부 임대를 선택하기도 하는데 그것이 제도적으로 가능한가의 여부도 중요하다. 노동력 단가도 나라마다 큰 차이가 난다. 그러나 해외의 싼 노동력은 생산성이 떨어지고 소통이 원활하지 않은 단점이 있으므로 가성비를 잘 따져야 한다. 자본은 기업이 스스로 조달하는 생산요소이므로 고려사항에서 제외한다. 소득수준이 낮고 성장률이 높은 개도국은 일반적으로 금리가 높으므로, 자본은 오히려 선진국에 비교우위가 있다.

현지의 정책과 제도

둘째, 현지의 정책과 제도이다. 어떤 나라와 지역은 외국자본을 유치하기 위해 적극적인 혜택을 제공한다. 법인세 감면, 토지 무상제공 등이다. 우리나라도 외국인 투자 옴부즈만이나 원스탑 서비스 같은 제도를 운영하고 있다. 중국의 몇몇 도시는 한국기업 전용공단을 설정하고, 기업을 위해 없던 길을 닦고, 길에 그 기업의 이름을 붙이는 등 적극적인 서비스를 제공한다. 현대차 중국 제5공장이 자리잡은 충칭(重慶)에는 현대대도(現代大道)라는 없던 길이 생겼다. 기업은 더 많은 혜택과 더 낮은 세율을 보장하는 쪽에 골라서 투자하는 호사를 누릴 수도 있다. 대체로 선진국일수록 투자 인프라가 좋은 반면 외국기업에 대한 특혜는 적어지는 경향이 있다. 중국도 2008년에 외국기업에 대한 세제 혜택을 공식 종료했다. 그러나 지방 차원에서는 여러 가지 혜택을 여전히 경쟁적으로 제시하곤 한다.

자연적 · 물리적 요소

셋째, 기후와 거리·지형 등 자연적·물리적 요소이다. 본국으로부터 가능한 가깝고 교통이 편리하며 습기와 태풍 등 악천후의 영향을 받지 않는 곳이 해외공장 입지로 선호된다. 삼성전자가 중국 시안(西安)에 반도체 공장을 건설한데에는 그 지역이 지진 안전지대이고, 강수량은 적은데 인근 강에서 풍부한 공업용수를 사용할 수 있고, 한국과의 직항 노선이 수시로 운행되고 있다는 점 등이 중요하게 작용했다. 반도체 가공품은 배가 아니라 비행기로 운송을 하게 되므로 굳이 해안가에 공장을 지을 필요가 없는 반면 작은 지진에도 극히 민감하므로 안전성을 최우선시 해야 했다. 반면 중량이 큰 석유화학 제품 공장이었다면 운송비를 최우선적으로 감안하여 해안가에 공장을 지었을 것이다.

시장 근접성

넷째, 시장과의 근접성이다. 생산설비와 시장과의 거리가 가깝다면 물류비를 절감할 수 있을 뿐 아니라 시장 변화에 민감하게 대처할 수 있다. 게다가 본국에서 수출하는 것에 비해 각종 관세·비관세 장벽으로부터 자유롭다. 이것이 미국과 중국과 같은 거대 시장에 여전히 생산시설 투자를 하는 이유가 된다. 한국산 자동차를 미국에 수출할 때에 비해 현지에 공장을 짓고 파는 것이 관세와 규제에서 자유롭다. 한국산 라면을 중국에 수출하는 것에 비해 현지에 공장을 짓고 파는 것이 까다로운 식약품 규제를 수월하게 통과할 수 있다. 중국은 세계 최대 인구의 시장을 무기삼아 다국적 기업들이 경쟁적으로 자국에 투자하고 기술을 이전하도록 유도하고 있다. 이른바 "시장으로 기술을 바꾼다(以市場換技術)"는 정책이다.

클러스터 형성

다섯째, 클러스터의 형성이다. 세계 최대의 노트북 생산 기지인 중국 충칭(重慶)에는 부품과 인재를 효율적으로 조달할 수 있는 네트워크가 형성돼 있다. 개별 기업이 도달하기 힘든 규모의 경제가 여러 기업에 의해 형성된 산업 클러스터의 다른 이름이다. 한국 거제도의 조선 클러스터, 과거 미국 디트로이트의 자동차 클러스터도 같은 이점을 누리는 기업들의 집합체이다. 이미 형성된 클러스터가 해외로 복제 설립되는 경우도 있다. 현대자동차의 중국 진출은 수많은 1차·2차 납품업체들의 동반 진출을 가져왔는데 이로서 중국에 새로운 현대차 클러스터가 형성됐다.

사례 연구 스마트 팩토리와 리쇼어링(Reshoring) 현상

아디다스의 리쇼어링 회군 "제조업이 유럽으로 돌아온다는 건 환상"

스포츠 브랜드 아디다스가 독일 안스바흐에 설립한 스마트 공장 '스피드 팩토리'에서는 사람 손 대신 로봇 팔이 운동화를 만든다. 2015년 말 완공돼 현재 시험 가동 중인데, 올해 중순쯤 정식 가동에 들어가면 연간 50만 켤레의 운동화를 생산하게 된다. 아디다스의 스피드 팩토리 투자는 4차 산업혁명의 대표 사례로 꼽힌다. 제조업의 완전한 자동생산 체계를 구축해 생산 과정을 최적화하고, 이를 통해 창의적 기술 개발과 제조업 경쟁력을 끌어올린다는 4차 산업혁명 담론의 가장 적절한 사례로 인식됐다. 하지만 최근 캐스퍼 롤스세트 아디다스 최고경영자(CEO)가 운동화 제조의 완전 자동화와 제조업의 유럽으로의 회귀에 회의적인 입장을 밝히면서 공장 디지털화가 인간의 노동을 대체할 수 있을 것인가를 놓고 새로운 논쟁이 불거지고 있다.

지난해 취임한 캐스퍼 롤스테드 아디다스 최고경영자(CEO)는 지난달 중국 상하이를 방문한 자리에서 "운동화를 처음부터 끝까지 로봇이 만드는 완전 자동화가 앞으로 5년에서 10년 사이에 이뤄지지 않을 것으로 생각한다"

고 말했다. 기존 제조 방식으로 약 120단계의 과정을 거치는 운동화 제조 작업 중에서 운동화 끈을 키우는 것 같이 섬세한 작업은 아직까지 로봇이 배우지 못했다는 것이다. 그는 "운동화 업계가 아직 해결하지 못한 난제는 운동화 끈을 끼우는 로봇을 개발하는 것"이라며 "현재는 이 작업을 완전히 손으로 해야 하며, 이걸 할 수 있는 기술은 아직까지 개발되지 않았다"고 말했다. 또 "아직까지 운동화 신발 끈을 매는 기술은 로봇보다 사람이 낫다"며 "아시아의 반자동 생산시설이 완전 자동화된 로봇 기반의 생산 시설보다 훨씬 더 생산성이 높다"고 주장했다.

이런 맥락에서 롤스테드 CEO는 "제조업이 양적 측면에서 유럽으로 되돌아갈 것이라고 생각하지 않으며, 그렇게 믿는 것은 완전한 환상(illusion)"이라고 말했다. 아디다스의 생산 시설은 현재 90% 이상 아시아에 있기 때문에 이를 당장 옮기는 것은 어렵다는 취지다. 그는 미국으로 생산 시설을 옮길 것을 요구하는 미국 도널드 트럼프 행정부의 압력에도 선을 그었다. 그는 "미국으로 생산 시설을 옮기는 것은 경쟁력이 전혀 없는 시장으로 들어가는 것이며 정치적인 행위일 뿐"이라고 말했다. 이어 "경제적 관점에서도 매우 비논리적이며 실제로 일어날 가능성도 거의 없다"면서 "이는 아디다스뿐만 아니라 스포츠 브랜드 업계 전체에 해당되는 이야기"라고 덧붙였다.

이같은 발언은 전임자인 허버트 하이너 전 CEO의 주장과 일견 모순되는 것처럼 보인다. 하이너는 지난해 파이낸셜타임스(FT) 인터뷰에서 "내가 아디다스에 입사한 1987년은 독일에 있는 공장의 문을 닫고 중국으로 옮기는 작업이 막 시작됐을 때였다"며 "이제 (제조 공장이 다시) 돌아오고 있다. 한 바퀴 돌아 다시 원점으로 왔다는 게 참 묘하다"고 말했다. 2001년 취임해 지난해 물러날 때까지 15년간 아디다스를 이끈 하이너 전 CEO는 아디다스 제조 혁신 프로젝트의 일환으로 독일과 미국에 각각 스피드 팩토리를 여는 구상을 세웠다. 아디다스 운동화는 중국·베트남 등지의 공장에서 사람 손으로 일일이 만들어지고 있다. 이들 나라에서도 인건비가 오르고, 힘든 일을 기피하면서 기술자 구하기가 점점 어려워지고 있다. 아시아 의존도를 점차 줄여나갈 수밖에 없는 상황에서 정보통신기술을 활용한 제조 혁신이 만나 독일과 미국에 스마트 공장을 짓는 투자로 이어진 것이다.

롤스테드 CEO의 발언은 공장자동화에도 불구하고 일자리가 대거 선진국으로 회귀할 것이라는 기대는 지나치다는 점을 지적한 것이다. 실제로 독일과 미국의 스피드 팩토리는 연간 각각 운동화 50만 켤레를 생산할 뿐이다. 이는 지난해 아디다스가 생산한 3억6000만 켤레의 0.3%에 불과하다. 때문에 스피드 팩토리만으로는 당장 아시아 공장이 생산하는 물량을 소화할 수 없는 상황이다. 하이너 전 CEO도 "당장 스피트 팩토리가 아시아 공장을 대체하지는 않을 것이다. 아시아의 생산 물량을 보완하는 수준이 될 것"이라고 언급한 바 있다.

그렇다고 스마트 공장의 의미가 퇴색하지는 않는다. 스마트 공장이 비단 인건비 상승에 대처하기 위해서만은 아니기 때문이다. 롤스테드 CEO는 비즈니스 인사이더와의 인터뷰에서 "생산 속도 혁신이 절실했다"고 말했다. 지금은 운동화 상품을 기획하고 디자인한 뒤 완제품으로 나오기까지 약 18개월이 소요된다. 원·부자재를 조달하고, 이를 부속품으로 만든 뒤 다시 부속품을 손으로 조립하는 과정을 거치는데, 단계마다 공급망 관리가 복잡하게 얽혀 있기 때문이다. 이 같은 낡은 제조 방식은 트렌디한 디자인을 빨리 소비하고 싶어하는 고객 요구에 부합하지 않는다.

스피드 팩토리는 이 과정을 몇 시간으로 단축할 수 있다. 지난해 시험 가동하는 공장을 방문한 FT·이코노미스트 등 유럽 언론에 따르면 생산라인 한 곳에서 밑창을, 다른 라인에서 신발 윗부분을 만든 뒤 결합해 운동화 하나를 완성하는 데 약 5시간이 걸렸다. 시범 생산한 운동화 '퓨처크래프트 M.F.G.(Made for Germany)'를 소개하면서 제임스 칸즈 아디다스 전략담당 부사장은 "스피드 팩토리는 기존의 제품 생산 장소, 제조 방법, 시간 등 모든 경계를 허물 수 있는 혁신적인 방법"이라고 말했다. 아디다스는 지난달 3D 프린터를 이용해 운동화를 만드는 기술을 도입하기도 했다.

스마트 공장과 3D 프린팅 기술은 제품을 사용할 최종 소비자로부터 가까운 곳에서 최신 유행 제품을 신속하게 만들어 공급하는 유통 혁신이기도 하다. 스마트 제조는 대량 생산보다는 소수를 위한 맞춤형 고급 제품을 만드는 데 더 적합하다. 이 때문에 스피드 팩토리는 대량 생산 공장의 리쇼어링보다는 고급 프리미엄 제품을 시장이 있는 곳에서 만들어 공급한다는 의미가 더 크다. 그런 의미에서 최근 수요가 증가하고 있는 중국에도 스마트 공장이 세워질 수 있다. 롤스테드 CEO는 "스피드 팩토리는 틈새 시장 수요를 위한 섬세한 신발 제조 기술을 구현한다. 결국 중국에도 스피드 팩토리가 들어설 날이 올 것"이라고 전망했다.

아디다스의 경쟁사인 나이키와 언더아머 등도 스마트 공장에 대한 관심을 보이고 있으나 아직 구체적인 계획을 발표한 곳은 없다. 미국의류신발협회에 따르면 2015년 미국에서 판매된 신발의 98.4%가 해외에서 제조됐다. 미 상무부에 따르면 미국에 수입되는 신발의 평균 관세는 10.8%, 운동화는 대략 20%쯤 된다. 일반 산업 제품 평균인 1.5%보다 월등히 높다.

그럼에도 불구하고 전문가들은 신발 제조업이 미국으로 일자리를 다시 가져오는 것은 어려울 것으로 전망한다. 조사업체 NPD그룹의 매트 파웰 스포츠산업 애널리스트는 "미국에서 신발이 대량 생산되더라도 이는 다수의 로봇과 소수의 사람이 만드는 것이 될 것"이라고 말했다. 독일의 아디다스 스피드 팩토리에는 160명이 근무할 예정이다. 설령 리쇼어링이 일어난다고 해도 회귀하는 일자리 수는 그리 많지 않을 것이란 얘기다.

자료: 중앙일보, 2017. 5. 1.

요약

1. 글로벌 초기 단계 기업의 조직 형태는 수출 전담부서 조직, 현지 자회사 조직, 국제사업부 조직이 있다.
2. 글로벌 심화 단계에서는 본사와 지사, 국내와 해외의 구분이 무의미해지며 지역별 조직, 기능별 조직, 제품별 조직, 매트릭스 조직이 있다.
3. 글로벌 매트릭스 조직을 운영하면 "지역-제품" 혹은 "지역-기능"별로 명확한 담당자가 존재하게 됨으로 관련 이슈들을 능동적으로 다룰 수 있는 반면 현지와 본사의 의견이 다를 경우 조정이 어려울 수 있다.
4. 글로벌 인적자원 관리의 유형은 본국중심, 현지중심, 지역중심, 세계중심으로 나눌 수 있다. 이는 12장에서 살펴본 기업 국제화 EPRG 모델을 그대로 따른 것이다.
5. 해외 근무인력 선발·교육에 있어 먼저 반드시 파견이 필요한지 따져봐야 하고 기능적인 역할만 수행하면 되는지 현지문화에 노출될 일이 많은지 판단해야 한다.
6. 파견인원의 실적은 현지의 경기(景氣), 물가, 환율, 정책 등 예측할 수 없는 변수들의 영향을 받게 되고 현지 경영진의 방침에 좌우되므로 평가에 신중해야 한다.
7. 해외 근무자의 보상은 주거·자녀교육·위험수당 등이 주어져야 하지만 본국 근무 인원이 상대적인 박탈감을 느껴서는 안 된다.
8. 글로벌 비즈니스 환경에서 노사 갈등이 좀 더 복잡하게 벌어질 수 있다. 피고용자와 고용자가 현지인과 외부인이라는 성격을 갖기 때문이다.
9. 새로 진입하는 해외 시장에 접근하기 위해서는 면밀한 시장조사(market research)가 선행돼야 한다. 이를 기업 자체의 현지 전문가나 조직이 수행할 수도 있고 외부에 위탁하여 수행할 수도 있다. 이 때 조사의 수준에 따른 일정·비용이 문제가 된다.
10. STP란 분류(Segmentation), 대상설정(Targeting), 자리매김(Positioning)를 말한다. 잠재적 고객집단을 분류하고, 그 중 어디를 목표로 할 것인지 설정한 후, 그에 맞게 기업과 제품을 자리매김한다는 논리적 흐름에 따르는 전략이다.
11. 4P란 Product, Price, Place, Promotion(제품·가격·장소·판촉)을 말한다. 즉 어떤 제품을 어떤 가격에 어느 유통경로로 어떻게 팔 것인가를 종합적으로 판단해야 한다는 뜻으로 마케팅 믹스(marketing mix)라고 불리기도 한다.
12. 같은 업종에 있는 기업이라도 매우 다른 글로벌 가치 사슬을 활용할 수 있다. 휴대폰에서 삼성과 애플이 그 예이다. 글로벌 가치 사슬의 성격과 크기를 결정하는 것은 적절한 "규모의 경제(economy of scale)"와 "범위의 경제(economy of scope)"이다.
13. 기업은 필요한 자원이나 부품을 자체 조달할 것인가, 외부에서 조달할 것인가 그리고 국내에서 조달할 것인가, 해외에서 조달할 것인가 사이에서 선택을 하게 된다. 즉 자체 국내 조달, 자체 해외 조달, 외부 국내 조달, 외부 해외 조달이 선택지이다.

14. 물류 시스템은 고전적(classical) 시스템, 통과(transit) 시스템, 직송(direct) 시스템의 세 가지로 나눌 수 있다. 고전적 시스템은 공장→창고→소비자로 구성되는 반면, 통과 시스템은 창고 체류 시간을 최소화한 것이고, 직송 시스템은 창고 기능을 생략하고 공장에서 소비자로 바로 이송되는 것이다.

15. 기업은 생산요소의 가격과 질, 현지의 정책과 제도, 자연적·물리적 요소, 시장 근접성, 클러스터 형성 등을 고려하여 생산입지를 결정한다.

연습 문제

1. 글로벌 기업의 조직 유형들 중 매트릭스 조직의 정의와 그 장단점을 기술하라.
2. 글로벌 기업을 선택하여 그 기업이 어떤 조직 형태를 취하고 있는지 조사하라. (홈페이지와 연차보고서 등 활용)
3. EPRG 모형에 따른 인적자원 관리유형 네 가지를 제시하고 그 특징을 기술하라.
4. 기업이 해외 파견 인원을 선발할 때 반드시 문화적응력이 뛰어난 인원을 뽑아야 하는 것은 아니다. 왜 그런가?
5. 삼성그룹의 지역전문가 양성 프로그램에 대해 조사해 보고 그것이 비용 대비 효과적인지, 왜 그런 프로그램을 운영하는지 토론해보라.
6. 2010년 무렵 중국의 혼다 공장에서 전면적 파업이 일어난 적 있다. 그 원인에 대해 조사하여 발표해보라.
7. 글로벌 시장 개척에 있어 무엇을 알아야 하는가? 그리고 시장조사의 비용과 시간을 결정하는 결정적인 요인은 무엇인가?
8. STP 전략과 4P 전략에 대해 각각 설명하고 그 둘 사이의 관계를 규명해보라.
9. 글로벌 마케팅의 성공적인 사례로 꼽히는 아모레퍼시픽의 중국 진출에 대해 조사해보고 STP와 4P를 적용하여 분석해보라. 관련 자료는 검색을 통해 쉽게 얻을 수 있다.
10. 삼성과 애플이 같은 업종에서 전혀 다른 글로벌 가치사슬을 채택한 이유는 무엇일지 토론해보라.
11. 글로벌 소싱에서 "자체 해외 조달"과 "외부 국내 조달"의 경우는 통제력과 비용에서 어떤 양상을 띨까? 외부조달이 자체조달보다 단기비용이 낮을 수 있다. 장기비용은 어떨까? 그리고 자원과 부품의 단가는 낮출 수 있지만 운송·재고관리 등 총비용은 어떻게 될까?
12. 린 생산(Lean Manufacturing)과 JIT(Just In Time)에 대해 조사해보고 해외 자원 조달과 연관지어 토론해 보자.

13. 물류라는 개념은 1970년대 이후 어떻게 변화해 왔는가? 또한 물류업무의 독립성은 어떻게 규정돼 왔는가?

14. 해외공장 입지선정에 영향을 미치는 요소들을 꼽아보고 그에 대해 설명하라.

15. 삼성전자의 중국 시안 공장, 현대자동차의 인도 공장 등 우리나라 글로벌 기업의 해외 생산 거점을 하나 선택하여 그 입지 선택에 대해 토론해보라.

참고문헌

[국문자료]

강인수(2011) 외, 「국제통상론」, 제5판, 박영사.

강호상(2012), 「외환론」, 제2판, 법문사.

국제경제연구회 편저(2003), 「국제무역론: 쟁점분석」, 한림각.

권영희(2015), "메가(Mega) FTA 시대의 통상전략", 「KIET 산업경제: 정책과 이슈」, 11월호, 산업연구원.

글로벌 금융위기 극복백서 편찬위원회(2012), 「글로벌 금융위기와 한국의 정책대응」.

금혜윤(2018), "주요국의 FTA 추진 동향과 시사점", KIEP 기초자료.

김광수·정동섭·이수형·이수진(2014), 「국제경영」, 제3판, 박영사.

김석관(2005), "산업별 기술혁신 패턴의 분석 틀 및 사례", 「과학기술정책」, 통권 153호, 6. pp. 84-102.

김성호(2016) 외, 「국제경영」, 학현사.

김신행·김태기(2016), 「국제경제론」, 제6판, 법문사.

김인준·이영섭(2013), 「국제금융론」, 제3판, 율곡출판사.

김태준·송치영·유재원(2013), 「국제금융경제」, 다산출판사.

남기범(2000), "레이몽 버논의 제품수명주기이론", 「월간국토」, 2000년 3월호.

노택환·김진삼(2014) 외, 「신 국제통상의 이해」, 박영사.

Daniels & VanHoose 저, 전종규·박복영 역(2017), 「글로벌 경제 이슈와 정책」, 명인문화사.

민상기·정창영(2012), 「글로벌 재무전략」, 제3판, 명경사.

변재영(2009), 「글로벌시대의 외환관리」, 경문사.

서민교·박병일(2015), 「글로벌경영」, 서울경제경영.

성용모(1998), 「외환관리론」, 지영사.

안덕근(2015), "한중통상전략과 정책적 시사점", 「중국경제 평가와 한중경제협력 강화를 위한 추진과제」, 국민경제자문회의.

안병찬(2011), 「글로벌 금융위기 이후 외환정책」, 한나래플러스.

양동휴(2012), 「세계화의 역사적 조망」, 개정판, 서울대학교출판문화원.

유복근(2010), "글로벌 금융위기와 재정거래차익-한국의 사례", 한국은행 금융경제연구원, Working Paper No. 426.

이강남(2006), 「국제금융론」, 제4전정판, 법문사.
이근(2013) 외, 「국가의 추격, 추월, 추락: 아시아와 국제비교」, 서울대학교출판문화원.
이동은·편주현·양다영(2012), 「글로벌 금융위기 이후 주요국 거시금융정책의 평가와 시사점」, 연구보고서 12-9, 대외경제정책연구원.
이상호·이환호·주한광(2015), 「국제무역론: 이론, 정책, 질서」, 제2판, 법문사.
이장영(2011), 「바젤 Ⅲ와 리스크 관리」, 박영사.
이종규(2000), 「경제위기: 원인과 발생과정」, 금융경제총서 제2호, 한국은행.
이종덕(2005) 외, "우리나라의 자본자유화 현황과 향후 과제", 「외환국제금융리뷰」 제6호, 한국은행.
이충배·김종칠·김성원(2009), 「국제물류론」, 박영사.
이효구(2013), 「국제금융시장」, 범한서적.
임달호(2015), 「글로벌경영」, 개정6판, 법문사.
장세진(2008), 「삼성과 소니」, 살림 Biz.
장하준(2004), 「사다리 걷어차기」, 부키.
장하준(2016), 「장하준의 경제학 강의」, 부키.
장홍범(2008), 「국제금융기초」, 제4판, 한국금융연수원.
정인교(2010), 「FTA 통상론」, 율곡출판사.
제임스 E. 매클렐란 3세 · 해럴드 도른 공저, 전대호 역(2006), 「과학과 기술로 본 세계사 강의」, 모티브북스.
주경철(2008), 「대항해시대」, 서울대학교출판문화원.
클라이즈 데일, 그렉 저, 김유신 역(2008), 「부의 이동: 화물의 흐름을 통해 추적한 세계경제의 흥망사」, 21세기 북스.
Paul Krguman 저, 이윤 역(2017), 「폴 크루그먼의 지리경제학」, 창해.
페인스틴, 찰스·피터 테민·지아니 토니올로 저, 양동휴·박복영·김영완 역(2008), 「대공황전후의 세계경제」, 동서문화사.
포메란츠, 케네스 저, 박광식 역(2003), 「설탕, 커피 그리고 폭력」, 심산출판사.
한국은행(2011), "국제통화시스템 변경논의의 배경과 향후 전망", 「해외경제포커스」 제2011-7호.

[온라인자료]

FTA Korea, "DDA 개관", http://www.fta.go.kr/main/support/wto/2/1/

FTA강국, KOREA(http://www.fta.go.kr/)

Issac의 생각저장창고 블로그, *The Economist*, "Six Big Economic Idea", Economic Briefs, https://isaacinseoul.com/tag/%EC%8A%A4%ED%86%A8%ED%8D%BC-%EC%82%AC%EB%AC%B4%EC%97%98%EC%8A%A8-%EC%A0%95%EB%A6%AC/

JooHyeon's Economics 블로그, [on the other hand], "국제무역이론", http://joohyeon.com/221

금융감독원 웹페이지, http://www.fss.or.kr/

서울외국환중개, 외환시장, http://www.smbs.biz/

외교통상부 홈페이지, "도하개발아젠다", http://wtodda.mofa.go.kr/dda.php

위키백과, "스카이프", https://ko.wikipedia.org/wiki/스카이프

통계청, 국가경제포탈, http://kosis.kr/

한국거래소 웹페이지, http://www.krx.co.kr/

한국은행, 경제통계시스템 http://ecos.bok.or.kr/

한상엽(2012), "다시 생각해보는 매트릭스", LG 경제연구원, http://www.lgeri.com/report/view.do?idx=17600)(2012. 5. 21)

[온라인 기사]

동아일보, 2013년 11월 7일자, "글로벌 아웃소싱 믿었다가 수조원 날린 보잉사", http://news.donga.com/3/all/20131107/58730510/1

디지털타임스, 2017년 10월 9일자, "소니 왕국의 부활", http://www.dt.co.kr/contents.html?article_no=2017100902100832816001&ref=naver

매일경제, 2015년 10월 5일자, "협상 7년만에 TPP 타결…세계 최대 무역협정 탄생", http://news.mk.co.kr/newsRead.php?year=2015&no=953248

매일경제, 2016년 11월 23일자, "아세안 하나로 묶는 3천조 인프라시장 열린다", http://news.mk.co.kr/newsRead.php?year=2016&no=815041

매일경제, 2017년 1월 24일자, "트럼프 TPP 탈퇴 공식 선언: 미국 우선주의 시대

로", http://news.mk.co.kr/newsRead.php?year=2017&no=55840

매일경제, 2018년 10월 1일자, "美·캐나다: 나프타 대체 새 무역협정 USMCA 합의 공식발표", http://news.mk.co.kr/newsRead.php?sc=50400004&cm=&no=611863&year=2018

매일경제, 2018년 10월 3일자, "加·멕시코, 中과 FTA체결때 미국이 거부권 행사할 수 있다", http://news.mk.co.kr/newsRead.php?sc=30000001&year=2018&no=616848

매일경제, 2018년 11월 9일자, "한중일·아세안 등 정상들, 'RCEP 내년 완전 합의 목표' 성명", http://news.mk.co.kr/newsRead.php?year=2018&no=702984

매일경제, 2018년 12월 13일자, "日-EU EPA 내년 2월 발효…세계 무역 40% 경제권 출범", http://news.mk.co.kr/newsRead.php?year=2018&no=779273

매일경제, 2018년 2월 30일자, "韓, CPTPP 외면하자니 불안, 참여땐 對日적자 눈덩이", http://news.mk.co.kr/newsRead.php?year=2018&no=811890

매일경제, 2019년 1월 24일자, "EU 대표: 브렉시트 연기, 영국 요구하고 EU 만장일치 승인해야 가능", http://news.mk.co.kr/newsRead.php?year=2019&no=49213

조선비즈, 2016년 9월 23일자, "마윈의 알리바바, 물류 천하통일 꿈꾼다", http://biz.chosun.com/site/data/html_dir/2016/09/22/2016092203722.html

조선일보, 2016년 12월 29일자, "독점 기술로 경쟁사 고사시킨 퀄컴, 한국서만 38조원 벌었다", http://biz.chosun.com/site/data/html_dir/2016/12/29/2016122900259.html

중앙일보, 2015년 7월 24일자, "위기의 WTO 70여년된 낡은 협상 방식 뜯어고치겠다", https://news.joins.com/article/18306369

중앙일보, 2017년 3월 14 일자, "[이번 주 경제용어] OEM과 ODM", https://news.joins.com/article/21366662

중앙일보, 2017년 5월 1일자, 아디다스의 리쇼어링 회군 "제조업이 유럽으로 돌아온다는 건 환상", https://news.joins.com/article/21532954

포스코 보도자료, 2018년 5월 8일자, "포스코, 호주 로이힐 광산 투자 성공적인 결실 맺어", https://newsroom.posco.com/kr/category/헤드라인/

한겨레, 2018년 7월 26일자, "중국, 미국 첨단기업들에 반격, 한겨레", http://

www.hani.co.kr/arti/international/china/855107.html

한국경제, 2012년 4월 5일자, "제품·지역 동시에 관리…글로벌 기업 新무기 '매트릭스 조직'", http://news.hankyung.com/article/2012040569851?nv=o

[영문저널]

Alan, A. and M. Taylor(2004), "The Purchasing Power Parity Debate," *Journal of Economic Perspectives* 18.

Aliber, R.(1973), "The Interest Rate Parity : A Reinterpretation," *Journal of Political Economy*, pp. 1451~59.

Baba, N. and F. Packer(2008), "Interpreting Deviations from Covered Interest Parity during the Financial Market Turmoil of 2007-2008," *BIS Working Papers* No.267.

Baba, N. and I. Shim(2010), "Policy Responses to Dislocations in the FX Swap Market: the Experience of Korea," *BIS Quarterly Review*.

Beth, M.(2012), "FX Volume during the Financial Crisis and Now," *BIS Quarterly Review.*

Blanchard, O.(2009), "The Crisis: Basic Mechanism and Appropriate Policies," *IMF Working Paper*, WP/09/80.

Bloomfield, A. I.(1959), *Monetary Policy in the International Gold Standard : 1880~1914*, Federal Reserve Bank of New York.

Chandler, D. Alfred(1977), *The Visible hand: The Managerial Revolution in American Business*, Harvard University Press, New York.

Chisholm, A.(2009), *An Introduction to International Capital Markets*, Second Edition, Wiley.

Cline, W. and J. Williamson(2011), "Estimates of Fundamental Equilibrium Exchange Rates, May 2012," Peterson Institute for International Economics, *Policy Brief* 12-146.

CME Group(2013), *FX Products-Product Guide & Calender.*

Cooper, R. N.(1987), *The International Monetary System : Essays in World*

Economics, Cambridge, Mass. : MIT Press.

Cornell, B.(1977), "Spot Rates, Forward Rates and Exchange Market Efficiency," *Journal of Financial Economics*.

De Grauwe, P.(1997), *The Economics of Monetary Integration*, Oxford University Press.

Dominguez, K. M.(1998), "Central Bank Intervention and Exchange Volatility," *Journal of International Money and Finance* 17, pp. 161~90.

Drachal, K.(2014), "What Do We Know From Eprg Model?", *Ecoforum Journal*, 3(2), 10. International Business Strategy(https://www.business-to-you.com/international-business-strategy/).

Dumas, B. and B. Solnik(1995), "The World Price of Foreign Exchange Risk," *Journal of Finance* 39(5), pp. 445~479.

Eichengreen, B. and T. Bayoumi(1999), "Is Asia on Optimum Currency Area? Can It Become One" "Regional, Global and Historical Perspectives on Asian Monetary Relations," in S. Collignon and J. Pisani-Ferry(eds.), *Exchange Rate Policies in Emerging Asian Countries : Domestic and International Aspects*, London : Routledge.

Eichengreen, B.(1985), *The Gold Standard in Theory and History*, Mathuen : London, pp. 39~48.

Eichengreen, B.(1994), *International Monetary Arrangements for the 21st Century*, Brookings Institution.

Elena Lazarou(2017), "The Future of Multilateralism - Crisis or Opportunity?", European Parliament Research Service, May 2017.

Eun, C., B. Resnick and S. Sabherwal(2012), *International Finance: Global Edition*, Sixth Edition, MaGraw-Hill.

Fama, E. F.(1984), "Forward and Spot Exchange Rates," *Journal of Monetary Economics* 14, pp. 319~328.

Feenstra, R. and A. Taylor(2012), *Essentials of International Economics*, Second Edition, Worth.

Flood, R. and P. Garver(1984), "Collapsing Exchange Rate Regimes : Some

Linear Examples," *Journal of International Economics*, pp. 1~13.

Frankel, J. A.(1979), "On the Mark : A Theory of Floating Exchange Rates Based on Real Interest Differentials," *American Economic Review* 69.

Frenkel, J. and R. M. Levich(1975), "Covered Interest Arbitrage : Unexpected Profits?" *Journal of Political Economy* 83, pp. 325~338.

Frenkel, J.(1976), "A Monetary Approach to the Exchange Rate : Doctrinal Aspects and Empirical Evidence," *Scandinavian Journal of Economics*.

Frenkel, J.(1978), "Purchasing Power Parity : Doctrinal Perspective and Evidence from the 1920's," *Journal of International Economics*.

Glick, R. and M. Hutchison(2011), "Currency Crises," Federal Reserve Bank of San Francisco, *Working Paper* 2011-22.

Goodhart, C.(1988), "The Foreign Exchange Market : A Random Walk with a Dragging Anchor," *Economica* 55.

Griffoli, T. and A. Ranaldo(2011), "Limits to Arbitrage during the Crisis: Funding Liquidity Constraints and Covered Interest Parity," Swiss National Bank, *Working Paper* 01/2010.

Grubel, Herbert & Lloyd, P. J.(1975), *Intra industry trade: The theory and measurement of international trade in differentiated products*, Halsted Press, New York.

Hallwood, C. P. and R. MacDonald(2000), *International Money and Finance*, Blackwell.

Hull, J.(2011), *Fundamentals of Futures and Options Markets*, Seventh Edition, Pearson.

International Monetary Fund(2009), *The Debate on International Monetary System*.

International Monetary Fund, *Annual Report on Exchange Arrangements and Exchange Restrictions*, various issues.

International Monetary Fund, *Classification of Exchange Rate Arrangements and Monetary Policy Framework*, various issues.

James, J., I. Marsh and L. Sarno(Editors)(2012), *Handbook of Exchange Rates*,

Wiley.

Johnson, H. G.(1977), "The Monetary Approach to the Balance of Payments : A Non-Technical Guide," *Journal of International Economics*.

Kenneth, C., Y. Lan and S. Seah(2010), "The Big Mac Index: Two Decades On: An Evaluation of Burgernomics," *International Journal of Finance and Economics* 17.

Krugman, P. R. and M. Obstfeld(2000), *International Economics : Theory and Policy*, Addison- Wesley.

Lee, Keun(2013), *Schumpeterian Analysis of Economic Catch-up*, Cambridge Press.

Lee, Keun(2016), *Economic Catch-up and Technological Leapfrogging*, Edward Elgar Publishing.

Levich, R. M.(2001), *International Financial Markets : Prices and Policies*, McGraw-Hill Irwin.

Mankiw, N. and L. Ball(2012), *Macroeconomics and Financial System*, North.

Meese, R. A., and K. Rogoff(1983), "Empirical Exchange Rate Models of the Seventies : Do They Fit Out of Sample," *Journal of International Economics* 14.

Melitz, Marc J.(2003), "The Impact of Track on Intra-Industry Reallcations and Aggregate Industry Productivity", *Econometrica*, Vol. 71, No. 6 . pp. 1695-1725.

Mundell, R. A.(1961), "A Theory of Optimum Currency Areas," *American Economic Review* 51, pp. 657~65.

Mussa, M.(1979), "Macroeconomic Interdependence and the Exchange Rate Regime," in R. Dornbusch and J. A. Frenkel(eds.), *International Economic Policy : Theory and Evidence*, Johns Hopkins University Press.

OECD, *Financial Market Trends*, various issues.

Officer, L. H.(1964), "The Purchasing-Power Parity : Theory of Exchange Rates," *IMF Staff Papers*.

Rogoff, K.(2009), "Exchange Rates in the Modern Floating Era: What Do We

Really Know?" *Review of World Economics* 145.

Sachs, J.(1997), "Alternative Approaches to Financial Crises in Emerging Markets," *Development Discussion Paper* 568, Harvard University.

Solnik, B.(1979), "Why Not Diversify Internationally Rather than Domestically?" in D. Lessard (ed.), *International Financial Management*, Warren, Gorham & Lamont.

Stiglitz, J.(1999), "Reforming the Global Economic Architecture : Lessons from Recent Crisis," *Journal of Finance* 54, pp. 1508~21.

Stockman, A.(1980), "A Theory of Exchange Rate Determination," *Journal of Political Economy*.

Taylor, M. P.(1995), "The Economics of Exchange Rates," *Journal of Economic Literature* 33(1), pp. 13~47.

Triffin, R.(1960), *Gold and the Dollar Crisis : The Future of Convertibility*, Yale University Press.

Utterback, James M.(1997), *Mastering the Dynamics of Innovation*, Harvard Business School Press, New York.

Vernon, R.(1966), "International investment and international trade in the product cycle", *Quarterly Journal of Economics*, 80, pp. 190-207.

Williamson, J.(2008), "Exchange Rate Economics," *Working Paper* 08-3, Peterson Institute for International Economics.

Zohari, T.(2008), "The Uppsala Internationalization Model and its limitation in the new era. International Management Strategy", Stockholm University School of Business.

[영문 온라인]

BIS 웹페이지, https://www.bis.org/

Wall Street Journal 웹페이지, https://www.wsj.com/

IMF 웹페이지, https://www.imf.org/

WTO 웹페이지, www.wto.org/

국문색인

ㄱ

ㄹ

ㅁ

ㅂ

ㅈ

영문색인

A

B

C

O

P

Q

R

S

T

U

V

W

Y

Z

저자 약력

이환호

- 세종대학교 사회과학대학 경제통상학과 명예교수(2018~현재)
- 세종대학교 사회과학대학 경제통상학과 교수(1987~2018)
- 편집위원장, Journal of Economic Integration (1990~2014)
- 국가고시 출제위원(행정고시, 외무고시)
- 각종 자격시험 출제위원(국제금융역, 일반운용전문인력, 보험계리사 등)
- 한국은행 조사제1·2부 조사역/행원(1977~1987)
- 미국 Ohio주립대학교 경제학과 경제학석사 및 박사(1981~1986)
- 서울대학교 사회과학대학 경제학과 경제학사(1972~1977)

최필수

- 세종대학교 인문대학 중국통상학과 교수(2015~현재)
- 대외경제정책연구원 중국팀 부연구위원, 중국팀장(2011~2015)
- 파이낸셜뉴스 중국 특파원(2008~2010)
- 중국 연변과학기술대학 겸임교수(2008, 2009 여름학기 강의)
- 전국경제인연합회 연구원(2002~2006)
- 하자센터(1999~2000)
- 중국 칭화대학 경제관리학원 박사(2006~2011)
- 일본 히토츠바시 ICS 경영학 석사(2005~2006)
- 연세대학교 경제학 석사(2000~2002)
- 연세대학교 중어중문학 학사(1992~1999)

노성호

- 세종대학교 인문과학대학 중국통상학과 교수(2012~현재)
- Millennial Asia 부편집위원(2019~현재)
- 중국 清華대학교 기술경제경영학과 경영학 석사 및 박사(2005~2012)
- 서울대학교 사회과학대학 경제학부 경제학사(1998~2005)

세계화 시대
국제통상학개론 – 이론 · 정책 · 질서 –

2019년 2월 20일 초판 인쇄
2019년 2월 25일 초판 1쇄 발행

저 자 이환호 · 최필수 · 노성호
발행인 배 효 선
발행처 도서출판 法 文 社

주 소 10881 경기도 파주시 회동길 37-29
등 록 1957년 12월 12일 제2-76호(윤)
TEL (031)955-6500~6 FAX (031)955-6525
e-mail (영업) bms@bobmunsa.co.kr
(편집) edit66@bobmunsa.co.kr
홈페이지 http://www.bobmunsa.co.kr
조 판 (주) 성 지 이 디 피

정가 25,000원 ISBN 978-89-18-10248-1